ADOLESCENTES EM CONFLITO

Os 36 problemas
mais comuns
na adolescência.
Um guia prático
para pais e
educadores

LES PARROTT

ADOLESCENTES EM CONFLITO

TRADUÇÃO
DENISE AVALONE

Vida

Editora Vida
Rua Conde de Sarzedas, 246 – Liberdade
CEP 01512-070 – São Paulo, SP
Tel.: 0 xx 11 2618 7000
atendimento@editoravida.com.br
www.editoravida.com.br

Título original
Helping your struggling teenager
edição publicada por
Zondervan Publishing House
(Grand Rapids, Michigan, EUA)

■

■

Obras em co-autoria com Leslie Parrot:
Pequenas coisas que fazem grande diferença no casamento, *A.M.O.R* e *Casamento*.

■

1ª reimp.: 2003
2ª reimp.: 2012
3ª reimp.: ago. 2017

Dados Internacionais de Catalogação na Publicação (CIP)
(Câmara Brasileira do Livro, SP, Brasil)

Parrot, Les
Adolescentes em conflito: os 36 problemas mais comuns na adolescência: um guia prático para pais e educadores / Les Parrot ; tradução Denise Avalone. — São Paulo: Editora Vida, 2003.

Título original: *Helping Your Struggling Teenager*
ISBN 978-85-7367-643-4

1. Adolescentes — Aconselhamento 2. Pais e adolescentes 3. Psicologia do adolescente I. Título. II. Título: Os 36 problemas mais comuns na adolescência.

02-5825 CDD-362.7083

Índice para catálogo sistemático

1. Graça : Teologia dogmática cristã 234.1

Dedico este livro às duas pessoas que me deram toda a esperança nos anos de minha adolescência. A meus pais, Les e Lora Lee Parrott, com amor e carinho.

Sumário

Agradecimentos

As primeiras palavras deste livro foram escritas durante o vôo de volta para Seattle partindo de Indianápolis, onde participei de uma conferência com pais, professores e psicólogos. Eles vieram de todas as partes do país para falar sobre como ajudar adolescentes em conflito. A dedicação, a compaixão e o entusiasmo dessas pessoas eram evidentes, e a convivência com elas me encorajou muito a escrever o livro. *Adolecentes em conflito* foi inspirado nessas pessoas e escrito para muitas outras como elas.

Devo agradecer aos meus colegas da Seattle Pacific University, que compreendem e incitam a minha vocação de integrar os valores espirituais ao conhecimento humano. Agradeço principalmente pelo apoio espiritual de meus colegas da Faculdade de Ciências Sociais e Comportamentais e do Departamento de Psicologia.

As páginas deste livro são o resultado do esforço conjunto e do conhecimento de muitos profissionais que revisaram e criticaram capítulos específicos. Os especialistas que cito a seguir merecem não apenas reconhecimento, mas também minha profunda gratidão: Dub Ambrose, Roy Barsness, Alan Basham, Charles Bombardier, John Court, Wendy Fisher, Stan Gaede, Joy Hammersla, Dan Hartman, Donald Joy, James Mallory, David Massey, Steve Moore, Thanne Moore, Carol Parrott, Cliff Penner, Cindy Perrin, Robin Perrin, Kim Lampson-Reif, Michael Roe, Randy Rowland, Denny Rydberg, Suzanne Shelton, JoAnne Smatlan, James Scott Smith, Pat Springle, Les Steele, Scott Willis, Mitch Woltersdorf, Michael

Vitiello e Philip Zimbardo. As questões perspicazes e contribuições pertinentes dessas pessoas foram de grande ajuda. Suas contribuições são totalmente responsáveis pelas qualidades deste livro, mas jamais por suas eventuais falhas.

Também devo uma palavra de agradecimento às pessoas que ajudaram a aperfeiçoar a minha escrita. Luke Reinsma e Rose Reynoldson generosamente dedicaram seu tempo para me ajudar a revisar a primeira prova deste manuscrito, que padecia do "problema da desorganização". Sou grato a Lori VandenBosch, Sandy Vander Zicht e Jim Ruark, meus editores da Zondervan, pelo toque pessoal e desejo sincero de ajudar àqueles que trabalham com adolescentes com problemas. Também sou grato à visão e à confiança de Stan Gundry em relação a este projeto. O trabalho de pesquisa de meus assistentes Jon Anderson, Sarah Timmons e Steve Scott foi incalculável. Janice Lundquist e Mindy Galbreath, como sempre, ajudaram-me a manter minha vida em ordem durante este projeto.

As longas e solitárias horas em frente ao computador foram compensadas pelo apoio estimulante de amigos que agüentaram a minha "obsessão pelos adolescentes em conflito". Um agradecimento especial a meu pastor, Tharon Daniels, pelas conversas catárticas que tivemos durante as corridas no Green Lake e a meu amigo Steve Moore por reforçar o meu sonho.

A minha esposa, Leslie, devo muito mais do que gratidão. Não posso imaginar dedicação maior de um ser humano a outro do que a dela a mim. Sua positividade ajudou a criar um ambiente que tornou este livro possível. Sua paciência, visão e total dedicação ao nosso relacionamento são infinitas. Infinito também é o meu amor por ela.

Finalmente, quero agradecer aos adolescentes que confiaram a mim os conflitos pessoais que definiram sua jornada. Aprendi muito com eles.

Como usar este livro

Adolecentes em conflito é uma ferramenta prática para os pais que buscam esclarecimento. Como psicólogo que lida com vários adolescentes em diversas situações, espero dar-lhe a visão do outro lado da moeda, de como os profissionais enxergam os problemas que os adolescentes enfrentam. Também quero mostrar que, se necessário, você pode auxiliar o profissional que está ajudando o seu filho. Sendo uma pessoa informada, você tem o direito de saber o que os profissionais conhecem sobre esses problemas. Você precisa saber o que nós pensamos a respeito dos motivos que levam um adolescente a ter determinado problema e o que podemos fazer para ajudá-lo a superá-lo. Teoricamente, você deve pensar neste livro como um tipo de curso intensivo para ajudar a juventude de hoje a superar os 36 problemas mais comuns que ela enfrenta.

A primeira parte do livro oferece uma visão teórica sobre como ajudar os adolescentes em conflito. Leia a seqüência dos capítulos iniciais antes de se aprofundar nos assuntos do restante do livro. A segunda parte aborda conflitos específicos e mostra como tratá-los. Os capítulos encontram-se em ordem alfabética para facilitar o acesso e permitir que você consulte o livro sempre que quiser. As seções foram divididas em tópicos principais para permitir que você encontre com facilidade e rapidez as informações essenciais sobre cada conflito. Cada seção, indicada pelo símbolo 🌀, responde de maneira sucinta algumas perguntas fundamentais:

- *Como* é o problema?
- *Por que* ele aconteceu?
- *Como* o psicólogo pode ajudar?
- *Quando* o psicólogo deve encaminhar o adolescente para outro profissional?
- *Onde* o psicólogo pode encontrar outras fontes de ajuda?

Outras fontes são citadas em cada capítulo para evitar o risco de achar que este livro é a resposta para todas os problemas e o perigo de achar que você pode resolver qualquer tipo de problema que o seu filho tiver.

Neste livro, procurei incluir as principais informações disponíveis sobre como resolver os conflitos dos adolescentes. Intencionalmente, a obra apresenta a ótica de um psicólogo clínico cristão. As diversas técnicas e práticas de ajuda baseiam-se na análise cuidadosa de vários estudos científicos que selecionei para destacar as estratégias que se mostraram mais terapêuticas e coerentes com o entendimento cristão. Cada seção oferece o mais recente conhecimento técnico em linguagem não-técnica e apresenta as estratégias de intervenção que um pai ou uma mãe e/ ou psicólogo competente deveria levar em consideração.

Não existe nenhuma fórmula simples e universal para resolver os complexos problemas da juventude. Portanto, adotei uma abordagem pragmática, e não dogmática, para ajudar os adolescentes em conflito. Quando perguntaram a Einstein como ele trabalhava, ele disse: “Eu tateio”. Espero que, em seu esforço de ajudar um adolescente em conflito, este livro o auxilie a tatear na direção certa.

Todos os casos apresentados, embora contenham nomes fictícios, são reais, provenientes de minha experiência de clínico ou da experiência de alguns colegas psicólogos.

Parte I

Ajuda eficiente

1

Adolescência: a luta pela identidade

Por ocasião da Segunda Guerra Mundial, Erik H. Erikson cunhou uma expressão que pegou: *crise de identidade*. Ela foi usada para designar a desorientação dos soldados em estado de choque que não conseguiam lembrar-se do próprio nome. Com o passar dos anos, a expressão tornou-se uma ferramenta útil para designar o conflito do processo de amadurecimento dos seres humanos.

A principal tarefa do adolescente em seu desenvolvimento é adquirir identidade. A exemplo do soldado perdido no estado de confusão mental, cedo ou tarde o adolescente é atingido por uma bomba mais poderosa que a dinamite: a puberdade. Em determinado momento, entre a infância e a vida adulta, seu corpo entra em intensa atividade e sofre várias mudanças num ritmo alucinante. Em virtude dessa aceleração do crescimento físico e emocional, ele se torna um estranho para si mesmo. Sob o ataque de um arsenal de hormônios poderosos, desnorteado, o jovem começa a se perguntar: "Quem sou eu?".

A busca de uma boa resposta para a pergunta nunca termina, mas esse é o grande desafio da adolescência. De acordo com Erikson, a conquista da identidade — saber quem é — produz uma sensação de autocontrole que acompanhará o adolescente por toda a vida.

O adolescente sem identidade assume uma postura do tipo "como estou me saindo?", cuja principal preocupação é saber qual a impressão que ele causa nos outros. Sem identidade, ele adotará a postura de como imagina que os outros querem que ele seja e agirá de acordo com isso.

Hesitará no modo de agir, nunca deixará de se preocupar com o próprio desempenho e perguntará sempre às pessoas: "Como estou me saindo?". Erikson chama esse infeliz estado de "difusão da identidade".[1] A boa formação da identidade segue um padrão comum. O adolescente identifica-se com as pessoas que admira. Seja na vida real, numa revista ou na TV, imita as características das pessoas que ele quer ser. No final da adolescência, se tudo correr bem, essas identificações fundem-se numa única identidade que incorpora e altera as identificações anteriores e passam a compor um conjunto único e coerente.

A busca da identidade é assustadora. Dos doze aos vinte anos de idade, o adolescente é forçado a escolher uma identidade definitiva. É uma tarefa extraordinária. Na incerteza do que realmente sente, é forçado a tomar uma decisão. Fica ainda mais confuso quando começa a tentar adivinhar como as pessoas, cujas opiniões lhe são importantes, querem que ele seja.

Para o adolescente que nunca consegue adquirir uma identidade integral "o mundo se torna um palco". Na vida adulta, desempenhará o personagem de um ser humano que troca de papel para agradar quem estiver por perto. O modo de vestir, de falar, de pensar e de sentir, tudo faz parte do *script*. O propósito é ganhar a aprovação de quem ele quer impressionar. A vida se torna uma charada, e o personagem principal nunca experimenta a sensação de segurança que essa identidade própria cria nem o poder da auto-estima.

COMO O ADOLESCENTE BUSCA A IDENTIDADE

O jovem busca sua identidade de diversas formas. Nesta seção, examinaremos sete caminhos comuns: relações familiares, símbolos de *status*, comportamento "adulto", revolta, opinião alheia, ídolos e exclusão preconceituosa.

Relações familiares

A família do adolescente exerce papel importante na formação da identidade. Para assegurar a individualidade e abandonar a infância, o adolescente se afasta da proteção dos pais. Mas a individualidade também se encontra na reação à identidade dos irmãos. Se, por exemplo, o filho

[1]*Identidade:* juventude e crise, Rio de janeiro: Zahar, 1972.

mais velho decide ser um intelectual sério, o filho do meio, em busca da individualidade, será brincalhão. Com esses papéis já definidos, o filho caçula pode optar por ser atleta.

Em alguns casos, quando acha que não possui nenhum talento distintivo, o jovem se revolta e se separa das "ovelhas brancas". Pode-se tornar um delinqüente ou pródigo e conquistar sua identidade causando problemas.

Símbolos de *status*

O adolescente procura firmar-se como indivíduo pelo prestígio. Adota comportamentos ou assume posturas que chamem prontamente a atenção. Usa carro, corte de cabelo, jaqueta de couro, prancha de *skate*, guitarra, aparelho de som, roupa, tudo da última moda na tentativa de ser identificado como uma pessoa bem-vista. Os símbolos de *status* ajudam-no a formar a sua própria identidade porque se assemelham às mesmas coisas usadas pelos membros do grupo ao qual pertence, o grupo dos "atletas"; "cê-dê-éfes"; "bagunceiros"; "certinhos"; "descolados"; "filhinhos de papai"; ou "briguentos". Possuir símbolos de *status*, entretanto, não basta para conquistar a identidade. Os adolescentes reconhecem rapidamente quando alguém tenta exibir uma identidade apenas comprando os símbolos certos. Na verdade, adoram expor impostores para reforçar a própria identidade e rotulam-nos "fraudadores" ou "exibidos".

Para ser autêntico, o símbolo de *status* deve ser compatível com o comportamento. Uma garota "festeira", por exemplo, não deve apenas usar as roupas e o corte de cabelo adequados e ouvir as músicas do momento, precisa também fazer o que as festeiras fazem. Em pouco tempo, o comportamento cria a reputação da adolescente, algo que terá de sustentar para manter a identidade ou abandoná-la se quiser mudar.

Comportamento "adulto"

O adolescente sente forte necessidade de parecer adulto. Quanto mais maduro parecer, maior respeito conquistará e mais sentirá que conquistou identidade. Como a verdadeira maturidade nem sempre é visível, o jovem costuma recorrer aos comportamentos simbólicos dos adultos. Ele se entrega aos *prazeres proibidos*, a todas as coisas que os pais, pastores e professores dizem que ele é muito jovem para fazer.

Os prazeres proibidos mais comuns são o cigarro, a bebida, as drogas e o sexo antes do casamento. Na fase do colegial, fumar é uma prática comum. Beber é um símbolo de *status* tanto para as garotas quanto para os rapazes e geralmente inicia na época do ginásio. Da mesma forma que a bebida, o uso de drogas geralmente começa como uma atividade de grupo. Estatísticas recentes sobre adolescentes sexualmente ativos revelam índices assombrosos.[2] O adolescente assume esses comportamentos para se libertar das restrições da família, conquistar mais aceitação social ou mesmo pela simples experiência ou por curiosidade.[3] Quase todo adolescente assume esses comportamentos "adultos" em algum momento, porém, alguns encontrarão grandes conflitos nessas áreas. Esses problemas serão tratados em outras seções deste livro.

Revolta

A revolta é uma conseqüência lógica da tentativa do jovem de encontrar soluções para idéias conflitantes e descobrir a verdadeira identidade. A revolta parte do desejo de ser diferente, mas sem perder a segurança da semelhança. O garoto diz ao pai: "Mas, pai, eu não posso ser conformista, senão serei diferente dos outros".

A revolta, em geral, vem acompanhada de um idealismo que leva o adolescente a rejeitar os valores da família, da escola, da sociedade e da igreja. No entanto, seus ideais simplistas e irreais, não raro se tornam ineficazes e, algum tempo depois, são abandonados.

Opinião alheia

A validação da auto-imagem pelos outros é essencial para a formação da identidade. A percepção de si mesmo muda conforme o que o adolescente imagina que os outros pensam a respeito dele. Por exemplo, se um rapaz se considerar ator talentoso, mas não ganhar o papel principal na peça da escola, sua identidade como ator ficará abalada e ele buscará uma identidade em outro lugar, como os estudos ou os esportes. Se, entretanto, as pessoas lhe disserem que houve engano e que o papel principal deveria ser dele, sua identidade será mantida.

[2] J. McDowell & D. Day, *Why wait? What do you need to know about the teen sexuality crisis*, San Bernardino, Here's Life Publishers, 1987, 1994.

[3] G. M. Smith & C. P. Fogg, Teenage drug use: a search for causes and consequences, *Personality and Social Psychology Bulletin* 1, 1974, p. 426-9.

Nem sempre o adolescente age de acordo com o que os outros pensam dele. Pelo contrário, como a sua identidade se molda pela percepção de como os outros o enxergam, pode mudar para contradizer a sua percepção. Mesmo que ela seja positiva. É perigoso dizer ao jovem que ele nunca terá problemas, que é o melhor ou que um dia será um vencedor. Consciente de suas fraquezas, ele se sentirá mal com uma declaração que não deixa espaço para erros. Mudará de rumo para provar que os pais ou conselheiros estão errados e para se libertar do fardo de ser perfeito. Alguns só encontram alívio quando se identificam com algo que não tem nada a ver com eles, para se contrapor ao inatingível.[4]

Ídolos

Principalmente no início da adolescência, o jovem se identifica muito com alguma celebridade, a ponto de perder a própria individualidade. Numa sociedade atenta à fama, certamente há milhares de *rock stars*, atletas profissionais, atores de cinema e personalidades da televisão à disposição para os adolescentes idolatrarem.

As celebridades se tornam "modelos" porque o adolescente está disposto a experimentar papéis diferentes. Na busca de identidade, apodera-se de uma personalidade notável para explorar diferentes aspectos de si mesmo. O ídolo permite que ele assuma novos comportamentos e atitudes antes de incorporá-los em sua própria identidade. Idolatrar celebridades não significa necessariamente que o adolescente aprova o estilo de vida e os valores do ídolo.

Exclusão preconceituosa

Na busca da identidade, o adolescente poder tornar-se extremamente intolerante e até cruel em relação aos outros adolescentes, excluindo-os por causa de pequenos detalhes, como o modo de vestir, por exemplo. Está tentando obstinadamente definir, exagerar e redefinir a sua própria pessoa em relação aos outros. Se achar que uma pessoa é de um jeito que não gostaria de ser, zombará dela e a rejeitará sem o menor remorso. O adolescente reforça o sentimento do "eu" por meio de comparações cruéis e de várias exclusões.

[4]Erikson, *Identidade:* juventude em crise.

Erikson enxerga o preconceito do adolescente e sua intolerância às diferenças como uma defesa contra a mistura de identidades.[5] Normalmente, no fim da adolescência, o jovem percebe que é preciso ter uma identidade muito forte para tolerar as grandes diferenças.

POR QUE OS ADOLESCENTES TÊM CONFLITOS?

A conquista de uma identidade própria não é fácil. O perigo da falta de identidade está à espreita em cada esquina. Erikson destaca que alguns jovens desorientados demoram mais tempo para chegar à maturidade.[6] Retornam a um estado infantil para não ter de tomar decisões sobre questões complicadas. Outros expressam essa desorientação assumindo compromissos precipitadamente e agindo por impulso. Adotam posturas mal-pensadas e acabam se empenhando em batalhas inúteis.

A adolescência é um período de tensão e confusão para muitos jovens.[7] Embora parte das dificuldades que ocorrem na adolescência deva-se à falta de experiência, há pelo menos cinco fatores habituais que podem exacerbar ou criar grandes conflitos. São as mudanças físicas, sexuais, sociais, religiosas e morais.

Mudanças físicas

Um adolescente de quatorze anos justificou as notas baixas no boletim da escola dizendo: "O problema não são as provas, mas a testosterona". É um argumento legítimo. As mudanças bioquímicas que ocorrem na adolescência podem causar mais apreensão que a obrigação de estudar para uma prova. Acordar com espinhas, ver a própria voz falhar em público, usar uma calça jeans nova que já está muito curta, começar a ter barba ou a menstruar e desenvolver os seios são experiências traumáticas. Quando os hormônios desencadeiam uma série de eventos psicológicos que precedem a idade adulta, a criança dócil pode se transformar num adolescente bravo e revoltado. De fato, alguns pais até estranham quando os filhos adolescentes são bem comportados e se perguntam se não há algum problema de desenvolvimento.

[5] *The challenge of youth*, New York: Anchor, 1965.
[6] Ibid.
[7] J. J. Arnett, Adolescent storm and stress, reconsidered, *American Psychologist* 54, 1999, p. 317-26.

Mudanças sexuais

Quando o corpo do adolescente começa a assumir a forma característica de seu sexo, ocorre uma mudança no comportamento, no pensamento e nos processos psicológicos. O jovem assume o estereótipo cultural das mudanças sexuais. O rapaz depara com as comparações no vestiário e se pergunta se seu genital não é muito pequeno ou por que sua barba ainda não nasceu. Se tem ereção quando está dançando com uma garota, lendo ou simplesmente pensando, sente-se contrariado com a impressão de que seu corpo o traiu. Fica aborrecido com a falta de controle sobre o próprio corpo e sente como se estivesse "fazendo alguma coisa errada".

A garota também se sente confusa e envergonhada com a maturação sexual. A menstruação é uma preocupação séria, que geralmente se alia ao medo e à ignorância. Pode causar dor física, ganho de peso, dores de cabeça, mudanças no humor etc. Por ser comumente chamada de "maldição", a menstruação pode encorajar a garota a assumir o papel passivo de mártir. Não é de espantar que a simples idéia dessa mudança contribua para outros conflitos comuns.

Mudanças sociais

Embora as mudanças biológicas da puberdade sejam drásticas, não são mais importantes que as mudanças sociais que ocorrem na adolescência. Entre a sexta e a oitava série, a estrutura da escola passa a ser uma experiência bastante diferente. A maioria dos adolescentes sai de uma escola primária relativamente pequena e, no ginásio, vai para uma escola cujas classes são muito maiores e mais impessoais. Essa mudança causa inúmeras implicações sociais. Rompe a estrutura do antigo grupo de amigos, expõe o aluno a novas expectativas por parte dos professores e oferece a oportunidade de novas atividades extracurriculares.

As relações familiares também mudam quando os meninos e as meninas tornam-se adolescentes. Os conflitos em família aumentam. O garoto fica mais imperioso nas conversas, especialmente com a mãe. O sentimento de afeto em relação aos pais diminui entre a sexta e a oitava série. Isso não significa que os sentimentos se tornam necessariamente negativos e sim que a mudança passa de uma condição muito positiva para uma menos positiva.

Mudanças religiosas

Ao contrário do que se pensa, o adolescente realmente se interessa por religião e acredita que ela exerce um papel importante em sua vida. Embora 48% dos adolescentes digam que pensam em "Deus e nos ensinamentos espirituais" para decidir como vão conduzir a vida, quase o mesmo número, 48%, diz que leva mais em consideração o que "eles próprios pensam e o que os outros pensam".[8]

Contudo, a adolescência é uma fase em que o indivíduo questiona os conceitos e crenças religiosas que aprendeu na infância. Pode se tornar cético em relação às práticas religiosas, como a oração, e começar a duvidar da natureza de Deus, mas experimenta uma verdadeira busca espiritual. Às vezes, essa busca é erroneamente interpretada como ceticismo ou descrença. Na verdade, é um questionamento sincero. O adolescente investiga sua religião para ter a sua própria fé, e não a de seus pais. Não questiona porque queira ser agnóstico ou ateu, mas porque quer aceitar a religião de uma forma que lhe faça sentido. No entanto, esse processo costuma ser assustador e a busca da fé pode levá-lo a se envolver em cultos religiosos destrutivos ou em outros problemas.

Mudanças morais

Uma importante mudança ocorre no adolescente quando ele percebe que seu comportamento precisa atender às expectativas sociais, sem a constante orientação, supervisão e ameaças de punição que experimentava quando criança. Para se tornar adulto, precisa substituir as regras específicas da infância por seus próprios princípios morais.

A consciência do adolescente sofre diversas mudanças básicas. Passa a ser:

- mais abstrata e menos concreta;
- mais preocupada com o que é certo e menos com o que é errado;
- mais cognitiva e menos emocional;
- mais altruísta e menos egocêntrica;
- mais disposta a refletir sobre questões morais.[9]

Na adolescência, de acordo com Lawrence Kohlberg, o jovem alcança um estágio de desenvolvimento moral que se baseia no respeito aos ou-

[8]F. Newport & G. Gallup, *Pesquisa Gallup*, 24 de dezembro de 1999, www.gallup.com.
[9]J. Mitchell, Moral growth during adolescence, *Adolescence* 10: 1975, p. 221-6.

tros e não nos próprios desejos.[10] Embora o adolescente seja intelectualmente capaz de processar essa mudança e criar seus próprios códigos morais, não é uma tarefa fácil.[11] Todo dia depara com incoerências nos padrões morais. Na interação com colegas de diferentes religiões, etnias ou níveis socioeconômicos, aprende que as pessoas têm códigos distintos do certo e do errado. Alguns jovens não conseguem fazer essa transição para a moralidade madura na própria adolescência e precisam completar a tarefa no começo da vida adulta. Outros, além de não conseguirem fazer a transição, ainda criam um código moral com base em conceitos socialmente inaceitáveis.

As mudanças físicas, sexuais, sociais, religiosas e morais, todas elas afetam a luta do adolescente pela identidade e podem provocar outras complicações e problemas.

COMO O ADOLESCENTE REAGE AOS SEUS CONFLITOS

É difícil prever exatamente como cada adolescente administrará o seu problema. Há várias características de personalidade e fatores ambientais que afetam o estilo do adolescente de enfrentar conflitos. Existem, porém, três maneiras básicas pelas quais os jovens lidam com seus problemas. Podem ocultar, extravasar ou superá-los.[12]

Ocultação

Muitos adolescentes, ao enfrentar dificuldades, guardam o problema para si mesmos. Como Adão e Eva a se esconderem na mata, camuflam seus conflitos na esperança de que, um dia, eles desapareçam. Alguns ocultam a ansiedade pelo *bloqueio*, permitindo que os conflitos interrompam inconscientemente o fluxo de pensamento. Tony, por exemplo, está atormentado porque tem fantasias sexuais com a sua parceira de trabalho na aula de estudos sociais. À mesa de jantar, começa a contar aos pais sobre o projeto. De repente, fica confuso e "esquece" o que ia dizer.

[10] *Stages in the development of moral thought and action*, New York: Holt, 1969. Kohlberg chama esse estágio de "moralidade pós-convencional".

[11] J. Piaget, The intellectual development of the adolescent, em *Adolescence:* psychosocial perspectives, org. G. Caplan & S. Lebovici, New York, Basic Books, 1969, p. 22-6. Piaget descreve a adolescência como o estágio das "operações formais".

[12] G. K. Olson, *Counseling teenagers:* the complete Christian guide to understanding and helping adolescents, Loveland: Colorado, Group Books, 1984. Olson fornece uma excelente discussão sobre os mecanismos de defesa. Baseei-me em boa parte de sua obra nesta seção.

Outra maneira pela qual os adolescentes escondem seus problemas é pela *sublimação*, transformando impulsos inaceitáveis em comportamentos mais aceitos socialmente. Com raiva do pai alcoólatra, o jovem pode disfarçar a hostilidade investindo toda sua energia no basquete.

Quando ficam magoados, às vezes os adolescentes escondem seu conflito pelo *isolamento emocional*, deixando de lado um possível sofrimento. Por exemplo, Carla, uma estudante colegial, foi convidada para a festa de formatura pelo garoto dos seus sonhos. Para evitar a possibilidade de sofrer uma decepção, ela não demonstra nenhuma animação ou alegria. Permanece neutra com medo de que ele desista no último instante.

Ao isolamento emocional, associa-se a *intelectualização*, ou seja, interpretar uma situação apenas no nível cognitivo para não ter de lidar com sentimentos indesejáveis. Quando perguntaram como se sentia depois de ser cortado dos ensaios da peça de teatro da escola, Kevin, embora estivesse profundamente magoado, respondeu: "Acho que foi melhor assim. Deus sabe o que faz e, na verdade, ele está me ensinando a ser uma pessoa melhor com tudo isso. Provavelmente, foi a melhor coisa que podia acontecer comigo".

Talvez, a forma mais comum de esconder um conflito seja a *repressão*, afastar da mente pensamentos, sentimentos, impulsos, desejos ou lembranças. Veja Mike, por exemplo, um garoto de dezessete anos, criado na igreja, que busca sinceramente as respostas para algumas questões difíceis da vida. Ele começa a duvidar da existência de Deus, mas rapidamente afasta essa dúvida da mente porque isso é "ruim". Posteriormente, a dúvida reprimida ressurgirá na incapacidade de ser verdadeiro com outros sentimentos. Não consegue demonstrar sentimentos normais e se torna espiritualmente formal.

Extravasamento

Alguns adolescentes enfrentam seus conflitos pelo *extravasamento*, expressando sentimentos por meio de ações impulsivas a fim de reduzir a tensão. Por exemplo, para aliviar temporariamente a ansiedade de ir mal numa matéria, o adolescente pode matar aulas, importunar os colegas, praticar atos de vandalismo. A tensão de não ser aceito pelos companheiros pode ser extravasada na forma de promiscuidade sexual. O adolescente pode extravasar de diversas maneiras.

Às vezes, o jovem extravasa seu conflito pelo *deslocamento*, direcionando seus sentimentos para um objeto mais neutro. Um adolescente de quinze anos, zangado com a mãe, pode chutar a lata de lixo do vizinho a caminho da escola. A vantagem é óbvia. Responder para a mãe pode sair caro, mas chutar as latas de lixo descarrega a raiva e é de graça.

Outra forma de extravasar os conflitos é a *regressão*, retroceder a uma fase do desenvolvimento menos estressante. Quando Wendy, 14 anos, não consegue permissão dos pais para ficar fora de casa com os amigos até depois da meia-noite, adota um comportamento infantil, emburrando, chorando ou tendo ataques de raiva, para aliviar um pouco de sua frustração.

O adolescente que tem medo de seus próprios pensamentos e impulsos pode extravasá-los pela *projeção*, transferindo-os para outra pessoa. Neal, um garoto de 16 anos do tipo atlético, está convencido de que Craig é homossexual. Para fugir dos medos sobre sua própria sexualidade, ele transfere a confusão sexual para Craig e extravasa sua raiva ridicularizando-o diante dos companheiros de equipe.

Outra forma comum de rejeitar emoções indesejáveis é pela *negação*, recusando-se a aceitar a realidade. Wayne, 17 anos, faz isso se divertindo. Apesar dos problemas — notas baixas, lar destruído, depressão, raiva etc. —, Wayne nega a realidade de sua situação com poucas palavras: "Vamos para a farra!". Evita seus conflitos simplesmente fingindo que não existem, "comemorando", vadiando, perambulando pelo parque e bebendo.

Superação

Os adolescentes que ocultam e os que extravasam seus conflitos têm pelo menos uma coisa em comum: ambos evitam a *responsabilidade*, a liberdade de escolher conscientemente suas ações e atitudes. Apegam-se, de uma forma ou de outra, a pensamentos que dizem: "Por que eles não...?". Em outras palavras, tendem a se perguntar por que os outros não resolvem seus próprios problemas. William Glasser considera essa falta de responsabilidade a principal causa dos conflitos do adolescente ou mesmo da delinqüência juvenil.[13] Segundo ele, quanto mais o jovem evita assumir a responsabilidade por suas ações e comportamentos, mais problemas tem.

Ao ocultar ou extravasar seus problemas, o adolescente está evitando confrontá-los diretamente. Isso não significa que não seja capaz de

[13] *The identity society*, New York: Harper & Row, 1972.

assumir a sua responsabilidade. A maioria dos psicólogos concorda com o especialista em desenvolvimento Jean Piaget quando afirma que na adolescência acontece a transição do raciocínio concreto para o estágio das "operações formais". O adolescente é capaz de enxergar além do que parece inevitável, descartar questões irrelevantes e considerar alternativas que era incapaz de discernir quando criança. É capaz de compreender o presente e imaginar o futuro. Pode pensar em termos abstratos e considerar as conseqüências de suas ações. O adolescente tem capacidade para dizer: "O problema é meu e eu tenho de fazer alguma coisa a respeito".

A exemplo de outras capacidades, a responsabilidade fica mais evidente num *continuum*. Há casos extremos de psicoses em que a pessoa é simplesmente incapaz de reconhecer que tem escolha. Por exemplo, o esquizofrênico paranóico, que acredita que está sendo seguido, acha que não pode fazer absolutamente nada para mudar a situação.

No outro extremo, há aqueles que assumem muita responsabilidade. São os que se sentem culpados por coisas pelas quais não são responsáveis. Por exemplo, a adolescente que sente culpa pela morte do pai porque estava na escola quando ele morreu.

A maioria dos jovens, no entanto, encontra-se em algum ponto entre esses dois extremos. O adolescente precisa saber que às vezes é responsável pelas coisas que lhe acontece e, não é, até quando tem liberdade para escolher a atitude que o ajudará a vencer o conflito que o aflige.

Este livro foi escrito para ajudá-lo a orientar um adolescente que você gostaria que enfrentasse seus conflitos de frente e decidisse superá-los. As técnicas descritas nas seções da segunda parte foram apresentadas para auxiliá-lo a permitir que o adolescente seja seu próprio conselheiro.

Quando ele for capaz de resolver seus próprios problemas com razoável sucesso e confiar cada vez mais nessa capacidade, os períodos de conflito se tornarão cada vez menos freqüentes e intensos. Só nesse momento o sentimento de realização sobrepujará o conflito.

2

Características da ajuda eficiente: auto-análise

A ferramenta mais importante que você detém para ajudar seu filho é você mesmo.[1] Sua pessoa é essencial para determinar a eficácia da sua capacidade de verdadeiramente ajudar alguém. Essa compreensão, no entanto, não diminui a importância do Espírito Santo. A questão é que a sua atitude e o seu comportamento podem tanto ajudar como atrapalhar qualquer obra de cura que o Espírito Santo esteja pronto a operar por seu intermédio.

Muitos pesquisadores tentaram identificar as qualidades que contribuem para o sucesso nas relações de ajuda. Descobriram a importância de fatores como sensibilidade, esperança, compaixão, controle, consciência e conhecimento. A lista pode preencher várias páginas. No início de 1967, Carl Rogers e seus colegas levaram a cabo um estudo de quatro anos de duração que parecia mostrar o que realmente interessa.[2] Foi confirmado por estudos posteriores e é citado em quase toda matéria sobre terapia. As descobertas são inequívocas. As pessoas tendem a melhorar quando estão ao lado de alguém que seja: 1) cordial; 2) sincero; e 3) empático. Sem essas características, a condição do indivíduo pode até piorar não obstante outros fatores.

[1]L. Parrott, *Counseling and Psychotherapy*, New York: McGraw-Hill, 1997, p. 24.

[2]C. R. Rogers, G. T. Gendlin, D. V. Kiesler & C. B. Traus, *The therapeutic relationship and its impact*, Madison: University of Wisconsin Press, 1967.

Cordialidade

Paul Tournier, renomado psicólogo suíço, disse: "Eu não tenho métodos. Tudo o que faço é aceitar as pessoas". O segredo para ser cordial sem ser possessivo está na aceitação. Aceitação é a atitude de não julgar e não exigir mudanças, simplesmente aceitar as idéias, os sentimentos e as ações do seu filho. Essa cordialidade ajudará o adolescente a desenvolver a base de sua auto-estima: "Se meus pais se preocupam comigo, então eu *sou* importante".

Auto-análise

Instruções: em cada sentença, assinale a resposta que mais se aproxime de suas convicções e atitudes. Tenha em mente que a resposta "certa" é a que melhor expressa o que você está pensando neste momento. Use o código a seguir:

5 = concordo plenamente
4 = concordo
3 = não tenho certeza
2 = discordo
1 = discordo totalmente

☐ Dar conselhos não ajudará em nada o meu filho.
☐ Aceito e respeito o meu filho quando ele discorda de mim.
☐ Quando erro, reconheço que errei para o meu filho.
☐ Antes de tomar uma decisão, analiso seriamente o lado do meu filho em uma divergência.
☐ Prefiro contar com a intuição mesmo que não saiba qual será o resultado.
☐ Não preciso de resultado concreto e imediato para saber que está havendo progressos.
☐ Na relação de ajuda, a pessoa que você representa é mais importante do que o que você faz.
☐ Minha presença deixa meu filho livre da ameaça de uma avaliação externa.
☐ Em uma situação de tensão, costumo permanecer calmo.
☐ Conheço meus limites quando se trata de ajudar o meu filho.

☐ **Total de pontos**

O total de pontos de suas respostas determinará o seu grau em relação às qualidades necessárias de um bom auxiliador:

- 40—50 Você pode oferecer ajuda efetiva para o seu filho; procure manter as suas qualidades.
- 30—39 Você tem tudo para dar ajuda efetiva, mas precisará se esforçar para exercitar as características descritas neste capítulo.
- Abaixo de 30 Você precisa de ajuda objetiva para oferecer o auxílio que está tentando dar ao seu filho.[3]

Ser cordial sem ser possessivo não significa aprovar tudo o que o seu filho faz. Gary Collins nos lembra de como Jesus foi cordial com a mulher no poço: "As qualidades morais dela talvez deixassem a desejar, e ele certamente jamais aprovou o comportamento pecaminoso; mas, mesmo assim, Jesus respeitou a mulher e a tratou como pessoa de valor. Sua atitude calorosa, interessada deve ter sido aparente onde quer que fosse".[4]

Ser cordial também não significa ser sentimentalista ao extremo. Não precisa passar o dia assobiando uma canção feliz, dizendo chavões e exibindo falsas emoções. A cordialidade incondicional é um convite para que o adolescente em conflito tenha uma idéia da graça de Deus. E a graça é a base para o crescimento. Quando o adolescente tiver certeza de que não será julgado pelo que é e que seus pais não o condenarão, o poder da graça de Deus começará a operar mudança.

Com a cordialidade incondicional, o adolescente não precisa tentar ganhar a aprovação dos pais. Ele pára de se perguntar se é amado pelo que é e pelo que faz. Por que isso é importante? Porque o adolescente que sente necessidade de ganhar a aprovação é atormentado pela dúvida de ser aceito ou não pelos pais.

A cordialidade sem possessividade é uma motivação a fim de que o adolescente se aceite e venha a ser um indivíduo forte, cuja personalidade não se conforma compulsivamente ao que os outros desejam que ele seja.

Sinceridade

Sem franqueza não há como sensibilizar um adolescente em conflito. Os adolescentes possuem um radar interno que detecta a falsidade de

[3]Essa auto-análise foi criada pelo autor para fornecer uma visão rápida e geral das características de ajuda de uma pessoa.

[4]*Aconselhamento cristão*, São Paulo: Vida Nova, 1984, p. 20.

longe. São especialistas em identificar sentimentos forçados e falsas intenções. Em cada oferta de ajuda utilizam seu próprio detetor de mentira. Pensamentos sinceros e sentimentos verdadeiros podem ser expressos verbalmente em momentos apropriados, mas também é importante que a sinceridade esteja presente em todas as outras manifestações sutis, como nos olhos e na postura dos pais, por exemplo.

A sinceridade não pode ser fabricada. Ou você procura ajudar sinceramente ou apenas desempenhará um papel inútil de "auxiliador", escondendo-se por trás de máscaras, desculpas ou fachadas. Em outras palavras, a sinceridade é algo que *está* em você, não no que você faz. Pode ser bem definida como o magnetismo interior. Jesus disse: "Benditos sejam os puros de coração". Em outras palavras: "Respeite o pai que não tem nenhuma malícia". Quando há sinceridade, há mais chances de um adolescente hesitante e cético ficar do seu lado e investir energia no processo de cura.

Empatia

A melhor maneira de saber como o adolescente se sente é colocar-se no lugar dele. Não sei quem disse isso antes, mas é a pura verdade. Ter empatia é demonstrar que você está pronto para ouvir o que o adolescente tem a dizer, entende o que ele pensa e imagina o que ele sente. Isso não significa necessariamente que você tem de compreender tudo o que está errado nele, mas apenas o que ele pensa e sente. Na empatia, não se fazem julgamentos. É como se você dissesse: "Se eu fosse você, faria o mesmo; dá para entender por que você se sente dessa forma".

Para manter qualidades como cordialidade, sinceridade e empatia, pergunte-se sempre:

- Aceito sinceramente esse adolecente sem exigir nenhuma mudança? Respeito-o apesar de seus pensamentos, sentimentos e comportamento?
- Estou mais preocupado em fazer as coisas certas que um pai (ou mãe) deve fazer, em vez de ser como realmente sou? Tenho consciência dos meus sentimentos quando estou com os outros?
- Como eu agiria, pensaria e sentiria se estivesse no lugar desse adolescente? Será que posso compreendê-la tão bem a ponto de não querer julgá-la?

Há duas distinções importantes a fazer. Em primeiro lugar, empatia não é identificação. Você não precisa usar calça jeans desbotada e ouvir *rock and roll* no rádio do carro para entrar no universo do adolescente. Na verdade, o adolescente quer ser visto como uma pessoa única e complexa. Despreza as tentativas óbvias dos adultos de se identificarem com ele. Dizer: "Sei exatamente como você se sente" para um adolescente em conflito é o mesmo que dizer a um veterano da guerra do Vietnã que é fácil e simples entender o seu estresse pós-traumático .

Em segundo lugar, a empatia é muito mais forte e profunda do que a simpatia. Ser simpático é ficar no barco e jogar uma bóia salva-vidas; ser empático é pular na água e se arriscar para ajudar o outro. E o risco é real. Na empatia, o risco é a mudança. Para compreender a aflição de um adolescente em conflito, você certamente terá de mudar, apesar da tendência humana de resistir às mudanças. Todavia, quando juntamos coragem para entrar no sofrimento desse adolescente, estabelecemos um relacionamento em que a cura é possível.

As melhores condições de crescimento do adolescente em conflito acontecem quando ele: 1) sente que é aceito incondicionalmente; 2) sente que está com uma pessoa confiável e verdadeira; e 3) sente que é totalmente compreendido.

NECESSÁRIO MAS NÃO SUFICIENTE

Embora essas três características sejam essenciais para que a ajuda eficaz ocorra, não são garantia de sucesso. São necessárias, mas não suficientes. As pessoas que têm essas qualidades ainda encontrarão variações na eficácia da verdadeira ajuda. Por exemplo, é crucial que os pais tenham ouvidos atentos, conforme explico no próximo capítulo. Outro fator importante é ter consciência de quando e como usar técnicas práticas e comprovadamente eficazes para tratar um determinado conflito. A segunda parte apresenta muitos elementos práticos quase sempre esquecidos quando se trata de ajudar um adolescente.

Cuidado para não dar muita ênfase às técnicas. Este livro não é uma cartola mágica com respostas prontas. Os métodos e técnicas aqui recomendados devem ser aperfeiçoados pela cordialidade, sinceridade e empatia dos pais. O resultado será a verdadeira expressão do amor que você sente por seu filho.

3

A essência da ajuda

John, 13 anos, confessou à mãe que está tendo dificuldades na escola e não quer fazer a lição de casa.

John: Pouco importa o que eles vão dizer. Não vou fazer mais nenhuma tarefa.

Mãe: [*muito preocupada*] Você sabe que pode não tirar o diploma se não fizer a lição de casa?

John: Não importa.

Mãe: [*em tom amigável*] Aposto que vai se importar quando começar a procurar emprego.

John: Grande coisa.

Mãe: [*desesperada, tentando ajudar*] Grande coisa? Isso afetará o resto da sua vida!

John: Não tem importância.

Esse ciclo infindável de argumentos não ajudará John nem um pouco a recuperar a vontade de fazer a lição de casa e não contribui em nada para criar um relacionamento terapêutico. A mãe foi racional e, evidentemente, está preocupada. Por que não funcionou?

O que falta é a capacidade mais importante e fundamental para conseguir uma boa relação de ajuda: ouvir atentamente. O adolescente não dirá de imediato o que pensa ou sente, mesmo que seus pais sejam compassivos. Os pais que conseguem estabelecer uma relação de ajuda com o filho fazem-no à moda antiga: conquistando a confiança. Em geral, o adolescente esconde suas verdadeiras preocupações e se abre somente depois que passa a receber muita atenção. Os pais com capacidade de ouvir podem descobrir o segredo para abrir a porta do sofrimento silencioso. "O caminho do coração", disse Voltaire, "é o ouvido". Veja o diálogo anterior, agora com uma mãe que ouve além das palavras.

John: Pouco importa o que eles vão dizer. Não vou fazer mais nenhuma tarefa.

Mãe: Parece que você já tomou uma decisão.

John: Já. Aqueles professores são uns idiotas, principalmente o sr. Wilson.

Mãe: Eles não são muito inteligentes, então?

John: Bom, tenho certeza de que são inteligentes e tudo o mais, mas não são muito legais.

Mãe: Eles são maldosos?

John: É. A última vez que entreguei o meu trabalho, o sr. Wilson leu em voz alta. Não escrevi aquilo para que o mundo inteiro ficasse sabendo.

Como no casamento, a relação de ajuda pode acontecer por bem ou por mal. A diferença está na arte de ouvir.

A ESSÊNCIA DA AJUDA É SABER OUVIR

Aristóteles observou que, embora uma pancada na cabeça possa deixar uma pessoa inconsciente, um golpe no coração certamente será fatal. O ouvido atento ou o "terceiro ouvido", como disse Theodore Reik, é a essência da ajuda. É fundamental para a sobrevivência da relação de ajuda. Sem essa qualidade, a compaixão não dura.

Jesus sabia que ouvir era importante. Ainda menino, sentava-se com os mestres no templo, "ouvindo e fazendo-lhes perguntas [e] todos [...] ficavam maravilhados com o seu entendimento" (Lc 2.46,47). O apóstolo Paulo sabia que ouvir é uma tarefa diligente. Quando estava diante de Agripa, disse: "Peço que me ouças pacientemente" (At 26.3). O livro de Tiago exorta-nos a ser "prontos para ouvir, tardios para falar" (Tg 1.19). E o livro de Provérbios diz: "Quem responde antes de ouvir comete insensatez e passa vergonha" (Pv 18.13). A palavra *ouvir* aparece mais de duzentas vezes na Bíblia.

Dois importantes ingredientes são essenciais para o ouvido atento: a reprodução e o esclarecimento.

Reprodução

A compreensão é resultado de uma reprodução de empatia, ou seja, reagir com sensibilidade em relação ao lado sentimental, e não ao significado semântico do que as pessoas dizem. Jesus reagia com base no que ele "ouvia" as pessoas *sentirem*. Depois de um rápido diálogo, Natanael declarou que Jesus era o Filho de Deus. Jesus reproduziu a intenção dele e disse: "Você crê porque eu disse que o vi debaixo da figueira" (Jo 1.50; v.tb. 43-51).

Ouvir atentamente não significa dizer: "Compreendo". Numa famosa história em quadrinhos, um adolescente exasperado dizia para a mãe: "Pelo amor de São Pedro, mãe, será que não daria para você parar de me compreender e apenas me ouvir?".

Muitos acreditam que a sinceridade é garantia de bom entendimento. Mas ela ignora o fato de que falamos de forma a limitar muito a nossa capacidade de transmitir fielmente a mensagem desejada. Entre o que uma pessoa deseja falar e o que a outra ouve existe um filtro inevitável de preconceitos. "Não vou fazer mais nenhuma tarefa" pode significar: "Fiquei extremamente envergonhado quando o sr. Wilson leu o meu trabalho para a classe inteira ouvir". "Não vou" pode significar: "Não quero ir". "Tem certeza?" pode significar: "Não concordo".

O objetivo de reproduzir o que alguém diz é atingir um dos três aspectos da mensagem: 1) o conteúdo; 2) o raciocínio por trás dela; ou 3) os sentimentos por trás dela. Todos são igualmente válidos e úteis. Vejamos um exemplo de como reproduzir uma simples frase em cada um dos aspectos.

Adolecente: Não deu para acreditar quando me acusou por uma coisa que *ele* fez.
Pai: [*reproduzindo o conteúdo*] Ele o culpou.
Adolecente: É. Ele disse que eu era responsável porque eu estava lá.
Pai: [*reproduzindo o raciocínio*] Você achou que ele foi injusto.
Adolecente: É. Eu não merecia levar a culpa.
Pai: [*reproduzindo o sentimento*] Você deve ter ficado bravo.
Adolecente: Eu fiquei irado. Também me senti mal.

Ao reproduzir o conteúdo da mensagem, os pais permitem que o adolescente explique melhor o que aconteceu. Ao reproduzir o raciocínio por trás da mensagem, permitem que o jovem entenda a sua avaliação do que aconteceu. E, ao reproduzir o sentimento, ajudam-no a ter consciência das emoções suscitadas em decorrência do que aconteceu. Vejamos outros exemplos.

Adolecente: [*sentado, olhando para o chão, curvado, em silêncio*].
Pai: [*reproduzindo o conteúdo*] O seu dia foi péssimo?
Adolecente: O treinador não me deixou jogar hoje.
Pai: [*reproduzindo o raciocínio*] Imagino que você não quisesse ser chateado.
Adolecente: Não, eu só queria que ele tivesse me tratado melhor.
Pai: [*reproduzindo o sentimento*] Não parece que é só isso.
Adolecente: Acho que estou mesmo com raiva dele.

Reproduzir o conteúdo, raciocínio ou sentimento da mensagem de um adolescente em conflito não é julgar ou dar conselhos. É dizer: "Estou do seu lado e quero entendê-lo melhor". Outro exemplo.

Adolecente: Fui aceito nas três faculdades.
Pai: [*reproduzindo o conteúdo*] Você conseguiu o que queria.
Adolecente: É, todas me mandaram uma carta.
Pai: [*reproduzindo o raciocínio*] Você deu duro e obteve a recompensa.
Adolecente: É, acho que não precisava ter me preocupado tanto.
Pai: [*reproduzindo o sentimento*] Você conseguiu tudo o que queria. Deve estar feliz.
Adolecente: Nunca me senti tão aliviado. Sinto-me ótimo.

Entretanto, pode haver um certo exagero nesse tipo de comportamento dos pais. Ansiosos em estabelecer um canal de comunicação com o filho, às vezes reproduzem tudo o que se passa na mente do adolescente. Ficar fazendo "hum-hum" e concordando com a cabeça ou repetindo tudo o que ele fala, na melhor das hipóteses pode atrapalhar a conversa e, na pior, pode demonstrar superficialidade e insinceridade. Vá com calma.

Esclarecimento

O amor não está em todo lugar

Como você leria essa frase? Pode ser: "O amor não está em todo lugar". Mas também pode ser: "O amor, não. Está em todo lugar". Da mesma forma, podemos entender uma mensagem de um jeito totalmente diferente do que o que o adolescente quer dizer.

Quando desentendimentos absurdos aconteciam entre Laurel e Hardy, a famosa dupla de comediantes da série de TV *O Gordo e o Magro*, todo mundo achava graça. Mas numa relação de ajuda, o mal-entendido não tem graça alguma. Não acontece porque não ouvimos bem as palavras, e sim porque não esclarecemos o significado delas. As quinhentas palavras mais usadas na língua inglesa carregam mil e quatrocentos significados distintos, o que dá uma média de três significados para cada palavra!

Além disso, cada adolescente tem o seu próprio vocabulário com sentido específico para cada palavra. Certa vez, ouvi um adolescente dizer que ia para "uma balada da hora" onde "o terreno estava limpo". Tradução: ele ia para uma ótima festa, onde não haveria nenhum adulto. Vejamos mais alguns exemplos: *dez* significa "o melhor", *show* significa excelente, *dar um rolé* significa dar um passeio a pé, *chegado* é um amigo íntimo, confiável, *arroz de festa* é a pessoa que vai a todas as festas, *mamado* significa bêbado, *baia* é casa, *e aí, mano?* é uma expressão usada entre amigos que subentende uma relação de intimidade, *coisa de louco* significa "muito bom", *ligado* significa estar sob efeito de drogas, *pagar um sapo* significa passar por uma situação vexaminosa, *desencanar* significa relaxar, *animal* significa ótimo, demais. Nem preciso explicar por que é importante esclarecer as coisas!

O esclarecimento serve para dois propósitos básicos: 1) obter mais informações; e 2) ajudar a explorar melhor uma questão para descobrir, por exemplo, se determinado problema é uma grande preocupação para o adolescente ou para você.

Nem é preciso dizer que o esclarecimento também é necessário quando você achar que não entendeu direito. Outra história em quadrinhos encontrou um jeito ótimo de dizer isso. Um rei está sentado no banco de trás de seu Rolls-Royce. Na frente, há um bando de rapazes cabeludos e descalços. Ele tira a cabeça para fora do carro e grita: "Eu disse radiais e não radicais!".

UM EXERCÍCIO PARA O OUVIDO ATENTO

As palavras de um adolescente em conflito costumam dissimular sentimentos importantes. Reproduzir os sentimentos do adolescente é uma das técnicas de escuta mais difíceis e úteis. A seguir encontram-se algumas frases típicas dos adolescentes. Leia cada uma separadamente, tentando ouvir os sentimentos. Anote o sentimento que você ouviu e escreva uma resposta que reflita o sentimento de cada frase.

1. Treino o tempo todo, mas não adianta nada.
2. Toda garota tem namorado, mas eu não tenho.
3. Eu não devia ter batido a porta, mas ela não devia ter dito aquilo.
4. Eu queria poder chegar em casa depois da meia-noite. O Jim pode.
5. Você acha que fiz a coisa certa?
6. Eu queria dar um soco na cara dele!
7. Não quero mais falar sobre isso.
8. De que adianta?
9. E se ela rir de mim? Não vou perguntar para ela.
10. Eu não sinto nada em relação a isso.

Compare a sua lista de afirmações reproduzidas com as orações a seguir para ver até que ponto você consegue reconhecer os sentimentos. Marque 2 pontos nos itens em que a sua escolha for bastante semelhante, 1 ponto se for parcialmente semelhante e 0 se for totalmente diferente.

Classifique o nível de reconhecimento dos sentimentos dos adolescentes:

- 16-20 Acima da média
- 11-15 Na média
- 0-10 Abaixo da média

Respostas possíveis para ao exercício do ouvido atento

1. Treino o tempo todo, mas não adianta nada.
   Você parece desanimado.
2. Toda garota tem namorado, mas eu não tenho.
   É como se você sobrasse.

3. Eu não devia ter batido a porta, mas ela não devia ter dito aquilo.
   Você se sente um pouco culpado, mas ao mesmo tempo no direito de ter feito o que fez.
4. Eu queria poder chegar em casa depois da meia-noite. O Jim pode.
   Imagino que você está achando que somos superprotetores.
5. Você acha que eu fiz a coisa certa?
   Parece que você não tem muita certeza.
6. Eu queria dar um soco na cara dele!
   Você deve estar mesmo com raiva.
7. Não quero mais falar sobre isso.
   Parece que você está se sentindo sobrecarregado, como se tudo isso fosse demais para você.
8. De que adianta?
   Quando você diz isso, dá a impressão de que você está desanimado e entregando os pontos.
9. E se ela rir de mim? Não vou perguntar para ela.
   Estou achando que você está com um pouco de medo e que já tomou uma decisão.
10. Eu não sinto nada em relação a isso.
    Tenho a impressão de que você não sabe o que deveria sentir em relação a isso e, portanto, acha que não sente nada.

QUAL A FUNÇÃO DO OUVIDO ATENTO?

Suscitar sentimentos ocultos

Ao ouvir atentamente, você permite que os sentimentos ocultos do adolescente venham à tona. O adolescente em conflito nem sempre fala da dor. Deseja que alguém perceba que está sofrendo sem ter de confessar isso. Um grito de medo, por exemplo, pode aparecer disfarçado por uma expressão dura. A dor, às vezes, é calada com palavras de raiva e a depressão pode estar por trás de um sorriso tenso.

Para ajudar o adolescente, os pais precisam usar um bom sismógrafo interno para sentir os tremores que há por trás da aparente calma. Na verdade, ouvir com atenção é exatamente isso, uma forma de sentir o terremoto da adolescência. Se os pais avaliarem que Brian, 14 anos, não está tão apático quanto parece, e sim com raiva porque não conseguiu entrar para o time, não dirão: "Você não quer reconhecer que está com muita bronca". Em vez disso, sondarão com cuidado: "Tenho a impressão de que você está bravo e não sabe se tem o direito de ficar assim". Uma declaração como essa permitirá que Brian assuma a raiva escondida sem perder a dignidade.

Espantar o medo dos sentimentos

Sem fazer julgamentos, o ato de ouvir atentamente cria um ambiente seguro. É uma oportunidade para o adolescente receoso abaixar suas defesas, acessar os temores que havia sentido e saber que seus sentimentos são normais. Quando o adolescente se fecha, é como se ele pisasse no acelerador até o máximo, mas mantivesse o carro no ponto morto e um pé no freio. Gastaria um combustível valioso, mas não sairia do lugar. O ouvido atento dos pais recarrega o combustível do adolescente para que ele comece a andar na direção certa.

O ato de ouvir ajuda o adolescente a ser o seu próprio conselheiro

O papel dos pais não é socorrer. Muitas vezes, os pais pensam que ajudar é dar conselhos. O problema em resolver os conflitos dos outros é que as soluções externas alimentam uma dependência negativa. Se você resolver um problema para um adolescente, e na semana seguinte ele aparecer com um problema semelhante, você terá de apagar o fogo outra vez. Quando ouvimos uma pessoa, estamos dizendo: "Acredito em você". Mas dar conselhos é o mesmo que dizer: "Não confio nas soluções que você encontra sozinho". Ao ouvir atentamente, os pais reforçam a confiança do adolescente em conflito e o ensinam a depender de Deus e de si mesmo para resolver seus problemas.

O ato de ouvir promove a verdadeira aprendizagem

Os únicos seres que realmente querem que alguém mude alguma coisa neles são os bebês com a fralda molhada. O objetivo da ajuda não é mudar ninguém, mas criar uma relação em que a pessoa aprenda a mudar sozinha, uma relação na qual amadureça.

A verdadeira aprendizagem, a que realmente influencia o comportamento, se dá em geral pelo autoconhecimento. E o ouvido atento dos pais ajuda o adolescente em conflito a descobrir por si mesmo como lidar melhor com as situações. É o princípio da participação: as pessoas são motivadas a realizar ou levar a cabo as decisões que ajudaram a tomar. A motivação para seguir um conselho imposto, quando muito, é mínima.

DOIS ERROS COMUNS DO OUVIDO ATENTO

Em *The healing heart* [*O agente da cura*], Norman Cousins conta que os alunos de medicina costumam demonstrar melhores índices de empatia quando estão no início do curso que quando estão prestes a se formar.[1] Em algum ponto no processo de aprendizagem da medicina, eles desviam o foco do paciente e concentram-se somente na doença. Conseqüentemente, acredita Cousins, muitos estudantes se tornam altamente treinados, mas pouco refinados. Os pais podem cair na mesma armadilha. Podem ficar tão confiantes na própria capacidade de ouvir que perdem o interesse em praticá-la. Ou esforçam-se tão diligentemente para ser ouvintes sofisticados que deixam passar as coisas mais evidentes. Para ser eficientes na arte de ouvir, os pais não podem perder o desejo ou a percepção do óbvio.

Desejo de ouvir

Como a maioria das pessoas fala uma média de 120 palavras por minuto e a maior parte do que se diz pode também ser compreendida numa média de 250 palavras por minuto, sobra muito tempo para a atividade mental.[2] Isso significa que os pais têm pelo menos duas opções: podem usar o tempo de sobra para compreender melhor a mensagem ou para

> **Frases úteis para o ouvinte atento**
>
> Tenho a impressão de que você está se sentindo...
> Será que não seria...
> Pelo que entendi, ...
> Imagino se você não está achando...
> É como se...
> O que você está dizendo é que...
> Você deve estar se sentindo...

[1]New York: Norton, 1983, p. 26.
[2]E. Foulke, Listening comprehension as a function of word rate, *Journal of communication* 18, 1968, p. 198.

pensar no que vão ter para o jantar. Se quiserem compreender bem um adolescente em conflito, precisam manter o desejo sincero de ouvir. A falta de desejo pode ser um sintoma de cansaço.

A percepção do óbvio

Além de ficar alerta às entrelinhas, o ouvido atento também não pode deixar passar o óbvio: "a última coisa que passa pela cabeça do peixe é a água". Em busca dos sentimentos ocultos, às vezes os pais não enxergam o mais evidente.

Harold Kushner conta uma história que serve de exemplo para essa questão.[3] Uma fábrica estava tendo problemas com um funcionário ladrão. Todo dia, um item de valor desaparecia. Contrataram então um guarda de segurança para revistar todos os empregados à saída no fim do expediente. A maioria dos homens carregava apenas a marmita do almoço. Porém, cotidianamente, passava um homem carregando um carrinho de mão cheio de lixo; e o segurança, exasperado, tinha de revirá-lo para ver se não havia algo de valor escondido. O guarda nunca encontrava nada no lixo, mas um dia ele não agüentou.

— Escuta aqui — disse o guarda —, sei que você está escondendo algo, mas nunca encontro nada que valha a pena ser roubado nesse lixo todo que você carrega. Isso está me deixando louco. Se você me disser o que é, juro que não vou entregá-lo.

— Carrinhos de mão — respondeu o homem, dando de ombros.
— Estou levando os carrinhos de mão.

POR QUE OS CONSELHOS IRRITAM

Muitas vezes, o conselho acaba com a essência da ajuda. Um pequeno conselho, como um pequeno dente de alho, pode durar muito. Os lembretes a seguir vão ajudá-lo a não exagerar na dose.

O conselho quase sempre é egoísta

Quando você dá um conselho sem ouvir atentamente, acha que está sendo de grande ajuda. Afinal, ao ajudar o adolescente a enxergar a luz, você não estará aliviando o seu sofrimento? Na verdade, a tentativa de mudar o

[3] *When all you've ever wanted isn't enough:* the search for a life that matters, New York: Summit Books, 1986, p. 152.

adolescente pelo conselho, além de ingênua e ineficiente, é egoísta. É triste ver um adolescente sofrer com um conflito. Por isso, ao fazer a sua parte — dar conselhos —, os pais se sentem melhor. A principal motivação por trás dessa prática, não raro, é o desejo de se sentir bem consigo mesmo. Não se surpreenda com o caos que um conselho egoísta pode causar.

O conselho pode fazer o jovem se sentir pior

Dar um conselho pode fazer a pessoa se sentir pior porque ela não pode ou não está pronta para segui-lo. Isso pode causar grandes crises de culpa. O conselho que os amigos de Jó lhe deram no momento de aflição, por exemplo, serviram apenas para deixar o pobre homem ainda mais triste. A única forma de saber se um adolescente está pronto para um conselho é estar sempre disposto a ouvi-lo atentamente.

O conselho pode ser ameaçador

Às vezes, um conselho pode colocar as convicções e atitudes do adolescente em questão. Essa prática pode expor a insegurança e a incerteza dos pais em relação às suas próprias convicções. Ninguém gosta quando os próprios valores em determinadas áreas são abalados. Por isso, os pais acham que, se convencerem o adolescente a pensar como eles, esse mal-estar passará e suas próprias convicções serão fortalecidas. Ademais, provarão uma vez mais que estão com a razão. Isso é muito mais fácil do que se esforçar para entender as perspectivas do adolescente.

O conselho pode ser uma chateação

Ser forçado a ouvir um monólogo desagradável e até irritante pode fazer a pessoa desligar o botão da "conversa" de mão única e desviar a atenção para outras coisas. O ouvinte aborrecido, na tentativa de reprimir o impulso de levantar-se e ir embora, simplesmente deixa a mente divagar e pára de prestar atenção. É como o jovem entediado na igreja que diz para a mãe: "Dê logo o dízimo e vamos embora". O conselho dado por quem não tem ouvido atento pode ser uma chateação. E como diz Provérbios 18.13: "Quem responde antes de ouvir comete insensatez e passa vergonha".

O conselho pode custar caro

O conselho é eficiente quando preenche as necessidades latentes do ouvinte. Muitas vezes, é dado sem noção de como a pessoa se sente. As pessoas que dão conselhos sem ouvir primeiro estão se dando ao luxo de emitir uma opinião sem ter o trabalho de refletir .

Embora os pais estejam prontos a dar conselhos, isso não significa que o filho esteja pronto para recebê-los. O conselho barato sai caro. Quando o preço de ouvir um conselho é maior que as vantagens que se ganha, a pessoa o recusa. Ao ouvir um conselho dado por um ouvido desatento, o adolescente diz: "Não quero mais falar sobre isso!". Até um bom conselho não vale esse preço.

A conclusão é óbvia. É difícil errar quando se tem ouvido atento, mas o conselho e as recomendações podem bloquear o fluxo das verdadeiras emoções. Em outras palavras, o ouvido atento quase sempre ajuda o outro a esclarecer a confusão.

PARA QUE O CONSELHO SEJA ÚTIL

Carl Jung, pioneiro da psicologia, disse que o conselho não faz mal a nin-guém porque dificilmente é levado a sério. Pode ser verdade, mas há maneiras de ajudar as pessoas a ouvi-lo. O segredo é saber quando e como dá-lo. A Bíblia diz: "O seu falar seja sempre agradável e temperado com sal, para que saibam como responder a cada um" (Cl 4.6).

Creio que está claro que o conselho normalmente tem o efeito contrário quando os pais, por não ficarem de ouvidos atentos, não ganharam o direito de dá-lo. Antes de dar um conselho, os pais precisam saber de que o seu filho em conflito está realmente precisando. Os filósofos sempre afirmaram que é mais importante formular a pergunta certa que ter uma resposta pronta. O mesmo vale para a ajuda. O ouvir não é a cobertura do bolo, mas *o próprio* bolo.

Pensando na importância de saber ouvir, vejamos algumas formas específicas de reduzir possíveis conseqüências negativas ao dar um conselho a um adolescente, *ainda que seja apropriado.*

- As pessoas ouvem melhor um conselho quando estão calmas e com a cabeça no lugar. Não é boa idéia ensinar alguém a nadar quando está se afogando.
- Ajude o adolescente a dar conselhos a si mesmo. Às vezes, basta dizer: "O que você diria para uma pessoa na sua situação?".
- Os conselhos terão mais efeito se não forem dados a todo momento. Como um telegrama da antiga rede ferroviária Western Union, quando raros, os conselhos têm mais peso.

- Pergunte o que a pessoa entendeu do que você disse. Peça para explicar com as próprias palavras o que você acabou de dizer.
- Se o jovem não compreender ou não aceitar um conselho, não o force. Uma mulher que conheço colocou um quadro na parede que diz: "Senhor, encha a minha boca de coisas boas e me dê um cutucão quando for hora de parar de falar".

4

As armadilhas mais comuns na relação de ajuda

Um jovem promissor executivo da IBM envolveu-se num empreendimento arriscado em nome da empresa e acabou dando um prejuízo de mais de dez milhões de dólares. As conseqüências foram desastrosas. O fundador e presidente da IBM, Tom Watson, chamou o nervoso executivo em seu gabinete:

— Acho que o senhor está querendo a minha demissão? — balbuciou o jovem.

— Você está louco? Acabamos de gastar dez milhões de dólares com a sua educação! — respondeu Watson.

Felizmente, a maioria dos erros não sai tão caro quanto o que esse jovem executivo cometeu. A maioria das empresas não pode pagar dez milhões de dólares por um único erro. Mas quando se trata de ajudar um adolescente, todo erro carrega o potencial de provocar conseqüências devastadoras. Contudo, ninguém está fadado a repetir um erro. Podemos aprender a evitar as armadilhas em que outros caíram.[1]

Este capítulo foi escrito para ajudá-lo a evitar as armadilhas mais comuns na relação de ajuda. A intenção não é fazer uma lista infinita de burradas nem fornecer um catálogo dos maiores enganos que se pode cometer, mas apresentar os erros mais comuns quando se quer ajudar um adolescente.

[1]E. GANBRILL, *Critical thinking in clinical practice:* improving the accuracy of judgments and decisions about clients, San Francisco: Jossey-Bass, 1990.

AGIR PREMATURAMENTE

Tentar resolver o problema de um adolescente antes de compreendê-lo totalmente é um erro habitual.[2] É preciso tempo e paciência para desvendar as características evidentes do problema de um adolescente. Como um quebra-cabeça complexo, cheio de peças para juntar, o conflito de um jovem não pode ser resolvido numa questão de minutos.

Tomemos uma situação de tratamento psicológico, por exemplo, em que até um profissional treinado pode facilmente incorrer em erro. Tracy, aluna do terceiro ano do colegial com média geral 3,8, diz: "Estou muito deprimida e acho que é porque não passei no exame de inglês". O psicólogo verifica os sintomas dela e rapidamente avalia que a sua auto-análise é precisa. Tracy quer receber notas altas, e não ser aprovada num exame importante converte-se em experiência traumática. O psicólogo julga que ela tem expectativa muito alta em relação a seu desempenho escolar. Especula essa hipótese cuidadosamente, fazendo perguntas para comprová-la. Tracy admite que é impaciente consigo mesma e quer ser oradora da turma. O psicólogo acredita que acertou em cheio na análise do problema e está pronto para falar sobre os conceitos irreais dela. Consome cinco sessões tentando diminuir os padrões de desempenho exagerados que Tracy impõe a si mesma e acredita que esteja fazendo progressos. Depois, ele ouve uma mensagem em sua secretária eletrônica deixada por uma amiga de Tracy, preocupada: "Sei que provavelmente não deveria ligar para o senhor, mas receio que Tracy não lhe tenha contado que é bulímica, não pára de comer". De repente, a "teoria dos padrões exagerados" surge como mera tolice.

O verdadeiro agente auxiliador de cura jamais tira conclusões apressadas. Não é fácil se concentrar em questões críticas rapidamente. Os bons psicólogos, e pais, perguntam-se a todo o momento: "Será que deixei passar alguma coisa?".

MEDO DO SILÊNCIO

Os pais costumam ter medo do silêncio. Sentem necessidade de preencher as lacunas de silêncio na comunicação. Porém, o silêncio não é sinal de coisa errada. Quando você achar que as engrenagens da mente e dos sentimentos do adolescente estão em atividade, deixe o processo se completar

[2] A. Combs, What makes a good helper, *Person-Centered Review* 1, 1986, p. 51-61.

sem interrupções. Quando os pais ficam nervosos com o silêncio, as conseqüências são desastrosas. Interromper o jovem antes que ele tenha terminado de falar, cortar um raciocínio produtivo, não ouvir o que ele está realmente querendo dizer porque você está ensaiando mentalmente o que dirá em seguida, e assim por diante, são situações que podem ocorrer na tentativa de evitar momentos de silêncio.[3]

INTERROGATÓRIO

Alguns pais contam muito com as perguntas e fazem um monte delas. Aprenda a não submeter o seu filho a uma avalanche de perguntas. O questionamento excessivo pode fazer que o jovem se sinta "na berlinda" ou encurralado. O resultado será o comportamento defensivo. As informações podem ser obtidas sem interrogatório. Por exemplo, suponha que o adolescente diga: "O técnico do time ficou bravo comigo quase a tarde inteira". Uma série natural de perguntas seria:

- O seu técnico fica bravo com freqüência?
- O que ele faz quando fica bravo?
- Como você se sente quando ele faz isso?

Você pode obter quase todas essas informações e muito mais dizendo algo como: "Tenho a impressão de que o técnico já ficou bravo com você mais de uma vez". Uma declaração como essa permite que o jovem saiba que é compreendido e que pode se abrir mais sem correr o risco de ficar na berlinda.

Os pais devem ser habilidosos e tornar as informações claras sem fazer uma longa lista de perguntas. A tentativa constante de compreender a experiência do adolescente o deixará menos na defensiva, e assim será mais fácil acessar as informações importantes.

IMPACIÊNCIA

Qualquer pai cujo filho tenha algum conflito observará cuidadosamente os sinais de progresso. Os pais querem ver os filhos melhorar o mais cedo possível. Ansiosos para que isso aconteça, no entanto, podem forçar um adolescente que não está pronto a assumir um comportamento antes da hora. A mudança gradual não é sinal de fracasso dos pais. É

[3] J. Brams, Counselor characteristics and effective communication in counseling, *Journal of Counseling Psychology* 8, 1961, p. 25-30.

preciso tempo para que o adolescente mude e sofra uma transformação real. Um jovem que esteja sofrendo com a perda de um ente querido, por exemplo, não pode ser compelido a melhorar de repente. Não se pode esperar que um adolescente com distúrbios alimentares mude radicalmente sua dieta e comece a praticar exercícios em poucas semanas.

O jovem pressionado a mudar rapidamente por certo está fadado ao fracasso. Ser "forçado" a fazer algo para o qual não está devidamente preparado pode gerar um comportamento extremamente defensivo e regressão. Os pais devem ter cuidado com sua impaciência. A maioria das pessoas não consegue realizar e não realiza mudanças drásticas rapidamente.

RELUTÂNCIA EM BUSCAR AJUDA

Alguns pais acham que estarão falhando se não conseguirem suprir as necessidades de seus próprios filhos. Todavia, nenhum pai é obrigado a enfrentar isso sozinho. Um bom pai também deve recorrer a um psicólogo competente quando o filho precisar. Isso pode significar ter de participar do processo terapêutico. Cada capítulo que trata dos "conflitos" na segunda parte do livro contém informações sobre quando se deve recorrer à ajuda de um psicólogo.

CONCLUSÃO

O medo de errar é um dos maiores obstáculos que os pais enfrentam. Todo pai, apesar da experiência e conhecimento, comete erros. Até os "especialistas" em criação de filhos não estão livres de cometer enganos. E ninguém espera que você seja o pai ou a mãe "perfeita". Por isso, permita-se cometer erros e aprender com eles, e não desista.

O genial inventor Thomas Alva Edison deparou certa vez com dois assistentes desanimados que lhe disseram: "Já realizamos setecentos experimentos e ainda não conseguimos fazer uma lâmpada. Nós fracassamos". E Edison respondeu: "Não fracassamos. Fizemos progresso. Agora sabemos setecentas coisas que não devemos fazer. Estamos ficando especialistas. A cada 'erro', nos aproximamos mais de nosso objetivo".

A sabedoria de Thomas Edison também serve para aprendermos a lidar com um filho adolescente em conflito. Que você possa evitar os erros resumidos neste capítulo e se aproxime cada vez mais da qualidade da eficiência.

5

Um guia aos pais sobre ajuda profissional

Estudos mostram que os adolescentes em geral procuram primeiro os pais quando estão com algum conflito. Mamãe e papai são os primeiros da lista de fontes de ajuda e conselho, que também inclui colegas, parentes, pastores, professores e psicólogos. Os estudos também indicam que, quando os pais se preocupam com um problema sério de um filho adolescente, é mais provável que recorram a pessoas da própria família para obter conselhos. Um bom psicólogo só é consultado depois de várias tentativas fracassadas. Este livro ajudará os pais a saber como ajudar de maneira mais eficiente e quando dar esse passo adiante.

Um número cada vez maior de evidências indica que, com uma pequena ajuda de profissionais, os pais podem ajudar a resolver vários conflitos de filhos adolescentes. Com ajuda, os pais podem lidar, por exemplo, com o controle da raiva, atitudes críticas, a vontade de Deus, o sofrimento, a culpa, a solidão, a pressão dos amigos, o trabalho escolar, a rivalidade entre irmãos e a dúvida espiritual. Infelizmente, os pais não obtêm muitas informações úteis em livros científicos ou mesmo com a experiência de outros pais. Este livro é uma tentativa de ajudar a preencher essa lacuna.

Contudo, mesmo com as melhores intenções, os pais precisam entender que alguns problemas precisam ser tratados por profissionais experientes. Os adolescentes que lutam contra abuso, depressão profunda, suicídio, distúrbios alimentares, ataques de pânico, fobias, esquizofrenia e distúrbios do sono precisam de ajuda profissional. Embora algumas técnicas de ajuda para esses problemas possam ser aplicadas pelos pais, o tratamento eficaz exige a intervenção de um bom médico.

Os pais devem procurar os serviços de profissionais especializados em saúde mental nos casos específicos ou quando não se obtém muito ou nenhum progresso em outras áreas problemáticas. Este capítulo fornece uma lista de perguntas que o ajudarão a decidir se a ajuda profissional é necessária. Você também saberá escolher entre um psicólogo ou um psicoterapeuta. Apesar do estigma persistente do tratamento psicológico e da idéia de que a família deve ser capaz de resolver seus próprios problemas sem ajuda externa, especialmente no meio evangélico, os profissionais de saúde mental podem ser muito importantes para ajudar o adolescente a enxergar o poder do evangelho em sua vida e o conforto restaurador do Espírito Santo.

QUANDO A AJUDA PROFISSIONAL É NECESSÁRIA?

Tentar saber o que é normal na adolescência é como tentar pregar gelatina na parede. Em geral, a transição do estado "normal" para o "anormal" acontece quando o comportamento do adolescente começa a interferir em sua capacidade de executar tarefas rotineiras ou manter relacionamentos.

As perguntas a seguir o ajudarão a decidir se o seu filho está passando por uma fase inofensiva ou sofrendo um sério problema. Se você responder "sim" a qualquer uma dessas perguntas, o seu filho precisa de tratamento e da ajuda de um profissional o mais rápido possível.

- O seu filho fica em silêncio por longos períodos, é socialmente retraído e tem poucos amigos?
- Ele está pensando em abandonar ou corre o risco de não terminar o colegial? Está faltando às aulas?
- É obcecado por dieta e ginástica? Ele tem algum distúrbio alimentar?
- Pratica algum tipo de autoflagelação, apresentando marcas de dentes, cortes ou queimaduras? Ele tem tatuagens feitas em casa?
- Ele está envolvido em algum tipo de atividade ilegal? Ele foi preso ou cometeu alguma contravenção?
- Ele demonstra medo excessivo de algum membro da família em particular, parente ou amigo da família? Há possibilidade de ele ter sido sexualmente molestado e estar com medo de falar sobre isso?
- Ele tem-se sentido com freqüência inútil, desamparado, culpado, letárgico? Ele sofre de depressão?

- A sua vida familiar está um caos por causa do seu filho? O seu bem-estar ou o seu desempenho no trabalho foi prejudicado devido aos problemas do seu filho?
- Ele demonstra grande interesse pelo ocultismo? Lê sobre magia negra ou pratica atividades anti-religiosas?
- Tem explosões de raiva e se envolve em brigas com freqüência? Já praticou algum ato de vandalismo? É uma ameaça ao bem-estar de alguém?
- Você está preocupado que seu filho possa ser sexualmente promíscuo? Ele corre o risco de pegar alguma doença venérea ou AIDS?
- Diz que ouve vozes que os outros não conseguem ouvir? Sofre de alucinações ou perdeu o contato com a realidade?
- Ele está tendo problemas sérios de sono: sofre de insônia, acorda várias vezes durante a noite, tem pesadelos com freqüência ou dorme demais?
- Ele tem pensamentos mórbidos, fala muito sobre a morte? Tem tendências suicidas?
- Ele anda com uma turma de amigos que violam os limites dos outros? Você tem algum motivo para suspeitar que ele esteja praticando alguma atividade ilegal ou atos destrutivos?
- Ele fica bêbado? Dirige alcoolizado? Ele está usando drogas que podem levar à morte?
- Ele experimenta períodos relativamente curtos de muita ansiedade? Tem ataques de pânico?

COMO ESCOLHER UM PSICÓLOGO FAMILIAR OU UM PROFISSIONAL DE SAÚDE MENTAL

Se você respondeu "sim" a qualquer uma das perguntas anteriores, sem dúvida já tentou muitas coisas para ajudar o seu filho em conflito. Você pode ter conversado com um amigo confiável que tenha passado por uma experiência semelhante com adolescente, ter lido um livro bem-conceituado sobre o problema ou consultado um professor, conselheiro, médico ou pastor. São fontes excelentes, mas quando o problema se torna sério é hora de chamar um psicoterapeuta profissional. É uma decisão assustadora. Não é fácil contar para um estranho que nem tudo vai bem dentro de casa. Se você for como a maioria dos pais, não se sente bem em sujeitar a sua capacidade de pai ou mãe à avaliação de um profissional.

As informações a seguir têm a intenção de ajudá-lo a se tornar um usuário informado dos serviços psicológicos. Mesmo que essas sugestões não diminuam o seu medo, podem deixá-lo mais seguro e auxiliá-lo a encontrar a melhor ajuda possível para o seu filho.

O primeiro item relevante na seleção de um psicoterapeuta é conhecer os diferentes tipos de profissionais qualificados. Existe uma piada antiga no meio médico que diz: "Qual a diferença entre um psicólogo e um psiquiatra? Uns cinqüenta dólares por hora". Atualmente, há vários tipos de profissionais que fornecem uma variedade de serviços psicológicos, e as diferenças vão muito além da taxa que cobram.

Infelizmente, muitos lugares permitem que qualquer pessoa coloque uma placa de terapeuta e se auto-intitule como tal. Esse título isoladamente nada indica sobre sua formação e experiência. Quem está buscando uma terapia não deve nunca se envergonhar de solicitar as credenciais dos profissionais de ajuda. Vejamos alguns profissionais que estão realmente qualificados a ajudar.

O *psicólogo clínico* tem grau de bacharel em psicologia e fez um curso de graduação de cinco anos em geral. É especialista em diagnosticar e tratar de distúrbios mentais. Também realiza testes de inteligência e de personalidade.

O *psicólogo educacional*, em geral, tem grau de bacharel em pedagogia. Costumam trabalhar no ambiente escolar e são especializados em orientação acadêmica, vocacional, matrimonial e familiar.

O *psiquiatra* é formado em medicina e especializado em psiquiatria. Pode prescrever medicamentos para problemas mentais, emocionais e comportamentais.

Terapeuta conjugal e familiar normalmente tem bacharelado e se especializa em tratar de problemas de relacionamento.

A tarefa de encontrar o profissional de saúde psicológica ou mental certo não deve ser feita às pressas ou aleatoriamente. E essa decisão não deve basear-se somente na experiência profissional. Para fazer a escolha certa, deve haver muita consideração e cooperação entre você e o seu filho. Tanto quanto possível, procure escolher um terapeuta *com* o seu filho e não *para* ele.

O primeiro passo para escolher o terapeuta é ter uma boa fonte de informações. As melhores fontes são as pessoas que prestam ajuda em suas profissões. Médicos, pastores, enfermeiras e professores em geral fornecem ótimas referências. Entre outras fontes estão hospitais, sociedades de serviço comunitário, serviços de encaminhamento e associações profissionais. As informações fornecidas costumam, porém, ser menos honestas e, portanto, menos úteis. Não se pode aferir o suficiente sobre a capacidade e formação de um profissional só pela lista de terapeutas, todavia, as páginas amarelas fornecem outras fontes de informação. Se você está preocupado em saber se o terapeuta é simpático às convicções e valores cristãos, há várias fontes boas de referência que poderão ajudá-lo. Todas têm um banco de referências de profissionais do sexo masculino e feminino comprometidos com a psicoterapia centrada em Cristo. (No endereço do Corpo de Psicólogos e Psiquiatras Cristãos [CPPC] na Internet [www.cppc.org.br], o leitor poderá obter informações de profissionais da área em todo o Brasil.)

Depois de conseguir duas ou três boas referências, o passo seguinte é descobrir o terapeuta mais próximo e mais adequado para o seu filho. Uma forma de obter informações sobre um determinado profissional é conversar com alguém que tenha se tratado com ele. Embora seja o ideal, isto nem sempre é possível. Antes de você e o seu filho tomarem a decisão final, é recomendável fazer um contato preliminar com o terapeuta por telefone e marcar uma entrevista.

Tanto você como o seu filho precisam sentir-se à vontade antes de iniciar o tratamento. Faça perguntas ao terapeuta antes de entregar seu filho aos cuidados dele. Vejamos algumas questões que você pode levantar.

- O terapeuta é licenciado?
- Trabalha com adolescentes regularmente?
- Quais são as suas credenciais?
- Em que universidade se graduou?
- De que associações de profissionais é membro?
- Como pretende tratar o problema específico do seu filho?
- Os pacientes podem ligar para ele entre as consultas?
- O que ele espera de você em relação ao tratamento?
- Quanto tempo estima que o tratamento dure?

No fim, você terá de seguir o próprio instinto e se perguntar se você e seu filho gostaram do profissional. Pareceu compreensivo e o seu filho se sentirá à vontade para confiar nele?

Outra questão importante, obviamente, é a financeira. Quanto o terapeuta cobra? Pergunte-lhe sobre a forma de pagamento. A média cobrada por tratamento varia conforme a região e as credencias do profissional. Você também deve perguntar se ele trabalha com algum convênio. O seu seguro de saúde talvez cubra tratamentos psicológicos, mas os planos variam muito. Muitos planos não cobrem nada, porém outros cobrem o tratamento todo. Ligue para a sua empresa de seguro de saúde para conhecer as condições.

Como você pode saber se a terapia está funcionando? Por definição, uma terapia "bem-sucedida" ajuda o indivíduo a se ajustar melhor. Logo, uma expectativa razoável seria a melhora, não a "cura". Por exemplo, se o conflito do adolescente consistir em ataques de pânico, o objetivo a longo prazo será, é claro, o fim dos ataques. Contudo, a terapia estará funcionando se a freqüência e a intensidade dos ataques diminuir. Avalie a eficácia da terapia de seu filho com base em objetivos a curto prazo. A terapia deve terminar se os objetivos forem completamente alcançados ou se, com o tempo, não houver nenhum progresso na direção deles.

Um último conselho. Amadurecer não é fácil, mas às vezes ser bom pai ou boa mãe também não é. Até as melhores famílias têm filhos com problemas emocionais, dependência de drogas, distúrbios alimentares e outros conflitos. Não se culpe pelos conflitos do seu filho e não ignore os seus próprios. Não se puna pelos erros que cometer. Procure a ajuda de um profissional ou entre para um grupo de apoio para pais, e a sua família ganhará com isso.

Parte II

Os conflitos dos adolescentes

Abuso

CARACTERÍSTICAS DO CONFLITO

Um número assustador de adolescentes é maltratado física, sexual ou emocionalmente, por pais, padrastos, parentes, amigos da família ou outros. Todo ano nos Estados Unidos, segundo registros, pelo menos 10% dos jovens são fisicamente maltratados por seus pais e outros 10% sofrem abuso sexual. Acredita-se que essas taxas alarmantes não representem nem de longe a situação real.[1] Além disso, os pesquisadores estão descobrindo agora que há um número cada vez maior de adolescentes traumatizados por serem expostos a situações abusivas da qual não são alvos diretos (quer seja na família ou na comunidade).[2]

O abuso pode partir de um dos pais e ter como alvo um ou mais filhos, em geral, seguindo um padrão de repetição. O abuso físico normalmente é acompanhado de palavras agressivas e castigos humilhantes que nem sempre são físicos.[3]

A maioria das agressões físicas resultantes do abuso acontece com mais freqüência em crianças pequenas (com menos de três anos de idade) e no início da adolescência (adolescentes de doze a dezesseis anos). Quanto mais nova a criança quando o abuso e a coerção do adulto para manter segredo começam, maior é o trauma permanente e o estresse

[1]R. Emery, Family violence, *American Psychologist* 44, 1988, p. 321-8.

[2]A. Glodich & J. Allen, Adolescents exposed to violence and abuse: a review of the group therapy literature with an emphasis on preventing trauma reenactment, *Journal of Child and Adolescent Group Therapy* 8, 1988, p. 135-54.

[3]B. Justice & R. Justice, *The abusing family*, New York: Human Sciences Press, 1976.

pós-traumático.[4] O número de meninos e meninas vítimas de abuso físico é quase o mesmo.[5] Entretanto, as vítimas de abuso sexual com mais freqüência são do sexo feminino.[6]

Quando o abuso é recente, os sinais são óbvios: machucados, equimises, cicatrizes, queimaduras ou letargia. Porém, quase sempre o estrago não é visível. Não existe nenhuma reação isolada que possa caracterizar um jovem maltratado. Ele pode demonstrar reações como: comportamento agressivo, depressão, falta de empatia em relação aos outros, incapacidade de confiar em alguém, desamparo, perfeccionismo, necessidade exagerada de agradar os outros, envolvimento excessivo em atividades da escola ou da igreja, queda no rendimento escolar ou até prostituição.[7]

DESCRIÇÃO DE CASO

Melody, 17 anos, é filha única de pais divorciados. Foi encaminhada para terapia depois de ser internada em uma clínica para tratamento psiquiátrico por causa de tentativa de suicídio. Depois de aproximadamente seis sessões de terapia, Melody começou a se sentir mais à vontade com o terapeuta e a revelar seu passado. Ela confessou que sentia depressão e tinha pensamentos suicidas porque achava que nunca seria feliz no casamento. Depois de um cuidadoso questionamento de seu terapeuta, ela começou a chorar. "Nunca contei a ninguém", desabafou.

Pela primeira vez, Melody contou sua história horripilante. Quando tinha oito anos de idade, foi sexualmente molestada várias vezes pelo senhorio do conjunto de apartamentos onde morava. Eventualmente, quando a mãe ficava até mais tarde no trabalho, pedia ao senhorio para ficar com Melody. O homem ficava esperando a menina chegar da escola no apartamento dela. Ele dizia que tinha guardado um doce para ela na cozinha. Era lá que ele a molestava sexualmente. Até aquele momento, Melody nunca tinha contado a ninguém. Ela soluçou: "Ainda posso vê-lo vindo para cima de mim na mesa da cozinha".

[4] P. Ackerman, J. Newton, B. McPherson, J. Jones & R. Dykman, Prevalence of post traumatic stress disorder and other psychiatric diagnoses in three groups of abused children, *Child abuse and Neglect* 22, 1998, p. 759-74.

[5] American Humane Association, *The national study of child neglect and abuse*, Denver, American Humane Association, 1981.

[6] D. Finklehor, *Child sexual abuse*, New York: Free Press, 1984.

[7] L. Brogi & C. Bagley, Abusing victims: detention of child sexual abuse victims in secure accommodation, *Child Abuse Review* 7, 1998, p. 315-29.

CAUSAS DO CONFLITO

Seria maravilhoso se as causas do abuso pudessem ser atribuídas a uma falha genética ou a alguma disfunção hormonal. Mas não podem. Parece até que, quanto mais as pesquisas tentam descobrir as verdadeiras causas, mais confusa fica a questão. Os padrões de comportamento e as características de personalidade não são coerentes. Indivíduos aparentemente normais, não apenas os psicopatas ou pervertidos, cometem abusos violentos. Há muito mais perguntas do que respostas quando se trata das causas dos abusos.

A grande ironia é que o abuso pode ser a maior causa e efeito do próprio abuso. Pessoas que sofrem abuso na infância, não raro, tornam-se adultos que abusam dos filhos. É um círculo vicioso. Trinta a 60% dos pais agressores declaram que sofreram abusos na infância. A forma exata que esse círculo se cria varia de caso para caso, mas a criança recebe mensagens de que o abuso é necessário e positivo e que ela não pode fazer nada quanto a isso porque quem manda são seus pais.[8] Obviamente, a mensagem subjacente é de que ela não presta, caso contrário, não seria tratada dessa maneira.

COMO OS PAIS PODEM AJUDAR

As estratégias citadas a seguir para ajudar os adolescentes com o conflito do abuso podem ser usadas eficientemente pelos pais; entretanto, como a relação entre pai e filho é única, algumas serão mais pertinentes para a sua situação do que outras. Como em todo grande conflito da adolescência, o melhor é que os pais trabalhem sob a orientação de um terapeuta competente. Pensando nisso, as estratégias visam a facilitar o processo de ajuda dentro de casa com o adolescente.

Entender os pressupostos filosóficos

O abuso é um teste para a capacidade dos pais de serem objetivos ao ajudar o filho em conflito. Por esse motivo, as estratégias de ajuda destinadas às vítimas de abuso requerem uma base sólida de pressupostos filosóficos claros. Primeiro, você deve supor que o problema é tratável e que o jovem será um sobrevivente. Em segundo lugar, deve supor que

[8]D. Graybill, Aggression in college students who were abused as children, *Journal of College Student Personnel* 26, 1985, p. 492-5.

ele não é responsável pelo abuso (ele só é responsável pela recuperação). E, por último, deve supor que a expressão e a aceitação dos sentimentos do jovem são necessárias. Essas três pressuposições são garantia para melhor recuperação.[9]

Informar-se sobre as pseudolembranças

É difícil, hoje em dia, explorar a questão do abuso e não cair na "síndrome das pseudolembranças". Trata-se de lembranças sobre eventos traumáticos, em geral, de abusos sexuais ou de rituais, que não aconteceram, mas que a pessoa considera reais.[10] A existência de uma síndrome não-oficial é altamente discutível e objeto de acirrados debates públicos, legais e profissionais. Os proponentes da síndrome das pseudolembranças afirmam que a recordação dessas memórias é induzida por terapeutas que têm interesse total em manipular os pacientes para que tenham essas recordações. Os oponentes que duvidam da existência de uma síndrome das pseudolembranças afirmam que muitas partes culpadas usarão a síndrome para esconder ou negar sua culpa. Não cabe aqui comparar e contrastar os argumentos dos dois lados dessa questão polêmica. Vale dizer apenas que não há resposta clara e definitiva para ela.[11]

Ter cuidado com o risco de suicídio

É comum um adolescente vítima de abuso dizer: "Sou a causa de todos esses problemas". A culpa e a traição que a maioria das vítimas experimenta é tão intensa que os pais, assim como os terapeutas, precisam reconhecer que todos os casos apresentam um alto risco de suicídio.[12] Declarações como: "eles ficariam melhor sem mim", devem ser levadas a sério. Para aliviar a culpa, permita que as vítimas saibam que seus sentimentos são aceitáveis e normais. Consulte a seção sobre suicídio.

[9] D. Capuzzi & D. R. Gross, *Youth at risk*, Alexandria, Virginia: American Association for Counseling and Development, 1989.

[10] E. F. Loftus, The reality of repressed memories, *American Psychologist* 48, 1993, p. 518-37.

[11] B. Azar, Looking for the roots of "false memories", *APA Monitor*, outubro, 1999, p. 28.

[12] D. Lipschitz, R. Winegar, A. Nicolaou, E. Hartnick, M. Wolfson & S. Southwick, Perceived abuse and neglect as risk factors for suicidal behavior in adolescent inpatients, *Journal of Nervous and Mental Disease* 187, 1999, p. 32-9.

Dar "permissão" para sentir

As crianças maltratadas normalmente escondem muito bem suas emoções. É essencial que elas tenham permissão para expressar seus sentimentos com intensidade no processo de cura. A repressão dos sentimentos é comum. Por exemplo, elas podem contar que são incapazes de sentir raiva. Nesse caso, o principal objetivo é aumentar a sua consciência afetiva. Expressar a raiva contida na segurança de um relacionamento de confiança pode ser uma força poderosa e libertadora. Não tenha pressa de explorar os sentimentos que pareçam relevantes para o caso de abuso. Tenha em mente que jovens que sofrem abusos, em geral, extravasam seus sentimentos pela agressão ou por um comportamento sexual inadequado. Esses adolescentes precisam de canais apropriados pelos quais possam expressar sentimentos. A relação com um terapeuta profissional, não raro, proporciona isso.

Facilitar a lamentação

Quem sofre abusos na infância e, depois, tem de sobreviver como adulto sacrifica o crescimento. A maioria dos adolescentes não admite facilmente suas perdas. O lamento da perda da infância é uma forma de respeitar a dor. O esforço de lamentar permite que o adolescente deixe sua agonia secreta para trás e caminhe para o presente com mais consciência e controle. Ele permite que o jovem recupere um pouco de sua fragilidade roubada e se prepare para experimentar a verdadeira intimidade com as pessoas no futuro. Veja a seção sobre lamentação para obter mais ajuda nesse processo.

Controlar os próprios sentimentos

Se você expressar sentimentos fortes, aumentará ainda mais a confusão do jovem, mesmo que esses sentimentos sejam resultado do anseio por defendê-lo. Você pode ser confortador para seu filho sem "esmagar o agressor". Controle sua revolta e raiva. Assim, você criará um ambiente mais seguro para que o adolescente possa expressar sentimentos intensos. Com isso, você também permitirá que a vítima imponha o tom e o ritmo da intervenção, e ainda instila a sensação de recuperar o controle.

Promover a auto-afirmação

O desequilíbrio de forças é o elemento central das vítimas de abuso. Os jovens são impotentes diante dos adultos agressores. O adolescente pode exibir a impotência pelo retraimento, isolamento ou desamparo. Ou, para recuperar o controle numa resposta à consciência da perda de poder, ele pode extravasar sexualmente ou se revoltar na escola. Para ser eficaz, o tratamento deve promover auto-afirmação saudável. Não é uma meta fácil de ser alcançada porque a auto-afirmação não pode transformar-se em agressão. A auto-afirmação é uma sensação positiva e corajosa de controle e dos sentimentos apropriados de controle. Ela começa com o relato dos abusos.

Ter a confiança de alguém e ser capaz de dizer o que realmente aconteceu é o primeiro passo para recuperar o controle. O jovem precisa saber que fez a coisa certa ao relatar a agressão. Cumprimente-o por sua coragem e mostre que sabe que ele deu um passo difícil para recuperar o controle de sua vida. Não demonstre nenhum sinal de suspeita ou dúvida, perguntando se ele tem "certeza absoluta" de que os fatos aconteceram da forma que ele relatou. O jovem também precisa saber que tem o direito de dizer "não" sem perder seu lugar na família.[13] Promover a auto-afirmação também significa ensinar habilidades de autodefesa para evitar que o jovem se torne vítima novamente. Os exercícios de auto-afirmação podem dar confiança ao jovem. Há várias técnicas descritas na seção sobre timidez.

Preparar o terreno para a mentalidade do sobrevivente

A aflição da vítima pode ser aliviada pela afirmação de sua capacidade de sobreviver às circunstâncias em que ela se encontra. Com cuidado, ajude-a a começar a enxergar um futuro melhor. Lembre-a de que o fato de ter passado por um trauma sério de abuso não impede que ela tenha uma vida normal no futuro. Diga que ela é instintivamente forte por ter sobrevivido depois de tudo o que passou. Reconheça o sucesso de suas estratégias de enfrentamento. Elogie sua atitude de auto-ajuda. Algumas pessoas se sentem encorajadas ao saber que milhares de vítimas de abuso se tornam sobreviventes. Diga que com o tempo ela sentirá muito mais controle sobre sua vida. A esperança e o encorajamento instilarão a mentalidade do sobrevivente.

[13]W. G. Wagner, Child sexual abuse: a multidisciplinary approach to case management, *Journal of Counseling and Development* 65, 1987, p. 435-9.

Explorar a espiritualidade

O histórico de abuso pode distorcer a idéia que o jovem faz a respeito de Deus. A última coisa que uma pessoa que foi molestada pelo pai precisa é de outro pai. É provável que ela veja Deus como um pai molestador. Ao mesmo tempo, o que ela mais precisa é de um pai. Ela precisa ver logo que Deus é amor. Se o adolescente for espiritualmente sensível, explore suas percepções e necessidades espirituais. Ajude-o a esclarecer seus conceitos distorcidos e insista no amor de Deus. É essencial para que haja cura efetiva e ele ganhe equilíbrio. A propósito, isso pode significar que ele tenha de expressar a raiva e decepção que sente em relação a Deus. Ele pode perguntar: "Se Deus é tão amoroso, como deixou isso acontecer?". Aceite sua raiva e permita que ele expresse seus verdadeiros sentimentos em relação a Deus.

Explorar o perdão

Não se pode forçar a vítima a perdoar os seus agressores. Entretanto, quase sempre, em algum ponto do caminho, o jovem terá de ver se é capaz de esquecer a vontade de revidar. Ele terá de perdoar as pessoas e a si mesmo. A amargura e o ódio o consumirão lentamente e farão que carregue o fardo do abuso para sempre. Se você se concentrar no perdão antes que ele esteja pronto, isso impedirá o processo saudável da cura e só aumentará a negação. As técnicas e estratégias que facilitam esse processo encontram-se na seção sobre perdão.

COMO OS PROFISSIONAIS PODEM AJUDAR

As estratégias de ajuda a adolescentes que sofreram abuso descritas a seguir são normalmente usadas pelos terapeutas. São apresentadas aqui para informar você, pai ou mãe, e ajudá-lo a encontrar a melhor ajuda profissional possível para o adolescente sob seus cuidados.

Conhecer os limites do sigilo profissional

Os cinqüenta estados dos Estados Unidos obrigam que se denuncie todos os tipos de abusos. Não fazer isso é contravenção para qualquer profissional que trabalhe nas áreas de saúde mental, assistência social, medicina, ensino ou ministério. Alguns estados isentam os pastores da obrigação de notificar. Se o terapeuta for a primeira pessoa a tomar conhecimento de um caso específico de abuso, ele terá de notificar as autoridades competentes sobre o que descobrir. Na maioria dos estados, a notificação deve ser feita dentro de um prazo determinado, que pode variar de 24 horas a sete dias. A denúncia pode ser feita por telefone, por escrito ou pessoalmente em um posto policial, departamento de assistência social ou aos serviços de proteção à criança. A pessoa que faz a denúncia, em geral, ganha imunidade e pode permanecer anônima, mas as conversas confidenciais não são protegidas em procedimentos legais.

Compreender a intervenção tardia

Como muitos jovens sofrem abuso na adolescência e o fato não é comunicado, em muitas situações, o terapeuta pode estar lidando com uma intervenção tardia, embora o paciente ainda seja adolescente. Muitas estratégias para a intervenção tardia são semelhantes às da intervenção imediata. Nos casos tardios, com freqüência, o jovem construiu arsenais de defesa para lidar com o abuso. Ele pode minimizar a agressão ("todo pai fica bravo de vez em quando") ou tentar justificá-la ("ele não teve culpa; estava bêbado"). O terapeuta precisa ser diplomático com essas barreiras, que estão servindo de defesa. Uma das maiores dificuldades com esse tipo de atitude de defesa é a relutância em aceitar que ele foi realmente vítima de abuso.

Investigar a história do abuso

Uma entrevista para levantar informações é essencial aos profissionais que tratam de vítimas de abuso. O objetivo é conseguir uma descrição detalhada da história de abuso do paciente. Os profissionais começam com perguntas gerais e passam para um foco mais localizado para obter as informações. Fazem perguntas abertas e evitam o duplo sentido que possa insinuar culpa, do tipo: "Você não... ?". Os terapeutas documentam suas observações e impressões, inclusive mensagens não-verbais do paciente, expressões faciais, aparência física e qualquer marca visível de abuso. As observações fornecem uma base sobre o comportamento da vítima e podem ser úteis caso o profissional seja intimado em processos legais.[14]

[14]T. L. Jackson, R. P. Quevillon & P. A. Petretic-Jackson, Assessment and treatment of sexual assault victims, em *Innovations in clinical practice:* a source book, vol. 4, org. P. Keller & L. Ritt, Sarasota: Professional Resource Exchange, 1985, p. 51-78.

Considerar a terapia em grupo

O uso da terapia em grupo pode ser um componente dinâmico do processo de cura.[15] Os grupos podem variar, mas normalmente fornecem apoio mútuo e informações que facilitam a sobrevivência. Alguns são dirigidos a vítimas jovens, outros aos pais e alguns à família inteira. Os grupos são particularmente bons como uma estratégia na intervenção tardia, quer dizer, um ano ou mais depois que o abuso aconteceu. Um bom grupo diminui o sentimento de isolamento e alienação, além do estigma, comuns às vítimas. As associações Parents Anonymous [Pais Anônimos], para abusos físicos, e Parents United [Pais Unidos], para abusos sexuais, fornecem uma boa rede nacional de apoio e ensino e podem ser boas fontes para se encontrar grupos de apoio locais.

Compreender o estupro

Os abusos físicos e os abusos sexuais não se restringem aos membros da família. Quando a adolescente começa a namorar, as chances de se tornar vítima aumentam. A incidência de violência física e estupro no namoro são bastante comuns para que se use a expressão *estupro no namoro*. De acordo com relatórios, um número crescente de rapazes e garotos, em geral pelo uso da força física, forçam a namorada a ter relações sexuais ou a realizar outros atos sexuais contra a própria vontade. Todo ano, milhares de adolescentes são vítimas do estupro no namoro.[16] É preciso ficar atento e se mostrar sensível diante desse tipo de violação. As vítimas podem até não perceber que foram estupradas e continuar mantendo relações sexuais com os agressores em meio à confusão.

As abordagens adotadas em crises ou mesmo a intervenção em casos de violência sexual pressupõem um papel ativo por parte do terapeuta. Um obstáculo comum ao sucesso da intervenção é lidar com a ambivalência da vítima. Apenas uma em cada dez vítimas usará algum tipo de serviço de intervenção em crises, como um centro ou hospital para vítimas de estupro. Depois que ela aceita fazer terapia, a ênfase é ajudá-la a recuperar

[15] A. Glodich & J. Allen, Adolescents exposed to violence and abuse: a review of the group therapy literature with an emphasis on preventing trauma reenactment, *Journal of Child and Adolescent group therapy* 8, 1998, p. 135-54.

[16] E. Flax, Panel hears testimony on causes of violent acts by nation's teenagers, *Education Week*, 24 de maio de 1989, p. 13.

a sensação de autonomia e de controle sobre sua vida. O foco do tratamento é desenvolver a capacidade para resolver os problemas relacionados à crise e preparar a garota ou a mulher para possíveis procedimentos médicos ou legais. Uma rede de assistência social para vítimas também é essencial.[17] Para obter mais informações sobre a ajuda às vítimas de estupro, consulte *Eu nem imaginava que era estupro*, de Robin Warshaw.

Saber quando encaminhar

O terapeuta encaminha o adolescente que sofre de abuso a médicos perspicazes ou psiquiatras, quando o abuso físico ou sexual é recente. Ele é encaminhado para outros terapeutas ou psicólogos competentes quando, com o tempo, assume atitude cada vez mais defensiva em relação à maneira de lidar com a dor ou quando os sentimentos de desamparo, depressão ou desejo de suicídio se tornam cada vez mais fortes. Por isso, o terapeuta precisa saber reconhecer suas próprias limitações. Até os especialistas em abuso, não raro, encaminham os adolescentes para atingir o objetivo terapêutico.

Onde mais encontrar ajuda

ALLENDER, D. B., *The wounded heart: hope for adult victims of childhood sexual abuse*, Colorado Springs: NavPress, 1990.

BURGESS, A. W., L. L. HOLMSTROM, A. N. GROTH & S. M. SGROI, *Sexual assault of children and adolescents*. Lexington: Lexington Books, 1978.

EVANS, P., *The verbally abusive relationship: how to recognize it and how to respond*, Holbrook, Massachusetts: Adams Media Corporation, 1996.

FELDMETH, J. R. & M. W. FINLEY, *We weep for ourselves and our children: a Christian guide for survivors of childhood sexual abuse*, San Francisco: HarperCollins, 1990.

FINKLEHOR, D., *Child sexual abuse*, Nova York: Free Press, 1984.

HELFER, M. E., R. S. KEMP & R. D. KRUGMAN, org., *The battered child*, Chicago: The University of Chicago Press, 1997.

HEITRITTER, L. & J. VOUGHT, *Helping victims of sexual abuse: a sensitive biblical guide for counselors, victims and families*, Minneapolis: Bethany

[17]R. WARSHAW, *Eu nem imaginava que era estupro*, Rio de Janeiro: Rosa dos Tempos [Record], 1996.

House, 1989.

McGEE, R. S. & H. SCHAUMBURG, *Renew: hope for victims of sexual abuse*, Houston: Rapha, 1990.

MORRISON, J., *A safe place: beyond sexual abuse for teenagers*, Wheaton: Shaw, 1990.

RUSSELL, D. E. H., *The secret trauma: incest in the lives of girls and women*, Nova York: Basic Books, 1986.

WARSHAW, R., *Eu nem imaginava que era estupro*, Rio de Janeiro: Rosa dos Tempos [Record], 1996.

Orientação bíblica para o adolescente em conflito

- Levítico 18.6
- Romanos 6.13,19; 13.13
- Efésios 5.11,12
- Tiago 1.21

Ansiedade

CARACTERÍSTICAS DO CONFLITO

Estamos vivendo a era da ansiedade. Muitos acreditam que o estresse e a ansiedade são os fenômenos psicológicos mais disseminados de nosso tempo.[1] Para definir esse conflito corriqueiro é bom diferenciar os matizes de significado no conjunto de palavras que costumamos usar para designar essa emoção habitual.

Apreensão. É, talvez, a forma mais comum de sofrimento humano. É uma cadeia de pensamentos e imagens negativos e relativamente incontroláveis. A preocupação é como uma cadeira de balanço: você não fica parado, mas também não chega a lugar algum. Talvez a definição que melhor capte a sua essência seja: preocupação é como pagar juros adiantados por um empréstimo que talvez você nunca faça. Aproximadamente 15% da população dos Estados Unidos sofre de apreensão crônica.[2]

Medo. Até as pessoas mais corajosas já sentiram algum tipo de medo em algum momento, como o susto ao ver repentinamente uma cobra inofensiva, a boca seca antes de começar um discurso ou o suor nas mãos em um vôo com turbulência. O medo é diferente da fobia. A grande diferença entre medo e fobia é o grau em que cada um interfere na vida cotidiana. Essa diferença é explicada posteriormente, na seção sobre fobia.

[1]E. A. Charlesworth & R. G. Nathan, *Stress management:* a comprehensive guide to wellness, New York: Ballantine, 1984.
[2]A. D. Hart, *Overcoming anxiety*, Waco: Word, 1989.

Estresse. É uma reação de advertência que prepara o corpo para "a reação de luta ou de fuga". Estamos prontos para enfrentar a emergência. No estresse, o batimento cardíaco, a respiração e a transpiração aumentam. As pupilas se dilatam e a taxa de adrenalina se eleva.[3]

Preocupação. Refere-se à atividade mental que se concentra num problema com o objetivo de tomar uma atitude para resolvê-lo. A preocupação deriva naturalmente do desvelo e visa a um fim construtivo.

Embora a apreensão, o medo, a fobia, o estresse e a preocupação estejam relacionados ao conflito objeto de estudo desta seção, todos são diferentes da ansiedade. A ansiedade reúne todos esses fatores emocionais e muitos outros.

O livro *Diagnostic and statistical manual of mental disorders* [*Manual de diagnóstico e estatísticas de distúrbios mentais*], 4.ª ed., da American Psychiatric Association (APA) aborda a ansiedade generalizada como um distúrbio caracterizado pela apreensão e ansiedade crônica difusa. A APA caracteriza como "crônica" a ansiedade com pelo menos um mês de duração. O componente emocional mais relevante é a sensação desagradável de apreensão e desastre iminente. Como esse tipo de ansiedade pode surgir sem que haja nenhuma ameaça aparente, é chamado de infundado.

A ansiedade clínica é quase sempre acompanhada de vários sintomas físicos. A lista de sintomas é longa, por isso analisaremos rapidamente os mais importantes. A pessoa com ansiedade generalizada sente uma variedade de combinações dos seguintes sintomas físicos:

- aceleração dos batimentos cardíacos
- diarréia
- perda dos sentidos
- transpiração exagerada
- micção freqüente
- respiração entrecortada
- perda de apetite
- tontura
- insônia
- tremores e abalos

[3]H. SELYE, *Stress without distress*, New York: Signet, 1974.

O adolescente portador do conflito da ansiedade experimenta alguns desses sintomas diariamente. Vive mais ou menos num estado constante de tensão, apreensão e inquietação difusa. Quem sofre de ansiedade pode ser exageradamente sensível aos relacionamentos interpessoais e se sentir socialmente desconfortável na maior parte do tempo. Em geral, a pessoa tem dificuldade para se concentrar e tomar decisões por medo de cometer erro. Pode exibir postura e movimentos tensos e pensados. Costuma reclamar de tensão muscular, distúrbios do sono e mãos frias.[4] O adolescente ansioso sente-se como se não tivesse nenhum controle sobre o que está acontecendo com ele. Sente-se apavorado. Se lhe perguntarem de que tem medo, dirá: "Não sei". Sente como se uma catástrofe estivesse para acontecer, mas não sabe por quê.

Para ser diagnosticado clinicamente como paciente de distúrbio da ansiedade, o adolescente precisa exibir uma ansiedade excessiva ou irreal por um período de seis meses ou mais, caracterizado pela ocorrência freqüente de pelo menos quatro das seguintes características:

- apreensão excessiva ou irreal em relação a acontecimentos futuros;
- preocupação excessiva ou irreal em relação à correção de comportamentos passados;
- preocupação excessiva ou irreal em relação à correção em uma ou mais capacidades, por exemplo, atlética, escolar, social;
- queixas somáticas, como dores de cabeça ou de estômago, para as quais não se pode estabelecer base física;
- timidez manifesta;
- necessidade excessiva de aprovação em relação a assuntos diversos;
- tensão manifesta ou incapacidade de relaxar.[5]

Vale dar mais um esclarecimento. O ataque de pânico é uma explosão intensa de ansiedade acompanhada de confusão psicológica e várias alterações pouco comuns de sensações somáticas. O ataque pode durar de poucos minutos a algumas horas e deixa a pessoa abalada e exausta. A estratégia de tratamento para os ataques de pânico requer uma abordagem diferente de um conflito geral de ansiedade. Para obter mais ajuda, consulte a seção sobre ataques de pânico.

[4] *Diagnostic and statistical manual of mental disorders,* 4. ed., Washington: American Psychiatric Association, 1994.

[5] Ibid.

DESCRIÇÃO DE CASO

Teresa tem dezessete anos. É benquista na escola, aplicada e atraente. Sofre também de uma dose quase insuportável de ansiedade e estresse. Tem receio de dirigir em vias rápidas, de dizer alguma "burrice" diante dos amigos, envergonhar os pais, errar em sala de aula e de quase toda opinião que possa emitir. Não é nenhuma novidade para ela. Sofre de ansiedade há pelo menos um ano e parece que está piorando. Às vezes, sente dores de estômago de tanta preocupação, o que certamente a deixa ainda mais preocupada. Ela simplesmente não consegue relaxar.

A adolescência é um período crucial para aprender a lidar com a ansiedade e o estresse. O estilo de enfrentamento que nesta fase se desenvolve influenciará o resto da vida.

CAUSAS DO CONFLITO

A ansiedade é uma condição bastante comum na população adolescente e tem inúmeras causas. Vejamos as principais razões de sua ocorrência.

Auto-sugestão negativa

A auto-sugestão do adolescente, no caso, a avaliação dele em relação a um acontecimento, pode produzir ansiedade. Quando o jovem depara com uma situação estressante, ele a interpreta fazendo algumas declarações para si mesmo. Por exemplo, o rapaz que receia a rejeição e a humilhação, ao encontrar uma garota atraente pode reagir dizendo para si mesmo: "Talvez ela não goste de mim o suficiente para sair comigo. Isso significa que sou um fracasso e que não presto para nada". Albert Ellis, fundador da terapia emotiva racional, sugere que o jovem que sofre de ansiedade crie sua própria ansiedade com a auto-sugestão negativa semelhante à da segunda sentença desse exemplo.[6]

Insegurança

A grande causa da ansiedade na maioria dos jovens é a falta de segurança interior. Um padrão reconhecido de apreensão se estabelece quando

[6]*A guide to rational living*, North Hollywood: Wilshire Books, 1961.

o adolescente sente-se inseguro ou mergulhado em dúvidas sobre si mesmo. O sentimento de rejeição pode emergir com mais força porque ele está sensível a sinais de rejeição. Quando procura rejeição, ela geralmente aparece, o que reforça a insegurança. O ciclo recomeça e a insegurança alimenta a ansiedade.

Incoerência

O adolescente com pouca estabilidade na vida provavelmente sofrerá de ansiedade. Quando pais e professores são incoerentes em suas relações com os adolescentes, promovem a ansiedade. Normalmente, quando um dos pais espera uma coisa, e o outro espera o oposto, provocam a ansiedade. O adolescente fica dividido. O professor pode acrescentar mais um elemento de imprevisibilidade. Se o aluno for elogiado num dia por sua criatividade numa tarefa e criticado noutro num trabalho semelhante por não seguir as instruções, a incoerência criará a ansiedade de não saber o que se espera dele.

Crítica formalista

Doses constantes de formalismo e crítica intensos por parte dos adultos ou mesmo de colegas pode provocar ansiedade. O adolescente já vive mergulhado num mar de autocrítica. A exposição contínua a avaliações, julgamentos e críticas injustas despertará grande apreensão. O formalismo e o bombardeio de críticas fazem com que o adolescente sinta como se estivesse sendo constantemente testado. Ele já é bastante testado dentro de classe.

Permissividade

O adolescente pode se sentir ansioso quando não encontra limites claramente definidos. Sem referências de comportamento para agradar os outros, o jovem tem de descobrir sozinho os verdadeiros limites. Alguns adolescentes quase buscam ser castigados apenas para saber que algumas coisas estão além dos limites.

Perfeccionismo

As expectativas de perfeição dos adultos provocam reações imediatas de ansiedade em grande parte dos adolescentes. Os adolescentes calmos, despreocupados e com bom desempenho escapam da ansiedade de não poder atingir as expectativas dos adultos. Porém, outros desenvolvem a tensão e a apreensão de não ter o desempenho esperado. Os padrões são muito altos, e os professores, pastores ou pais nunca parecem satisfeitos.

Neurologia

A ansiedade pode ser causada por distúrbios da química do cérebro.[7] Uma disfunção dos componentes neuroquímicos, os tranqüilizantes normais do cérebro, pode causar pensamentos e estados ansiosos. A ignorância desse fator pode criar grande confusão a respeito da ansiedade.[8]

Distúrbios físicos

Os sintomas da ansiedade podem ser causados por distúrbios físicos que mimetizam as reações de ansiedade. Vejamos alguns exemplos: uso de cocaína, abstinência de bebida alcoólica, diabetes, hipoglicemia, epilepsia psicomotora e hipertireoidismo. Há vários outros. Por isso, é necessário que um médico faça um exame completo antes de tratar um distúrbio de ansiedade.

Falta de significado

O existencialista Viktor Frankl afirma que a maior motivação do homem é encontrar significado para a sua existência. Sem esse significado, sentirá "vazio existencial" e ansiedade. De acordo com Frankl, toda pessoa precisa descobrir o seu próprio significado e pode fazer isso ajudando os outros, experimentando e apreciando as coisas boas da vida e assumindo uma atitude positiva em relação à vida. Os existencialistas acreditam que quem tem um *motivo* pelo qual viver, consegue viver de qualquer *forma*.[9]

COMO OS PAIS PODEM AJUDAR

As estratégias citadas a seguir para ajudar os adolescentes com conflito da ansiedade podem ser usadas concretamente pelos pais. Todavia,

[7]Y. Figuero, D. R. Rosenberg, B. Brimaher & M. S. Keshavan, Combination treatment with clomipramine and selective serotonin reuptake inhibitors for obsessive-compulsive disorder in children and adolescents, *Journal of Child & Adolescent Psychopharmacology* 8, 1998, p. 61-7.

[8]A. Hart, *Adrenalin and stress*, Waco: Word, 1986.

[9]*Man's search for meaning,:* an introduction to logotherapy, New York: Simon & Schuster, 1962.

como a relação entre pai e filho é única, algumas serão mais pertinentes à situação que outras. Como em todo grande conflito da adolescência, o melhor é que os pais trabalhem com a orientação de um terapeuta competente. Pensando nisso, as estratégias expostas nesta obra visam facilitar o processo de ajuda dentro de casa com o adolescente.

Ajudar o adolescente a encarar a própria ansiedade

O jovem, assim como a maioria das pessoas, fará quase tudo para evitar confronto direto com a própria ansiedade. Como uma pessoa aterrorizada por ter de ir ao dentista, o adolescente ansioso ignorará o problema, que infeccionará e causará outras cáries psicológicas. Nossa sociedade tem vergonha da ansiedade. Todo mundo quer ser um herói que resiste bravamente aos golpes inesperados e às preocupações da vida diária, da mesma forma que Rambo derrotava sozinho um exército inteiro. No entanto, o adolescente que reconhece a própria ansiedade acaba ficando mais forte que aqueles que se acovardam diante dela. Um jovem contou-me que foi desafiado por colegas a participar de um "racha" numa estrada movimentada. Disse que deu uma de macho, mas acabou confessando que tinha medo. Imediatamente, sentiu a ansiedade passar. A verdadeira coragem parece começar com o reconhecimento da ansiedade. Paul Tillich falou da necessidade básica de "ser corajoso". Essa coragem inclui a disposição de aceitar e encarar a própria ansiedade.

Evitar "tapinhas nas costas"

É cruel e errado dizer a um adolescente com conflito da ansiedade: "O seu problema é normal. Tudo o que você tem de fazer é orar e confiar mais em Deus, que tudo ficará bem". Nos cursos de aconselhamento que já ministrei para muitos adolescentes, ouço sempre respostas desse tipo quando fazemos exercícios de dramatização. A ansiedade, infelizmente, é tida como sinal de fraqueza espiritual e psicológica, o que não é nem um pouco verdade. Os "tapinhas nas costas" para os problemas de ansiedade isolam o adolescente perturbado e aumentam ainda mais sua dor.

Reconhecer as vantagens da ansiedade

Franklin Roosevelt ficou famoso por dizer a uma nação assustada que o maior medo do homem é o de ter medo. Muito bem! A primeira coisa que se deve fazer para se livrar da ansiedade é parar de ter medo de senti-la e reconhecer que ela pode até trabalhar a favor do indivíduo. Por exemplo, a ansiedade é a força motriz de diversas atividades de aprendizagem. Um aluno ansioso com a pressão de uma prova final de matemática pode se sentir motivado a pegar o livro e devorá-lo a fim de ser aprovado. Um aluno mais descontraído, não tão ansioso por estudar, pode ser reprovado. A ansiedade também pode ser sinal de que um código moral foi violado. Ademais, pode preparar a pessoa para uma situação estressante que está para acontecer. O adolescente que tem de fazer uma apresentação oral, por exemplo, pode ser estimulado pela ansiedade a ensaiar o discurso até que ela diminua de intensidade. A ansiedade que motiva o jovem a tomar uma atitude corretiva é saudável. Nem toda ansiedade é negativa.

Reconhecer a ansiedade como um agente de crescimento

Algumas fases do desenvolvimento são quase sempre acompanhadas de ansiedade. O jovem que sai de casa para viver fora por um longo período certamente experimenta a ansiedade. Conversei com uma garota que tinha acabado de terminar o colegial e ia para a faculdade. Obviamente, ela estava muito tensa e ansiosa. Disse que aquela era a primeira vez que ficaria longe da família. Estava determinada a se tornar independente, mas antes teria de encarar a ansiedade. Contou que sempre havia sido superprotegida pela mãe e pelos três irmãos mais velhos e sair de casa seria a coisa mais difícil que ela já tinha feito na vida. Podia ter escolhido ficar perto de sua casa em Illinois e cursar ali uma faculdade, mas decidiu que seria melhor ir para uma cidade distante, Seattle, a fim de aprender a ser independente e se tornar uma mulher psicologicamente saudável. Conheço outros estudantes que não conseguiram encarar a ansiedade da separação e decidiram ficar em casa, grudados na mãe e no pai, e nunca completaram o processo de individuação e maturidade. A ansiedade pode ser um meio de crescimento pessoal.

Explorar questões espirituais

Se o adolescente tiver apreço aos valores cristãos, você pode tentar incorporar uma abordagem bíblica. Gary Collins, no livro *Aconselhamento cristão*, descreve a fórmula da Bíblia para vencer a ansiedade, que se resume em cinco ações: 1) regozijar-se. Com o conhecimento das promessas de Deus, podemos celebrar a segurança de sua paz e não deixar nossa mente ser destruída pela ansiedade; 2) tolerar. Um olhar crítico negativo sobre a vida promove ansiedade, enquanto uma atitude tolerante de graça a reduz; 3) orar. Filipenses 4 contém várias instruções sobre a oração em tempos de ansiedade. Ela deve ser específica, incluir ação de graças e ser acompanhada da expectativa de que a paz sobrenatural impere;[10] 4) pensar. Filipenses 4 também nos instrui a ocupar nossa mente com coisas positivas; 5) agir. A tarefa do cristão é fazer o que a Bíblia ensina, não apenas sentar e ouvir.[11] Evidentemente, para explorar as questões espirituais dessa forma, é preciso que haja compreensão e sensibilidade.

COMO OS PROFISSIONAIS PODEM AJUDAR

As estratégias de ajuda para adolescentes com conflito da ansiedade descritas a seguir são normalmente usadas pelos terapeutas. São aqui apresentadas com o intuito de fornecer a você, pai e mãe, informações e ajudá-lo a encontrar a melhor ajuda profissional possível para o adolescente sob seus cuidados.

Determinar a gravidade

A ansiedade é amiúde um diagnóstico desprezado na adolescência.[12] Por isso, os terapeutas analisarão a intensidade da ansiedade do adolescente no início do tratamento. O exame cuidadoso servirá de referência para medir o progresso terapêutico.

Exigir exame físico

É essencial que se faça um histórico cuidadoso e um exame físico com atenção especial para os sintomas da ansiedade. Antes de embarcar na abordagem do tratamento psicológico, a hipótese de distúrbios orgânicos precisa ser adequadamente excluída.

Neutralizar algumas ansiedades

Às vezes, a terapia não pode prosseguir antes que se alivie um pouco a ansiedade. Há muitos métodos que podem ser usados para ajudar o re-

[10]Archibald Hart, no entanto, faz uma observação pertinente em relação à oração e à pessoa que sofre de ansiedade: ela pode usar a oração como forma de se preocupar sem se sentir culpada.

[11]São Paulo: Vida Nova, 1984.

[12]C. K. Berenson, Frequently missed diagnoses in adolescent psychiatry, *Psychiatric Clinics of North America* 21, 1998, p. 917-26.

laxamento. Primeiro, o terapeuta fala com delicadeza e com mais calma que de costume. Com isso, ele impõe o ritmo e cria um clima que permite ao adolescente entrar inconscientemente num compasso mais lento. Depois, generaliza as experiências do jovem e conta muitos casos de pessoas que passaram por situações semelhantes. O terapeuta assegura ao paciente que existem técnicas eficazes para lidar com o problema. Em geral, nesse ambiente, o jovem toma coragem, ganha esperança e fica visivelmente mais relaxado. Assim que a ansiedade se tornar mais controlável, o tratamento deve prosseguir.

Focalizar os padrões de pensamento

Uma das melhores maneira de aliviar a ansiedade crônica é exercitar a força de vontade mental.[13] Um estudo feito pela Oxford University revelou que a terapia cognitiva é superior às outras formas de tratamento para ajudar os pacientes a identificar as idéias exageradas que os deixam ansiosos e ajudá-los a desenvolver formas de pensar mais realistas que gerem influências positivas em seus sentimentos e comportamentos. Seis meses após o término do tratamento, os pacientes que aprenderam a usar a mente para auxiliar a controlar o estado emocional continuaram a mostrar sinais claros de diminuição da ansiedade. Aprimoraram a capacidade de identificar e analisar os pensamentos que provocam a ansiedade.[14] Os adolescentes que aprenderam a controlar os padrões de pensamento podem mudar a forma de se sentir. Boa parte da ansiedade desmedida do adolescente está relacionada ao desempenho escolar. A ansiedade escolar, pelo menos em parte, costuma ser causada por padrões de pensamento irreais. Veja a seção sobre escola para obter uma abordagem das formas de lidar com esse tipo específico de ansiedade.

Exercitar a auto-sugestão positiva

As estratégias de auto-sugestão podem ser usadas isoladamente ou em conjunto com outras estratégias de relaxamento. Muitos adolescentes não sabem como parar de sugerir a si mesmos as idéias negativas que produzem

[13] J. C. Haggerty, J. S. Nevid & J. L. Moulton, Anxiety and cognitive performance in adolescent women with disruptive behavior disorders, *Journal of Clinical Psychology* 54, 1998, p. 1017-27.

[14] L. Emanuel, Thinking away anxiety, *Health*, junho de 1991, p. 59.

ansiedade. O primeiro passo é suprimir auto-sugestões do tipo: "Eu nunca vou conseguir dormir"; "Sei que uma coisa terrível vai acontecer"; "Ninguém nunca vai querer sair comigo". O segundo passo é fazer auto-sugestões positivas. O terapeuta pedirá ao adolescente para proferir declarações positivas em voz alta. "Estou chateado agora, mas logo mais tudo ficará melhor. Quando eu começar a me preocupar, vou relaxar. Ninguém é perfeito. A apreensão não serve para nada. O importante é agir". O objetivo é ajudá-lo a dizer a si mesmo coisas que aumentem o relaxamento. Quando se defrontar com problemas na escola, por exemplo, será capaz de dizer para si mesmo: "Tenha calma e relaxe".

Ensinar a fazer relaxamento muscular profundo

O adolescente ansioso precisa adquirir controle sobre suas emoções avassaladoras e seu estado psicológico descontrolado. As técnicas de relaxamento muscular profundo podem ajudá-lo a fazer isso. Não é possível ficar em estado de ansiedade e relaxamento ao mesmo tempo. O corpo e a mente não permitem ações contrárias simultaneamente. O relaxamento muscular progressivo nos ensina a tomar consciência dos vários graus de tensão muscular em todo o corpo.

O estado de relaxamento profundo pode ser produzido por uma série de exercícios que alternam tensão e relaxamento em distintos grupos de músculos. Deve-se dar ênfase especial à percepção e à sensação de transição do estado de tensão para o de relaxamento muscular. O processo pode ser repetido sucessivamente com grupos de músculos em todo o corpo até que se alcance um relaxamento profundo.

Praticar o *biofeedback*

As técnicas de *biofeedback* tradicionalmente requerem equipamento e treinamento especializados. Elas fornecem sinais eletrônicos de variações psicológicas, como tensão muscular, temperatura e umidade cutânea. Os sinais são ampliados e exibidos para o paciente, em geral por meio de informações auditivas ou visuais. Com essas informações, o adolescente aprende a alterar qualquer atividade psicológica.

O *biofeedback* da temperatura cutânea é mais usado para treinar o indivíduo a aquecer as mãos. Como o fluxo sangüíneo da pele das mãos é uma função que depende principalmente do sistema nervoso simpático, os esforços vigorosos para influenciar a temperatura da pele costumam ser bem-sucedidos. Somente quando o indivíduo alcança um estado de relaxamento passivo, ocorre o aquecimento desejado. Embora a especificidade do exercício de *biofeedback* seja questionável,[15] ele pode ser usado para reforçar outros exercícios de relaxamento. O procedimento também provou ser eficiente para adolescentes menos receptivos às técnicas simples de relaxamento ou de auto-sugestão.[16] Além disso, a sensação de domínio e controle é reforçada freqüentemente por um bom treinamento de *biofeedback*.

Saber quando encaminhar

O terapeuta encaminha o adolescente com conflito da ansiedade para médicos com perspicácia em psicologia ou psiquiatras, quando há sintomas físicos ou quando a ansiedade é grave bastante para exigir medicação para alívio temporário.

O jovem com ansiedade também é encaminhado para outros terapeutas ou psicólogos competentes quando, com o tempo, fica mais desequilibrado e cada vez mais estressado e ansioso. O terapeuta encaminhará o paciente quando não conseguir ter consciência dos sentimentos que ameaçam oprimi-lo ou se a ansiedade, inicialmente controlada, simplesmente retornar e continuar num patamar de intensidade mais alto.

Onde mais encontrar ajuda

AGRAS, S., *Panic: facing fears, phobias and anxiety*, New York: W. H. Freeman, 1985.

BECKFIELD, D. F., *Master your panic and take back your life: twelve treatment sessions to overcome high anxiety*, San Luis Obispo: Impact Publisher, 1994.

BENSON, H., *The relaxation response*, New York: Morrow, 1975.

BOURNE, E., *Healing fear: new approaches to overcoming anxiety*, Oakland: New Harbinger Publications, 1998.

CHARLESWORTH, E. A & R. G. NATHAN, *Stress management: a comprehensive guide to wellness*, New York: Ballantine, 1984.

[15]B. V. SILVER & E. B. BLANCAHRD, Biofeedback and relaxation training, the treatment of Psychophysiological disorders: or are the machines really necessary?, *Journal of Behavioral Medicine* 1, 1978, p. 217-39.

[16]SMITH e WOMACK, Stress management techniques, p. 581-5.

COLTEN, M. E. & S. GORE, *Adolescent stress: causes and consequences*, Hawthorne: Aldine de Gruyter, 1991.

DAVIS, M., M. MCKAY & E. R. ESHELMAN, *The relaxation and stress reduction workbook*, Richmond: New Harbinger, 1980.

DUPONT, R. L., E. SPENCER & C. M. DUPONT, *The anxiety cure: an eight-step program for getting well*, New York: John Wiley & Sons, 1998.

HART, A. D., *Adrenaline and stress*, Waco: Word, 1986.

_____. *Overcoming anxiety*, Waco: Word, 1989.

WEMHOFF, R., ed., *Anxiety and depression: the best resources to help you cope*, Issaquah: Resource Pathways, 1998.

Orientação bíblica para o adolescente em conflito

- Salmos 55.22
- Provérbios 12.25
- Mateus 6.34
- Lucas 12.22,23; 25,26
- João 14.1
- Filipenses 4.6,7
- 1Pedro 5.7

Ataques de pânico

CARACTERÍSTICAS DO CONFLITO

Sentimos medo quando olhamos para cima e vemos um objeto de meia tonelada preste a cair-nos na cabeça. Na síndrome do pânico, o indivíduo sente o mesmo, mas não sabe por quê.

Estima-se que até seis por cento dos norte-americanos, em algum momento da vida, foram diagnosticados com a síndrome do pânico. No entanto, como as reações de ansiedade raramente exigem hospitalização, é difícil fazer um levantamento da incidência desse distúrbio. Até recentemente acreditava-se que a síndrome do pânico afetava somente os adultos. Pesquisas revelam que isso não é verdade.[1] Aproximadamente 65% de todos os casos acontecem dos 10 aos 29 anos.[2] Em pesquisa feita com 338 alunos do ensino médio, constatou-se que 32% sofreram pelo menos um ataque de pânico de acordo com os critérios de diagnóstico clínico descritos no DSM-IV. Além disso, verificou-se que 5% dos estudantes sentiram pânico em grau e freqüência suficientes para ser diagnosticados com a síndrome do pânico. Surpreendentemente, os pesquisadores descobriram que menos da metade dos estudantes avaliados com a síndrome do pânico teve contato com algum tipo de assistência de saúde

[1] C. Hayword, J. D. Killen & C. B. Taylor, Panic attacks in young adolescents, *American Journal of Psychiatry* 8, 1989, p. 1061-2.

[2] M. R. Von Korff, W. W. Eaton & P. M. Keyl, The epidemiology of panic attacks and panic disorder: results of three community surveys, *American Journal of Epidemiology* 122, 1985, p. 970-81. V. tb. M. Giesecke, Panic disorder in university students: a review, *Journal of American College Health* 36, 1987, p. 149-57.

mental.[3] Apesar disso, muitos profissionais relatam aumento na incidência de sintomas de pânico em adolescentes.[4]

A síndrome do pânico é caracterizada por ataques rápidos e repentinos de ansiedade aguda e um estado de extrema excitação do sistema nervoso autônomo. O indivíduo sente apreensão e terror intensos, como se algo terrível estivesse para acontecer. Os ataques costumam ser inesperados e abruptos e podem durar de alguns segundos a uma hora ou mais. Em geral, duram de três a quatro minutos. O nível de ansiedade aumenta de intensidade e depois arrefece. Tudo ocorre na ausência de causa evidente.

O primeiro ataque de pânico do indivíduo, de acordo com Stewart Agras, da Stanford University, costuma acontecer em locais públicos. A vítima do ataque de repente passa mal, percebe a aceleração dos batimentos cardíacos, sente um aperto no peito, respira rapidamente e às vezes sente tontura. A respiração ofegante causa alterações químicas que fazem as mãos e os pés formigarem e os lábios ficarem adormecidos.[5]

O adolescente com a síndrome do pânico sente como se estivesse perdendo o controle. Os sintomas fisiológicos, aliados à sensação de morte ou catástrofe iminente, fazem com que os ataques sejam realmente assustadores. São experiências reais e não podem ser menosprezadas. Subestimar, negar ou zombar da falta de sentido dos ataques só os agrava.[6]

Os sintomas do pânico são tão marcadamente físicos que no século XVIII esse distúrbio era chamado de "vertigem histérica" na tentativa de definir as sensações de tontura que os pacientes costumavam relatar.[7] Para ser diagnosticado clinicamente com a síndrome do pânico hoje, o indivíduo deve apresentar pelo menos quatro dos seguintes sintomas, em pelo menos um dos ataques:

[3] G. D. Zgourides & R. Warren, Prevalence of panic in adolescents: a brief report, *Psychological Reports* 3, 1988, p. 935-7.

[4] W. K. Silverman, J. A. Cerny, W. B. Nelles & A. E. Burke, Behavior problems in children of parents with anxiety disorders, *Journal of the American Academy of Child and Adolescent Psychiatry* 6, 1988, p. 779-84.

[5] S. Argas, *Panic:* facing fears, phobias, and anxiety, New York: W. H. Freeman, 1985.

[6] V. Reed & H. U. Wittchen, DSM-IV panic attacks and panic disorder in a community sample of adolescents and young adults: how specific a are panic attacks?, *Journal of Psychiatric Research* 32, 1998, p. 335-45.

[7] Ibid.

1. respiração acelerada ou sensação de sufocamento;
2. vertigem, sensação de desequilíbrio ou fraqueza;
3. palpitações ou aceleração dos batimentos cardíacos;
4. tremedeira ou estremecimento;
5. sudorese;
6. sufocação;
7. náusea ou dor abdominal;
8. sensação de perda de identidade ou perda da noção de realidade;
9. sensação de dormência ou formigamento;
10. rubor ou arrepios;
11. dor ou aperto no peito;
12. medo de morrer;
13. medo de enlouquecer ou de fazer algo descontrolado.[8]

Os sintomas variam de pessoa para pessoa mas em geral caracterizam-se por uma combinação dos sinais mencionados acima. Se o ataque durar alguns minutos, a vítima pode implorar desesperadamente para alguém chamar um médico ou para ser levada ao pronto-socorro de um hospital. Depois de receber atendimento médico, que costuma consistir de encorajamento verbal e um tranqüilizante leve, a pessoa melhora. Na verdade, o paciente chega até a sentir-se ridículo quando vai para o hospital, e o médico ou a enfermeira não encontra nenhum problema.

Os ataques variam em freqüência, mas em geral ocorrem de algumas vezes no dia a uma vez por mês ou até menos. Podem acontecer durante o dia, ou o indivíduo é acordado durante o sono profundo sentindo forte apreensão, que rapidamente se transforma em ataque. Entre um e outro ataque, o indivíduo fica um pouco ansioso ou tenso, mas também pode sentir-se relativamente calmo.[9]

[8]Diagnostic and statistical manual, 4th ed., Washington, D. C.: American Phychiatric Association, 1994, p. 238. (Publicado em português com o título *Manual diagnóstico e estatístico de transtornos mentais* — DSM-IV [Porto Alegre: Artes Médicas, 1995].)

[9]T. H. Ollendick, Panic disorder in children and adolescents: new developments, new directions, *Journal of Clinical Child Psychology* 27, 1998, p. 234-45.

Os médicos com freqüência confundem o diagnóstico da síndrome do pânico com agorafobia — medo de lugares abertos.[10] Como o indivíduo que sofre de ataques de pânico não sabe quando eles vão surgir, prevê uma ocorrência desastrosa e reluta em sair de casa. Certamente, o medo não é de sair de casa, mas sim de que os sintomas do pânico aconteçam quando estiver caminhando pela rua, dirigindo o carro ou na companhia de amigos. Tão logo aprende a controlar os ataques, volta à vida normal.

DESCRIÇÃO DE CASO

Tina estava no último ano do colegial e era uma animada líder de torcida. Veio fazer terapia a pedido de seu médico. Ela achava que tinha algum problema físico por causa de seus ataques. Os exames médicos, no entanto, não revelaram nenhum problema que pudesse explicar a experiência traumática dos ataques de pânico. Por causa da discrepância entre a intensidade dessa experiência e a falta de um diagnóstico significativo, ela achava que o médico a estava enganando e que era portadora de algum problema físico grave e desconhecido. Ela descreveu os ataques como "horrendos": "Não dá para prever quando eles vão acontecer, mas, quando acontecem, minhas pernas ficam bambas e não consigo respirar. É como se minha garganta se fechasse e meu coração quisesse pular para fora do peito!".

Tina estava aterrorizada. Como não dava para ela prever quando sua "doença" aconteceria, ficava sempre atenta aos sintomas. Seu maior medo era que ocorresse no meio da coreografia da torcida durante um jogo. Certa vez, achou que ia ter um ataque e, para sair do jogo, disse à capitã da equipe que estava passando mal. Andava com uma garrafa térmica de água gelada e toalhas de rosto para enrolar no pescoço quando se sentisse fraca. Aparentemente, isso fazia com que se sentisse melhor, mas estava desesperada para acabar com esse terror para sempre. Quando veio fazer terapia, já havia consultado vários médicos, e a maioria sugeriu um tratamento psicológico. Ficou aliviada quando finalmente soube que estava lidando com uma forma comum de ansiedade: a síndrome do pânico.

[10] H. Wittchen, V. Reed & R. C. Kessler, The relationship of agoraphobia and panic in a community sample of adolescents and young adults, *Archives of General Psychiatry* 55, 1998, p. 1017-24.

CAUSAS DO CONFLITO

A síndrome do pânico tem critérios de diagnóstico distintos, porém suas causas são desconhecidas. Sem dúvida, sua etiologia tem muito em comum com a ansiedade em geral. Consulte a seção sobre ansiedade. Vejamos alguns motivos possíveis para a ocorrência dos ataques de pânico.

Genética

Estudos revelaram que a síndrome do pânico ocorre na família. Filhos de pais com distúrbios de ansiedade são sete vezes mais propensos que os demais a desenvolver o problema.[11] Outra pesquisa descobriu que se um gêmeo idêntico tiver a síndrome do pânico ou agorafobia com ataques de pânico, seu irmão provavelmente também terá ataques de pânico.[12]

Distúrbios físicos

Os sintomas da ansiedade podem ser causados por problemas físicos que mimetizam reações de ansiedade. Entre os exemplos temos: hipertireoidismo, uso de cocaína, abstinência de álcool, diabetes, hipoglicemia, epilepsia psicomotora. Há vários outros, por isso, é necessário que se faça um exame médico completo ao tratar de um distúrbio da ansiedade.

Ambiente familiar

A ansiedade incapacitante é amiúde desenvolvida em famílias desestruturadas. Essa condição em adolescentes ou jovens adultos deve levar o terapeuta a investigar prontamente o papel da família. Embora o estresse externo esteja além do controle do paciente, bem ou mal, a família contribui para ele. Além disso, os familiares podem causar ansiedade diretamente devido a maus-tratos, abuso de substâncias químicas ou problemas conjugais que abalam as relações familiares.[13]

[11] SILVERMAN *et al.*, Behavior problems in children of parents with anxiety disorders.

[12] S. TORGERSEN, Genetics of panic disorder, *Psychiatria-Fennica:* 1989 suplement, 1988, p. 29-34.

[13] SILVERMAN *et al.*, Behavior problems in children of parents with anxiety disorders.

Medo da independência

Para completar o processo de individuação, o jovem precisa conquistar independência psicológica e geográfica tanto de casa quanto de seus pais. É nesse processo de distanciamento que ele fica mais vulnerável à ansiedade. A idéia de sair de casa é muito difícil para os adolescentes da geração atual. Os jovens de hoje não estão preparados para se separar dos pais e tornar-se independentes. O desaparecimento do sistema de amparo da família, a perda da importância econômica dos filhos como contribuintes do orçamento familiar e pais extremamente indulgentes são alguns motivos desse fenômeno. Em todo caso, o medo da independência é um dos fatores causais do pânico citados por alguns.[14]

COMO OS PAIS PODEM AJUDAR

As estratégias destinadas a ajudar os adolescentes com o conflito de ataques de pânico mencionadas a seguir podem ser usadas com eficiência pelos pais. Entretanto, como a relação entre pai e filho é única, algumas serão mais pertinentes a sua situação do que outras. Como em todo grande conflito da adolescência, o melhor é que os pais trabalhem sob orientação de um terapeuta competente. Pensando nisso, as estratégias aqui expostas visam a facilitar o processo de ajuda dentro de casa com o adolescente.

Garantir uma dieta apropriada

Além de afetar diretamente a condição física, a dieta também está ligada à ansiedade. A solução é melhorar a saúde do adolescente, evitando alimentos com açúcar, cafeína e sal adicionados, e aditivos artificiais. Estimule-o a comer mais frutas e verduras frescas, pão integral, carne magra e peixe. Essa dieta o ajudará a se sentir mais revigorado e menos suscetível ao pânico.

Evitar a cafeína

A cafeína desencadeia a liberação de adrenalina e foi relacionada aos ataques de pânico. Uma pesquisa realizada pela Universidade de Medicina de Yale demonstrou que, ao ingerir cafeína, o indivíduo com distúrbio

[14]D. E. Gredanus *et al.*, Anxiety in young adults, *Medical aspects of human sexuality* 12, 1986, p. 76-83.

de ansiedade sofre aumento significativo dos níveis de ansiedade, nervosismo, medo, náusea, palpitação, agitação e tremor. As pessoas que sofrem ataques de pânico demonstram sinais claros de ansiedade quando consomem produtos que contêm cafeína. Embora o adolescente não costume tomar café, pode ingerir refrigerantes com grandes quantidades de cafeína.

Estimular o riso

"A risada pode trazer alívio imediato às pressões diárias da vida", disse Joel Goodman, editor da revista *Laughing Matters*. "Também aumenta a imunidade ao estresse para a longa do caminhada". Outro especialista concorda: "O riso não é apenas uma boa maneira de aliviar o estresse, a exemplo da massagem, do banho quente ou dos exercícios físicos, e ele é simplesmente essencial para o alívio do estresse", disse Steve Allen Jr., médico, filho do comediante Steve Allen. Rir, como o exercício aeróbico, também dissipa imediatamente a tensão física. O riso desencadeia uma seqüência de ações nas quais a tensão muscular primeiro aumenta, depois diminui. É por isso que podemos ficar "cansados de tanto rir". O riso diminui até a produção de adrenalina e de cortisona. O adolescente já não é tão jovem que não esteja sujeito a um furacão de conflitos e confusão. Necessita rir o máximo possível.

Explorar as preferências musicais

Quando o jovem Davi tocou harpa para o atormentado rei Saul, passou a ser um dos primeiros musicoterapeutas da história. Atualmente, os musicoterapeutas citam dois tipos de música. O primeiro é estimulante e faz a pessoa bater palmas, sapatear ou dançar. O segundo é tranqüilizador e tem ritmo muito mais lento e suave (com cerca de seis batidas por minuto). A música suave também é usada para reduzir a tensão e a dor dos pacientes em consultórios odontológicos, centros cardíacos e clínicas de tratamento de enxaqueca e cefaléia.

A música certa pode, em questão de minutos, fazer a pessoa passar do estado extremamente tenso do pânico para um estado de relaxamento, porém, alerta. Uma adolescente que me procurou para tratar da síndrome do pânico sempre tinha os ataques quando ia a uma danceteria, onde o volume da música é alto. A música relaxante provoca a liberação de endorfinas no cérebro que nos fazem sentir menos ansiosos. É claro que os adolescentes preferem músicas mais estimulantes. O jovem que sofre de ataques de pânico, entretanto, pode ser persuadido a trocar o Aerosmith ou o Red Hot Chili Peppers por uma música mais tranqüila, se isso contribuir para evitar um possível ataque. Embora eu tenha tido pouco sucesso em motivar os adolescentes a colocarem no *walkman* um concerto de cravo em fá menor, conheço muitos que se beneficiaram com uma seleção de músicas instrumentais de *soft jazz.*

COMO OS PROFISSIONAIS PODEM AJUDAR

As estratégias de ajuda para adolescentes com o conflito da síndrome do pânico descritas a seguir são normalmente usadas pelos terapeutas. Elas são aqui apresentadas para prestar informações aos pais, e ajudá-los a encontrar a melhor ajuda profissional possível para o adolescente sob seus cuidados.

Determinar a gravidade

Embora seja difícil determinar os sintomas específicos da síndrome do pânico por meio de um instrumento rápido de análise, o terapeuta pode obter rapidamente um quadro clínico dos sintomas na entrevista. Ele avaliará a ocorrência das características específicas dos ataques e sua freqüência. Apesar de ser usada para medir o nível, o grau ou a gravidade da ansiedade generalizada, a Escala de Ansiedade Clínica pode ajudar na avaliação do pânico.

Solicitar exame médico

É altamente recomendável que se faça um exame físico cuidadoso, com atenção especial aos sintomas da síndrome do pânico. Antes de enveredar por uma abordagem de tratamento psicológico, a possibilidades de distúrbios orgânicos deve ser adequadamente excluída. Algumas drogas antipânico como alprazolam, imipramina e fenelzina podem ser úteis para o indivíduo que sofre ataques de pânico muito fortes. A questão, obviamente, é saber como os efeitos colaterais da medicação afetarão o paciente. Os médicos ou psiquiatras com experiência e perspicácia em psicologia prescrevem a menor dosagem possível por um curto período de tempo quando o uso de medicação se faz necessário.[15]

[15]Para obter uma análise excelente da importância de uma avaliação médica para as vítimas da síndrome do pânico, v. Medical evaluation of panic attacks, de A. Raj & D. V. Shehan, *Journal of Clinical Psychiatry* 48, 1987, p. 309-13.

Em geral, depois de encontrado um tratamento eficaz, o paciente faz uso regular da medicação por seis meses e reduz gradualmente a dosagem nos três meses seguintes. Evidentemente, quando a medicação é prescrita, o adolescente permanece sob supervisão médica durante todo o tratamento. Os mal-entendidos e o medo em relação aos efeitos colaterais são as principais causas da relutância ou da desistência do paciente em relação ao tratamento. Portanto, é preciso entrar em contato com o médico sempre que surgirem dúvidas ou preocupações referentes ao tratamento médico.

Discutir a natureza do conflito

Concluídos os exames médicos e feito o diagnóstico da síndrome de pânico, o terapeuta conversará aprofundadamente com o paciente sobre a natureza e o tratamento do distúrbio. O paciente precisa saber que seu problema tem um nome e é bastante conhecido. Além de fornecer informações e responder a perguntas nas sessões em consultório, o terapeuta pode recomendar ao paciente um dos vários livros sobre a síndrome do pânico escritos para leigos. Há três livros excelentes com esse propósito citados no fim desta seção: *Panic:* facing fears, phobias, and anxiety [*Pânico:* encarar medos, fobias e ansiedades], *Overcoming anxiety* [*Superar a ansiedade*] e *The anxiety disease* [*A doença da ansiedade*].

Prescrever um diário

É útil que o adolescente mantenha um diário ou registre os sintomas. O terapeuta lhe pedirá que anote a hora e o local de cada ataque, classifique a intensidade numa escala de zero a dez, registre a duração, a medicação usada e os efeitos colaterais, descreva a experiência e anote as dúvidas que tiver. Esse registro servirá para avaliar a resposta ao tratamento.

Ensinar exercícios respiratórios

No curso do ataque, a respiração fica acelerada e entrecortada. Alterando o padrão da respiração durante os ataques, é possível reverter os sintomas físicos que provocam o pânico. O terapeuta instará para o adolescente respirar com o diafragma e usar a parte inferior dos pulmões a cada inspiração, de modo que o estômago, e não o peito, se expanda. Embora o jovem paciente possa aprender exercícios respiratórios em poucos minutos e experimentar alguns benefícios imediatos, os efeitos mais profundos só serão sentidos plenamente depois de meses de prática.

Praticar a autogênese

O treinamento autógeno é um programa sistemático que ensina o adolescente a responder rápida e efetivamente a seus próprios comandos verbais a fim de relaxar e retornar ao estado de equilíbrio normal. É um dos métodos de redução de estresse mais eficazes e abrangentes usado com sucesso na síndrome do pânico. O objetivo é reverter o estado de alarme "lutar ou correr" e normalizar os processos físicos, mentais e emocionais assim que eles começam a se desequilibrar. O método resume-se basicamente em relaxar numa posição confortável e concentrar-se passivamente em formulações verbais que sugiram a sensação de calor e peso nos braços e nas pernas.[16]

Praticar a técnica da imaginação guiada

Os pensamentos, a imaginação e outras atividades mentais podem ser prejudiciais quando nos perturbam. A técnica da imaginação guiada é um meio do adolescente substituir os pensamentos perturbadores por imagens agradáveis. O objetivo é reduzir e controlar a ansiedade psicológica. Pesquisas demonstram que o tratamento que incorpora a imaginação guiada reduz a freqüência e a duração dos ataques de pânico.[17] Pensando em imagens agradáveis, o adolescente controla os pensamentos tristes e alcança o estado de relaxamento físico.

Implementar uma estratégia de dessensibilização

Se o paciente sentir muito medo das situações em que teve ataques de pânico, é importante praticar a dessensibilização *in vivo*. O terapeuta fará o adolescente voltar gradualmente à situação temida, acompanhado de uma pessoa confiável. Os resultados benéficos são excelentes quando essa companhia pode ser o terapeuta. Esse exercício serve para reduzir a

[16]Para obter compreensão mais profunda dessa técnica, consulte W. Luthe, *Autogenic therapy* (New York: Grune and Stratton, 1969).

[17]P. L. Watkins & E. T. Sturgis, Guided imaginal coping: an integrative treatment for panic disorder, *Journal of Behavioral Therapy and Experimental Psychiatry* 19, 1988, 147-55.

ansiedade antecipatória e o medo fóbico, depois que o pânico é controlado. Permite que o indivíduo volte a suas atividades normais e recupere a confiança.

Saber quando encaminhar

O terapeuta deve encaminhar o adolescente com a síndrome do pânico para médicos ou psiquiatras com experiência e perspicácia em questões psicológicas quando houver sintomas físicos ou quando a ansiedade for suficientemente grave para exigir medicação de alívio temporário.

O jovem também deve ser encaminhado para outros terapeutas ou psicólogos competentes se, com o tempo, sentir-se mais inseguro e ansioso.

Onde mais buscar ajuda

AGRAS, S., *Panic:* facing fears, phobias, and anxiety, New York: W. H. Freeman, 1985.

BENSON, H., *The relaxation response*, New York: Morrow, 1975.

CHARLESWORTH, E. A. & R. G. NATHAN, *Stress management:* a comprehen-sive guide to wellness, New York: Ballantine, 1984.

COLLINS, G. R., *Breathless:* transform your time-starved days into a life well lived, Wheaton: Tyndale, 1998.

COLTEN, M. E. & S. GORE, *Adolescent stress:* causes and consequences, Hawthorne, Davis, M., M. McKay e E. R. Eshelman, *The relaxation and stress reduction workbook*, Richmond: New Harbinger, 1980.

FREEMAN, L., *Panic free:* eliminate anxiety/ panic attacks without drugs and take control of your life, Sherman Oaks: Arden Books, 1999.

HART, A. D., *Adrenalin and stress*, Waco: Word, 1989.

LEE, J., *Coping with anxiety and panic attacks*, New York: Rosen Publishers, 1997.

MARKS, I. M., *Living with fear*, New York: McGraw-Hill, 1978.

OSBORN, C., *Release from fear and anxiety*, Waco: Word, 1978.

SHEEHAN, D. V., *The anxiety disease*, New York: Scribner, 1984.

WALKER, E., *Learn to relax*, Englewood Cliffs: Prentice-Hall, 1975.

Orientação bíblica para o adolescente em conflito

- Salmos 27.1; 34.4; 55.22; 56.3
- Filipenses 4.6,7
- 2Timóteo 1.7

Coabitação

CARACTERÍSTICAS DO CONFLITO

O número de casamentos despencou ao patamar dos anos quarenta. Os casais não estão conseguindo alcançar a felicidade matrimonial duradora. As jovens estão cada vez mais pessimistas em relação às chances de ter um bom casamento. Os norte-americanos têm muito menos oportunidades agora de se casar que antes, e os que se casam parecem menos felizes do que nas décadas passadas. Cinqüenta por cento de todos os casamentos têm a probabilidade de terminar em divórcio ou separação permanente.

Uma das descobertas mais tristes dos estudiosos do casamento moderno é o declínio da confiança do adolescente no matrimônio. David Popenoe e Barbara Dafoe Whitehead, diretores do National Marriage Project da Rutgers University, relatam que os jovens de hoje querem um casamento bem-sucedido, mas estão cada vez mais ansiosos e pessimistas sobre suas chances de alcançar esse objetivo.[1] Para piorar, os pesquisadores descobriram que os adolescentes estão muito mais abertos a alternativas para o casamento, como a paternidade e maternidade sem casamento e a coabitação. Eles não abriram mão do casamento como ideal ou objetivo da vida pessoal, mas a busca por um "bom" casamento lhes parece bem mais difícil e incerta que parecia para as gerações anteriores.

[1]www.marriage.rutgers.edu.

Quarenta por cento das jovens e 56% dos rapazes aprovam a vida em comum antes do casamento.[2] Pode-se dizer que a coabitação — morar junto e manter relações sexuais regularmente sem estar legalmente casado — está em alta para os adolescentes. Até para os que freqüentam a igreja! Alguns casais da igreja decidem morar junto, embora seja difícil calcular a freqüência com que isso ocorre por existir forte proibição contra a coabitação na maioria das igrejas.[3]

Em épocas passadas, a coabitação seria um escândalo. Costumava-se dizer que casais não casados que moravam juntos "viviam em pecado" ou "eram amasiados". A coabitação era ilegal nos Estados Unidos até por volta de 1970. Continua ilegal em doze estados, embora essas leis raramente, ou nunca, sejam praticadas.

CAUSAS DO CONFLITO

Os motivos que levam alguns adolescentes a pensar em morar junto são muitos. Todo casal nessa situação dirá que tem seus motivos e que seu caso é "diferente". Vejamos algumas causas mais comuns da coabitação.

Taxas de divórcio desanimadoras

Como metade de todos os casamentos termina em divórcio, muitos jovens não consideram mais o casamento como opção viável. A conclusão a que chegam é que se não dá certo para tantas pessoas, por que tentar? Desistem antes mesmo de começar, acreditando que podem viver juntos sem que isso se torne uma obrigação. Pensam: se não assumirmos um compromisso de vida, não estaremos fadados ao fracasso como acontece com tantas pessoas.[4]

Casamento infeliz em casa

Muitos jovens, hoje em dia, crescem em lares com maus exemplos de casamento.[5] Na verdade, atualmente, as crianças que crescem num lar com pais biológicos que permanecem casados, morando sob o mesmo

[2]N. Hellmich, Teens: marriage will last lifetime?, *USA Today*, 10 de julho, 1999, p. 3.

[3]E. L. Worthington, *Counseling for unplanned pregnancy and infertility*, Dallas: Word Publishing, 1988.

[4]D. N. Lye & I. Waldron, Attitudes toward cohabitation, family, and gender roles: relationships to values and political ideology, *Sociological Perspectives* 40, 1997, p. 199-225.

[5]W. D. Manning & D. T. Lichter, Parental cohabitation and children's economic well-being, *Journal of Marriage and the Family* 58, 1996, p. 998-1010.

teto, são minoria. Além disso, o número de pessoas no primeiro casamento que declaram ter um relacionamento "muito feliz" era de 37% em 1996, sendo que no início de 1970 era de 53%. Como isso afeta uma casa com adolescentes? As estatísticas falam por si: 63% das meninas e 53% dos meninos não querem ter um casamento igual ao de seus pais.[6]

"Todo o mundo faz isso"

O número de casais não casados que moram juntos nunca foi tão grande, chegando a mais de quatro milhões. É uma progressão geométrica se levarmos em conta os 430 mil casais que coabitavam em 1960. Devido à alta incidência da coabitação, cada vez mais os adolescentes consideram-na normal. Raciocinam: se tantas pessoas moram juntas sem estarem casadas, então deve ser muito bom mesmo. E, assim, juntam-se à crescente população de coabitantes.

Hedonismo

Everett Worthington, especialista em casamento, afirmou que o desenvolvimento moral do adolescente funciona num nível hedonista. Nessa fase, alguns jovens justificam a coabitação dizendo que "parece certo". O jovem pode dizer, por exemplo: "Estamos apaixonados. Parece certo ficarmos juntos. Mas nenhum de nós acha que é maduro o suficiente para assumir o compromisso vitalício do casamento, por isso vivemos juntos".[7]

A influência do cinema e da televisão

Se você assistir à MTV por apenas dez minutos, achará que viver junto, além de comum, é legal. Assista aos programas feitos especialmente para adolescentes e jovens adultos e verá inúmeros exemplos de sexo antes do casamento e de pessoas que vivem amasiadas, e tudo sem nenhuma preocupação moral. A coabitação é retratada com cuidadosa neutralidade pela mídia, que trata o comportamento das celebridades do cinema e da TV, que a cada momento moram com uma pessoa diferente, como absolutamente normal.[8] É difícil negar que esses "modelos de comportamento"

[6]HELLMICH, Teens: marriage will last lifetime?, p. 3.
[7]WORTHINGTON, *Counseling for unplanned pregnancy and infertility.*
[8]S. WU, The stability of cohabitation relationship, *Journal of Marriage and the Family* 57, 1995, p. 231-6.

estejam enviando uma clara mensagem que justifica a coabitação para alguns adolescentes.

Menosprezo pelo rito de passagem

Durante décadas, o casamento era o curso natural dos casais que namoravam e alcançavam um certo nível de maturidade. Era uma marca importante da vida adulta. Em geral, as pessoas se casavam logo depois da formatura no colegial ou na faculdade. Agora tudo mudou. O casamento está perdendo importância social e significado como rito de passagem. Para os jovens de hoje, ele deixou de ser a passagem natural da adolescência para a vida adulta.

Uma "opção de estilo de vida"

A forma que o adolescente define a decisão de viver junto é crucial para prever se pode escolher esse caminho. A coabitação, com freqüência, envolve questões religiosas e de estilo de vida. Mas se o adolescente enxergá-la principalmente como uma opção de estilo de vida e ignorar as implicações religiosas e morais, é muito mais provável que a pratique. A questão é que alguns jovens simplesmente enxergam essa prática unicamente como uma forma de vida. O fator moral não influi na decisão deles.

Adiamento do casamento

As pessoas estão adiando o casamento. A média de idade para o casamento aumentou consideravelmente. É um sinal claro que alguns jovens estão preferindo adiar a grande decisão e fazer primeiro um *test drive* no relacionamento. É como se as pessoas treinassem num time de segunda divisão do casamento para ver se estão prontas para jogar nos grandes times. Usando outra analogia, alguns enxergam a coabitação como um ensaio, um exercício prático antes da apresentação real. Se a tentativa for bem-sucedida, vão em frente e colhem os frutos de um relacionamento "experimentado" que culminará no casamento.

DESCRIÇÃO DE CASO

Ron e Cindy, ambos cursando o último ano do ensino médio, namoram desde a 7.ª série. Quanto mais pensam no futuro mais sério o relacionamento deles se torna. Por achar que não estão preparados para o casamento, Ron quer convencer Cindy a alugar um apartamento para morarem juntos. Enquanto Cindy, que foi criada numa família conservadora que freqüenta a igreja, diz que gostaria de se casar depois da formatura, Ron fica louco da vida. Suas tiradas deixam Cindy apavorada com a idéia de que a deixará se ela não for morar junto com ele. Quanto mais pensa nisso, mais convencida fica de que morar junto pode ser uma ótima maneira de se preparar para o casamento. No entanto, sua hesitação é óbvia, e ela sabe que essa não é a melhor coisa a fazer.

COMO OS PAIS PODEM AJUDAR

As estratégias de ajuda aos adolescentes com o conflito da coabitação citadas a seguir podem ser utilizadas eficientemente pelos pais. Contudo, como a relação entre pai e filho é única, algumas serão mais pertinentes para a sua situação que outras. Como em todo grande conflito da adolescência, o melhor é que os pais trabalhem com a orientação de um terapeuta competente. Pensando nisso, as estratégias visam a facilitar o processo de ajuda dentro de casa com o adolescente.

Explicar como a coabitação enfraquece o casamento

Quando um casal decide morar junto sem os laços do matrimônio, estabelece-se um relacionamento bem diferente e muito mais fraco que o casamento. Os pesquisadores descobriram que a maioria das experiências de coabitação termina em dois anos e que a coabitação não é um casamento informal, mas um relacionamento formado por uma união mais frágil. As pesquisas também indicam que os homens e mulheres que procuram alguém para coabitar buscam características, como dependência, por exemplo, que possam refletir a capacidade de contribuir para o relacionamento a curto prazo (ao fazer a outra pessoa se sentir necessária), relacionamento esse apelidado de "Linus".* A intenção pode ser outra: estabelecer um "relacionamento de emancipação", para provarem aos pais e amigos que são livres para tomar suas próprias decisões e não precisam de nenhum compromisso formal. A intenção também pode ser um "relacionamento de conveniência" por motivos econômicos. A idéia é dividir tudo meio a meio, embora a mulher contribua com 70% do investimento no relacionamento, o que significa a volta ao antigo padrão do

*Alusão ao personagem das histórias em quadrinhos *Peanuts*, de Charles Schulz. (N. da T.)

homem dominante e a mulher submissa. Há casais que buscam um "relacionamento experimental" com a promessa, ou a suposição da promessa, de se casarem. Mas o relacionamento da maioria dos casais que moram juntos não dura mais que dois anos.[9]

Ao contrário, homens e mulheres que procuram alguém para se casar prestam mais atenção às características básicas (como idade e religião) que reflitam considerações duradouras. Os pesquisadores concluíram: "Enquanto as pessoas que moram juntas têm a expectativa de passar um tempo juntos, as casadas esperam ficar juntas a vida inteira".[10] A questão é que a coabitação enfraquece o casamento. Morar junto não significa "viver feliz para sempre". Quarenta por cento dos casais que coabitam nunca chegam ao altar e mais da metade dos 60% que se casam acaba se divorciando.

Advertir a mulher sobre as motivações dos homens

Estudos mostraram claramente que os homens em geral coabitam por causa da "conveniência" do relacionamento, enquanto as mulheres o fazem na esperança de que a relação chegue ao casamento, criando desse modo um relacionamento em que o homem mantém uma posição de poder sobre a mulher, pois ela espera muito mais do relacionamento que ele. Não é de espantar que, segundo as pesquisas, os casais que coabitam experimentem mais tensão no relacionamento do que os que são casados.[11]

Mostrar que a coabitação contribui para a traição

Às vezes, a melhor maneira de impedir um determinado comportamento é mostrar as conseqüências negativas dele. E há uma série infindável de dados que revelam o lado desfavorável do estilo de vida chamado coabitação. Por exemplo, se uma mulher vive com um homem antes do casamento é bem provável que o traia depois do casamento. Em um estudo realizado com mais de mil pessoas, descobriu-se que as mulheres que coabitavam antes de se casarem têm 3,3 vezes mais chances de ter

[9]http://members.aol.com./cohabiting/types.htm. Copyright 1999.

[10]R. Schoen & R. M. Weinick, Partner choice in marriages and cohabitations, *Journal of Marriage and the Family* 55, 1993, p. 408-14.

[11]T. Huffman, Gender differences and factors related to the disposition toward cohabitation, *Family Therapy* 21, 1994, p. 171-84.

um parceiro sexual secundário depois do casamento. O mesmo estudo também revelou que as mulheres casadas têm cinco vezes menos chances de ter um parceiro sexual secundário do que as que coabitam, e que os relacionamentos de coabitação se parecem mais com o namoro do que com o casamento.[12]

Mostrar outros fatos importantes

Muitas pessoas pensam que morar junto antes do casamento é como um ensaio que as deixa mais preparadas para atravessar os portais do casamento. Imaginam que se viverem juntas primeiro, não terão de pagar o preço alto de um doloroso erro depois. Mas as pesquisas indicam que isso simplesmente não é verdade. Presentemente não há mais muita dúvida entre pesquisadores e especialistas em casamento que a coabitação é um bom prognóstico de divórcio, quer o indivíduo se case com a pessoa com quem já morava, quer não. Por que isso acontece? Há vários motivos, mas um deles é que a coabitação deixa as pessoas com a falsa sensação de que já tiveram uma amostra de como seria o casamento, o que as deixa chocadas e desapontadas quando outras dificuldades aparecem.[13] Outro fato interessante é que as pessoas que já moraram com alguém são, em geral, sexualmente menos satisfeitas do que as que nunca coabitaram antes do casamento. Com efeito, das pessoas que deram nota 9 ou 10 à sua satisfação sexual, 44% não coabitavam e 34% coabitavam.[14]

Falar sobre o pecado

Muitas pessoas, para não coabitarem, devem ser cuidadosamente confrontadas com o texto bíblico. O sexo fora do casamento contraria os desígnios e a lei de Deus. O dever dos pais diante de um casal nessa situação é falar a verdade em amor (Ef 4.15). Somente então o Espírito Santo poderá convencê-lo a mudar. Não existe maneira certa de dizer a um casal que a coabitação é pecado. Embora alguns requeiram uma abordagem mais direta e franca, outros precisam que suas motivações posi-

[12]R. Forest & K. Tanfer, Sexual exclusivity among dating, cohabiting, and married women, *Journal of Marriage and the Family* 58, 1996, p. 33-47.

[13]S. L. Nock, A comparison of marriages and cohabiting relationships, *Journal of Family Issues* 16 (1995), p. 53-76.

[14]Forest & Tanfer, *Sexual exclusivity*, p. 33-47.

tivas sejam reforçadas quando aprenderem que a coabitação não está de acordo com a Palavra de Deus. Alguns versículos da Bíblia podem ser úteis nesse processo, como Mateus 15.19; 1Coríntios 6.13,18; Colossenses 3.5 e 1Tessalonicenses 4.3.

Ajudar a igreja a fazer um plano de prevenção

A melhor maneira de resolver quase todos os problemas é prevenir. E quando se trata de cercear a crescente onda de coabitação, a igreja pode ajudar muito. Everett Worthington sugere que, para tanto, a igreja deve: a) dar uma mensagem clara do púlpito sobre a coabitação como sendo transgressão da lei de Deus; b) usar a escola dominical e outras aulas de estudo para abordar questões contemporâneas da vida cristã, inclusive essa; c) ser claro a respeito das alegrias e benefícios de um casamento cristão e sobre os benefícios da castidade antes do casamento.[15]

COMO OS PROFISSIONAIS PODEM AJUDAR

As estratégias de ajuda para adolescentes com o conflito da coabitação descritas a seguir são normalmente usadas pelos terapeutas. São aqui relacionadas a fim de prestar informações a você, pai ou mãe e ajudá-lo a encontrar a melhor ajuda profissional possível para o adolescente sob seus cuidados.

Desenvolver a capacidade de escolher um parceiro

Um motivo habitual pelo qual os jovens vivem juntos é tentar encontrar um parceiro e não saber a melhor maneira de fazer isso. Em geral, nenhuma instituição da sociedade, seja a escola, a igreja ou mesmo a família, ajuda o indivíduo a escolher o seu futuro cônjuge. Por isso, é essencial ensinar a capacidade de escolher um parceiro. E uma das ferramentas mais eficazes nessa tarefa é citada pelo dr. Neil Warren em seu excelente livro *Finding the love of your life* [*Para descobrir o grande amor da sua vida*]. O autor apresenta dez princípios para ter um bom namoro: 1) eliminar as causas de uma péssima seleção de parceiro; 2) formar uma idéia clara do cônjuge ideal para você; 3) encontrar uma pessoa para amar que seja muito parecida com você; 4) tornar-se uma pessoa saudável antes de se casar; 5) encontrar alguém por quem você

[15]Worthington, *Counseling for unplanned pregnancy and infertility*.

sinta amor profundo; 6) esperar que a paixão amadureça antes de decidir casar-se; 7) dominar a arte da intimidade; 8) aprender a esclarecer os conflitos no caminho do amor; 9) recusar-se a prosseguir até que possa realmente assumir um compromisso para a vida toda; e 10) celebrar o casamento com o apoio total da família e dos amigos. O objetivo disso é mostrar que namorar, e não morar junto, é a melhor maneira de conhecer alguém e de encontrar um possível cônjuge.[16]

Ensinar a convivência conjugal

As pesquisas mostram claramente que os casais que dominam algumas habilidades, como solucionar conflitos e ouvir atentamente, têm menos probabilidade de se separar. Minha esposa e eu escrevemos o livro *Casamento* (Editora Vida) para ajudar os casais a aprender essas habilidades essenciais. Nesse livro e nos cadernos de exercícios (um para os homens e outro para as mulheres), abordamos cinco questões que as pessoas devem examinar antes de se casar: 1) você enfrentou os mitos do casamento com sinceridade; 2) é capaz de identificar o seu modo de amar; 3) tem o hábito de buscar a felicidade; 4) consegue expressar o que pensa e compreender o que ouve; 5) venceu a barreira entre os sexos; 6) sabe como enfrentar uma boa briga; e 7) vocês são almas gêmeas? Cada uma dessas questões procura desenvolver um conjunto específico de habilidades que ajudarão o casal a se preparar para um amor que dure a vida inteira.[17]

Onde mais encontrar ajuda

ARANZA, J., *Making a love that lasts*: how to find love without settling for sex, Ann Arbor: Servant Publications, 1996.

BALSWICK, J. & J. BALSWICK, *Ranging hormones*: what to do when you suspect your teen may be sexually active, Grand Rapids: Zondervan 1994.

BASTIAN, D. N., *Counterfeit*: the lie of living together unmarried, Mississauga: Light and Life Press Canada, 1988.

LAASER, M., *Faithful and true*: sexual integrity in a fallen world, Grand Rapids: Zondervan, 1996.

[16]N. C. WARREN, *Finding the love of your life*, Colorado Springs: Focus on the Family, 1992.
[17]Les PARROTT & Leslie PARROTT, *Casamento*, São Paulo: Vida, 1998.

PARROTT, L. & L. PARROTT, *Getting ready for the wedding*, Grand Rapids: Zondervan, 1995.

_____. *Questions couples ask*, Grand Rapids: Zondervan 1996.

_____. *Relacionamentos*, São Paulo: Vida, 1999.

_____. *Casamento*: sete perguntas que você deve fazer antes (e depois) de se casar, São Paulo: Vida, 1998.

POPENOE, D., *Should we live together?*: what young adults need to know about cohabitation before marriage, a comprehensive review of recent research, New Brunswick: National Marriage Project, 1999.

RINEHART, S. & P. RINEHART, *Choices*: finding God's way in dating, sex, singleness, and marriage, Colorado Springs: NavPress, 1996.

Sexuality, Health & Relationship Education, 15935 NE 8th Suite B200, Bellevue: Wash. 98008; www.share-program.com.

SMITH, M. B., *Should I get married?*, Downers Grove: InterVarsity Press, 1990.

STANTON, G. T., *Why marriage matters*: reasons to believe in marriage in postmodern society, Colorado Springs: Pinion Press.

WKarren, N. C., *Finding the love of your live*, Colorado Springs: Focus on the Family, 1992.

Orientação bíblica para o adolescente em conflito

- 1Coríntios 7.7,8; 24-40
- 2Coríntios 6.14
- Hebreus 13.4

Culpa

CARACTERÍSTICAS DO CONFLITO

Quase ninguém está livre de culpa. Ela atinge de incontáveis maneiras pessoas de qualquer idade e em qualquer circunstância. Já ouvi milhares de histórias de culpa em minha clínica de psicologia. Mães trabalhadoras, pastores sinceros, terapeutas competentes, professores dedicados, executivos bem-sucedidos, quase todo mundo sente culpa de vez em quando. Mas não conheço nenhum outro grupo de pessoas mais propenso a sofrer os estragos da culpa que os adolescentes.

Qualquer pessoa que trabalhe com adolescentes acaba lidando com a culpa. Converse com jovens que tenham problema de depressão, solidão, inferioridade, alcoolismo, drogas, atitudes críticas, sexo pré-nupcial, distúrbios alimentares, ansiedade, dúvida espiritual, vontade de Deus, masturbação, luto ou qualquer outro e verá adolescentes em conflito com a culpa também.

A culpa é como um "soco no estômago" que acontece quando um grande abismo separa a pessoa que somos da que achamos que deveríamos ser. De acordo com Bruce Narramore, essa emoção é sentida de três formas básicas:

1. Autopunição: "Eu mereço um belo pontapé".
2. Auto-rejeição: "Ninguém me ama, principalmente Deus".
3. Autocomiseração: "Sinto-me um inútil".

A experiência da culpa varia bastante de um adolescente para outro, mas em geral eles passam por uma dessas três formas ou uma combinação delas.[1]

A culpa é tão comum que foram identificados vários tipos. Os cientistas sociais e outros estudiosos catalogaram alguns deles: a culpa *objetiva* ou *legal*, quando ocorre violação das leis da sociedade, quer a pessoa sinta algum remorso, quer não; a culpa *social*, quando o indivíduo infringe uma regra não escrita, mas consagrada socialmente; a culpa *pessoal*, quando o indivíduo transgride os padrões pessoais ou resiste à voz da consciência; culpa *teológica*, que implica a violação das leis de Deus.

A forma mais problemática de culpa, no entanto, é a *irracional* ou *falsa culpa*. Paradoxalmente, a culpa costuma atingir com mais intensidade aqueles que têm pouca ou nenhuma razão real para senti-la. Lembro-me de uma adolescente que veio consultar-se comigo porque sentia culpa. Na terceira série, perdeu os cinco dólares que tinha ganhado numa rifa. Relatou as circunstâncias da perda e ninguém desconfiou de nada. Naquela noite, chorou até cair no sono. Lutava contra acusações falsas de sua própria consciência a exigir que fosse perfeita. Finalmente, fez uma promessa a si mesma: colocaria toda a sua mesada no prato de coleta da igreja no domingo, numa tentativa de compensar sua negligência. Só alguém muito frio diria que essa garota devia se sentir culpada. No entanto, ela carregou o sentimento de culpa devido a esse incidente por longo tempo. Já adolescente, ainda tinha pesadelos. Seria ela culpada? Claro que não. Seu sentimento era irracional.

DESCRIÇÃO DE CASO

Jenny tem dezessete anos, é atraente, ativa, líder de torcida na escola e ótima aluna. É também cheia de sentimentos de culpa. Não passa um minuto sem que Jenny não se culpe por alguma coisa. Quando não está pensando em algo que fez de errado no presente, lembra de alguma coisa do passado. Não é nenhum episódio específico que alimenta sua consciência culpada; Jenny simplesmente tem compulsão para martelar a cabeça com o sentimento de culpa. Sente-se culpada por não ser uma filha melhor, pela nota nove que recebeu em francês, pelos pensamentos negativos que teve sobre uma garota da turma da torcida, pelo sorvete que tomou no almoço e assim por diante. Jenny acredita que nunca é boa bastante em casa, na escola, na igreja ou em qualquer outro lugar. Quase sempre se sente culpada.

[1]B. Narramore, *No condemnation*, Grand Rapids: Zondervan, 1984.

A culpa irracional é particularmente perigosa na adolescência porque pode se tornar uma característica da personalidade, predisposição ou estado de espírito. Quando isso acontece, o jovem vive num labirinto de condenações e numa prisão de "obrigações" e "deveres". Carregar o sentimento de culpa pode se tornar uma forma de vida a ser desafiada a fim de que o adolescente desenvolva seu potencial.

CAUSAS DO CONFLITO

Embora as causas do sentimento de culpa sejam tão numerosas quanto os adolescentes que o carregam, há alguns grupos de razões que explicam por que os jovens costumam sofrer desse sentimento.

Expectativas irreais

O perfeccionismo é uma das maiores causas da culpa obsessiva. O perfeccionista mede seu valor em termos de metas, feitos ou produtividade inatingíveis. Qualquer desvio da meta perfeccionista costuma ser acompanhado de autocrítica e sentimento de culpa.[2] O perfeccionista anda sobre um fio extremamente fino, que se rompe facilmente com o peso das expectativas irreais. Entre vários exemplos dessas expectativas estão: "Devo ser sempre o primeiro aluno da classe", "Não posso decepcionar ninguém", "Tudo o que eu fizer precisa dar certo", "preciso gostar de todo o mundo e todo o mundo precisa gostar de mim". Idéias como essas apertam a corda da culpa obsessiva no pescoço do adolescente propenso a criar para si expectativas irreais.[3]

Legalismo

Certa vez, vi uma mulher discutir com o vizinho porque este estava cortando a grama no domingo de manhã.

— Você não sabia que hoje é o dia de descanso do Senhor? — perguntou, exclamando. — Você não deve cortar a grama no domingo.

— Deus criou o dia de descanso para o homem, não o homem para o dia de descanso — respondeu o homem.

— Um erro não justifica outro!

[2]B. Sorotzkin, The quest of perfection: avoiding guilt or avoiding shame?, *Psychotherapy* 22, n.º 3, 1985, p. 564-71.

[3]Idem, Understanding and treating perfectionism in religious adolescents, *Psychotherapy: theory, research, and practice* 35, 1998, p. 87-95.

O legalismo é outra causa de culpa irracional. Embora seja apenas um substituto do comportamento humano responsável e da compreensão, encurrala muitos jovens. Arranja regras para tudo e desse modo aumenta matematicamente a probabilidade de falha e erro. O legalismo leva as práticas ao extremo em busca da consistência absoluta. Reduz o espírito da lei a regras específicas e rígidas. O legalismo distorce e obscurece orientações e é cego em relação às opções e possibilidades. O absolutismo da mentalidade legalista é uma grande tentação para muitos adolescentes em conflito. Podem ser atraídos por sua simplicidade.

Pressão social

A sensação de estar em evidência é comum na adolescência. Os adolescentes se sentem expostos como se os outros pudessem enxergar o seu interior, ver seus erros e defeitos, conhecer seus medos e idéias. Diariamente, os adolescentes mergulham num oceano de avaliação social. Ficam atolados em críticas mútuas. Essa pressão pode contribuir para que caiam nas garras da culpa ilógica. Todos os dias, os adolescentes são bombardeados por frases do tipo: "Você deveria tê-la convidado para sair quando teve oportunidade", "Você é tão preconceituoso", "Nós teríamos ganhado se não fosse você", "Você prometeu que sempre me defenderia", "Você foi tão idiota hoje na hora do intervalo". Para uma consciência frágil, declarações como essas sem dúvida alimentam o sentimento de culpa na vida do jovem.

Consciência falha

Sempre pergunto às pessoas: "Quem disse a frase: 'Siga o que diz a sua consciência?'". Algumas atribuem ao apóstolo Paulo. Na verdade, quem disse isso foi o Grilo Falante em *Pinóquio*. Se você seguir o que a sua consciência diz, poderá dar-se mal. Essa famosa máxima esquece que a consciência varia enormemente de indivíduo para indivíduo. Ela se forma em casa, não vem pronta num pacote com os dez mandamentos, o Sermão do Monte, as normas especiais da igreja e as leis aprovadas pelo congresso. Ninguém nasce com um termômetro emocional interno para determinar se está "quente" ou "frio" no certo e no errado.

Os pais são os formadores básicos da consciência. Para evitar o castigo, ganhar recompensas ou simplesmente manter o amor, as crianças aceitam os padrões de comportamento dos pais. Na infância, somos condicionados por expressões como: "Pare com isso", "Não, não" ou "Feio, muito feio". Quanto mais as ouvimos, mais o significado do certo e do errado fica claro. Sentimo-nos bem quando fazemos o certo e culpados quando fazemos o errado. O psicólogo do desenvolvimento Jean Piaget mostrou que os julgamentos morais da criança podem ser atribuídos a uma espécie de autoridade divina mágica dada pelos adultos. Em outras palavras, a criança é influenciada pela consciência dos pais. Nossa consciência cultivada com o ensino, que às vezes é falho.

No Novo Testamento, Paulo faz distinção entre a consciência fraca e a forte (v. 1Co 8). Para Paulo, a consciência fraca é totalmente voltada para o texto da lei. Por exemplo, insiste em se abster da comida, a carne dedicada aos ídolos, embora estes não tenham nenhuma realidade divina. A consciência forte, por sua vez, não se deixa levar pela falsidade da idolatria. Pode apenas se curvar como uma palmeira e se ajustar à percepção das circunstâncias e do ambiente. Vive de levar em consideração os princípios e o compromisso com os ideais. A consciência forte é judiciosa. Sopesa todos os elementos num processo de avaliação moral. Contrabalança a atenção às regras com a atenção aos relacionamentos.

Em si, a consciência, ao contrário da opinião popular, não é ordenada por Deus. Embora a capacidade da consciência seja um dom divino tecido na estrutura da personalidade, não raro é informada por distorções que de forma alguma devem ser tratadas como guias morais confiáveis. A consciência não é confiável, a não ser quando transformada por Cristo.

Mal

Antes da queda, Adão e Eva não precisavam de consciência. Eles não tinham o conhecimento do bem e do mal, portanto, nenhum sentimento de culpa (v. Gn 2,3). Todavia, depois da desobediência, perceberam seu erro e tentaram esconder-se de Deus. A essa altura, de acordo com Gary Collins, o sentimento objetivo e subjetivo de culpa teológica entrou na criação divina.[4] É engano acreditar que não temos pecado (v. 1Jo 1.8). O reconhecimento de nossa culpa vem do Espírito Santo (v. Jo 16.8-11), e Jesus nos oferece o perdão.

[4]*Aconselhamento cristão*, Vida Nova: São Paulo, 1984, cap. 9.

O conflito da culpa, no entanto, vem do entendimento de que Satanás pode criar sentimentos de culpa. A Bíblia afirma que Satanás acusa os seguidores de Deus dia e noite (v. Ap 12.10). Acusa o povo de Deus em Jó e em Zacarias (v. Jo 1.6; Zc 3.1,2). A falsa experiência de culpa é um dos subterfúgios que ele usa para nos fazer tropeçar. Efésios 6.11 diz: "Vistam toda a armadura de Deus, para poderem ficar firmes contra as ciladas do Diabo". Satanás, sem dúvida, faz com que os crentes sinceros se sintam culpados e indignos de perdão, mesmo que não tenham feito nada errado.

COMO OS PAIS PODEM AJUDAR

As estratégias destinadas a ajudar os adolescentes com o conflito da culpa citadas a seguir podem ser utilizadas pelos pais com eficiência. Contudo, como a relação entre pai e filho é única, algumas podem ser mais pertinentes para a sua situação que outras. Como em todo grande conflito da adolescência, o melhor é que os pais trabalhem sob a orientação de um terapeuta competente. Pensando nisso, as estratégias descritas neste livro visam a facilitar o processo de ajuda dentro de casa com o adolescente.

Diferenciar a culpa verdadeira da falsa

O adolescente que sofre de culpa, em geral, sofre calado. Quando falar do assunto, a primeira coisa que os pais devem fazer é descobrir se sua noção de culpa é razoável ou sem sentido. A culpa verdadeira é resultado de um comportamento errado ou imoral. Em outras palavras, o adolescente com culpa verdadeira sente-se assim porque é realmente culpado. Se a culpa for verdadeira, só há um caminho a seguir: confissão, perdão e, em alguns casos, restituição. Lembre o jovem em conflito com culpa verdadeira de que Deus está disposto e pronto a perdoar-lhe a falta. Earl Wilson, psicólogo cristão, sugere que se façam várias perguntas para determinar se a pessoa está lidando com culpa verdadeira ou falsa.[5]

1. Aquilo de que você se sente culpado é resultado de um pecado real?

[5] *Counseling and guilt*, Waco: Word, 1987.

2. Se você tivesse de pedir perdão por um pensamento ou uma ação, qual seria?
3. Se você tivesse de pedir perdão a alguém, quem seria?

Se o seu filho não puder responder claramente a essas perguntas, Wilson diz que, provavelmente, o conflito advém de uma culpa falsa. As perguntas a seguir podem revelar a culpa falsa:

1. Qual a expectativa em relação a você mesmo que não está conseguindo atingir?
2. Você acha que decepcionou seus pais ou outras pessoas?
3. Você está exigindo coisas de você mesmo que não é capaz de cumprir?
4. O que você poderia fazer agora para chegar mais perto daquilo que você gostaria?

Essas perguntas ajudarão a revelar as impossibilidades do raciocínio perfeccionista do adolescente e lhe permitirão desligar o alarme falso.

Examinar as expectativas irreais

O alarme da culpa falsa é, em geral, disparado pelas expectativas irreais. Conheço uma estudante universitária que quase se destruiu pela culpa falsa que impôs a si mesma. Ela foi criada numa família que alimentava grandes expectativas sobre seu desempenho acadêmico. Sempre foi a melhor aluna da classe. Quando entrou na a faculdade, começou a competir com colegas que anteriormente também eram os melhores de suas classes. Pela primeira vez na vida, não conseguiu ser a melhor. Acreditava que tinha decepcionado os pais. Punia-se sentindo depressão, dormindo pouco e estudando todo fim de semana, sem jamais tirar um dia de folga para se divertir. Ajudei essa jovem a ver que o fato de não ser a primeira da classe não era nenhum pecado. Percebeu que não havia nenhum motivo para punir-se daquele jeito, viu que suas expectativas eram ilógicas.

O adolescente que luta contra a culpa falsa confunde as expectativas reais com as irreais. A distorção nasce provavelmente de uma longa lista de "deveres" implícitos e regras inflexíveis que não devem ser transgredidas.

O adolescente sente-se compelido a ser ou fazer algo, mas nunca pára para perguntar objetivamente se algumas metas de conquista pessoal compensam a pressão que criam. Sofre com a tirania do "dever".

Vejamos os "deveres" mais comuns e sem sentido que os adolescentes criam:

- Devo ser o protótipo da generosidade, coragem e do altruísmo.
- Nunca devo ficar magoado.
- Devo ser o amigo, irmão/ irmã, filho/ filha etc. perfeito(a).
- Devo ser capaz de encontrar uma solução rápida para os problemas.
- Devo ser capaz de suportar qualquer adversidade ou dificuldade sem reclamar.
- Devo sempre sentir-me amado e aceito por todos.
- Devo compreender e saber tudo.
- Nunca devo ter sentimentos como raiva ou ciúme.
- Nunca devo cometer nenhum erro.
- Nunca devo ficar doente nem cansado.

Os pais podem pedir ao adolescente que faça sua própria lista de deveres absurdos para aumentar-lhe a consciência de suas expectativa irreais em áreas como: desempenho escolar, dedicação espiritual, dedicação nos relacionamentos, habilidades esportivas etc.

Explorar o mau uso da confissão

Passei a noite de sexta-feira num carro sem identificação acompanhando um amigo detetive a fim de observar de perto o seu trabalho. Uma passagem pelo departamento de homicídios confirmou o que eu já suspeitava. Sempre que se noticia um assassinato notório, aparecem muitas pessoas inocentes para "confessar" o crime. Morei em Los Angeles na época do "caçador da noite". Antes que o verdadeiro criminoso fosse pego, pelo menos cinco pessoas confessaram ser o assassino. O indivíduo que carrega muita culpa faz de tudo para aliviar a consciência, até confessar um crime que não cometeu a fim de receber o castigo que julga merecer.

Com a confissão, algumas pessoas libertam-se da culpa, enquanto outras ficam ainda mais presas nessa armadilha. O infindável "ciclo de culpa e confissão" acontece da seguinte forma: o *sentimento de culpa* leva o indivíduo a *confessar para se sentir melhor*, o que causa *alívio momentâneo*, que leva o indivíduo a *repetir o mesmo comportamento* ou *atitude*, que gera *mais culpa*, que o leva a *confessar para se sentir* melhor e assim por diante.

A confissão pode ser uma tentativa de manipular Deus e evitar a conseqüência do pecado. Quer dizer, a confissão pode ser uma forma temporária de tirar Deus da história, em vez do caminho para a verdadeira mudança de comportamento e atitude.

A confissão sincera, que faz grande diferença, implica profundo arrependimento, reconhecimento da incapacidade de alcançar os padrões santos de Deus sem sua ajuda e consciência da inutilidade de tentar conseguir a aceitação de Deus. Somente esse tipo de arrependimento e mudança podem anular o efeito autoglorificante da confissão.

A verdadeira confissão é dolorosa e assustadora. Pode ser humilhante, mas tem suas recompensas. Quando se fala a verdade em voz alta, fica muito mais difícil fugir dela novamente. A confissão provoca senso de responsabilidade pelo comportamento e pela atitude. Pode impedir o adolescente de culpar a si mesmo e aos outros pelos problemas. Pode ajudá-lo a evitar o que chamo de "cadeia da culpa". Ninguém gosta de assumir a responsabilidade por uma coisa ruim, e todo o mundo é especialista em fugir da responsabilidade e jogar a culpa em alguém ou algo. Adão culpou Eva, Eva culpou a serpente e daí por diante. Porém, a confissão sincera pode quebrar essa cadeia.

Há outro risco na confissão que vale a pena mencionar. Ela pode ser usada como mais um instrumento de autopunição. Quando o problema do indivíduo é o medo da punição dos outros ou punição auto-infligida, a confissão diminui a necessidade de castigo e, portanto, alivia a culpa. Mas se o problema for a sensação de inadequação e baixa auto-estima, a confissão pode até aumentar o sentimento de inferioridade.[6] É por isso que alguns cristãos acham que a confissão reforça seus sentimentos de inadequação e fracasso, em vez de reafirmar a confiança no perdão.

Incentivar a determinação

Apresente o seguinte caso ao adolescente e pergunte-lhe o que faria: "Você guardou dinheiro para comprar CDs, e um amigo seu pede empréstimo para comprar um tênis novo. Você conseguiria recusar o pedido dele sem se sentir culpado?". Algumas pessoas acreditam que concordar passivamente é

[6]NARRAMORE, *No condemnation*. Narramore faz uma abordagem detalhada do uso e do mau uso da confissão nesse excelente livro.

o mesmo que virtude, decência e honra. Mas não é. Isso está mais para covardia do que civilidade ou boas maneiras. Reforce o desejo natural de ajudar os outros, mas diga a seu filho que não há nada de errado em discordar e dizer "não" quando quiser. Diga que pode se defender sem se sentir culpado.

Concentrar-se no "ser", não no "fazer"

O esforço de parecer bom pode esgotar até o mais forte dos adolescentes. É muito menos exaustivo concentrar-se em ser bom. Ajude o adolescente a parar de tentar fazer a coisa certa e começar a ser uma pessoa correta. Isso ajudará o jovem espiritualmente sensível a saber que Deus não espera que ele faça algo para ser aceito. Deus já o aceitou, logo, ele pode tratar de ser. Peça para ele pensar em andar com amigos que o aceitem apesar de seus erros. Deixe que saiba que não precisa ser perfeito para ganhar o amor e a aceitação desses amigos. Desse modo, a companhia de amigos que condicionam a aceitação do jovem à conformação com as expectativas do grupo perderá a importância. Quando o foco está no *fazer*, não no *ser*, o adolescente corre o risco de perder o controle e cair no fosso da culpa.

Saber quando encaminhar

Você deve encaminhar o adolescente com o conflito da culpa para um médico sensível a problemas psicológicos ou psicossomáticos ou um psiquiatra, quando houver sintomas físicos (p. ex., erupções na pele). Encaminhe o adolescente "culpado" para outros terapeutas ou psicólogos competentes se com o tempo ele se sentir mais culpado e cada vez mais deprimido, desamparado ou apresentar tendências suicidas. Isso pode acontecer em virtude de sua tentação de repreender e "corrigir" o adolescente que sofre com o sentimento de culpa. Outro erro que os pais podem cometer é tentar aliviar o jovem com conselhos do tipo: "Tudo o que você precisa fazer é confiar em Deus". Cuidado para não criar mais culpa dando a entender que as soluções são tão evidentes que ele já deveria saber o que fazer. Se você perceber que está tendo esse tipo de atitude, considere a possibilidade de encaminhá-lo a um profissional.

COMO OS PROFISSIONAIS PODEM AJUDAR

As estratégias de ajuda para adolescentes com o conflito da culpa descritas a seguir são normalmente usadas pelos terapeutas. São aqui apresentadas para ministrar informações a vocês, pais e mães, e ajudá-los a encontrar a melhor ajuda profissional possível para o adolescente sob seus cuidados.

Explorar ganhos secundários

O terapeuta que lida com a culpa logo percebe o forte desejo do paciente de alimentar esse sentimento. Ele se arrepende, é perdoado pela pessoa a quem prejudicou, reconhece o perdão de Deus e recupera os relacionamentos. Mas o culpado insiste em sentir culpa. Normalmente, isso é sinal de uma grande recompensa ou de algum ganho secundário. A pessoa está recebendo algo que torna o sofrimento da culpa suportável. Se a culpa desaparecesse, perderia a recompensa.

Um ganho secundário comum do adolescente culpado é o controle. Ele pode usar o sentimento de culpa se for necessário para manipular as pessoas a sua volta. Quando não quer fazer uma coisa, sofre um acesso de culpa. Às vezes, consegue imobilizar os pais usando o sentimento de culpa. Outras vezes, a culpa o ajuda a se tornar o centro das atenções. O terapeuta perguntará ao adolescente o que ele perderia ou do que teria de desistir se conseguisse livrar-se do sentimento de culpa. Para curar a fixação pela culpa, o terapeuta explora e expõe os benefícios secundários que o jovem dominado pela culpa aprecia.

Examinar a atitude perfeccionista

Alguns trabalhos requerem quase a perfeição, como por exemplo, os de piloto de avião, cirurgião, arquiteto ou contador. Quando essa característica invade os relacionamentos e a vida cotidiana, gera imediatamente o sentimento de culpa. A perfeição é a maior ilusão de todas. Simplesmente não existe. Tudo pode ser melhorado, de uma espaçonave até a manteiga de amendoim. Numa canção de Huey Lewis, o refrão diz: "Não existe vida no mundo perfeito".

Pergunte ao adolescente com o conflito da culpa se alguma vez fez algo com perfeição. Pergunte se os benefícios de tentar ser perfeito são maiores do que as desvantagens. Dê-lhe permissão para errar! Pode parecer brincadeira, mas provavelmente se sentirá como se tivesse tirado um peso enorme dos ombros.

Onde mais buscar ajuda

CARLSON, D., *From guilt to grace*, Eugene: Harvest House, 1983.

COUNTS, W. & B. NARRAMORE, *Freedom from guilt*, Santa Ana: Harvest House, 1974.

JEFFRESS, R., *Say goodbye to regret*, Sisters: Multnomah, 1998.

______. *When forgiveness doesn't make sense*, Colorado Springs: WaterBrook Press, 2000.

JUSTICE, W. G., *Guilt and forgiveness*, Grand Rapids: Baker, 1980.

MATSAKIS, A., *Survivor guilt:* a self-help guide, Oakland: New Harbinger Publications, 1999.

NARRAMORE, B., *No condemnation:* rethinking guilt motivation in coun-seling, preaching, and parenting, Waco: Word, 1984.

ODEN, T. C., *Guilt free*, Nashville: Abingdon, 1980.

PARROTT, L., *Love's unseen enemy:* how to overcome guilt to build healthy relationships, Grand Rapids: Zondervan, 1994.

RUTLEDGE, T., *The self-forgiveness handbook:* a practical and empowering guide, Oakland: New Harbinger Publications, 1997.

TOURNIER, P., *Guilt and grace*, New York: Harper & Row, 1962.

Orientação bíblica para o adolescente em conflito

- Salmos 32.1,5; 51.1,2; 65.3
- Provérbios 28.13
- Isaías 1.18
- 1João 1.9

Depressão

CARACTERÍSTICAS DO CONFLITO

A depressão, "resfriado comum da psicopatologia", afeta a vida de todos. Quer seja um estado temporário ou uma psicose suicida, ninguém escapa a ela, especialmente os adolescentes.

Na estrada pedregosa da adolescência à vida adulta é de esperar que os sintomas da depressão pairem como uma nuvem negra sobre o jovem. Ao sair da vida relativamente despreocupada da infância e iniciar a luta pela identidade, muitos adolescentes experimentam uma triste sensação de perda. Ao dar adeus à segurança de ter alguém para tomar as decisões, passam a aceitar paulatinamente a responsabilidade, batendo o pé e protestando como Peter Pan: "Não quero crescer". É compreensível. Ser rejeitado no time de basquete do ginásio, sentar sozinho na lanchonete, lotada de alunos, não ter o direito de responder quando o professor chama a sua atenção ou não ter alguém com quem sair no final de semana são golpes poderosos que podem abalar a frágil estrutura que protege o adolescente contra a depressão.

DESCRIÇÃO DE CASO

Cindy é uma colegial de dezessete anos. Está acima do peso normal, mostra expressão de tristeza e preocupação e um olhar de desânimo. Tem cabelos finos e oleosos. Veio para a terapia porque sua vida não tem mais a mesma alegria e energia de antes. Quando criança, adorava a escola e a igreja e mal podia esperar o dia em que poderia sair com meninos, como suas irmãs mais velhas faziam.

A depressão de Cindy era conseqüência de sua incapacidade de lidar consigo mesma e com as circunstâncias externas. Ela enxerga o mundo de forma negativa e culpa o ex-namorado por seu estado psicológico negativo. Porém, se tivesse alguém com quem sair nos finais de semana, encontraria outro pretexto para se sentir infeliz. Em outras palavras, a origem da depressão está na sua atitude. Ouvindo Cindy, tinha-se a impressão de que bastaria alguém convidá-la para sair que ela não ficaria mais deprimida. A verdade é que ela precisa reestruturar seu ponto de vista e assumir a responsabilidade por seus sentimentos. Por algum motivo, tornou seus sentimentos totalmente dependentes das respostas das outras pessoas .

É normal que haja uma certa depressão na adolescência, que pode ser vista como sensação de desânimo ou melancolia. No entanto, chega um momento em que o desânimo assume as características debilitantes da depressão. Os primeiros sinais são: expressão de tristeza, perda de interesse pela escola, pela igreja ou por atividades de lazer, facilidade para irritar-se ou agitar-se, sentimento de inferioridade, inutilidade, desamparo ou culpa. Conforme a depressão piora, a perda de energia é acompanhada de insônia ou grande sonolência, perda de apetite ou apetite excessivo, retraimento social, pessimismo, dificuldade de concentração e incapacidade de apreciar situações agradáveis. Os sintomas mais importantes aos quais se deve prestar atenção acontecem simultaneamente: tristeza e perda de interesse pelo ambiente que o cerca.[1]

Há vários tipos de depressão. No livro *Depression: coping and caring* [*Depressão: como enfrentar e tratar*], Archibald Hart descreve as três principais categorias de depressão.

A depressão *endógena* é causada por um distúrbio bioquímico do sistema hormonal, do sistema nervoso ou mesmo de uma infecção no organismo. Parece surgir espontaneamente. Acontece normalmente em distúrbios da velhice ou psicóticos e requer intervenção médica. A depressão *reativa* (ou exógena) ocorre em virtude de perda real, imaginária ou possível e dificilmente dura mais que alguns meses. É a depressão típica da adolescência e a terapia é o tratamento mais comum. A depressão *neurótica* é uma reação no estilo de vida ao estresse e à ansiedade. É usada para fugir de outras emoções e se desenvolve aos poucos,

[1]A. D. Hart, *Depression:* coping and caring, Arcadia: Cope Publications, 1981.

com o tempo. Outro tipo de depressão observada por alguns profissionais é a depressão *mascarada*. Ela é dissimulada por outros sintomas. Por exemplo, um adolescente que perdeu os pais pode encobrir a depressão extravasando seus sentimentos sexualmente ou consumindo drogas.

CAUSAS DO CONFLITO

Os pesquisadores distinguiram várias causas possíveis para a depressão no período da adolescência. É difícil identificar uma origem específica, porém é possível afirmar com segurança que a depressão é provavelmente uma combinação de várias causas.

Causas bioquímicas

Embora não se acredite que a depressão seja hereditária, algumas provas dão a entender que as pessoas podem herdar uma predisposição à depressão.[2] Alguns pesquisadores também acreditam que em certos casos as mudanças nos níveis hormonais contribuem para os sintomas da depressão.[3] As causas físicas podem ser complexas (p. ex., distúrbios glandulares, tumor cerebral etc.), mas também podem ser tão simples quanto efeitos colaterais de medicamentos, dieta inadequada e falta de sono.

Experiência de vida

Embora as experiências de vida não causem necessariamente a depressão, podem fazer crescer a probabilidade de sua ocorrência. Por exemplo, quando os adolescentes se desenvolvem junto a pais que impõem expectativas e padrões muito acima da capacidade dos filhos, o fracasso torna-se inevitável e o jovem acaba ficando deprimido. Mesmo um fracasso previsível ou rejeição de curta duração podem aumentar a probabilidade de depressão.

Recompensa social

Há quem afirme que as pessoas se tornam e permanecem deprimidas devido às recompensas que obtêm, traduzidas geralmente por atenção

[2]J. D. Barchas *et al.*, Neuropharmacological aspects of affective disorders, em *Depression: clinical biological and psychological perspectives*, org. G. Usdin, New York: Brunner/ Mazel, 1977.

[3]M. M. Weissman & G. L. Kerman, Sex differences and the epidemiology of depression, *Archives of General Psychiatry* 34, 1977, p. 98-111.

especial, quando aparecem tristes diante dos outros.[4] A simpatia e a preocupação que recebem reforça a depressão. Uma pessoa bem intencionada que conforte uma adolescente deprimida, por exemplo, pode estar alimentando os sintomas dessa jovem, que pode não querer ficar bem para não arriscar a perda da atenção.

Desamparo aprendido

O indivíduo pode também ficar deprimido quando imagina que não tem controle sobre a situação.[5] Se o adolescente acredita que não pode fazer nada para mudá-la, por exemplo, fazer os pais o compreenderem, ou que, por mais que tente, seus esforços se mostram inúteis, acabará desistindo e terminará por ficar deprimido.

Lógica incorreta

O pensamento negativo pode causar depressão. O estudante colegial que se acha um fracasso total porque não disse a coisa certa no intervalo das aulas é um bom exemplo. Concentra-se seletivamente num único erro para se deixar convencer de que é imprestável. O adolescente que se sente deslocado enxerga a vida como um fardo ou acha que não tem futuro permite que se desencadeie uma onda de depressão que reforça suas expectativas negativas.

Supor que a depressão tem apenas uma única causa, por exemplo, bioquímica, é ser muito simplista. Há vários fatores que contribuem para a depressão: fisiológicos, sociológicos e psicológicos. Em outras palavras, as causas da depressão não são mutuamente excludentes.

COMO OS PAIS PODEM AJUDAR

As estratégias destinadas a ajudar os adolescentes com o conflito da depressão citadas a seguir podem ser utilizadas concretamente pelos pais. Entretanto, como a relação entre pai e filho é única, algumas serão mais pertinentes para o seu caso que outras. Como em todo grande conflito da adolescência, o melhor é que os pais trabalhem com a orientação de um

[4]R. P. Liberman & D. E. Raskin, Depression: a behavioral formulation, *Archives of General Psychiatry* 24, n.º 6, 1971, p. 515-23.

[5]M. E. Seligman, *Helplessness:* on depression, development, and death, San Francisco: W. H. Freeman, 1975.

terapeuta competente. Pensando nisso, as estratégias expostas neste livro visam a facilitar o processo de ajuda dentro de casa com o adolescente.

Desafiar o raciocínio irracional

Muitos adolescentes deprimidos definem sua situação de vida em termos gerais como "*tudo* está perdido", "*nada* dá certo", "sou um *completo* idiota". Enquanto virem a si e o mundo inteiro de maneira negativa, continuarão deprimidos.[6] Ao ser desafiado, o jovem costuma responder afirmativamente a perguntas do tipo: "*Tudo* está perdido ou basicamente apenas as chances de você e Dan voltarem a namorar?", "*Nada* dá certo ou apenas a forma que as coisas estão se desenrolando na quadra de basquete?", "Você é um *completo* idiota ou agiu como um idiota na hora do intervalo?". À medida que você o ajuda a desmontar paulatinamente esse raciocínio irracional, o sentimento opressivo da depressão cederá e ele começará a se ver e a ver o mundo de maneira mais realista.[7]

Avaliar os ganhos secundários

Ouvindo com atenção, esclarecendo e questionando sinceramente, busque qualquer possível recompensa social. Por exemplo, se você suspeita que sua filha de dezesseis anos está deprimida em parte porque recebe pouca atenção do namorado, sonde-a sutilmente. Você pode dizer-lhe: "Imagino que haja alguma vantagem, qualquer coisa boa em se sentir por baixo". Embora ela não perceba nada, a afirmação pelo menos poderá incitar um processo interno de autoquestionamento e ganho de consciência.

Incentivar a atividade física

Embora às vezes pouco se possa fazer para mudar as circunstâncias que causam a depressão, o adolescente deprimido pode mudar suas ações; e as ações afetam os sentimentos. A depressão coloca a pessoa em câmera lenta. Na verdade, o adolescente deprimido acha mais fácil ficar na cama, passivamente, pensando na sua infelicidade. Sutilmente, faça a pessoa deprimida praticar alguma atividade. O exercício provocará

[6] G. N. Clarke, P. Rohde, P. M. Lewinsohn, H. Hops & J. R. Seeley, Cognitive-behavioral treatment of adolescent depression: efficacy of acute group treatment and booster sessions, *Journal of the American Academy of Child and Adolescent Psychiatry* 38, 1999, p. 272-9.

[7] P. M. Lewinsohn & G. N. Clarke, Psychological treatments for adolescent depression, *Clinical Psychology Review* 19, 1999, p. 329-42.

resultados efetivos. Sabe-se que o exercício aeróbico e a corrida de longa distância aumentam o sentimento de controle e elevam as taxas químicas do corpo, que foram reduzidas pela depressão.[8] Um exercício moderado, embora específico (no qual o adolescente possa ser bem-sucedido) pode ser muito útil para o jovem com depressão.

Observar a população de risco

Até há pouco, a depressão no adolescente era fácil de prever, mas difícil de prevenir. O jovem que sofre de depressão na adolescência não raro tem pais deprimidos, poucos amigos, notas baixas na escola e é exageradamente mal-humorado. As mulheres estatisticamente têm cinco vezes mais chances de sofrerem de depressão do que os homens. Porém, isso não significa que todas as pessoas do sexo feminino que têm pais com depressão, notas baixas, pouca habilidade social e humor instável estão fadadas a se tornar deprimidas. Uma pesquisa recente mostrou que podemos proteger esses adolescentes a fim de que não desenvolvam depressão debilitante. Médicos da Oregon Health Sciences University conseguiram previnir 75% da depressão clínica da adolescência prevista. Com psicoterapia de grupo de oito semanas, os especialistas procuram mudar o pensamento dos estudantes a fim de que sejam mais realistas. Os colegas tentam resolver os padrões negativos de pensamento uns dos outros. Também se ajudam mutuamente a permanecer concentrados no sucesso. Por exemplo, se um adolescente tem problemas para se relacionar com os colegas, o seu primeiro propósito deve ser o alívio da depressão e depois a mudança na maneira que interage com os outros. É comum o indivíduo colocar a carroça na frente dos bois.[9] O importante é que os terapeutas que trabalham com adolescentes tratem a depressão logo no início, principalmente da população de risco.

COMO OS PROFISSIONAIS PODEM AJUDAR

As estratégias de ajuda para adolescentes com o conflito da depressão descritas a seguir são normalmente usadas pelos terapeutas. São apresentadas aqui para prestar informações a vocês, pai e mãe e ajudá-los a

[8]K. E. Callen, Mental and emotional aspects of long-distance running, *Psychosomatics* 24, 1983, p. 133-51.

[9]G. Dana, Catching teenagers before depression hits, *Portland Downtowner*, 13 de dezembro, 1993, p. 13-4.

encontrar a melhor ajuda profissional possível para o adolescente sob seus cuidados.

Determinar a gravidade

No início do tratamento, analisa-se a intensidade da depressão. Um exame cuidadoso pode servir de referência para medir o progresso terapêutico. Há várias escalas confiáveis utilizadas pelos terapeutas.

Levar à comunidade

O adolescente que sofre de depressão sempre acha que é a única pessoa que se sente daquele jeito. Ele tem a sensação de estar sozinho, mesmo cercado por uma família amorosa.[10] O bom terapeuta tentará proporcionar-lhe a sensação de uma comunidade empática não apenas dentro da sessão de terapia, mas, se possível, fora também. Um grupo apropriado da igreja ou de outra instituição social (de mesma idade ou de adultos) pode ser bastante útil para quebrar o gelo da solidão e incutir esperança. De fato, se uma pessoa sem apoio ou outros recursos sofrer alguma perda, é bem provável que se sinta desesperançada.[11] O adolescente que não permanecer sozinho estará mais bem preparado para vencer a depressão. Porém, vale fazer uma observação. O adolescente que se encontra nesse estado de solidão e depressão em geral rejeita o que quer e necessita e, certamente, repudiará um gesto expressivo de cordialidade e de apoio. É preciso caminhar com cuidado.

Avaliar o risco de suicídio

É comum que o indivíduo com depressão pense em suicídio, e os terapeutas devem ficar atentos aos sinais: conversa sobre autoflagelação, sentimento de desesperança, mudanças repentinas e inexplicáveis para estados de alegria, conhecimento dos métodos mais eficazes de suicídio, histórico de tentativa de suicídio anterior e assim por diante.[12] A

[10] G. Olson, M. Nordstroem & A. Von Knorring, Adolescent depression: social network and family climate, *Journal of Child Psychology and Psychiatry and Allied Disciplines* 40, 1999, p. 227-37.

[11] G. W. Brown, T. Harris & J. R. Copeland, Depression and loss, *British Journal of Psychiatry* 130, 1977, p. 1-18.

[12] A. J. Flisher, Mood disorder in suicidal children and adolescents: recent developments, *Journal of Child Psychology and Psychiatry and Allied Disciplines* 40, 1999, p. 315-24.

questão do suicídio deve ser tratada diretamente com qualquer adolescente que sofra de depressão. Os terapeutas perguntam: "Você já pensou em causar algum mal a si mesmo? Já tentou se suicidar alguma vez?". O questionamento direto força o paciente a encarar a questão de uma perspectiva racional. Se a resposta não for clara, perguntarão: "Você pensa em se matar?". Se a resposta for afirmativa, em seguida indagarão: "Você já montou um plano para isso?". A questão de como ajudar um adolescente com tendências suicidas é descrita com mais detalhes na seção sobre suicídio.

Saiba quando encaminhar

O terapeuta encaminha o adolescente com o conflito da depressão para médicos perspicazes em questões psicológicas ou psiquiatras, quando há sintomas físicos ou quando a depressão é suficientemente grave para que se prescrevam medicamentos para alívio temporário.

O jovem é encaminhado a outros terapeutas ou psicólogos competentes quando, com o tempo, mostrar-se mais desequilibrado e cada vez mais deprimido, desesperançoso ou com tendências suicidas.

Onde mais buscar ajuda

FASSLER, D. G. & L. S. DUMAS, *"Help me, I'm sad":* recognizing, treating, and preventing childhood and adolescent depression, New York: Viking Penguin, 1997.

HART, A. D., *Depression:* coping and caring, Arcadia: Cope Publica-tions, 1981.

LLOYD-JONES, D. M., *Spiritual depression:* its causes and cure, Grand Rapids: Eerdmans, 1965.

MINIRTH, F. B. & P. D. MÉIER, *Happiness is a choice:* a manual on the symptoms, causes, and cures of depression, Grand Rapids: Baker Book House, 1978.

RYAN, D. & J. RYAN, *Recovery from depression*, Downers Grove: Inver-Varsity Press, 1992.

TAN, S-Y & J. ORTBERG, *Coping with depression:* the common cold of the emotional life, Grand Rapids: Baker Book House, 1995.

WEMHOFF, R., org. *Anxiety and depression:* the best resources to help you cope, Issaquah: Resource Pathways, 1998.

Orientação bíblica para os adolecentes em conflito

- Salmos 34.18; 43.5; 107.14; 138.7; 147.3
- Lucas 6.21
- 1Pedro 1.6,7

Distúrbios alimentares

CARACTERÍSTICAS DO CONFLITO

"Quanto mais magro, melhor!" Nossa cultura está obcecada pela magreza. Programas de exercícios, *spas* de emagrecimento, grupos de controle do peso e clínicas estéticas não dão conta da demanda. A dieta é um dos ramos de negócio que mais cresce nos Estados Unidos. Estima-se que mais de vinte milhões de norte-americanos façam algum tipo de dieta radical e que a população gaste mais de dez bilhões de dólares por ano com isso. A mídia faz a sua parte pregando a mensagem do esbelto e elegante. Modelos provocantes sorriem para nós em revistas, outdoors e na televisão. A mensagem é clara: "Se você quiser ser feliz e bem-sucedido, fique o mais magro possível".

A maioria das pessoas não se deixa levar muito pela idéia do "quanto mais magro, melhor", podem até desejar perder peso, mas não vão muito além disso. No entanto, essa mensagem afeta profundamente dois grupos de pessoas. A paixão dessas pessoas pela magreza é arrebatadora e incontrolável. É patológica. A magreza ganha prioridade sobre todas as outras coisas e se torna uma obstáculo perigoso ao bem-estar. Os dois grupos são: os anoréxicos (aqueles que não se alimentam) e os bulímicos (aqueles que se fartam e vomitam).[1]

Anorexia nervosa significa literalmente "perda nervosa do apetite". Na realidade, o anoréxico costuma sentir dores de tanta fome, mas recusa-se

[1]P. Charpentier, Eating disorders among adolescents: an overview, *Psychiatria Fennica* 29, 1999, p. 65-77.

a comer para ficar magro. A American Anorexia Nervosa Association define a anorexia como uma "doença séria de inanição auto-infligida, com sérios componentes psiquiátricos e físicos".[2] A anorexia é a síndrome de inanição auto-infligida deliberada, com risco de vida, caracterizada pela busca incessante da magreza e pelo medo mórbido, quase fóbico, de ficar gordo. Pode prejudicar funções bioquímicas como: equilíbrio hormonal, ritmo cardíaco, temperatura do corpo e ciclo menstrual.[3] As demonstrações de preocupação dos outros não perturbam a imagem distorcida que o jovem tem de seu próprio corpo. Mesmo quando perde mais de 25% de seu peso normal, o adolescente anoréxico não consegue enxergar o estado emaciado de seu corpo.

Dois milhões de norte-americanos, a maioria do sexo feminino, têm algum distúrbio alimentar. Uma em cada 150 mulheres é vítima da anorexia.[4] Estima-se que de 0,5% a 1% dessas mulheres é afetado pela anorexia na adolescência e no início da vida adulta.[5] Entretanto, pesquisas recentes indicam um aumento dos distúrbios alimentares entre os homens.[6] Esses distúrbios surgem freqüêntemente no início da adolescência e, em geral, chegam ao ponto máximo dos 14 aos 18 anos. O curso natural da anorexia estende-se por um período de três a quatro anos, mas pode ser muito mais longo. A cantora *pop* Karen Carpenter morreu em 1983, inexplicavelmente, aos 32 anos, de falência cardíaca. Depois de sua morte, a família revelou que havia doze anos ela sofria de anorexia. Cherry Boone O'Neil, a filha mais velha de Pat Boone, relata seus dez anos de luta contra a anorexia no livro *Starving for attention* [*Com fome de atenção*]. A anorexia não é um problema que passa com o tempo. Se não houver intervenção séria, pode ser fatal. Alguns estudos registram um índice de mortalidade por anorexia nervosa de até 20%. O risco de morte é significativo quando o peso chega a 60% abaixo do normal. Estima-se que o suicídio responda por metade das mortes por anorexia.[7]

[2]P. A. NEUMAN & P. A. HALVORSON, *Anorexia nervosa and bulimia:* a handbook for counselors and therapists, New York: Van Nostrand Reinhold, 1983, p. 2.

[3]D. M. GARNER & P. E. Garfinkel, orgs., *Handbook of psychotherapy for anorexia nervosa and bulimia*, New York: Guilford Press, 1985.

[4]Disappearing act, *Time* 152, 10 de novembro, 1998, p. 110.

[5]Eating disorders: perilous compulsions, *Consumers' Research Magazine* 80, setembro, 1997, p. 10.

[6]M. SANZONE, Eating disorders: girls, boys and bodies, *Psychology Today*, julho/ agosto, 1999, p. 12.

[7]National Association of Anorexia Nervosa and Associated Disorders (ANAD), www.injersey.com/Living/Health/anad.index.html, 1999.

As principais características da anorexia são:

1. Medo intenso de se tornar obeso, que não diminui com a perda de peso;
2. Preocupação com a imagem do corpo. Por exemplo, a pessoa pode alegar que "se sente gorda" mesmo que esteja magra ou achar que uma parte do corpo está muito "gorda", mesmo que ela esteja claramente abaixo do peso;
3. Recusa de manter o peso corporal acima de um peso normal mínimo proporcional para a idade e altura, e incapacidade de alcançar o ganho de peso esperado no período de crescimento;
4. Nas mulheres, a falta de pelo menos três ciclos menstruais consecutivos na época em que deveriam ocorrer;
5. Nenhuma causa física conhecida para a perda de peso.[8]

Bulimia nervosa, literalmente, significa "fome de boi" ou "fome devoradora". Caracteriza-se por ciclos repetidos de ingestão excessiva de alimentos seguida de vômito auto-induzido, abuso de laxantes, abuso de diuréticos e/ ou jejum e exercícios excessivos. Os indivíduos bulímicos, em geral, estão dentro da faixa de peso normal, mas sofrem flutuações freqüentes causadas pelos episódios de superalimentação. A fase de comilança, que dura normalmente duas horas ou menos, acaba com exaustão física, fim do suprimento de comida, vômito auto-induzido, sono, dor abdominal, exercícios, uso de laxantes ou uma visita inesperada. Para recuperar a sensação de controle, aliviar o empanturramento e reduzir a ansiedade com relação ao ganho de peso, o bulímico apela para o vômito auto-induzido, laxantes, diuréticos, jejum, ginástica ou dietas radicais. Entre uma fase de comilança e outra, o adolescente procura manter uma dieta rigorosa e evita alimentos ricos em calorias.

DESCRIÇÃO DE CASO

Jennifer tem 14 anos, está na oitava série e é uma das melhores alunas. O pai é banqueiro, e a mãe, administradora de uma famosa rede de lojas. O terapeuta da escola encaminhou Jennifer para um psicólogo. Ela tem 1,64 metro de altura e perdeu aproximadamente 13 quilos em um ano. Antes, ela pesava 50

[8]Adaptação de *Diagnostic and statistical manual of mental disorders*, 4th rev. ed., Washington, D.C.: American Psychological Association, 1994.

quilos, mas agora pesa 36 quilos e quer emagrecer mais. Jennifer acha as mulheres gordas "repulsivas". Ela quer ter "porte atlético, sem ficar flácida". Começou a fazer dieta porque algumas amigas estavam emagrecendo. No almoço, Jennifer normalmente toma um iogurte com frutas. No café da manhã, masca um chiclete sem açúcar. Quando janta, procura comer cenoura ou salada. Apesar de estar "pele e osso", faz quase duas horas de ginástica por dia e nega que tenha ou possa ter algum sintoma físico. Alega que seu único problema são as brigas que tem com a mãe por causa de sua dieta. Diz que sua mãe "tem ciúmes porque gostaria de emagrecer também".

Na bulimia, a perda de peso não é tão extrema ou tão perigosa quanto na anorexia. As principais conseqüências dos ciclos repetidos de comilança, vômito e jejum são: falta de potássio, perda do esmalte dos dentes (por causa do ácido gástrico criado pelo vômito), dores abdominais, problemas renais, desidratação e desequilíbrio eletrolítico (que pode causar problemas cardíacos).[9] Além disso, diferentemente da anorexia, na bulimia o adolescente tem consciência de que seu padrão alimentar é anormal e que pode sofrer de depressão ou com autocríticas por causa de seu hábito alimentar.

Os episódios de comilança, em geral, acontecem mais aos dezeseis anos e os episódios de vômito, aos dezoito.[10] O problema atinge principalmente adolescentes de classe média e mulheres brancas, de peso normal, no primeiro ano de faculdade.[11] As pesquisas também dão a entender que por volta de 4% das mulheres em idade universitária têm bulimia. Aproximadamente 50% dos anoréxicos desenvolvem a bulimia ou padrões bulímicos. Os especialistas recomendam de dez a doze semanas para uma total recuperação nutricional. Entretanto, a recuperação da bulimia, não raro, leva um bom tempo, em média, seis anos de um lento progresso, com inícios, paradas, recaídas e, finalmente, avanços na saúde mental e física.[12]

Os fatores de desencadeamento de um episódio bulímico são: estresse, solidão, conflito interpessoal, depressão, tédio, transições no proces-

[9]J. E. Mitchell, Bulimia: medical and physiological aspects, em *Handbook of eating disorders:* physiology, psychology, and treatment of eating disorders, org. K. D. Brownell & J. P. Foreyt, New York: Basic Books, 1986.

[10]E. Stice, J. D. Killen, C. Hayward & C. B. Taylor, Age of onset of binge eating and purging during late adolescence: a four-year survival analysis, *Journal of Abnormal Psychology* 107, 1998, p. 671-5.

[11]A. E. Bayer, Eating out of control, *Children Today*, dezembro, 1984, p. 7-11.

[12]*International Journal of Eating Disorders* 4, 22 de dezembro, 1997, p. 361-84.

so de desenvolvimento e tensões criadas por fracassos contínuos de dietas rígidas.[13] A maioria dos bulímicos prefere vomitar em casa, sozinhos ou escondidos. Entretanto, nos últimos anos, o ciclo de comilança e vômito tornou-se uma experiência mais compartilhada. A maioria das jovens conhece alguém que come e vomita. Uma adolescente ensina a outra a comer e a vomitar numa interação de cooperação mútua.[14]

As principais características da bulimia nervosa são:

1. Episódios recorrentes de comilança, nos quais a pessoa ingere grande quantidade de alimento, rapidamente, em curto espaço de tempo;

2. Sensação de falta de controle sobre o comportamento de se alimentar nos episódios de comilança;

3. Hábito de vômito auto-induzido, uso de laxantes ou diuréticos, dietas ou jejuns radicais ou exercícios vigorosos para evitar o ganho de peso;

4. No mínimo, uma média de dois episódios de comilança por semana por pelo menos três meses;

5. Preocupação excessiva e persistente com o corpo e com o peso.

É essencial que o terapeuta e os pais saibam distinguir os dois grupos de adolescentes: anoréxico e bulímico. No livro *Walking a thin line:* anorexia and bulimia [*Caminhando no fio da navalha:* anorexia e bulimia], P. Vredevelt e J. Whitman fazem distinções úteis dos sintomas de cada problema, conforme mostra o quadro a seguir.[15]

Os distúrbios alimentares são um grande problema da adolescência atualmente. Os pais precisam ficar atentos à forma que esses distúrbios afetam seus filhos. Os relatórios da Anorexia and Related Eating Disorders, Inc. indicam que a anorexia e a bulimia afetam atualmente até 20% da população adolescente.[16]

[13] R. Geist, R. Davis & M. Heinmaa, Binge-purge symptoms and comorbidity in adolescents with eating disorders, *Canadian Journal of Psychiatry* 43, 1998, p. 507-12.

[14] R. H. Striegel-Moore, L. R. Silberstein & J. Rodin, Toward and understanding of risk factors for bulimia, *American Psychologist* 41, 1986, p. 246-63.

[15] P. Vredevelt & J. Whitman, *Walking a thin line:* anorexia and bulimia, Portland: Multnomah, 1985, p. 29-31.

[16] www.anred.com/stats.html. Anorexia nervosa and related eating disorders, 1999.

Anorexia	Bulimia
Inanição voluntária, que em geral leva ao emagrecimento e, às vezes, à morte.	A ingestão excessiva de alimentos em segredo pode acontecer regularmente e seguir um padrão. A ingestão calórica em cada comilança varia de mil a vinte mil calorias.
Comer compulsivo, eventual, seguido de jejum, abuso de laxantes ou inanição auto-induzida.	Comer compulsivo seguido de jejum, abuso de laxantes, vômito auto-induzido ou outras formas de excreção. O indivíduo pode mastigar a comida, mas cuspi-la antes de engolir.
As menstruações cessam. Podem nem começar se a anorexia ocorrer antes da puberdade.	As menstruações podem ser regulares, irregulares ou ausentes.
Exercícios excessivos. As mãos, os pés e outras partes do corpo estão sempre gelados.	Glândulas inflamadas no pescoço, sob a mandíbula.
Pele seca. Cabelo fino, mas os pêlos podem ser sedosos.	Cáries e perda do esmalte dos dentes.
Depressão, irritabilidade, dissimulação e aversão a si mesmo.	Vasos sangüíneos rompidos no rosto. Bolsas sob os olhos.
Atitude: "Sou muito gorda", mesmo quando está magra.	Desmaios. Ritmo cardíaco acelerado ou irregular.
Interesse obsessivo por comida, receitas e cozinha.	Dores e problemas estomacais e intestinais diversos.
Rituais que envolvem comida, exercícios e outros aspectos da vida.	Variações de peso causadas por períodos alternados de comilança e jejum.
Perfeccionismo.	Vontade de se relacionar e ganhar a aprovação dos outros.
Introversão e retraimento. Evita as pessoas.	Perde o controle e tem medo de não conseguir parar de comer depois que começa.

CARACTERÍSTICAS DO CONFLITO

Os distúrbios alimentares acontecem em decorrência de uma rede complexa de fatores entre os quais, pelo menos, os descritos a seguir.

Situações estressantes

As situações estressantes da vida com as quais o adolescente não sabe lidar adequadamente contribuem para o desenvolvimento dos distúrbios alimentares. Essas situações podem ser, por exemplo, rejeição ou suspeita de rejeição, experiência sexual ou uma infinidade de outros eventos. A idade crítica para o aparecimento da anorexia coincide com a transição do ensino fundamental para o ensino médio; a bulimia normalmente acontece na transição do ensino médio para o superior. A atitude rígida e perfeccionista que caracteriza os anoréxicos exacerba-se mesmo com pequenas mudanças ou transições. Entretanto, a única coisa sobre a qual eles acreditam que têm controle é a busca da perda de peso.[17]

Mudança do desenvolvimento

A adolescência é um período de grande vulnerabilidade para todos os tipos de conflitos. Por isso, os distúrbios alimentares, não raro, são vistos como reação ao estresse da puberdade.[18] O marco da puberdade nas meninas são as mudanças no corpo e o início da menstruação. Alguns terapeutas acreditam que a anorexia seja rejeição da sexualidade feminina e uma tentativa de continuar "menina". As questões que implicam intimidade e responsabilidade também podem ser evitadas até certo ponto pelo desenvolvimento de um distúrbio alimentar. Os anoréxicos são caracterizados pela extraordinária habilidade de seguir regras precisas. São crianças-modelo e mestres no bom comportamento. No período pré-anorexia, elas são tão boas que nem dá para acreditar. Entretanto, o terreno familiar de regras que governam o seu sucesso muda e torna-se enigmático quando elas se tornam mulheres. As expectativas sociais e o papel da mulher mudaram radicalmente nos últimos anos. Quem for

[17]Neuman & Halvroson, *Anorexia nervosa and bulimia:* a handbook for counselors and therapists, 1999.

[18]T. Pryor & M. W. Wiederman, Personality features and expressed concerns of adolescents with eating disorders, *Adolescence* 33, 1998, p. 291-300.

complacente demais terá dificuldade para se tornar independente e desenvolver identidade própria.[19]

Biologia

Estudos deixaram claro que nos distúrbios alimentares estão presentes distúrbios de funções do hipotálamo. Entretanto, não foi esclarecido se o distúrbio alimentar produz as alterações fisiológicas ou vice-versa. Alguns pesquisadores sustentam a hipótese de que as mulheres são biologicamente suscetíveis aos distúrbios alimentares já que são muito mais suscetíveis que os homens a experimentar flutuações de apetite causadas pelo estresse.[20]

DESCRIÇÃO DE CASO

Carla tem 18 anos e acabou de entrar na faculdade. Terminou com o namorado do colégio há seis meses. Na época, ela começou a comer compulsivamente em resposta aos sentimentos de perda e solidão. Ao mesmo tempo, tentou fazer uma dieta. Seu ex-namorado agora namora uma garota "mais bonita e muito mais magra". Carla achou que se conseguisse emagrecer não perderia o próximo namorado. Ela estava com dois quilos acima do peso normal para sua idade e altura. Uma amiga lhe disse que não teria de se preocupar com o ganho de peso se comesse e vomitasse. Na época em que veio fazer terapia, há quatro meses, Carla comia compulsivamente e vomitava por auto-indução aproximadamente duas vezes por semana. A comilança normalmente começava com uma grande tigela de amendoim, oito ou nove barras de chocolate, uma dúzia de bolachas, uma tigela grande de pipoca e uma boa porção de sorvete. Ela comia até ficar exausta ou até que a comida acabasse. Depois dos episódios de comilança e vômito, ela renovava sua tentativa de emagrecer por apenas três ou quatro dias, mas depois começava tudo de novo. Carla tem vergonha e receio de que os outros saibam de seu problema.

Sociedade

Duas grandes influências da sociedade afetam a crescente incidência dos distúrbios alimentares. A primeira é a consciência maior da nutrição e

[19] W. S. Agras, *Eating disorders:* management of obesity, bulimia, and anorexia nervosa, New York: Pergamon, 1987.

[20] D. Jones, Structural discontinuity and the development of anorexia nervosa, *Sociological Focus* 14, 1981, p. 233-45.

forma física. Nas duas ou três últimas décadas, saúde e forma física ganharam muita atenção. A venda de alimentos saudáveis e de vitaminas disparou. Muitas pessoas lêem religiosamente os rótulos dos alimentos e fogem de aditivos e conservantes. O segundo fator é a obsessão pela magreza. Na verdade, as pessoas se dispõem a comprometer o primeiro fator, a saúde, para alcançar o segundo. Quando o Food and Drug Administration (FDA)* baniu os ciclamatos e os adoçantes artificiais porque os considerava cancerígenos, o povo protestou. As pessoas não queriam abrir mão da Coca *diet*, mesmo que ela pudesse causar câncer. É mais importante ter um corpo esbelto do que saudável.

Questão familiar

Muitos concordam que a família exerce papel importante na etiologia dos distúrbios alimentares, especialmente da anorexia. Primeiro, o adolescente anoréxico quase sempre vem de uma família preocupada com a alimentação. Talvez a preocupação decorra da necessidade de um membro da família seguir uma dieta especial ou simplesmente da ênfase na nutrição. A comida seria usada como sinal de amor e atenção ou como o centro das reuniões familiares. As mães de adolescentes que sofrem de algum distúrbio alimentar costumam ser dominadoras e importunas e com freqüência sofrem episódios de depressão. Os pais são descritos como apáticos ou passivos, porém com expectativas altas. Todavia, não ficou definitivamente provado que exista um conjunto universal de características de personalidade dos pais.

Relacionamento com os amigos

A maioria das pessoas tem entre seis e dez amigos íntimos e uns trinta conhecidos com quem interagem regularmente.[21] Na adolescência, os grupos de amigos são vitais para facilitar a transição da infância para a vida adulta. A falta de amigos íntimos é um fator de instalação de distúrbios alimentares. O anoréxico tem como característica desenvolver um único relacionamento por vez e esses relacionamentos sempre duram pouco tempo. Não raro, o anoréxico é tão envolvido com a família e

*Órgão do governo americano que controla a qualidade dos alimentos e medicamentos. (N. da T.)

[21]D. Jones, Structural discontinuity and the development of anorexia nervosa, *Sociological Focus* 14, 1981, p. 233-45.

dependente dela que rejeita qualquer relacionamento externo. Priva-se da ajuda dos colegas no processo de individuação.

COMO OS PAIS PODEM AJUDAR

As estratégias para ajudar os adolescentes com distúrbios alimentares citadas a seguir podem ser usadas com eficácia pelos pais. Entretanto, como a relação entre pai e filho é única, algumas serão mais pertinentes para a sua situação que outras. Como em todo grande conflito da adolescência, o melhor é que os pais trabalhem sob a orientação de um terapeuta competente. Pensando nisso, as estratégias aqui expostas visam a facilitar o processo de ajuda dentro de casa com o adolescente.

Considerar a internação para tratamento

Se o adolescente já se encontra muito magro, o terapeuta pode ajudá-lo a decidir se pode inicialmente ser tratado sem internação ou se deve ser internado imediatamente. Se seu peso estiver 25% abaixo do que deveria, a internação é impreterível. Nas faixas limites, o terapeuta usará seu julgamento clínico e consultará médicos.

Apesar da grande incidência de bulimia, num estudo publicado, apenas 30% dos médicos de família diagnosticaram esse distúrbio. O médico deve fazer diagnóstico de bulimia caso ocorram pelo menos dois episódios bulímicos por semana em três meses. Em geral, a observação dos sintomas físicos e o histórico pessoal confirmam rapidamente o diagnóstico da anorexia. Os critérios padrão para o diagnóstico da anorexia nervosa são: recusa de manter o peso corporal normal para a idade e altura, medo intenso de engordar mesmo que a pessoa seja magra, autoimagem distorcida que acaba diminuindo a autoconfiança, negação da gravidade do emagrecimento e da fome e, nas mulheres, perda da função menstrual por no mínimo três meses. O médico, portanto, classificará a anorexia no tipo restritivo (causada unicamente por dieta rígida) ou em comilança — vômito. Feito o diagnóstico, o médico deve verificar imediatamente se há alguma complicação séria derivada da subalimentação. Deve também eliminar sintomas clínicos que possam causar a anorexia, como síndrome da fadiga crônica, doença de Crohn, hipertireoidismo, doença de Addison, câncer, tuberculose, anemia e doença celíaca. Em todos os casos, os testes devem incluir um exame de contagem de sangue completo, exames para verificar desequilíbrio eletrolítico e níveis de proteína, eletrocardiograma e radiografia do tórax, exames para problemas hepáticos, renais e tireóideos. Baixos níveis de potássio indicam que o distúrbio é provavelmente acompanhado da síndrome do come-vomita. Conforme a gravidade da anorexia, pode ser necessário realizar outros exames, como o de densiometria óssea ou outros tipos de radiografias e técnicas de exame por imagem.

A maioria dos pacientes moderada ou altamente anoréxicos é internada para tratamento inicial, sobretudo nas seguintes circunstâncias: perda contínua de peso mesmo com tratamento; peso 30% abaixo do mínimo necessário para manter a saúde; disritmias cardíacas; depressão grave ou tendências suicidas; perda grande de potássio ou pressão sangüínea muito baixa.[22]

A internação proporciona, no mínimo, o afastamento dos agentes estressantes causadores de ansiedade na vida do paciente. Assegura também a ingestão adequada de alimentos. O tratamento ambulatorial é quase sempre necessário após a alta. O programa de tratamento varia conforme o hospital. Se você procura um tratamento de internação que incorpore uma abordagem centrada em Cristo na terapia, procure o Rapha. O Rapha funciona em vários locais nos Estados Unidos para tratamento imediato. Existe um centro de tratamento cristão especializado em distúrbios alimentares para mulheres chamado Remuda Ranch, em Wickenburg, Arizona.

Explorar distorções cognitivas

Corrigir as idéias e crenças erradas é uma tarefa difícil no tratamento das pessoas com distúrbios alimentares. Embora o terapeuta trabalhe esse fator, é bom que os pais entendam a importância dele. O adolescente anoréxico ou bulímico precisa aprender a pensar de forma diferente, o que requer cuidadosos desafios. De um lado, é preciso reconhecer que a experiência do jovem é real. De outro, é necessário que se apresentem outras formas dele enxergar o mundo e a si mesmo. É necessário ter paciência. Uma das grandes distorções, obviamente, está na percepção errada do próprio corpo. Contudo, a causa de quase todas as idéias distorcidas é o perfeccionismo.[23]

[22]www.anred.com. Anorexia nervosa and related eating disorders, 1999.

[23]C. M. Shisslak, M. Crago, R. Renger & A. Clark, Self-esteem and the prevention of eating disorders, *Eating disorders: The Journal of Treatment and Prevention* 6, 1998, p. 105-18.

O anoréxico acha que seu futuro será um fracasso total se não fizer *tudo* com perfeição. Porém, quanto mais busca a perfeição, maior se torna a decepção. O modo de pensar em "preto-e-branco" do jovem com distúrbio alimentar precisa ser desafiado gentilmente. Ele precisa entender que não passar num exame não é o mesmo que não ser inteligente, e ganhar peso não é o mesmo que ser gordo. O terapeuta o ajudará a identificar as idéias que provocam a comilança ou o período de inanição. Em geral, o simples fato de traduzi-las em palavras no papel ou em voz alta lhes diminui a força. Quando toma consciência de seus pensamentos ilógicos, o indivíduo começa a refutá-los e a substituir por idéias mais construtivas. Veja a seção sobre culpa para examinar as formas de refutar gentilmente esse tipo de distorção cognitiva.

Explorar os sentimentos

Outro objetivo terapêutico básico no tratamento dos distúrbios alimentares é a expressão verdadeira e apropriada dos sentimentos. A ansiedade e a raiva, em geral, são duas emoções particularmente perturbadoras.[24] O terapeuta ajudará o jovem a explorar esses sentimentos assustadores e fará com que descubra o que está acontecendo dentro de si. O adolecente precisa saber que esses sentimentos são normais e aceitáveis. Assim que forem identificados e reconhecidos, o paciente aprenderá algumas alternativas saudáveis e escolhas responsáveis que o ajudarão a lidar melhor com as emoções anteriormente inconscientes. No fim, essa autoconsciência promoverá a autoconfiança e a auto-estima. Veja a seção sobre inferioridade a fim de examinar esses sentimentos.

Considerar as questões familiares

Se ganhar autonomia já é difícil para um jovem normal, essa tarefa é muito mais difícil para o adolescente com distúrbio alimentar que quer se separar da família. Em muitos casos, o trabalho do terapeuta com a família ajuda. Na verdade, vários pesquisadores acreditam que a terapia familiar deve fazer parte dos tratamentos de distúrbios alimentares, a menos que a família seja extremamente hostil ou intrometida.[25] O

[24]Ibid.
[25]A. E. Anderson, *Practical comprehensive treatment of anorexia nervosa and bulimia*, Baltimore: Johns Hopkins University Press, 1985.

objetivo da terapia familiar é ajudar cada membro a lidar com os assuntos relacionados ao distúrbio alimentar, ganhar mais autonomia, resolver conflitos e encorajar as associações apropriadas entre os subsistemas familiares. Os objetivos específicos da terapia dependerão do estágio do círculo família — vida, mas o terapeuta agirá conforme os princípios gerais descritos a seguir a fim de trabalhar com a família de pacientes com distúrbios alimentares.[26]

1. Tratar a família sem culpar ninguém;
2. Supor que a família fez o melhor que pôde;
3. Reconhecer que a família está cansada do estresse;
4. Supor que a família deseja ajudar.

Considerar algumas regras de comportamento

A American Anorexia Nervosa Aid Society recomenda várias regras de comportamento para os pais.[27]

O que não se deve fazer

1. Não mande seu filho comer e não fique observando se ele come. Não fale com ele sobre ingestão de alimentos ou sobre gordura. Saia da sala se necessário. O seu interesse pela alimentação é a arma que ele usa para manipulá-lo. Tire essa arma das mãos dele, deixando-o sozinho.
2. Não se sinta culpado. A maioria dos pais pergunta: "O que foi que fiz de errado?". Não existem pais perfeitos. Depois de levar seu filho a um médico para verificar suas condições físicas e de fazer o necessário para ele começar uma terapia, a melhora dependerá dele. É problema dele, não seu.
3. Não deixe de dar atenção ao seu casamento e aos outros filhos. Se você se concentrar na pessoa doente, poderá perpetuar a doença dela e destruir a família. Ela precisa saber que é importante para você, mas não mais importante que qualquer outro membro da família.

[26] J. E. Hedblom, F. A. Hubbard & A. A. Andersen, Anorexia nervosa: a multidisciplinary treatment program for patient and family, *Social Work in Health Care* 7, 1981, p. 67-86.
[27] *AANAS Newsletter*, janeiro/ fevereiro, 1981.

4. Não tenha medo de tirar seu filho de casa caso fique evidente que a presença dele está prejudicando a saúde emocional da família.
5. Não humilhe seu filho comparando-o a um irmão ou amigo mais "bem-sucedido". A auto-estima dele é o reflexo da sua estima por ele. Não pergunte: "Como você está?". Ou: "Como está a sua vida social?". Esse tipo de pergunta apenas aumentará o sentimento de inadequação.

O que se deve fazer

1. Ame seu filho. O amor faz qualquer pessoa se sentir importante;
2. Confie no seu filho a fim de que ele encontre seus próprios valores, ideais e padrões em vez de insistir nos seus;
3. Faça todo o possível para encorajar a iniciativa, independência e autonomia dele. Mas tenha cuidado, pois os anoréxicos tendem a ser perfeccionistas e, por isso, nunca se sentem satisfeitos consigo mesmos;
4. Informe-se sobre a duração da doença. O anoréxico consegue melhorar realmente; a maioria fica completamente curada e poucos morrem. Mas esteja preparado para os meses e, às vezes, anos de tratamento e de ansiedade. Um grupo de apoio como os de auto-ajuda aos pais pode ser muito importante para a sobrevivência de sua família.

COMO OS PROFISSIONAIS PODEM AJUDAR

As estratégias de ajuda para adolescentes com distúrbios alimentares descritas a seguir são normalmente utilizadas pelos terapeutas. São aqui apresentadas a fim de prestar informações aos pais e ajudá-los a encontrar a melhor ajuda profissional possível para o adolescente sob seus cuidados.

Requerer exames médicos

As análises médicas da condição do adolescente são essenciais em virtude dos graves problemas de saúde relacionados à inanição e subnutrição. Os sinais vitais, como pressão sangüínea, ritmo cardíaco, temperatura do corpo e ritmo respiratório, em geral, caem. É necessário realizar uma avaliação física para confirmar se nenhuma outra doença causou perda de peso e analisar a gravidade da subnutrição. Isso serve tanto para a anorexia como para a bulimia. O maior risco da bulimia é o desequilíbrio eletrolítico em decorrência dos vômitos ou do abuso de laxantes ou diuréticos. Como esse desequilíbrio pode ser fatal, é imperativo que o exame médico do adolescente seja feito antes da terapia.[28]

Focalizar a nutrição

A reabilitação nutricional é a primeira etapa de qualquer programa de tratamento.[29] Embora a recuperação do peso corporal pareça intrusiva para o adolescente, ela é necessária para preservar a razão e melhorar o raciocínio abstrato. A inanição afeta sobremaneira os processos cognitivo e afetivo. Somente depois de restabelecer o peso adequado e reintegrar uma ampla variedade de alimentos, o adolescente bulímico ou anoréxico será capaz de se concentrar nas razões psicológicas do seu problema.

Evidentemente, o método de recuperação de peso usado dependerá da gravidade da doença. Se estiver no estágio inicial e a internação não for necessária, é aconselhável consultar um nutricionista. O objetivo inicial é manter o peso; depois de uma semana recomenda-se que haja ganho de meio a um quilo.[30] O jovem deve ser convidado a participar de todas as decisões relacionadas ao tratamento. Sem dúvida, isso requer muita delicadeza da parte do terapeuta, que exerce essencialmente o desagradável papel de "carrasco" mesmo quando defende a livre escolha. O processo de reaprender a comer de forma normal leva tempo, porém, é importante para superar o medo da comida. O jovem precisa ser convencido de que não engordará e que o ganho de peso não será excessivo nem rápido. O importante é dar ênfase a um retorno gradual do peso ideal.

Estabelecer a confiança

O elemento mais importante para obter êxito é o estabelecimento de uma relação de confiança entre o terapeuta e o paciente. Embora pareça óbvio por ser o ingrediente básico de uma boa terapia, é extremamente

[28]C. Gillberg & M. Rastam, Do drugs have a place in the treatment of eating disorders in adolescence?", *International Journal of Psychiatry in Clinical Practice* 2, 1998, p. 79-82.

[29]P. Harley, Eating disorders and health education, *Psychology, Health, and Medicine* 3, 1998, p. 133-40.

[30]M. Strober & J. Yager, A developmental perspective on the treatment of anorexia nervosa in adolescents, em *Handbook of psychotherapy of anorexia and bulimia*, orgs. D. M. Garner & P. E. Garfinkel, New York: Guilford Press, 1985.

difícil conquistar a confiança de um paciente anoréxico ou bulímico. Eles são conhecidos por resistir à terapia e pela capacidade de sabotar o processo. Diferentemente de outros adolescentes em conflito, o jovem com distúrbio alimentar não quer abrir mão dos seus sintomas e enxergará o terapeuta como inimigo, como mais uma das muitas pessoas que querem que ele "engorde". A aliança terapêutica é crucial.[31]

Fazer um histórico detalhado

O trabalho eficiente baseia-se em informações precisas e detalhadas. Uma das melhores maneiras de levantar informações do histórico do paciente sobre a ingestão de alimentos, alterações de peso, padrões de exercícios etc. é elaborar um questionário.

Elaborar um diário

O terapeuta costuma pedir para o adolescente escrever um diário sobre o tipo e a quantidade de comida que come, o tempo que leva para comer, o lugar onde come e os sentimentos e pensamentos que tem antes, durante e depois de comer. O exercício tem quatro propósitos. Primeiro, aumentar a consciência do adolescente de seus sentimentos. Segundo, ajudar a identificar os tipos de pensamento que causam o problema para que se possam criar argumentos que os refutem. Terceiro, fazer um registro relativamente objetivo das mudanças que acontecem ou deixam de acontecer. Quarto, o diário ajuda a revelar os padrões comportamentais.[32]

Explorar o significado da perda de peso

Depois de conseguir um certo grau de confiança e reunir informações, é possível conversar sobre o significado da perda de peso. O terapeuta pode perguntar qual era o objetivo do adolescente quando começou a fazer dieta, como achava que ia se sentir quando atingisse o peso desejado e como realmente se sente agora, se percebe que a perda de peso nunca será suficiente porque essa é a natureza da doença, se percebe que as

[31] A. L. Robin, M. Gilroy & A. Dennis, Treatment of eating disorders in children and adolescents, *Clinical Psychology Review* 18, 1998, p. 421-46.

[33] Neuman & Halvorson, *Anorexia nervosa and bulimia:* a handbook for counselors and therapists.

promessas de perda de peso não estão sendo cumpridas, pois a dieta que, no início, era positiva, emocionante e causava satisfação tornou-se um fardo terrível porque está cada vez mais difícil perder peso. Explorar essas questões pode ajudá-lo a entender que aquilo que devia libertá-lo tornou-se uma armadilha que o deixa cada vez mais infeliz. A consciência dessa simples idéia é um passo importante que leva o adolescente a se unir ao terapeuta na luta contra o problema.[33]

Considerar o tratamento de grupo

A terapia de grupo é um auxílio importante para a terapia individual e familiar de indivíduos anoréxicos. Ela fornece oportunidade de trabalhar no relacionamento com outros adolescentes, explorar sentimentos a respeito da família e aumentar a autoconsciência e expressar o que lhe vai no íntimo. O restabelecimento da amizade com outros adolescentes é especialmente importante no tratamento da anorexia. Os grupos também servem para corrigir as distorções de percepção e as distorções cognitivas. Entretanto, o tratamento em grupo não é para qualquer um. Se o adolescente ainda estiver negando a doença e exigir cuidados médicos por causa dos sintomas da inanição, ele não será bom candidato para o trabalho de grupo.[34]

Saber quando encaminhar

O terapeuta encaminha o adolescente com distúrbios alimentares para especialistas em distúrbios alimentares caso não esteja bem treinado para lidar com anorexia e bulimia.

O jovem com ansiedade também é encaminhado para médicos perspicazes em psicologia ou psiquiatras, quando há sintomas físicos pouco comuns ou quando o distúrbio alimentar for grave bastante para exigir medicação e/ ou internação. O terapeuta encaminhará o paciente a outros terapeutas ou psicólogos competentes se, com o tempo, não demonstrar nenhum progresso visível na recuperação do peso.

[33] K. A. GABEL & K. KEARNEY, Promoting reasonable perspectives of body weight: issues for school counselors, *Professional School Counseling* 1, 1998, p. 32-5.

[34] A. HALL, Group psychotherapy for anorexia nervosa, em *Handbook of psychotherapy for anorexia nervosa and bulimia*, orgs. D. M. Garner & P. E. Garfinkel, New York: Gulford Press, 1985.

Onde mais buscar ajuda

AGRAS, W. S. *Eating disorders*, New York: Pergamon, 1987.

COSTIN, C., *Your dieting daughter*: is she dying for attention?, New York: Brunner/ Mazel, 1997.

CRISP, A. H., *Anorexia nervosa*: let me be, New York: Grune and Stratton, 1980.

PALAZZOLI, M., *Self starvation*, New York: Jason Aronson, 1978.

VREDEVELT, P. & J. WHITMAN, *Walking a thin line*: anorexia and bulimia, Portland: Multnomah, 1985.

WILKINSON, H., *Beyond chaotic eating:* a way out of anorexia, bulimia, and compulsive eating, New York: HarperCollins, 1993.

As seguintes entidades também são excelentes recursos:

Anorexia Nervosa and Related Eating Disorders, Inc.
P.O. Box 5102
Eugene, OR 97405

The Center for the Study of Anorexia and Bulimia
Institute for Contemporary Psychotherapy
18411 Broadway, 4th Floor
New York, NY 10023

American Dietetic Association
216 W. Jackson Boulevard
Chicago, Illinois 60606
http://www.eatright.org

A página da Internet é excelente e muito bem conceituada.

National Association of Anorexia Nervosa and Associated Disorders (ANAD)
Box 7
Highland Park, IL 60035
http://www.injersey.com/Living/Health/anad.index.html

É a entidade mais antiga especializada em distúrbios alimentares. Oferece informações e ajuda gratuitas para encontrar e formar grupos de apoio em vários locais. Por uma taxa anual, os membros recebem um boletim trimestral.

Eating Disorders Awareness and Prevention
603 Stewart Street, Suite 803
Seattle, WA 98101
http://members.aol.com./edapinc/home.html

American Anorexia/Bulimia Association, Inc. (AABA)
293 Central Park West, Suite 1R
New York, NY 10024
http://members.aol.com/amanbu/index.html

Oferece um pacote de informações básicas.

National Eating Disorders Organization
6655 South Yale Ave.
Tulsa, OK 74136
Oferece serviços de informação e consulta.

Orientação bíblica para o adolescente em conflito

- Gênesis 1.27
- Deuteronômio 30.19,20
- Jó 33.4
- Isaías 40.29
- Romanos 12.2
- 2Coríntios 5.10
- Efésios 2.10

Distúrbios do sono

CARACTERÍSTICAS DO CONFLITO

Os seres humanos passam um terço do tempo dormindo. Isso significa aproximadamente 25 anos de uma vida normal. O sono é mais do que a interrupção da vigília. É um fenômeno positivo que promove o descanso, a recuperação e o rejuvenescimento. Muitas pessoas, no entanto, infelizmente sabem que o sono nem sempre significa bons sonhos. Os distúrbios do sono exercem grande influência sobre o comportamento na vigília e exercem papel significativo na sensação de bem-estar. Os problemas do sono não são triviais e não podem mais ser visto como obscuros, mesmo entre os adolescentes.

Por volta do final da década de 1970, pesquisadores da Universidade de Stanford descobriram evidências que contestavam a hipótese de que os distúrbios do sono afetavam principalmente os adultos. Descobriram que aproximadamente 13% dos adolescentes sofrem distúrbios crônicos do sono. Além disso, 38% reclamam de falta de sono de vez em quando. Outra pesquisa revelou que quase metade da população adolescente terá algum distúrbio do sono, seja em menor, seja em maior grau. Porém, um número incontável de adolescentes insones permanece sem diagnóstico e valem-se do álcool ou de medicamentos para sentir sono.[1] Sem intervenção adequada, esse mal continuará na vida adulta e afetará a qualidade de vida e a aprendizagem.

[1] J. R. Morrison & B. Storey, Adolescent insomnia, *Clearing House* 60, 1986, p. 110-4.

Os distúrbios do sono consistem em quaisquer transtornos do início ou do término do sono ou qualquer tipo de dificuldade que ocorra durante o sono e interrompa seu ciclo normal.[2] Um distúrbio crônico do sono é definido por três parâmetros: quando se necessita de um período de 45 minutos ou mais para conseguir dormir em três ou mais noites por semana; quando se acorda uma ou mais vezes e se permanece pelo menos trinta minutos acordado em três ou mais noites por semana; quando se acorda três ou mais vezes em três ou mais noites por semana.[3]

Foram identificados 120 distúrbios do sono e do despertar.[4] Além de interromper o sono, a maioria dos distúrbios também afeta o indivíduo 24 horas por dia. Os distúrbios do sono, de acordo com o *Manual diagnóstico e estatístico* (4.ª ed.), dividem-se em dois grandes grupos: as *dissonias* e as *parassonias.*

As *dissonias* são caracterizadas por anormalidades na quantidade, na qualidade ou no horário do sono. Entre elas estão: a insônia (dificuldade para dormir ou manter o sono), hipersonia (sonolência excessiva diurna) e o distúrbio do ritmo sono—vigília (desajuste entre o horário normal de sono-vigília exigido pelo ambiente e o ritmo circadiano — ciclos de 24 horas).

As parassonias são caracterizadas por eventos anormais que ocorrem durante o sono. Entre elas estão: o transtorno da ansiedade no sono (a ocorrência repetida de sonhos assustadores que levam ao despertar e à lembrança detalhada desses sonhos), o transtorno do terror noturno (a ocorrência repetida de terror durante o sono, caracterizada por um despertar abrupto que, em geral, acontece com um grito de pânico), transtorno do sonambulismo (episódios repetidos de uma seqüência complexa de comportamentos, na qual o indivíduo se levanta da cama e anda sem ter consciência do episódio e depois não se lembra do fato).

Outros distúrbios que afetam o sono são: a apnéia do sono, que é a interrupção da respiração que acarreta o despertar. A obstrução das vias nasais ou dos tecidos frouxos da garganta restringe a passagem do ar no

[2]J. H. Jennison, Sleep and sleep disorders, em *Dictionary of pastoral care and counseling*, org. R. J. Hunter, Nashville: Abingdon, 1990.

[3]A. N. Vgontzas & A. Kales, Sleep and its disorders, *Annual Review of Medicine* 50, 1999, p. 387-400.

[4]American Medical Association, *Guide to better sleep*, New York: Random House, 1984.

palato mole e causa a privação de oxigênio. Quando isso ocorre, a pessoa acorda superficialmente, apenas para trocar de posição, na maioria das vezes inspirando profundamente, mas não com força suficiente para se lembrar da interrupção do sono. A apnéia do sono pode ser fatal e deve ser tratada por um médico qualificado. Com uma cirurgia reconstrutiva das vias nasais ou do palato mole, o paciente pode ficar completamente curado.

A narcolepsia é outro distúrbio do sono. É caracterizada por ataques recorrentes de sono que acontecem de forma abrupta e imprópria, inclusive durante o dia. Sem nenhum motivo aparente, de repente, o indivíduo cai no sono. É altamente recomendável o encaminhamento do paciente com esse problema para um neurologista competente.

De todos os distúrbios do sono, a insônia é sem dúvida o mais comum. Aproximadamente 15% da população em geral considera a insônia um problema sério para o qual às vezes se busca ajuda profissional. Os terapeutas que trabalham com adolescentes constatam que o distúrbio do sono é o mais comum. Também é sintoma comum de outros problemas, como depressão ou abuso de drogas ou álcool.

As queixas em relação ao sono do adolescente estão normalmente associadas à fadiga diurna, irritabilidade ou depressão. O adolescente se descreve envolvido por estados negativos, como ansiedade, tensão, irritação. Não raro, apresenta problemas de freqüência às aulas e de desempenho escolar.[5]

DESCRIÇÃO DE CASO

Keith, quinze anos, acorda quase toda noite por volta das 2h00 para ruminar as suas preocupações. Depois, tem muita dificuldade para retomar o sono. Está cansado de contar carneirinhos, pois sua mente sempre se volta para as preocupações do dia. Permanece acordado por pelo menos uma hora antes de tentar voltar a dormir. Olha para o relógio várias vezes, o que, por sinal, o deixa ainda mais ansioso. Na maior parte do dia, sente-se abatido e irritado. Às vezes, depois da escola, tenta compensar a falta de sono tirando uma soneca. Keith seguiu esse padrão por vários meses. Não está deprimido, apenas cansado.

[5] T. J. Coates & C. E. Thoresen, *How to sleep better*, Englewood Cliffs: Prentice-Hall, 1977.

Antes de explorarmos as causas e as estratégias de tratamento para esses distúrbios, vejamos rapidamente quais são os estágios do sono. O surgimento do eletroencefalograma (EEG) permitiu aos pesquisadores medir a atividade do sistema nervoso central durante o sono. O sono pode ser classificado em dois principais períodos ou estágios: o sono dos movimentos oculares rápidos (REM, *rapid eye movement*) e o sono dos movimento oculares não-rápidos (NREM, *non-rapid eye movement*). O sono REM é caracterizado por repentes freqüentes de movimentos rápidos e espasmódicos dos olhos associados a ondas cerebrais rápidas e de baixa voltagem. Esses movimentos são escassos no sono NREM, que está associado às ondas cerebrais lentas. Os estágios do NREM são importantes para a recuperação da fadiga muscular, enquanto o sono REM é mais importante para a aprendizagem e o ajustamento psicossocial. O sonho normalmente ocorre durante o sono REM.

O sono normal caracteriza-se por quatro ou cinco ciclos de noventa minutos de sono NREM alternados com o sono REM, em períodos que duram em média quinze minutos. Os períodos REM aumentam ao longo da noite, sendo que a maior parte do tempo total de sono REM acontece na última parte do sono. Para saber mais sobre esses estágios, leia o livro *Better sleep* [*Dormir melhor*].

CAUSAS DO CONFLITO

É impossível citar todos os fatores que contribuem para os distúrbios do sono. O problema é específico de cada indivíduo. Todavia, muitos pesquisadores agrupam as causas em três grandes categorias.

Influências físicas

Alergias, asma ou efeitos colaterais do álcool, medicamentos prescritos e drogas ilegais podem influenciar os padrões do sono. Essas causas físicas são basicamente de competência médica e são normalmente reveladas com avaliação médica cuidadosa.[6]

Influências psicológicas

Várias influências psicológicas podem afetar o sono. Ansiedade e depressão são as duas mais comuns. A depressão está intimamente ligada

[6]M. S. SCHER, Applying classifications of sleep disorders to children with neurologic conditions, *Journal of Child Neurology* 13, 1998, p. 525-36.

ao despertar noturno e à incapacidade de voltar a dormir. A ansiedade está associada à dificuldade de adormecer na hora de dormir. Ansiedade, tensão e preocupação também são, em grande parte, responsáveis pela falta de sono. Alguns chamam essas tendências de "medo de relaxar". Os insones, por exemplo, costumam ter problemas para relaxar não apenas a tensão física, mas também a mental (problemas não resolvidos etc.).[7]

Influências comportamentais

Algumas pessoas têm estilos de vida, hábitos e padrões de comportamento que não contribuem para um sono profundo. Alguns desses hábitos são: horários de dormir e de acordar irregulares, longos cochilos durante o dia e consumo excessivo de alimentos e bebidas que contêm cafeína (como chocolate, café, chá e refrigerantes).[8]

COMO OS PAIS PODEM AJUDAR

As estratégias citadas a seguir destinam-se a ajudar os adolescentes com o conflito do distúrbio do sono e podem ser usadas com eficiência pelos pais. Entretanto, como a relação entre pai e filho é única, algumas serão mais pertinentes a sua situação do que outras. Como em todo grande conflito da adolescência, o melhor é que os pais trabalhem sob orientação de um terapeuta competente. Pensando nisso, as estratégias visam a facilitar o processo de ajuda dentro de casa com o adolescente.

Consultar um especialista em sono

No mundo inteiro, cerca de quinhentos a seiscentos especialistas apenas consideram-se sonólogos (especialistas no estudo e tratamento dos distúrbios do sono). Eles trazem seus conhecimentos dos campos da neurologia, psiquiatria, psicologia clínica e experimental, medicina interna, pediatria, farmacologia e de muitos outros. Embora esses especialistas não se encontrem prontamente disponíveis para consulta, muitos

[7] J. Vignau, D. Bailly, A. Duhamel, P. Vervaecke, R. Beuscart & C. Collinet, Epidemiological study of sleep quality and troubles in french secondary school adolescents, *Journal of Adolescent Health* 21, 1997, p. 343-50.

[8] M. J. Reid, A. L. Walter & S. G. O'Leary, Treatment of Young children's bedtime refusal and nighttime wakings: a comparison of 'standard' and graduated ignoring procedures, *Journal of Abnormal Child Psychology*, 27, 1999, p. 5-16.

médicos com larga experiência tratam de distúrbios do sono. As instituições médicas, em geral, são muito úteis para fornecer orientação sobre especialistas nos distúrbios do sono.* Antes de partir para um plano de tratamento, leve o adolescente para fazer um exame físico e neurológico, mesmo que ele esteja passando por um período de estresse evidente. Depois de descartar os problemas fisiológicos, a terapia psicológica pode ser eficaz.

Medir os padrões do sono

As medições objetivas do sono são obtidas com mais precisão em laboratório. As grandes escolas de medicina e hospitais têm laboratórios do sono, criados com esse propósito.[9] Porém, quando essa opção for impossível ou impraticável, o adolescente pode solicitar a ajuda de amigos ou parentes para monitorar o seu sono. Incentive-o a manter um acurado diário do sono, que registre a hora de dormir aproximada, o número de interrupções do sono e a hora de despertar. Muitos podem concluir que dormem mais do que pensavam. O monitoramento do sono fornece uma análise útil da variedade de fatores relacionados às interferências do sono. O uso continuado de diários do sono também ajuda o paciente a monitorar o seu progresso.

A seguir, apresentamos o exemplo de uma página de diário do sono a ser preenchida todos os dias. É importante que o jovem saiba que não deve preocupar-se em responder as questões com perfeição. É recomendável que preencha o diário pelo menos durante três semanas a fim de que se possa fazer uma boa avaliação.

DIÁRIO DO SONO

- Data: ______________________________
- Tempo total aproximado de sono: ______________
- Tempo necessário aproximado para cair no sono: ____________

*Em São Paulo existe um centro especializado em diagnóstico e tratamento de distúrbios do sono. Trata-se do Instituto do Sono da Unifesp Universidade Federal de São Paulo, v. endereço no final desta seção. (N. do E.)

[9]Em 1975, apenas cinco instituições médicas nos Estados Unidos tinham centros voltados ao diagnóstico e tratamento dos transtornos do sono. Hoje, mais de cem centros de distúrbio do sono operam de acordo com normas reconhecidas de funcionamento.

- Hora que foi para a cama: ______
- Hora que adormeceu: ______
- Número de vezes que acordou durante a noite: ______
- Tempo que permaneceu acordado em cada uma das interrupções do sono: ______
- Hora que se levantou de manhã: ______
- Hora e efeito da última refeição ou lanche antes de ir para a cama: ______
- Sensação de estar descansado de manhã, numa escala de 1 a 5: ______
- Nível de tensão física na hora de ir para a cama (de 1 a 5): ______
- Nível de atividade mental na hora de ir para a cama (de 1 a 5): ______
- No caso de ter praticado atividade física no dia, ela teve efeito positivo ou negativo? ______
- Circunstâncias ou experiências extraordinárias que afetaram o sono: ______

Entender os medicamentos para insônia

Tendo muitos distúrbios do sono sido examinados historicamente como problemas médicos, o tratamento mais comum é uma variedade de drogas com ou sem prescrição. Com efeito, os medicamentos do sono estão entre os remédios mais prescritos nos Estados Unidos. Sabe-se que 40% dos insones usam medicamentos para dormir quase diariamente, e 26% eventualmente. Contudo, estudos mostraram que a maioria das drogas criadas para aliviar os problemas do sono na realidade dificultam o sono em vez de facilitar, porque o organismo acaba desenvolvendo tolerância ao medicamento.[10] Nesse caso, desenvolve-se um ciclo em que a falta de sono leva à ingestão de medicamentos, que leva à dependência e à ingestão de mais medicamentos. Essa dependência pode se tornar um problema maior do que a insônia. Os medicamentos: 1) podem alterar os estágios do sono; 2) em contrapartida causam insônia; 3) aumentam os níveis de ansiedade durante o dia; e 4) acabam exigindo doses cada vez maiores. Somente nos casos mais extremos deve-se levar em conta o tratamento com pílulas para dormir. As técnicas descritas nesta seção foram criadas para evitar que o adolescente use drogas, prescritas ou não, e se torne dependente delas.

[10] D. R. Anderson, Treatment of insomnia in a 13 year old boy by relaxation training and reduction of parental attention, *Journal of Behavioral Therapy* 10, 1979, p. 263-5.

Ensinar novos hábitos de dormir

O ambiente de dormir é muito importante. O quarto e a hora normal de dormir podem deixar transtornado o jovem com problema. O adolescente pode ter aprendido a fazer associações negativas com a prática repetida, que podem ser desaprendidas com técnicas de reforma de hábitos. Essa estratégia baseia-se na substituição reiterada de um comportamento por outro até que o novo comportamento se transforme em hábito. Por exemplo, acostumar-se a ir para a cama e a levantar-se de manhã sempre nas mesmas horas. Isso significa usar a cama e o quarto exclusivamente para dormir. Peça que o adolescente escolha outros lugares para fazer a lição de casa, ouvir música, pensar, falar no telefone, comer ou fazer qualquer outra coisa que não esteja relacionada ao sono. Com isso, progressivamente, o jovem aprenderá a associar o quarto unicamente ao sono.

São comuns as intervenções bem-sucedidas em adolescentes com maus hábitos de dormir. Por exemplo, um pesquisador relatou um caso típico de um adolescente insone que tinha o hábito de acordar regularmente às duas horas da manhã para meditar sobre suas preocupações. Raramente voltava a dormir. Para tirar esse hábito, o terapeuta simplesmente pediu-lhe que, quando acordasse, escrevesse uma lista de preocupações num bloco de notas que deveria deixar ao lado da cama. Depois que aprendeu a fazer algo construtivo com suas preocupações, em vez de ficar acordado pensando nelas, conseguiu diminuir o problema. Depois de cinco semanas, o hábito de acordar de madrugada desapareceu e ele dormiu até o despertador tocar às sete horas.[11]

Explorar a atividade física e a alimentação

Os efeitos da atividade física sobre o sono foram investigados exaustivamente. Os estudos mostraram que mesmo uma simples série de exercícios regulares ajuda o indivíduo a dormir melhor que os outros totalmente sedentários. Embora a atividade física possa melhorar o sono de alguns, nem sempre cria necessidade maior de dormir nem produz sono mais profundo. A hora da atividade é o fator mais importante para determinar se ela afetará negativamente o sono. Estudos indicam que a prática de

[11] J. R. Morrison, E. Kujawa & B. A. Storey, Causes and treatment of insomnia among adolescents, *Journal of School Health* 55, 1985, p. 148-50.

exercícios perto de duas horas antes da hora de dormir aumenta as respostas metabólicas que interferem no começo do sono. A atividade física deve ser consistente, equilibrada e realizada várias horas antes da hora de dormir.[12]

Para obter os melhores efeitos, as condições nutricionais também devem ser consistentes. A superabundância de um grupo de determinados alimentos pode aumentar os distúrbios do sono, assim como gerar um aumento excessivo de peso. Tomar no fim do dia café, chá ou bebidas à base de cola, que contêm cafeína, também pode complicar os padrões de sono. Por ser estimulante, o auge do efeito da cafeína se dá de duas a quatro horas depois do consumo e pode continuar a afetar o indivíduo por um período de até sete horas.

Explorar a soneca

Em geral, os insones devem evitar o cochilo. As sonecas, especialmente para os adolescentes, reforçam os maus hábitos de sono à noite. Estudos demonstraram que o cochilo não é capaz de substituir uma boa noite de sono. Incentive o adolescente que costuma tirar uma soneca a ficar acordado durante o dia para aumentar a chance de dormir à noite. Às vezes essa simples intervenção basta para dar alívio ao insone.

Explorar os fatores ambientais

Com freqüência, uma simples consideração sobre as influências ambientais pode ajudar o indivíduo com o problema da falta de sono. O barulho é um problema óbvio. Se o adolescente for especialmente sensível a ruídos, avalie com ele a situação do barulho. Embora o isolamento acústico do quarto normalmente não seja uma opção viável, a alternativa é experimentar vários tipos de "barulho inofensivo" como ventilador, ar condicionado ou fitas cassete com o barulho do mar ou de chuva. Os tampões de ouvido podem funcionar para algumas pessoas, mas devem ser usados somente com a orientação médica por causa do risco de infecção no ouvido. Se o adolescente se perturbar ou acordar por causa da claridade, leve em consideração o uso de cortinas ou persianas que impeçam a entrada de luz.

[12] R. D. Bootzin, Effects on self control procedures for insomnia, em *Behavioral self management:* strategies, techniques, and outcomes, org. R. B. Stuart, New York: Brunner-Mazel, 1977.

Verifique a qualidade do colchão e da temperatura do quarto. Quando a temperatura ambiente é muito elevada, as pessoas ficam agitadas e acordam com mais facilidade. O ideal é ter um quarto bem ventilado. Tire os relógios de corda, com bipe ou os que tocam de hora em hora. Isso leva os insones a contar cada hora e a permanecer acordados, esperando o próximo toque. Em resumo, use o bom senso e cuide de cada fator ambiental que possa afetar o sono.

COMO OS PROFISSIONAIS PODEM AJUDAR

As estratégias de ajuda para adolescentes com conflito do distúrbio do sono descritas a seguir são normalmente usadas pelos terapeutas. São aqui apresentadas a fim de prestar informações aos pais e ajudá-los a encontrar a melhor ajuda profissional possível para o adolescente sob seus cuidados.

Incorporar técnicas de relaxamento

É possível usar técnicas de relaxamento para eliminar o estresse e a tensão dos músculos esqueléticos e viscerais. Essas técnicas têm-se mostrado importantes para alcançar o sono profundo. Invariavelmente, o adolescente com problemas para dormir à noite é vítima de nervosismo, ansiedade e preocupação durante o dia. Na hora de dormir, quase sempre apresenta altos níveis de tensão física e atividade mental. Nesses casos, as estratégias de relaxamento podem ser praticadas na hora em que o jovem se recolhe para conseguir preparar a mente e o corpo para o sono. Obteve-se alto índice de sucesso tratando insones com métodos de relaxamento progressivo.[13] Num caso publicado, um adolescente de treze anos foi treinado a praticar exercícios de relaxamento antes de ir dormir, pois acordava fora de hora. Seu sono melhorou significativamente por volta da oitava semana.[14]

O relaxamento progressivo implica contrair e relaxar sistematicamente os grupos de músculos do corpo. Cada vez que se contrai e relaxa um músculo, o nível de tensão do corpo diminui gradativamente até sumir por completo. Essa estratégia, aliada a algumas outras, foi descrita na seção sobre ansiedade.

[13] COATES & THORSESEN, *How to sleep better.*
[14] ANDERSON, Treatment of insomnia.

Usar o refinamento cognitivo

A estratégia cognitiva é mais bem empregada para ajudar o adolescente a voltar a dormir quando desperta à noite. Não é raro o insone começar a achar que não conseguirá voltar a dormir ou ter pensamentos negativos quando acorda antes da hora. O refinamento cognitivo significa concentrar-se em pensamentos positivos, tranqüilizadores e confortadores. Em geral, a técnica é associada à respiração profunda. É importante que o jovem tenha pensamentos positivos para substituir os negativos. Simplesmente parar de pensar negativamente não resolve o problema. Há pessoas que gostam de concentrar o pensamento na respiração. Por exemplo, quando inspiram, dizem a si mesmas: "Estou". E, quando expiram, dizem: "relaxada". Com a repetição desses pensamentos e a respiração cadenciada, essas pessoas conseguem evitar os pensamentos negativos e voltar a dormir.[15]

Saber quando encaminhar

Encaminhe o adolescente com o conflito do distúrbio do sono para médicos com experiência em problemas psicológicos ou psiquiatras a fim de ter um exame físico completo no início do tratamento. Este procedimento deve ocorrer mesmo que não haja sintomas físicos. Se, com o tempo, o distúrbio do sono piorar, encaminhe o jovem para outros especialistas do sono, terapeutas ou psicólogos competentes.

Onde mais buscar ajuda

American Medical Association, *Guide to better sleep*, New York: Random House, 1984.

Catalano, E. M., *Getting to sleep*, Oakland: New Harbinger, 1990.

Coates, T. J. & C. E. Thoresen, *How to sleep better*, Englewood Cliffs: Prentice-Hall, 1977.

Cryer, B. & E. S. Kaplan, *Incide insomnia:* how to sleep better tonight, New York: Villard Books, 1986.

Lacks, P., *Behavioral treatment for persistent insomnia*, New York: Pergamon Press, 1987.

[15]R. Pat-Horenczyk, Changes in attitudes toward insomnia following cognitive intervention as part of withdrawal treatment from hypnotics, *Behavioral and Cognitive Psychotherapy* 26, 1998, p. 345-57.

NELSON, R., *If you think you have a sleep disorder*, New York: Dell, 1998.
WIEDMAN, J., *Desperately seeking snoozin'*: the insomnia cure from awake to, Memphis: Adlard, 1999.
Instituto do sono da Unifesp — Universidade Federal de São Paulo, Rua Botucatu, 740, São Paulo, SP. (11) 5576-4000 e 5576-4522.

Orientação bíblica para o adolescente em conflito

- Salmos 4.8; 91.1,4
- Eclesiastes 5.12
- Mateus 11.28
- Tiago 5.13

Drogas e álcool

CARACTERÍSTICAS DO CONFLITO

Um dos problemas mais difíceis que a sociedade enfrenta atualmente é o uso e abuso de substâncias químicas pelos adolescentes.[1] Os índices relativos aos alunos de ensino médio nos Estados Unidos que usam drogas "em algum momento da vida" são assustadores:

bebida alcoólica — 93%
estimulantes — 27%
cocaína — 16%
alucinógenos — 15%
sedativos e barbitúricos — 14%[2]
inalantes — 14%
tranqüilizantes — 13%
opiáceos — 10%
LSD — 9%

O principal problema relacionado às drogas é, sem dúvida, o alcoolismo. Aproximadamente trezentos mil norte-americanos são viciados em heroína, mas cerca de nove milhões são viciados em álcool. Quando somamos os usuários de álcool aos alcoólatras inveterados, o número estimado salta para mais de quinze milhões. Os norte-americanos consomem cotidianamente 59,4 milhões de litros de cerveja e 4,5 milhões de litros de bebidas alcoólicas fortes. Outra estatística mostra um retrato do problema:

[1]I. SUTHERLAND & P. WILLNER, Patterns of alcohol, cigarette, and illicit drug use in English adolescents, *Addiction* 93, 1998, p. 1199-208.

[2]G. BESCHNER, Understanding teenage drug use, em *Teen drug use*, orgs. G. Beschner & S. Friedman, Lexington: Health, 1986.

a cada 27 minutos uma pessoa morre em acidente de carro causado por uso de bebida alcoólica.[3]

O álcool é certamente a substância mais usada pela maioria dos adolescentes. As estatísticas variam, mas as melhores estimativas indicam que pode haver mais de quatro milhões de norte-americanos alcoólatras com menos de 18 anos de idade. E a idade do primeiro contato com a droga é cada vez menor. Hoje, adolescentes com menos de quartoze anos já estão enfrentando decisões sobre as drogas que antes eram reservadas apenas a jovens de mais idade. Experimentar uma bebida alcoólica é mais comum atualmente entre alunos de quinta série que na época em que os que hoje cursam a oitava estavam na quinta série. A porcentagem de jovens que consumiram bebidas alcoólicas "dez ou mais vezes nos últimos doze meses" é o dobro entre os estudantes da oitava série fundamental e do primeiro ano do ensino médio. O uso de substâncias químicas entre os adolescentes é um problema gigantesco. Todo fim de semana, por volta de 30% a 40% dos jovens dos Estados Unidos consomem álcool e drogas.[4]

Até os mais bem comportados adolescentes tornam-se viciados sem que os pais façam a menor idéia. Stephen Arterburn e Jim Burns, no esclarecedor livro *Drug-proof your kids* [*Vacine seus filhos contra as drogas*], citam a declaração de um adolescente de dezesseis anos que era membro ativo da juventude da igreja: "Acho que não entrava na cabeça dos meus pais que eu era alcoólatra. [...] Eles nem imaginavam que eu ficava alto quase todos os dias nos últimos dois anos". Atualmente, os pais não podem se dar ao luxo de ficar despreocupados com a ameaça das drogas em sua família. Quase todo jovem experimenta algum tipo de droga ou bebida alcoólica, e as estatísticas sobre o uso de drogas pesadas por adolescentes que freqüentam e que não freqüentam a igreja são quase idênticas.[5]

Os sinais de alerta do uso de álcool e drogas na adolescência são: retraimento social, queda no desempenho escolar, resistência à autoridade, problemas de comportamento, comportamento de alto risco (como roubo), mudanças de humor extremas (inclusive sinais de depressão),

[3]J. Johnston, *It's killing our kids:* the growing epidemic of teenage alcohol abuse and addiction, Waco: Word, 1991.

[4]P. Benson, D. Williams & A. Johnson, *The quicksilver years:* the hopes and fears of early adolescence, New York: Harper & Row, 1987.

[5]S. Arterburn & J. Burns, *Drug-proof your kids*, Ventura: Regal Books, 1995, p. 1.

promiscuidade sexual, dores físicas, mudanças de relacionamento e mudanças no hábito alimentar. Há sinais mais evidentes, como cheiro de bebida no hálito, fala enrolada, gagueira, expressão "confusa", pupilas dilatadas, presença de apetrechos para o uso de drogas (cachimbos, porta-pílulas, canudos, colheres, tubo vazio de filme fotográfico) e roupas estampadas com temas de drogas.

O livro *Diagnostic and statistical manual* (4.ª ed.), ou DSM-IV, faz uma distinção que ajuda a compreender o uso patológico de substâncias químicas. Nele se estabelecem duas categorias: o abuso e a dependência de substâncias psicoativas. Juntas, elas são responsáveis pelos distúrbios do uso de substâncias psicoativas. A dependência de substâncias químicas pode ser encarada como vício, é o abuso de uma droga acompanhado da deterioração do desempenho social e ocupacional e da dependência psicológica. O abuso de substâncias químicas é uma versão menos grave de dependência. É diagnosticado quando o uso de uma substância é inadequado, mas não tão sério a ponto de se enquadrar nos critérios da dependência.

O DSM-IV livro define a *dependência* de substâncias psicoativas como a presença de pelo menos três dos seguintes sintomas no período mínimo de um mês:

1. O indivíduo usa a substância em maior quantidade ou por mais tempo que o desejado.
2. O indivíduo reconhece o uso excessivo da substância e tenta reduzi-lo sem sucesso.
3. O indivíduo passa a maior parte do tempo preocupado em obter a substância ou em se recuperar dos seus efeitos.
4. O indivíduo está intoxicado ou exibe os sintomas de abstinência sempre que há uma responsabilidade a ser cumprida, por exemplo, na escola ou no trabalho.
5. O indivíduo abandona muitas atividades ou diminui a freqüência delas por causa do uso da substância.
6. Ocorrem problemas de saúde, no relacionamento social e no desempenho psicológico.
7. Aumento da tolerância, o que doses cada vez maiores (aumento de pelo menos 50%) da substância para produzir o efeito desejado.
8. Sintomas de abstinência quando o indivíduo pára de ingerir as substâncias ou reduz a sua quantidade.

9. O indivíduo usa a substância para aliviar os sintomas de abstinência. Por exemplo, pode beber álcool logo de manhã porque sente que terá os sintomas ao longo do dia.[6]

O manual também define o *uso* de substâncias psicoativas como a presença de pelo menos uma das seguintes características:

1. Uso continuado apesar da consciência de incorrer em problema social, ocupacional, psicológico ou físico persistente ou recorrente causado ou exacerbado pelo uso da substância psicoativa.
2. Uso recorrente em casos em que há risco de vida. Por exemplo, dirigir intoxicado.[7]

A tarefa do terapeuta é distinguir os adolescentes que usam droga basicamente por motivos socioculturais dos que a usam no esforço desesperado de esconder ou corrigir uma característica pessoal entendida como defeito. O abuso das drogas e do álcool varia consideravelmente de um adolescente para outro. Rich Van Pelt, em seu inestimável livro *Intensive care* [*Tratamento intensivo*], cita cinco estágios da progressão do abuso do álcool em adolescentes. Ele atribui o crédito do estudo a Larry Silver, do National Institute of Mental Health.

Estágio 0. Curiosidade em ambiente onde o álcool está sempre disponível;

Estágio 1. Aprendizagem da mudança de humor. O adolescente aprende que é fácil sentir-se bem com poucas conseqüências ou mesmo nenhuma, a não ser talvez o sentimento de culpa;

Estágio 2. Busca da mudança de humor. Em vez de usar o álcool em eventos sociais, o jovem decide que ficar bêbado é uma meta e procura meios de obter o seu próprio suprimento;

Estágio 3. Preocupação com a mudança de humor. Ficar bêbado é o principal objetivo de sua vida. O estudante que bebe diariamente pode planejar o seu dia em torno das viagens de euforia;

[6]*Diagnostic and statistical manual of mental disorders*, 4th ed., Washington: American Psychiatric Association, 1994.

[7]Ibid.

Estágio 4. Beber para sentir-se bem (vício). A euforia fica mais difícil de ser alcançada; é necessário ingerir quantidades maiores.[8]

Também é bom distinguir os quatro tipos possíveis e comuns de adolescentes usuários de drogas.

1. *Experimentador*. O adolescente experimenta a droga de quatro a cinco vezes para ser aceito e ser "experiente". Ele a usa por pouco tempo e com pouca freqüência;

2. *Recreacional*. O jovem usa drogas para participar das experiências agradáveis com os amigos, não para ter algum tipo de humor ou produzir efeito mental com a substância;

3. *Ansioso*. O adolescente anseia por um estado alterado e usa drogas e/ ou álcool regularmente para obter efeito sedativo ou intoxicante;

4. *Dependente*. É o adolescente "doente" que passou a usar regularmente drogas pesadas como cocaína ou heroína. É o viciado.

John E. Meeks, em seu livro *The fragile alliance:* an orientation to the outpatient psychotherapy of the adolescent [*A frágil aliança:* orientações para a psicoterapia ambulatorial do adolescente], diz que o usuário "viciado" ou "doente" pode ser identificado pelo uso de drogas em freqüência mais do que alta. Ele apresenta sérias deficiências no relacionamento interpessoal. Compensa essas deficiências formando grupos da subcultura das drogas, nos quais a única característica que as pessoas têm em comum é a experiência com drogas. Simplesmente prefere a intoxicação das drogas aos prazeres proporcionados pelos relacionamentos.[9]

DESCRIÇÃO DE CASO

Matt tem 16 anos. Foi levado a fazer terapia pela mãe, que estava cansada de lidar com os problemas causados pelo uso de drogas. A escola também ameaçou expulsá-lo caso não fizesse um tratamento imediatamente. Há dois me-

[8] R. Van Pelt, *Intensive care:* helping teenagers in crisis, Grand Rapids: Zondervan, 1988.
[9] J. E. Meeks, *The fragile alliance:* an orientation to the outpatient psychotherapy of the adolescent, Baltimore: Williams and Wilkins, 1971.

ses, foi apanhado bebendo de manhã dentro da escola e, pouco depois, os guardas da escola encontraram maconha em seu armário. Ele negou que tivesse problema de bebida ou de drogas ("como se eu tivesse cometido um crime ou coisa assim"), mas confessou que fumava maconha "de vez em quando".

Porém, quando entrou para o ginásio, passou a andar com jovens que seus pais não aprovavam. "Começou a ouvir música em alto volume " e "não parou de implorar — até obter nosso consentimento — que o deixássemos ir ao show do Pink Floyd com os amigos". Faz quatro anos que os pais de Matt se divorciaram, mas vivem na mesma cidade e ainda se vêem. Na primeira sessão, o pai de Matt juntou-se à ex-mulher na exposição do caso. Contou ter descoberto que Matt e os amigos usavam uma perua velha que fica estacionada a poucas quadras de casa, no quintal de um vizinho, como "clube de drogas". Quando começou a descrever como ela era vedada para não deixar a fumaça sair e, assim, aumentar o efeito, Matt começou a virar os olhos.

Antes de falar das causas desse conflito, é bom lembrarmos dos tipos de drogas mais usados. Talvez a melhor maneira de descrevê-los seja pela forma que agem no organismo. Classificados dessa forma, encontramos quatro tipos de drogas.

1. *Depressores.* Reduzem a atividade do sistema nervoso. São eles: álcool, inalantes (p. ex.: cola, removedor de esmaltes, fluido para isqueiro, anticongelante e gasolina), tranqüilizantes suaves (p. ex.: valium) e sedativos (p. ex.: barbitúricos, metaqualudes e PCP [feniciclidina]). Todos os calmantes, à exceção da PCP, podem ser obtidos licitamente;

2. *Estimulantes.* Estimulam a atividade do sistema nervoso, tiram o apetite e melhoram a depressão emocional. Entre eles estão drogas legais como cafeína e nicotina, além das anfetaminas lícitas e ilícitas e da metadrina e cocaína, ilícitas;

3. *Alucinógenos.* Distorcem a mente. Têm pouco uso medicinal e alteram a percepção. Entre eles estão a maconha, o LSD e a mescalina. Todos os alucinógenos são ilícitos;

4. *Narcóticos.* Têm efeito analgésico. Aliviam a dor física e tornam a cirurgia possível, mas são altamente viciogênicos. Entre eles estão morfina, codeína e heroína.

CAUSAS DO CONFLITO

As drogas são facilmente adquiridas em nossa sociedade, e a maioria dos adolescentes experimenta em geral o álcool, o cigarro e a maconha. Os experimentadores não devem ser colocados na mesma categoria que os usuários regulares e os viciados. A seguir, há uma lista de alguns motivos do uso regular das drogas. Como geralmente acontece, as pesquisas não são bastante claras em relação às causas, mas a maioria dos especialistas concorda que o uso de drogas tem diversos fatores de risco.

Influência da mídia

O cinema, a televisão e a publicidade costumam dar à bebida um caráter glamouroso. Há em média dez "cenas de bebida" por hora (com ingestão de álcool ou insinuação de ingestão) no horário nobre da TV. Para muitos, assistir à TV significa testemunhar aproximadamente vinte cenas de bebida quase toda noite. Sem dúvida, o *marketing* do álcool é um negócio sério. Ao completar dezoito anos, o adolescente já assistiu na vida a cem mil comerciais de cerveja na TV. O objetivo dos anunciantes é aumentar a porcentagem de consumidores de bebida e a quantidade de ingestão de álcool.

No livro *It's killing our kids* [*Isso está matando nossos filhos*], Johnston ressalta que a campanha publicitária da cerveja Michelob começou na década passada com o atraente slogan: "Os fins de semana foram feitos para beber Michelob". Logo, o comercial evoluiu para: "Acrescente uma pitada de fim de semana em sua semana". Depois, o argumento foi: "A noite começa com Michelob". No período de aproximadamente uma década, depois de defender a bebida como forma de relaxar no fim de semana, a Michelob passou a promover a bebida como hábito noturno.

Apesar da proibição legal de venda de bebida alcoólica para menores de idade, os adolescentes estão se tornando o maior público-alvo das campanhas publicitárias desse produto. As empresas sabem que se ganharem a fidelidade do jovem à marca, ele permanecerá fiel por anos. A indústria do álcool também sabe que a maior parte dos consumidores de cerveja encontra-se na faixa de dezoito a vinte e quatro anos, sendo que os estudantes universitários gastam dois bilhões de dólares anualmente com cerveja.[10]

[10]JOHNSTON, *It's killing our kids*.

Pressão dos amigos

Metade de todos os estudantes da sétima série já foi pressionada para experimentar maconha e, no final do ensino médio, mais da metade dos que foram pressionados cede.[11] De acordo com muitos adolescentes: "É legal ficar bêbado". A pressão dos amigos em ambiente regado a muita bebida é fatal para quase todos os estudantes. Beber numa festa pode até se tornar uma marca de prestígio e respeito. É comum ouvir de um adolescente elogio a um colega de classe : "O Beto é demais! Continua de pé depois da quinta dose. Ele agüenta todas mesmo". Normalmente, numa festa que dura duas semanas, quarenta por cento dos formandos do ensino médio participam de farra em que bebem cinco ou mais drinques em seguida.

Fatores familiares

Há diversos estudos publicados que apontam o relacionamento entre pais e filhos como o principal fator para o uso de drogas na adolescência. Os pais que consomem bebidas alcoólicas, cigarro e drogas prescritas por médico (especialmente anfetaminas, barbitúricos e tranqüilizantes) têm mais chances que os filhos usem drogas.[12] A Children of Alcoholics Foundation afirma que os filhos de pais alcoólatras têm quatro vezes mais chances de desenvolver o alcoolismo que filhos de pais não-alcoólatras. Atualmente, existem 28,6 milhões de filhos de alcoólatras nos Estados Unidos; 6,6 milhões deles têm menos de dezoito anos.[13] Como você pode imaginar, a cordialidade e o controle positivo dos pais são fatores diretamente ligados ao não-uso de drogas.

Hereditariedade

A predisposição hereditária ao vício pode ser um fator de consumo. As pesquisas não foram concluídas, portanto não há elementos definitivos nessa área, mas, num estudo feito com crianças adotivas cujos pais biológicos eram alcoólatras, os pesquisadores descobriram que elas têm mais probabilidade de se tornar alcoólatras, quer os pais adotivos te-

[11]L. Johnston, P. O'Malley & J. Bauchman, *Highlights from drugs and American high school students, 1975-1983*, Rockville: Institute on Drug Abuse, 1984.

[12]M. A. Sheppard, Peer or parents: who has the most influence on cannabis use?, *Journal of Drug Education* 17, 1987, p. 123-8.

[13]Johnston, *It's killing our kids.*

nham, quer não o hábito de beber. No entanto, vale notar que mais de um terço dos alcoólatras não tem histórico familiar de alcoolismo.[14]

Fatores da personalidade

As pesquisas demonstraram que determinado tipo de adolescente é mais vulnerável ao consumo de drogas. É o indivíduo que normalmente tem baixa auto-estima, poucas expectativas de realização pessoal, é impulsivo, extremamente aventureiro e independente e quer fazer parte de um grupo social. O adolescente com pouca estrutura interna costuma ser mais vulnerável. As drogas, para ele, tornam mais suportáveis os sentimentos indesejados.

Além desses critérios gerais, as técnicas descritas a seguir são bastante úteis para tratar o adolescente que consome drogas e álcool.

COMO OS PAIS PODEM AJUDAR

As estratégias citadas a seguir para ajudar os adolescentes com o conflito do consumo de drogas e álcool podem ser usadas com eficiência pelos pais. Entretanto, como a relação entre pai e filho é única, algumas serão mais pertinentes para a sua situação do que outras. Como em todo grande conflito da adolescência, o melhor é que os pais trabalhem sob orientação de um terapeuta competente. Pensando nisso, as estratégias descritas nesta obra visam a facilitar o processo de ajuda dentro de casa com o adolescente.

Conhecer a linguagem

A comunicação entre os pais ou o terapeuta e o adolescente mergulhado no mundo das drogas pode ser muito difícil caso a terminologia não seja esclarecida. Vejamos os termos mais comuns relacionados às drogas que possuem significado específico:

Viagem refere-se às emoções, pensamentos e percepções que o indivíduo experimenta sob a influência de um alucinógeno. Uma *bad trip* é uma viagem que acaba em pânico e terror.

Fumo, erva, bagulho, baseado, preto, beck, arnaldo, mato, marola, brau são termos usados para designar a maconha. *Bagana* é o resto de um cigarro de maconha.

[14]D. W. Goodwin, Alcoholism and heredity: a review and hypothesis, *Archives of General Psychiatry* 36, 1979, p. 57-61.

Bola ou *bolinha* é um comprimido com componentes que causam o mesmo efeito das drogas, como a anfetamina, por exemplo. *Pedra* refere-se ao *crak*.

Alucinado ou *maluco* designa o estado de desorientação e confusão resultante do uso de alucinógenos ou anfetaminas.

Pico refere-se a drogas injetáveis sob a pele. *Tomar nos canos* é injetar a droga, em geral cocaína ou herína dilúido em agua, diretamente na veia.

Bode ou *bodeado* é quando o efeito da droga passa. *Larica* é a fome resultante do uso da maconha.

Trouxa ou *trouxinha* refere-se a uma quantidade de maconha em um saco plástico. *Uma cara* ou *uma carinha* significa uma pequena porção de droga e *quina* são cinco cigarros de maconha.

Chapado, ligado, doidão, alucinado, muito louco, trincado, travado, lombrado, viajando são palavras que significam estar sob efeito de drogas.

Essa são apenas algumas expressões que os adolescentes consumidores de drogas costumam usar. Em *Not my kid* [*Meu filho, não*], Beth Polson e Miller Newton fornecem um glossário maior de gírias com termos e expressões relacionados às drogas. Porém, o terapeuta não precisa aprender a nova linguagem. Deve ser franco e pedir esclarecimento sobre qualquer termo usado pelo jovem que ele não entenda. A maioria dos adolescentes gosta de ensinar o terapeuta.

Buscar o apoio na igreja

As pesquisas mostram claramente que a desaprovação dos pais quanto ao consumo de drogas e álcool funciona como controle direto contra o uso de substâncias pelo adolescente. Em outras palavras, a desaprovação dos pais logo cedo se torna um controle interiorizado na vida do jovem e é um dos maiores impedimentos para esse comportamento negativo.[15] As pesquisas também mostram que muitas igrejas são como a extensão da família para o adolescente e podem desempenhar o papel dos pais de proteger a criança de influências negativas. A implicação dessas descobertas ressalta a importância de criar grupos e atividades

[15] L. Fritzlan, Raising the bottom: setting limits for teenage substance abusers, *Networker*, julho/ agosto, 1999, p. 61-70.

para jovens que proporcionem ao adolescente o sentimento de aceitação, propósito e *status*. Além de promover crenças e valores opostos ao uso de substâncias químicas, as atividades da igreja fornecem alternativas ao uso de drogas e álcool.[16]

Preparar para a continuidade do tratamento

A probabilidade de recaída deve ser analisada. O progresso e a mudança nem sempre acontecem conforme o esperado. Para o adolescente que larga o vício das drogas, os dias estão cheios de obstáculos e riscos de recaída. Para garantir a sua segurança e evitar esses perigos, é necessário planejar com antecedência. Joseph White recomenda três medidas.[17]

1. O plano deve primeiro incorporar a manutenção de um sistema de apoio. O adolescente precisa ter amigos que o encorajem e reforcem a vida sem drogas. Organizações do tipo AA, centros para a juventude, serviços por telefone e programas de abuso de drogas, em geral, encaminham esses adolescentes para grupos de apoio de longo prazo.
2. O plano também deve reconhecer os sinais de alerta para a recaída, entre outros: ser desonesto consigo mesmo, justificar ou explicar a volta para o uso das drogas sem vício, entrar em contato com antigos amigos usuários de drogas, alimentar a expectativa de que a vida seja perfeita e sentir raiva ou depressão quando percebe que não é, dizer que os outros não precisam se preocupar mais com o fato dele voltar a usar drogas;
3. Finalmente, o plano deve incorporar o relacionamento com uma pessoa-chave, que costuma ser o psicólogo ou terapeuta que mantém o jovem sob consulta. Deve haver um convite aberto para que o jovem apareça periodicamente para conversar sobre as dificuldades no processo de amadurecimento. O convite não deve ser feito de qualquer jeito. Deve conter datas específicas e a promessa de estar acessível em casos de emergência.

[16]M. W. Brand, C. H. Mindel & D. K. Lewis, Alcohol and drug use among religious adolescents, *Marriage and Family: A Christian Journal* 8 (1999): 77-91.

[17]White, *The troubled adolescent*.

COMO OS PROFISSIONAIS PODEM AJUDAR

As estratégias de ajuda para adolescentes com o conflito do uso de drogas e álcool descritas a seguir são normalmente usadas pelos terapeutas. Elas são apresentadas aqui para fornecer informações aos pais, e ajudá-los a encontrar a melhor ajuda profissional possível para o adolescente sob seus cuidados.

Considerar a questão do sigilo profissional e da segurança

O terapeuta deve assegurar ao adolescente que o tratamento é um assunto particular, mantido no mais absoluto segredo. Mas também deve informar os limites desse sigilo. O adolescente deve saber que o sigilo será quebrado se o terapeuta considerar que as drogas são perigosas à saúde ou se a venda de drogas for potencialmente perigosa para outros jovens. O terapeuta deve explicar claramente que fará todo o possível para interromper essas atividades destrutivas. Não é admissível estabelecer um pacto terapêutico razoável quando o terapeuta permite um comportamento claramente autodestrutivo.

Considerar a internação para tratamento

O uso de drogas e o vício são problemas sérios que podem requerer um tratamento intensivo, realizado em ambiente hospitalar por uma equipe de profissionais treinados. Os programas empregados em clínicas, em geral, duram de seis a oito semanas com vários meses de acompanhamento.

A internação deve ser considerada nos seguintes casos:

1. o adolescente tentou sozinho, várias vezes, sem sucesso, parar de usar drogas;
2. os programas de tratamento experimentados não tiveram êxito;
3. ocorreu uma *overdose* ou a possibilidade de ocorrer é muito grande. Por exemplo, costuma misturar drogas e álcool;
4. os cuidados médicos são necessários para controlar os fortes sintomas durante a abstinência;
5. estão vindo à mente pensamentos suicidas, *bad trips* e *flashbacks**;

*Volta da sensação da viagem sem fazer uso da droga, nesse caso, o LSD. (N. do E.)

6. o comportamento do adolescente está fora de controle. Ele mata aula, vai mal na escola, rouba para comprar drogas ou nega quando confrontado com provas do uso de drogas;
7. os membros da família estão emocionalmente esgotados com a montanha-russa de mudanças de humor, problemas sociais e discussões provocadas pelo uso das drogas.[18]

Um terapeuta competente, grupos de ajuda ou serviços de saúde pública são instrumentos imediatos para conhecer uma clínica de internação. Procure orientação num pronto atendimento de hospital público, caso não tenha condições de pagar.

Usar programas psicopedagógicos

A abordagem psicopedagógica tem por objetivo esclarecer valores; desenvolver aptidões como comunicação, resistência e solução de problemas; estabelecer metas e uma noção de direção; aumentar a consciência de sinais que estimulam o uso de drogas; criar sistemas de apoio e explorar maneiras de sentir-se bem sem estar drogado. Nesses programas, o jovem tem a oportunidade de se comprometer publicamente a não usar drogas e de ouvir o testemunho de outros que lutam para resistir à pressão dos amigos e aos seus próprios desejos. O sucesso deles também é reforçado e elogiado. Muitos programas como esses incorporam os famosos "doze passos" do maior e mais conhecido grupo de auto-ajuda do mundo: os Alcoólicos Anônimos. Atualmente, eles têm trinta mil unidades e mais de um milhão de membros.

Os doze passos, que são os princípios da filosofia "só por hoje" dos AA, foram adaptados para o público adolescente pelos autores de *Young winners' way: a twelve step guide for teenagers* [*O caminho dos vencedores: um guia com doze passos para adolescentes*]:[19]

1. Reconhcemos que éramos impotentes perante o álcool (ou outras drogas) e perdemos o controle de nossa vida.
2. Acreditamos que um Poder Superior a nós pode nos devolver a sanidade.

[18] J. L. White, *The troubled adolescent*, New York: Pergamon, 1989.
[19] D. D. Nelson & J. T. Nolan, Minneapolis: Comp Care Publications, 1983.

3. Decidimos entregar a nossa vontade e a nossa vida aos cuidados de Deus, como o concebemos.
4. Fizemos um minucioso e destemido inventário moral de nós mesmos.
5. Confessamos a Deus, a nós mesmos e a outro ser humano a natureza exata de nossos defeitos.
6. Estamos inteiramente prontos para que Deus remova todos esses defeitos de caráter.
7. Humildemente, pedimos a ele que faça desaparecer as nossas fraquezas.
8. Fizemos uma relação de todas as pessoas a quem prejudicamos e estamos dispostos a reparar o que fizemos a todas elas.
9. Retratamo-nos diretamente com essas pessoas, sempre que possível, a não ser que isso possa prejudicar a elas ou a outras pessoas.
10. Continuamos a fazer o inventário pessoal e, quando estamos errados, reconhecemos o erro prontamente.
11. Procuramos, com oração e meditação, melhorar o nosso contato consciente com Deus, como nós o concebemos, rogando apenas para que conheçamos a sua vontade em relação a nós e que tenhamos força para realizá-la.
12. Com o despertar espiritual alcançado por meio destes passos, procuramos levar esta mensagem a outras pessoas e praticar estes princípios em todas as nossas atividades.

Explorar distorções cognitivas

A auto-sugestão distorcida do adolescente em relação ao uso da droga é tão automática e sutil que ele não tem consciência de seus efeitos. Assim que for reproduzida e esclarecida para o jovem em conflito, ele voltará à realidade. Antigas crenças sobre a necessidade de usar drogas para criar animação e aventura, sentir-se bem e suprimir sentimentos desagradáveis podem ser substituídas por outras auto-sugestões e crenças que eliminem a necessidade da droga como estilo de vida. Vejamos as três distorções mais comuns que os usuários de drogas fazem:

1. *Abstração seletiva.* Essa visão restrita fica evidente em auto-sugestões do tipo: “Só consigo me divertir quando fico alto”;

2. *Generalização exagerada.* Exemplo: "Uma vez, parei de beber por dois dias, por isso sei que posso parar a qualquer hora" ou "Não tinha nenhum amigo antes de começar a beber".

3. *Pensamento supersticioso.* Em geral, é uma desculpa para evitar a ansiedade. Por exemplo, ele pode usar drogas antes de fazer uma prova porque: "Quando tomo esse negócio, ganho poderes que jamais sonhei que teria" e "Fico muito mais criativo quando fumo um baseado".[20]

Ensinar a controlar o estresse

Muitos adolescentes voltam-se para as drogas como forma de fugir do estresse. A terapia pode ensinar maneiras melhores de lidar com as pressões da vida. O estresse em geral pode ser discutido, contudo as técnicas de redução real do estresse podem ser ensinadas e praticadas. Consulte as seções sobre ansiedade e ataque de pânico para obter descrições de uma variedade de técnicas de controle do estresse. A espiritualidade do adolescente, evidentemente, está relacionada a esse aspecto do tratamento. Dependendo da maturidade do jovem na fé, ela pode ser utilizada como base excelente para a recuperação (v. cap. sobre dúvida espiritual).[21]

Saber quando encaminhar

O terapeuta encaminha o adolescente com o conflito da dependência de substâncias químicas para médicos perspicazes em psicologia ou psiquiatras, quando o indivíduo tem um longo histórico de uso de álcool ou drogas. Em geral, esses profissionais pedem um exame médico minucioso logo no início do tratamento. O usuário de drogas freqüente ou intenso pode apresentar efeitos colaterais físicos ou carências nutricionais causadas por maus hábitos alimentares e pela falta de exercícios físicos.

Em casos extremos, o jovem pode precisar de um ambiente longe de álcool e drogas e uma estrutura externa, como a internação para desintoxicação. Isso deve ser feito imediatamente caso represente perigo para

[20]G. W. Rowatt, *Pastoral care with adolescents in crisis*, Louisville: Westminster/ John Knox, 1989.

[21]A. E. Hackerman & P. King, Adolescent spirituality: a foundation for recovery from drug dependency, *Alcoholism Treatment Quarterly* 16, 1998, p. 89-99.

o próprio jovem (ter problemas físicos ou sofrer acidentes) ou para os outros (cause acidentes).

O encaminhamento para os Alcoólicos Anônimos ou outros grupos semelhantes também é uma medida necessária para ajudar o adolescente com o problema do vício. Esses grupos fornecem o amparo e as opções construtivas necessários para lidar com padrões de comportamento anormais.

Onde mais buscar ajuda

ARTERBURN, S. & J. BURNS, *Drug-proof your kids*, Ventura: Regal Books, 1995.

CLANCY, J., *Anger and relapse:* breaking the cycle, Madison: Psycho-social Press, 1997.

JOHSTON, J., *It's killing our kids:* the growing epidemic of teenage alcohol abuse and addiction, Waco: Word, 1991.

McGEE, R. S., P. SPRINGLE & S. JOINER, *Overcoming chemical dependency*, Dallas: Word, 1991.

NELSON, D. D. & J. T. NOLAN, *Young winners' way:* a twelve step guide for teenagers, Minneapolis: Comp Care Publications, 1983.

POLSON, B. & N. MILLER, *Not my kid:* a parent's guide to kids and drugs, New York: Avon, 1983.

SCHUCKIT, M. A. & D. L. SCHUCKIT, *Educating yourself about alcohol and drugs:* a people's primer, New York: Plenum Press, 1998.

SOMDAHL, G. L., *Drugs and kids*, Salem: Ore., Dimi Press, 1996.

STRACK, J., *Drugs and drinking:* what every teenager and parent should know, Nashville: Nelson, 1985.

As organizações a seguir também podem ser úteis para obter informações sobre adolescentes com o conflito do uso de substâncias químicas:

Alcoólicos Anônimos
Av. Senador Queirós, 101, 2.º Andar, cj. 205
Caixa Postal 3180 — CEP 01060-970
São Paulo, SP, Brasil
Telefone: (11) 229-3611

Alateen e Al-Anon
BRASIL
ESGA — Tel. (11) 2222099 — Fax (11)2208799

2.ª a 6.ª, das 9h às 18h
Escritório de Serviços Gerais Al-Anon
São Paulo, SP, Caixa Postal 2034, CEP 01060-970

Orientação bíblica para o adolescente em conflito

- Provérbios 4.25-27
- Mateus 26.41
- Romanos 13.14
- 1Coríntios 10.13
- Efésios 5.18
- Tiago 1.13-15

Dúvida espiritual

CARACTERÍSTICAS DO CONFLITO

A busca de identidade do adolescente não pode evitar as questões de fé. Da mesma forma que experimenta novos estilos de roupa, o adolescente questiona a religião e busca uma fé que lhe pareça boa. Conseqüentemente, ele pode acusar a igreja de ser composta por um bando de hipócritas e rejeitar totalmente os valores espirituais da família. Por outro lado, pode tornar-se cada vez mais comprometido e envolvido com sua fé. Seja qual for o caso, o adolescente está tentando encontrar a sua própria expressão de fé, o que, não raro, cria o conflito da dúvida espiritual.[1]

A dúvida espiritual é caracterizada pela ausência tanto de concordância quanto de discordância com uma proposição religiosa. Não é o mesmo que descrença, que é a convicção de que determinada coisa é falsa. Psicologicamente, a dúvida é quase sempre acompanhada de ansiedade ou depressão. Para alguns, pode se tornar obsessiva e particularmente perturbadora.[2]

As concicções religiosas mudam quando a criança entra na adolescência. Por exemplo, é menos provável que o adolescente acredite, como a criança acredita, na tradução literal da Bíblia. A criança diz que acredita em Deus porque seus pais disseram que ele existe. O adolescente, por sua

[1]D. M. Pedersen, Validating a centrality model of self-identity, *Social Behavior and Personality* 27, 1999, p. 73-85.

[2]J. R. Beck, Doubt, em *Baker encyclopedia of psychology*, org. D. G. Benner, Grand Rapids: Baker, 1985.

vez, conta mais com o raciocínio que com os preceitos dos pais. Acredita em Deus, por exemplo, porque o universo funciona em perfeita harmonia.[3]

Entre os estudos mais profundos de como a fé muda à medida que o indivíduo vai amadurecendo, encontra-se o trabalho de James Fowler. Em sua pesquisa, Fowler delineou seis estágios do desenvolvimento da fé.[4] Três deles tratam da fé do adolescente e as questões da dúvida espiritual.

- *Estágio 2: fé mítico-literal.* É a partir desse nível que o adolescente começa sua jornada de fé. Operando no nível concreto da pré-adolescência, entende a religião de acordo com sua capacidade cognitiva. O indivíduo nesse estágio entende as histórias e os hinos religiosos de forma literal e concreta. Imagina Deus como uma forma humana em algum lugar no céu. Aceita sua herança religiosa simplesmente, sem nenhum questionamento.
- *Estágio 3: fé sintético-convencional.* No início da adolescência, com maior capacidade de raciocinar abstratamente (i.e., realizar operações formais), a principal tarefa do adolescente é comparar sua própria visão religiosa com as visões incompatíveis dos outros. Pode conceber Deus como um conselheiro e guia pessoal, mas de forma menos personalizada que anteriormente.
- *Estágio 4: fé individual-reflexiva.* Nem todo adolescente alcança esse estágio de desenvolvimento da fé. Contudo, os que conseguem fazem auto-análise crítica e exame de suas convicções e valores religiosos. O questionamento leva a convicções religiosas próprias. Concebe Deus de maneira mais abstrata, não como um conselheiro pessoal, e sim como um espírito que incorpora as verdades morais e a presença pessoal.

As sementes da dúvida são normalmente plantadas no Estágio 3 do modelo de Fowler, mas é no início do Estágio 4 que o conflito da dúvida apresenta sinais visíveis de crescimento e maturidade. A maturidade

[3]P. Benson, M. Donahue & J. Erickson, Adolescence and religion: review of the literature from 1970-1986, *Research in the Social Scientific Study of Religion* 1, 1989, p. 153-81.

[4]*Stages of faith*, New York: Harper & Row, 1981.

espiritual se dá quando o indivíduo interioriza seus valores e crenças numa fé integrada pela qual irá conviver.[5]

DESCRIÇÃO DE CASO

Russ, dezesete anos, aluno colegial sério e bem falante, cresceu na igreja. Seus pais eram leigos dedicados e ativos na vida da igreja local. Russ, não se lembrava da última vez que perdeu um culto da igreja. Gostava do grupo da juventude da igreja e era um líder respeitado. Secretamente, porém, Russ travava uma batalha espiritual. Questionava tudo, da Bíblia à existência de Deus. Suas orações se reduziram a uma única frase: "Por quê?". Sua maior dúvida era se havia-se tornado cristão somente porque crescera num lar cristão. Tinha receio de que sua fé tivesse motivações egoístas.

CAUSAS DO CONFLITO

As causas da dúvida espiritual não são facilmente identificadas. Todavia, há alguns fatores que podem contribuir para ela.

A natureza do crescimento

O desenvolvimento espiritual não segue uma linha reta até atingir o auge da maturidade. O sentimento de solidão faz parte da existência humana, até na jornada espiritual. O jovem pode sentir um ímpeto emocional durante dias, semanas e até meses quando assume um novo compromisso espiritual, mas, depois de certo tempo, essa energia se dissipa e surgem perguntas que podem causar dúvida. Esse processo é natural. Faz parte do crescimento espiritual. Alguns teólogos enxergam a dúvida como um auxiliar dinâmico da fé, não necessariamente algo que se opõe a ela. Não se alcança uma fé consistente evitando perguntas, mas lidando com a dúvida. Se não existem montanhas sem vales, existirá fé sem dúvida ou resposta sem pergunta?

Novas percepções perturbadoras

O psicólogo suíço Jean Piaget dizia que os indivíduos processam as novas informações de duas maneiras: por *assimilação* e por *acomodação*.

[5]D. Webster, Fostering the spiritual dimension of education in young children, *Early Child Development and Care* 146, 1998, p. 13-20.

Assimilação é o processo pelo qual o indivíduo procura unir a nova informação às convicções já existentes. A nova experiência pode adaptar-se facilmente ou exigir um pequeno ajuste. Acomodação, por sua vez, é o processo necessário quando as novas experiências forçam os limites confortáveis do indivíduo quando elas não combinam com suas concepções atuais e vão além da estrutura de seu pensamento. Uma informação completamente nova sobre Deus é um exemplo disso. Formas novas e radicais de pensar nas questões espirituais podem suscitar uma dúvida perturbadora no adolescente.

Falta de exemplos

O adolescente precisa de modelos de espiritualidade vibrante em que possa confiar e respeitar. Necessita ver a fé praticada por colegas e também por adultos. Exemplos negativos em posição de autoridade espiritual só pioram o conflito. Se não tiver uma comunidade formativa de amigos com a qual compartilhar uma fé comum, o jovem terá dificuldade de desenvolver um compromisso religioso e, portanto, enfrentará a dúvida espiritual.[6] A maioria dos sociólogos acredita que a fé se mantém viva por um sistema de apoio humano bem como divino. É difícil continuar acreditando, por exemplo que a terra é plana, se não se está rodeado por pessoas que o apóiem e também acreditem que a terra é plana.

Idealismo

Como o adolescente é muito idealista, pode facilmente sofrer desilusões e decepções com a igreja. Nenhuma igreja é capaz de suprir adequadamente os ideais de todas as pessoas. O jovem é propenso a ficar decepcionado com os pais espiritualmente comprometidos e a igreja e até a criticá-los. A dificuldade de lidar com as próprias tentações aumenta ainda mais a sua desilusão. Pode começar a pensar que a vida cristã é um ideal impossível. Esse pensamento, é claro, leva-o a se confrontar com a dúvida.

Experiências desagradáveis na igreja

O adolescente é mais emotivo que cognitivo. Lembra-se mais facilmente de sentimentos que de fatos. No que diz respeito à igreja, sabe exata-

[6]W. Rice, *Junior high ministry*, rev. ed., Grand Rapids: Zondervan, 1987.

mente como se sentiu no culto do último domingo, ainda que não se lembre do que foi dito e pregado. A sensação desagradável na igreja é mais importante que o conteúdo do sermão para determinar se o jovem terá interesse pelo ambiente religioso. Se não tiver sentimentos positivos em relação a sua igreja, o adolescente poderá experimentar a dúvida espiritual.[7]

COMO OS PAIS PODEM AJUDAR

As estratégias citadas a seguir destinam-se a ajudar os adolescentes com o conflito da dúvida espiritual e podem ser usadas com eficiência pelos pais. Entretanto, como a relação entre pai e filho é única, algumas serão mais pertinentes a sua situação do que outras. Como em todo grande conflito da adolescência, o melhor é que os pais trabalhem sob orientação de um terapeuta competente. Pensando nisso, as estratégias expostas aqui visam a facilitar o processo de ajuda dentro de casa com o adolescente.

Examinar o seu próprio crescimento espiritual

É crucial para quem lida com um adolescente em conflito com a dúvida (inclusive os pais) saber como está a sua própria satisfação espiritual. A sua fé pessoal é viva e vigorosa? Você está vivendo o estágio sintético-convencional da fé descrito por Fowler do mesmo modo que o adolescente com quem você está lidando? Está enfrentando algum conflito espiritual não resolvido que possa afetar negativamente o seu relacionamento com o adolescente? Pode ser de grande ajuda para ele ter em você um modelo no modo de lidar com os conflitos espirituais, porém, se as suas deficiências espirituais forem muito grandes e difíceis de explicar, provavelmente será melhor encaminhá-lo a um terapeuta espiritualmente sensível.

Reafirmar a busca sincera

Algumas pessoas se sentem constrangidas, ou até ressentidas, com um adolescente com dúvidas. Perderam de vista o fato de que a fé amadurece por causa, e não apesar, da dúvida. Esqueceram-se de que, se as perguntas sérias não forem feitas, a riqueza e o conteúdo de uma resposta

[7]R. Campbell, *How to really love your teenager*, Wheaton: Victor, 1985.

adequada não serão aproveitados. A atitude mais destrutiva que os terapeutas e pais podem ter para com um adolescente que está passando por um período de incerteza sincera é tentar silenciar-lhes as dúvidas e estimular repressão. "As dúvidas reprimidas", de acordo com John Powell, "têm grande probabilidade de ressurgir, mas as que se aprofudam só favorecem o crescimento de novas raízes".[8]

Embora a Bíblia advirta fortemente contra a incredulidade, não existe nenhum texto que proíba a indagação de questões críticas. A dúvida e a crença são compatíveis. Por mais estranho que possa parecer, a dúvida não é um perigo para a fé. Ela pode ser o catalisador necessário que levará a fé em desenvolvimento à maturidade. Frederick Buechner faz uma ótima analogia: "A dúvida é a formiga nos fundilhos das calças da fé".[9] Seja simpático com o adolescente sincero que confessa a dúvida. A aceitação de suas dúvidas como tema digno de discussão lhe servirá de base para reconstruir a fé com mais consistência.

Evitar respostas prontas

O adolescente em dúvida costuma fazer dezenas de perguntas. É como se suas dúvidas fossem desaparecer se tão-somente encontrasse respostas a suas indagações. Não se deixe enganar. Quem pergunta não espera nem necessariamente quer uma resposta. Não responda às perguntas prematuramente nem indique livros que façam o trabalho por você. O adolescente em dúvida, quase sempre está mais preocupado em ter um relacionamento com Deus que em encontrar respostas sobre Deus.

Concentrar-se nos relacionamentos

A formação da identidade do adolescente acontece por meio dos relacionamentos. O mesmo vale para o desenvolvimento da fé. Criar ambiente acolhedor é um dos segredos do sucesso das organizações da juventude como a Young Life, Youth for Christ e Fellowship of Christian Athletes. Os exemplos de vida de fé aumentam a oportunidade do jovem acrescentar uma fé mais firme a sua identidade. Para ajudar o adolescente na luta contra a dúvida espiritual, incentive-o a entrar num grupo de jovens que defenda os bons princípios da fé.

[8] *A reason to live, a reason to die*, Allen: Argus Communications, 1972.
[9] *Wishful thinking*, San Francisco: Harper & Row, 1973.

Se o jovem faz parte de uma comunidade religiosa que não atenda a suas necessidades de relacionamento com colegas da mesma idade e de exemplos de adultos, deve procurar isso em outra comunidade. A ênfase nos relacionamentos é crucial para ajudá-lo a definir a sua relação com Deus. O adolescente com dúvida espiritual não está buscando explicações. Anseia por um relacionamento.

Levar em conta o contexto da igreja

A comunidade religiosa do adolescente deve ser levada em consideração e compreendida. Pesquisas identificaram vários elementos essenciais para o desenvolvimento de uma fé saudável no adolescente.[10] Para garantir compromisso espiritual, a igreja deve dedicar-se e atender às seguintes necessidades:

1. *Segurança na liberdade.* A igreja deve proporcionar oportunidades para o jovem testar valores num ambiente de respeito. Deve evitar exigir simplesmente obediência à autoridade.
2. *Importância* e *status.* A igreja deve proporcionar oportunidades para o jovem conquistar o respeito atribuindo-lhe uma atividade de responsabilidade.
3. *Idealismo e altruísmo.* A igreja deve aceitar o idealismo do jovem e ajudá-lo a desenvolver atitudes e comportamentos altruístas por meio de serviços prestados.
4. *Amor.* A igreja deve falar de todos os aspectos do amor, até do sexual, de forma aberta e encorajadora.
5. *Significado da vida.* A igreja deve ajudar o adolescente em discussões acerca da busca de sentido, mesmo nas questões da fé.

Se ficar evidente que o adolescente está em conflito com a fé devido à ausência na igreja de algum desses elementos, explore alternativas.

Examinar a teologia imprecisa

Ouça com atenção os comentários do jovem. Preste atenção no que ele fala sobre suas crenças em relação a Deus. Keith Olson ressalta que o

[10]R. GOLDMAN, *Readiness for religion*, London: Routledge Kegan Paul, 1965.

adolescente perturbado com as questões da fé, não raro agarra-se em conceitos sobre Deus totalmente incorretos.[11] Os pais e terapeutas devem descobrir e ajudar a corrigir essas crenças. Em geral, as crenças mais imprecisas são: "Deus nunca permitirá que uma tragédia aconteça a um crente fiel", "Deus nos castiga causando acidentes", "Deus não aceitará nada que não seja perfeito". Ajude o adolescente a evitar a teologia imprecisa que pode fazer que ele coloque Deus numa caixa.[12] Terapeutas e pais cristãos devem corrigir as informações erradas com compreensão, delicadeza e compaixão.

Saber quando encaminhar

Encaminhe o adolescente com o conflito da dúvida espiritual para um terapeuta ou psicólogo competente se, com o tempo, ele se sentir mais frustrado, deprimido ou desesperado. Também deve encaminhá-lo se perceber que você não se sente à vontade com as dúvidas dele ou mesmo se o condenar, ainda que sutilmente, por sua busca sincera.

COMO OS PROFISSIONAIS PODEM AJUDAR

As estratégias de ajuda para adolescentes com o conflito da dúvida espiritual descritas a seguir são normalmente usadas pelos terapeutas. São aqui apresentadas para fornecer informações aos pais e ajudá-los a encontrar a melhor ajuda profissional possível para o adolescente sob seus cuidados.

Confrontar o raciocínio ilógico

A maioria dos adolescentes com o conflito da dúvida espiritual também são atormentados pela culpa. O terapeuta deve estar atento a esses sentimentos para ajudá-lo a combater as idéias infundadas de "deveres" "obrigações". Quais as expectativas irreais sobre seu desenvolvimento espiritual? Talvez o jovem acredite que não deve questionar a Bíblia ou mesmo o pastor. Ou pense que não deve permitir que seus pensamentos divaguem durante a oração. Esse tipo de distorção e de expectativa irreal não costuma ser verbalizado. O terapeuta precisa estar alerta ao que o paciente diz

[11] *Counseling teenagers:* the complete Christian guide to understanding and helping adolescents, Loveland: Group Books, 1984.

[12] J. B. Phillips, *Seu Deus é pequeno demais*, 3. ed., São Paulo: Mundo Cristão, 1989.

para detectá-la. Para obter mais sugestões sobre como lidar com essa característica, veja a seção sobre a culpa.

Onde mais buscar ajuda

BARNA, G., *Generation next:* what you need to know about today's youth, Ventura: Regal Books, 1995.

FOWLER, J., *Stages of faith*, New York: Harper & Row, 1981.

GILLESPIE, V. B., *The dynamics of religious conversion:* identity and transformation, Birmingham: Religious Education Press, 1991.

GUINESS, O., *In two minds:* the dilemma of doubt and how to resolve it, Downers Grove: InterVarsity Press, 1976.

NAPPA, M., A. NAPPA & M. D. WARDEN, *Get real:* making core Christian beliefs relevant to teenagers, Loveland: Group Publishers, 1996.

PARKS, S., *The critical years:* the young adult search for a faith to live by, San Francisco: Harper & Row, 1986.

SHELTON, C., *Adolescent spirituality*, New York: Cross Road, 1989.

STEELE, L., *On the way:* a practical theology of christian formation, Grand Rapids: Baker, 1990.

Orientação bíblica para o adolescente em conflito

- Salmos 53.1
- João 3.36; 5.39,40; 20.27
- 2Timóteo 2.13
- 1João 2.28

Esquizofrenia

CARACTERÍSTICAS DO CONFLITO

Um paciente meu contou-me esta piada: "A diferença entre o esquizofrênico e o neurótico é que o neurótico sabe que 1 + 1 = 2, mas não tolera dizer isso. O esquizofrênico acha que 1 + 1 = 11 e adora dizer isso!".

Já se contou muita anedota a propósito desse problema, porém a esquizofrenia não é motivo de graça. Trata-se de um conjunto perturbador de distúrbios caracterizados pela perda do contato com a realidade. Em determinado ponto da doença, algumas características se tornam proeminentes: alucinações, delírio, descuido com a higiene pessoal, falta de adequação à realidade ou raciocínio marcadamente confuso. A personalidade esquizofrênica torna-se seriamente desorganizada e, não raro, requer intervenção e tratamento sérios numa clínica de internação nas fases mais ativas da doença.

Muitos consideram a esquizofrenia o principal problema de saúde mental dos Estados Unidos. Pelo menos, uma em cada cem pessoas corre o risco de sofrer uma crise de esquizofrenia na vida. Todo ano surgem mais cem mil novos casos. A esquizofrenia requer mais leitos hospitalares que qualquer outra condição médica ou psiquiátrica, e mais leitos hospitalares que câncer, doença cardíaca, artrite e diabetes juntos.[1] O tratamento e a reabilitação das pessoas que sofrem de esquizofrenia estão

[1] D. C. Kimmel & I. B. Weiner, *Adolescence:* developmental transition, Hillsdale: Lawrence Erlbaum Associates, 1985.

atualmente estimados em mais de vinte bilhões de dólares por ano. A esquizofrenia pode impedir o indivíduo de completar o último estágio da adolescência e arruinar um futuro promissor. É um problema social e pessoal desencorajador que clama por solução.

A esquizofrenia em adolescentes é uma preocupação desde o início do século XX. Antigamente, era chamada de demência precoce. Em 1911, o famoso psiquiatra suíço que cunhou o termo *esquizofrenia*, Eugene Bleuler, escreveu: "O período da adolescência parece oferecer uma predisposição especial para a doença".[2] Pesquisas e observações clínicas confirmaram mais tarde que a maioria das formas do distúrbio esquizofrênico costuma aparecer durante a dolescência ou logo depois dela.[3] Na verdade, trata-se do diagnóstico mais comum em adolescentes nos hospitais psiquiátricos.

Os critérios do *Manual diagnóstico e estatístico de transtornos mentais* (DSM-IV) para a esquizofrenia[4]

A. Pelo menos um dos seguintes sintomas:

1. Pensamentos estranhos e delírios: pensamentos gritantemente falsos, como por exemplo, o indivíduo achar que seu cérebro está sendo controlado por uma rede de televisão ou que outros estão transmitindo os pensamentos deles.
2. Delírios grandiosos, religiosos, niilistas ou persecutórios.
3. Alucinações marcantes como vozes conversando entre elas ou uma voz que fica fazendo comentários sobre os pensamentos e comportamentos do indivíduo.
4. Alucinações marcantes em algumas ocasiões, sendo que o conteúdo das palavras não tem nenhuma relação visível com depressão ou excitação.
5. Pensamento incoerente, visível perda da capacidade de associação, raciocínio ilógico ou falta visível de conteúdo do discurso quando associado a pelo menos uma das características a seguir:

   a. afeto embotado, apático ou impróprio,
   b. delírios ou alucinações,
   c. comportamento catatônico ou outro comportamento extremamente incongruente.

[2]*Dementia praecox or the group of schizophrenias*, tr. J. Zinkin, 1911, reprint, New York: International Universities Press, 1950.

[3]A. Arieti, *Interpretation of schizophrenia*, 2d ed., New York: Basic Books, 1974.

[4]Adaptado de *Manual diagnóstico e estatístico de transtornos mentais*, Porto Alegre: Artes Médicas, 1995.

> B. Deterioração de desempenho em áreas como escola, trabalho, relações sociais, higiene pessoal ou incapacidade de atingir o nível esperado de desenvolvimento.
>
> C. Duração: sinais contínuos do distúrbio por pelo menos seis meses em algum momento da vida do indivíduo, com alguns sinais no presente.
>
> D. Nas primeiras fases e nas fases residuais, presença de pelo menos duas das seguintes características, quando não há transtorno de ânimo ou abuso de drogas: retraimento social, discurso digressivo vago, raciocínio ilógico e perda da capacidade de associação, comportamento estranho, comportamento extremamente incongruente ou afeto embotado, apático ou impróprio.

O *Manual diagnóstico e estatístico de transtornos mentais* — DSM-IV (4. ed., Porto Alegre: Artes Médicas, 1995) identifica cinco tipos de esquizofrenia:

1. *Desorganizada.* Normalmente, começa no início da adolescência e é marcada pela incoerência, associações frouxas de pensamento e discurso, e afeto apático, impróprio ou disparatado. Não há nenhum processo delirante presente. É possível que haja delírios fragmentados ou alucinações confusas. Sem tratamento, esse tipo sofrerá deterioração social crônica e grande.

2. *Catatônica.* Em geral, começa entre os 15 e 25 anos, depois de algum tipo de trauma emocional. É caracterizada por grande distúrbio psicomotor, que pode apresentar rigidez, excitamento ou estupor. O mutismo é comum. O prognóstico de recuperação depois de um episódio catatônico simples é mais favorável que em outros tipos.

3. *Paranóide.* Esse tipo costuma ocorrer depois da adolescência, por volta dos trinta anos. Entre os sintomas estão delírios e/ ou alucinações de perseguição e grandiosidade

4. *Indiferenciada.* Os sintomas psicóticos (delírios, alucinação, incoerência ou comportamento extremamente incongruente) encontramse presentes, mas o quadro clínico do paciente não corresponde aos critérios de nenhuma das formas mencionadas anteriormente ou preenche os critérios a mais de um deles.

5. *Residual.* Este diagnóstico é empregado quando existe um histórico de esquizofrenia, mas a avaliação atual do paciente não indica nenhum sintoma psicótico significativo.

Estudos clínicos com adolescentes que sofrem de esquizofrenia indicam que apenas 35% mostram inicialmente sinais claros de crise esquizofrênica. O resto costuma apresentar um quadro disfarçado ou misto, em que as características da esquizofrenia são secundárias ou até obscurecidas por outros tipos de problemas ou distúrbios. É normal encontrar dois tipos de quadros com sintomas mistos: um é depressivo e o outro, anti-social. Num quadro, o jovem demonstra alguns sinais de esquizofrenia, mas se queixa principalmente de depressão, com perda de interesse por pessoas ou atividades, sensação de desespero e até pensamentos suicidas. No outro, os sinais de esquizofrenia estão presentes, mas são obscurecidos por um problema de personalidade anti-social visível e um histórico turbulento de conflito na família e ociosidade. A esquizofrenia pode ser difícil de detectar nos adolescentes que de início mostram sinais de depressão ou características anti-sociais. No entanto, esses sintomas podem deixar o médico em estado de alerta quanto à presença dela.[5]

Há três elementos fundamentais que podem servir de base para o diagnóstico da esquizofrenia em adolescentes:

1. *Persistência das características esquizofrênicas.* Quanto mais as características esquizofrênicas de um quadro clínico misto persistirem, mais provável será o diagnóstico de esquizofrenia. O desenvolvimento da esquizofrenia é bem nítido quando essas características permanecem depois que outros tipos de sintomas manifestados se tornam menos evidentes. Por exemplo, o jovem pára de se queixar de depressão, mas seu raciocínio ainda não é coerente.

2. *Intensidade das preocupações normais do adolescente.* O adolescente perturbado que está ficando esquizofrênico demonstra nítida incapacidade ou relutância de enfrentar as preocupações normais da adolescência. Quando não se interessa por questões próprias de sua idade, como se adaptar às mudanças físicas, dedicar-se mais aos cuidados pessoais, conseguir a independência dos pais e desenvolver habilidades sociais em relação ao sexo oposto, o diagnóstico de esquizofrenia é mais provável. É como se ele contornasse a adolescência e atingisse uma pseudomaturidade ou a

[5]S. C. Feinstein & D. Miller, Psychoses of adolescence, em *Basic handbook of child psychiatry*, vol. 2, org. J. D. Noshpitz, New York: Basic Books, 1979.

evitasse sendo extremamente imaturo.[6] É claro, nenhum padrão por si só apresenta evidência conclusiva de esquizofrenia.

3. *Proeminência das manifestações formais de distúrbio.* Nesse caso, estamos mais preocupados com o modo incomum do jovem falar ou agir que com o que ele realmente fala ou faz. A probabilidade de um adolescente perturbado desenvolver um distúrbio esquizofrênico é maior quanto mais destacadas forem as manifestações formais de um distúrbio. Em outras palavras, não é apenas o conteúdo do pensamento incomum, mas principalmente a forma incomum que esse conteúdo emerge e se expressa que revela a esquizofrenia na adolescência.

É importante estabelecermos um perfil distintivo de deterioração na esquizofrenia do adolescente. Um grupo de pesquisadores que estudou centenas de adolescentes de treze a dezoito anos diagnosticados com esquizofrenia descobriu vários fatores sintomáticos. Vejamos as cinco características mais encontradas.

1. *Cognição esquisita.* O adolescente substitui, confunde ou troca pronomes na conversa. Por exemplo, ele usa seu próprio nome em vez de dizer "eu" ao referir-se a si mesmo numa conversa. O discurso é fragmentado ou incoerente, e o indivíduo pode ouvir vozes ou ter outras alucinações.[7]
2. *Atitude esquisita.* O adolescente esquizofrênico tem posturas, movimentos ou expressões faciais estranhas. Pode tampar os ouvidos com as mãos e balançar-se para a frente e para trás, em pé ou sentado.
3. *Retraimento social.* É como se o adolescente vivesse em seu mundo particular. Pode ter olhar vago ou distante, andar sem notar as pessoas ou simplesmente parecer desorientado.

[6]I. B. Weiner, Adjustment to adolescence, em *International encyclopedia of Neurology, Psychiatry, Psychoanalysis, and Psychology*, org. B. B. Wolman, Princeton: Van Nostrand Reinhold, 1977.

[7]H. Chabrol, G. Peresson & D. Bonnet, Cognitive deficits in adolescents with schizophrenia undergoing antipsychotic treatment, *American Journal of Psychiatry* 156, 1999, p. 497-8.

4. *Desapego emocional.* O adolescente tende a manter distância emocional e pode até parecer apático. Seus sentimentos parecem impróprios, e ele não tem consciência do que as pessoas ao seu redor sentem. Seu afeto é "embotado".

5. *Falta de controle emocional.* O jovem pode ficar extremamente irritado quando as coisas não acontecem do jeito que imagina. Pode sentir-se facilmente ultrajado por um colega e expressar sua raiva de forma violenta.[8]

Antes de falar da etiologia e do tratamento da esquizofrenia é importante entender uma distinção comum. Quanto mais incapacitante o distúrbio esquizofrênico for e quanto mais tempo persistir, mais chance terá de ser classificado como *crônico.* Trata-se da esquizofrenia de *processo* ou *típica.* Há três características associadas à cronicidade. A primeira é o *desenvolvimento insidioso*, isto é, o indivíduo sofre deterioração progressiva por um período de meses ou até anos sem que haja nenhum fator estressante claro de precipitação. A segunda é a *tolerância dos sintomas*, que acontece quando o indivíduo dá pouca atenção às características esquizofrênicas. E a terceira é *desajustamento anterior*, isto é, o indivíduo que já tinha problemas na área interpessoal e na escola antes do desenvolvimento insidioso.[9]

DESCRIÇÃO DE CASO

Rick estava com dezeseis anos. Seis meses antes era considerado um jovem criativo, embora discreto, com futuro brilhante. Tinha muitos amigos, era muito querido e nunca teve nenhum problema disciplinar sério. Pouco antes de passar para o segundo ano do colegial, teve um pequeno acidente de carro. Não sofreu nenhum trauma na cabeça nem em nenhuma parte do corpo, mas depois disso começou a dormir mal e a ter pesadelos. Pior que isso, perdia a paciência com facilidade como nunca tinha acontecido antes. Sem nenhum motivo aparente, batia a porta do quarto ou gritava obscenidades para os pais. Pela primeira vez, começou a ir mal na escola. Foi até detido pela polícia por tentar entrar ilegalmente na escola à noite. Foi então que seus pais procuraram a ajuda do terapeuta da escola.

[8] G. Spivack, P. E. Haimes & J. Spotts, Adolescent symptomatology and its measurement, *American Journal of Mental Deficiency* 72, 1967, p. 74-95.
[9] Weiner, Adjustment to adolescence.

No consultório do terapeuta, Rick demonstrou pouca emoção e olhou o tempo todo para a parede. Não demonstrou preocupação nenhuma com a queda nas notas. O terapeuta viu que o problema não se restringia aos estudos e encaminhou-o para um psicólogo clínico. O exame do psicólogo identificou claramente as características de um distúrbio esquizofrênico. Por exemplo, Rick tinha pouca noção da realidade e pouca capacidade de fazer julgamentos sociais. Demonstrou sinais de reações impulsivas em situações bem claras e definidas. Rick foi diagnosticado com esquizofrenia aguda indiferenciada e internado para fazer avaliação mais profunda, tratamento farmacológico e psicoterapia.

A esquizofrenia *aguda*, conhecida também como *reativa* ou *atípica*, desenvolve-se rapidamente em resposta a experiências visivelmente estressantes. O indivíduo com esquizofrenia aguda é capaz de identificar a natureza estranha de seus sintomas e se preocupar com isso. Pode expressar: "Parece que estou enlouquecendo. Não consigo pensar claramente". Em geral, a família e os amigos ficam surpresos com a mudança repentina. A esquizofrenia aguda responde mais rapidamente e melhor aos tratamentos que os casos crônicos.[10] Depois de cinco anos, de 80% a 90% dos indivíduos com esquizofrenia aguda recuperam-se ou melhoram, enquanto na esquizofrenia crônica essa média é de 50% a 60%.[11]

CAUSAS DO CONFLITO

A busca das causas da esquizofrenia tem deixado os investigadores científicos frustrados há mais de cem anos. Como em todos os outros distúrbios, a esquizofrenia é entendida como o resultado de uma interação complexa de vários fatores.

Bioquímica

Nas últimas décadas, os pesquisadores concentraram grande parte de seus esforços no estudo do funcionamento do cérebro no curso da esquizofrenia. Muitos acreditam que o neurotransmissor dopamina é responsável por algumas formas de esquizofrenia. Os fundamentos para uma teoria bioquímica da esquizofrenia encontram-se nas seguintes observações: 1) reações

[10] J. H. STEPHENS, Long-term prognosis and follow-up in schizophrenia, *Schizophrenia Bulletim* 4, 1978, p. 25-47.

[11] R. W. WHITE & N. F. WATT, *The abnormal personality*, 5th ed., New York: Wiley, 1981.

do tipo esquizofrênicas podem ser criadas por drogas alucinógenas, como o LSD, por exemplo, 2) as drogas alucinógenas afetam o equilíbrio químico dos centros reguladores do cérebro e são semelhantes aos componentes químicos desse orgão, como a dopamina, por exemplo; 3) sabe-se que a dopamina é responsável pelo funcionamento normal do cérebro; 4) os medicamentos antipsicóticos reduzem o nível de dopamina no cérebro; e 5) algumas drogas (como as anfetaminas) que aumentam o nível de dopamina podem intensificar os sintomas do esquizofrênico e produzir sintomas do tipo esquizofrênico em indivíduos não esquizofrênicos. Embora a teoria bioquímica apresente-se bastante promissora para assegurar pesquisas mais aprofundadas, certamente, não é conclusiva.[12]

Genética

A tendência de ocorrer esquizofrenia dada numa mesma família é oferecida como prova para corroborar a idéia da transmissão genética de anormalidades bioquímicas no cérebro. Embora a taxa de esquizofrenia na população em geral seja menor que 1%, quando um dos pais é esquizofrênico, a criança tem 10% de probabilidade de desenvolver a doença e, quando o pai e a mãe são esquizofrênicos, a probabilidade aumenta para 40%.[13] Apesar de fortes evidências de haver uma explicação genética para a esquizofrenia, essa teoria enfrenta algumas críticas. Porém, seu ponto forte está no argumento de que a predisposição bioquímica ou vulnerabilidade à esquizofrenia, não a esquizofrenia em si, é herdada. A questão não é saber se os fatores genéticos influenciam, mas até que ponto influenciam.

Fatores familiares

Ambiente familiar caracterizado por distorções excessivas de comunicação, clima emocionalmente hostil, confuso ou ambivalente e interação conjugal destrutiva estão relacionados à gênese da esquizofrenia.[14] A comunicação

[12] R. P. Malone, R. Sheik & J. M. Zito, Novel antipsychotic medications in the treatment of children and adolescents, *Psychiatric Services* 50, 1999, p. 171-4.

[13] J. R. Asarnow & M. J. Goldstein, Schizophrenia during adolescence and developmental perspective on risk research, *Clinical Psychology Review* 9, 1986, p. 211-35.

[14] L. C. Wayne, M. L. Toohey & J. Doane, Family studies, em *Disorders of the schizophrenic syndrome*, org. L. Bellak, New York: Basic Books, 1979.

interpessoal no contexto da vida familiar deve ser considerada um elemento-chave no processo de socialização. De acordo com teóricos da área, a comunicação em lares esquizofrenogênicos caracteriza-se por ser vaga, fragmentada, ambivalente e contraditória. Esse ambiente cria uma situação de duplo-vínculo, em que a criança não consegue vencer.

As mensagens de duplo sentido normalmente contêm o apelo "impossível" de aproximar-se e manter distância ao mesmo tempo. Essas mensagens acontecem com freqüência. Por exemplo, a mãe pede para o filho beijá-la, mas assume uma postura fria e distante. O pai incentiva a autoconfiança, mas mantém o controle sutilmente. Esses pais podem "afastar" o filho e acusá-lo de não os amar. Certa vez, vi um pai buscar uma adolescente que estava recuperando-se de um ataque de esquizofrenia reativa no hospital. Parecia muito feliz ao vê-la. Deu-lhe um abraço e disse: "É assim que você tem cuidado do seu cabelo nesses dias? Espere só até sua mãe ver!". Esse tipo de comunicação paradoxal nos primeiros e mais importantes anos de desenvolvimento, é claro, cria medo e confusão. Embora alguns jovens aprendam a lidar com esse ambiente, muitos outros imitam o estilo amorfo e vago de enviar mensagens com duplo sentido.[15] É certo porém que fatores familiares não podem explicar totalmente nem predizer a esquizofrenia.

Amizades

O padrão de comportamento do adolescente em relação às amizades pode ser importante para determinar se ele corre o risco de ter esquizofrenia. O jovem de poucos "amigos", que raramente se encontra e não tem quase nada em comum com eles está mais predisposto à esquizofrenia que o jovem que, mesmo tendo uma vida social relativamente inativa, cultiva pelo menos algumas amizades verdadeiras e mútuas.[16]

COMO OS PAIS PODEM AJUDAR

As estratégias citadas a seguir destinam-se a ajudar os adolescentes com o conflito da esquizofrenia e podem ser usadas com eficiência pelos pais. Entretanto, como a relação entre pai e filho é única, algumas serão

[15]G. Batson *et al.*, Toward a theory of schizophrenia, *Behavioral Sciences* 1, 1956, p. 251-64.
[16]D. Kreisman, Social interaction and intimacy in preschizophrenic adolescence, em *The psychopathology of adolescence*, orgs. J. Zuibin & A. M. Freedman, New York: Grune and Straton, 1970.

mais pertinentes a sua situação do que outras. Como em todo grande conflito da adolescência, o melhor é que os pais trabalhem sob orientação de um terapeuta competente. Pensando nisso, as estratégias expostas neste livro visam a facilitar o processo de ajuda dentro de casa com o adolescente.

Conhecer seus limites

A esquizofrenia é uma doença grave que requer tratamento por um profissional experiente, em geral um psicólogo clínico ou um psiquiatra. Como pai ou mãe de um adolescente que pode sofrer de esquizofrenia, a melhor coisa que você pode fazer é encaminhá-lo para programas e pessoas especializados em atender às necessidades dos esquizofrênicos e de suas famílias. O jeito mais fácil de encontrar esse tipo de serviço é em centros de saúde ou serviços de assistência médica. Para encontrar postos de assistência em sua cidade, procure na lista telefônica: clínicas para adolescentes, secretaria municipal de saúde, clínicas psiquiátricas, hospitais gerais e hospitais psiquiátricos.

Se desejar tratamento psiquiátrico num ambiente cristão, procure informações na página da internet do Corpo de Psicólogos e Psiquiatras Cristãos: www.cppc.org.br.

Evitar práticas espirituais estranhas

Uma jovem procurou-me depois de passar por quatro sessões mal-sucedidas de exorcismo em sua igreja. Um pastor sincero e dois conselheiros leigos tratavam dela há meses. Os danos foram imensos. Eles não sabiam que os sintomas estranhos da jovem eram sinais de esquizofrenia. Disseram que ela estava "possuída pelo demônio". Pode ser muito perigoso diagnosticar causas esquisitas ou sobrenaturais como a possessão demoníaca. Não há necessidade de fazer propaganda gratuita de Satanás. E o desespero que essa idéia cria na vítima pode causar mais danos que a doença em si. Diagnosticar erradamente uma pessoa que sofre de esquizofrenia, dizendo que ela está possuída pelo demônio, lança sobre o paciente a culpa por uma situação sobre a qual ele tem pouco ou nenhum controle. Archibald Hart aponta vários perigos de atribuir erroneamente aos demônios a causa de um problema psicológico : "A vítima fica isenta de toda a responsabilidade de identificar e confessar o pecado humano. Desse modo, Satanás ganha mais poder. O pior, entretanto é que se adia a introdução de uma terapia eficaz. E a demora no tratamento da esquizofrenia pode diminuir a chance do paciente retornar ao estado normal".[17]

Compreender as principais fases do tratamento

O tratamento da esquizofrenia atualmente implica uma mescla de internação, medicamentos antipsicóticos, terapia psicossocial e intervenção da família. O tratamento é em geral dividido em duas grandes fases: a aguda e a de manutenção. O objetivo do primeiro estágio é reduzir os sintomas destrutivos, restabelecer o contato com a realidade, evitar que a pessoa se machuque e melhorar a capacidade psicossocial. Isso normalmente acontece em ambiente hospitalar, durante aproximadamente um mês, em hospitais psiquiátricos públicos. Em hospitais psiquiátricos particulares, a internação pode chegar a seis meses ou mais, dependendo da necessidade e da cobertura do plano de saúde do paciente. Os sintomas destrutivos são reduzidos basicamente pela combinação de drogas antipsicóticas com a terapia psicossocial.

O objetivo da fase de manutenção é dar continuidade à recuperação na comunidade. Também ajuda o adolescente a retomar as atividades na escola e o processo de desenvolvimento da adolescência. Nesse ponto, a participação da família é extremamente importante. Com treinamento e aconselhamento apropriados, a família pode fazer muito para aliviar a pressão do jovem de enfrentar a doença e ajudar no processo de recuperação. O objetivo da intervenção da família é estabelecer um conjunto claro e prático de diretrizes para conviver com o paciente. Não é necessário resolver antigos conflitos familiares, e certamente não se deve jogar a culpa em ninguém pela condição do adolescente. Algumas fontes citadas no fim deste capítulo podem ser especialmente úteis para orientar os membros da família nessa difícil experiência. O clima emocional da casa pode ter efeitos evidentes na velocidade de recuperação e de recaída.[18]

Compreender a importância da medicação

Os medicamentos psicotrópicos diminuem a confusão do adolescente, equilibra o lado emocional e diminuem o retraimento social. A medicação

[17]A. Hart, Regeneration, deliverance, or therapy?, *Leadership* 12, Summer, 1991, p. 74.

[18]C. W. McGill & E. Lee, Family psychoeducational intervention in the treatment of schizophrenia, *Bulletin of the Menninger Clinic* 50, 1986, p. 269-86.

permite que se faça um trabalho de terapia psicossocial. Um pesquisador cita as três principais utilidades desses medicamentos: 1) tirar o paciente da crise esquizofrênica aguda; 2) facilitar a administração e o controle do paciente; e 3) evitar a recorrência dos sintomas esquizofrênicos.[19]

O grupo de drogas antipsicóticas mais amplamente usado é classificado quimicamente como fenotiazina e, desse grupo, o mais conhecido é comercializado com o nome comercial de Torazina. Outra droga comumente prescrita para a esquizofrenia é o haloperidol (Haldol). Embora esses medicamentos possam aliviar os sintomas esquizofrênicos, infelizmente os efeitos colaterais são tão desagradáveis que quase sempre levam o paciente a parar de usá-los. Por esse motivo, às vezes, são chamados de neurolépticos porque além dos efeitos benéficos, têm efeitos colaterais semelhantes às manifestações comportamentais de doenças neurológicas.

Saber quando encaminhar

É imperativo que haja encaminhamento correto encaminhamento do adolescente esquizofrênico. Quanto mais cedo um tratamento eficiente começar, melhor será o prognóstico.

Se você tem um filho adolescente que exibe sinais de comportamentos psicóticos, como alucinações, delírios ou ansiedade extrema, apesar dos esforços de contê-los, deve procurar ajuda. Se for necessário o uso de medicamentos ou se o medicamento usado não está fazendo efeito, o terapeuta deve encaminhar o adolescente esquizofrênico para um psiquiatra. É necessário avaliação psiquiátrica para determinar se deve haver aumento na dosagem do medicamento usado ou se é mais aconselhável mudar o medicamento.

Se, apesar de todos os esforços de ajuda, o adolescente for incapaz de manter contato adequado com a realidade ou de controlar os impulsos destrutivos, trata-se então de uma emergência psiquiátrica. O juízo dele está prejudicado, e seu complexo de delírios contribui para a sensação de perda de controle. Você precisa fazer alguma coisa para garantir a segurança do paciente e dos outros. A maioria dos hospitais estaduais e municipais tem unidades psiquiátricas de emergência, nas quais será avaliada a necessidade de internação do paciente.

[19]H. E. Lehmann, The somatic and pharmacological treatments of schizophrenia, *Schizophrenia Bulletin* 13, 1974, p. 27-45.

Se o ambiente familiar contribuir para exacerbar os sintomas, o mais indicado é procurar uma clínica de tratamento diurno. Se depois de algum tempo o paciente for capaz de retornar ao estado estável, um grupo de socialização pode ser uma ajuda adequada. Isso permite que ele tenha participação ativa num ambiente social. Muitas clínicas de saúde mental e departamentos de tratamento ambulatorial dispõem de grupos de ex-pacientes, ambiente este com a finalidade de facilitar amizades entre eles e a prática de habilidades sociais.

O encaminhamento para outros terapeutas é necessário quando o terapeuta é visto pelo paciente como a personificação de algo que ele despreza (um "mau" pai, p. ex.).

COMO OS PROFISSIONAIS PODEM AJUDAR

As estratégias de ajuda para adolescentes com o conflito da esquizofrenia descritas a seguir são normalmente usadas pelos terapeutas. São aqui apresentadas a fim de prestar informações aos pais e ajudá-los a encontrar a melhor ajuda profissional possível para o adolescente sob seus cuidados.

Determinar a gravidade

Como em quase todos os conflitos psicológicos, é preciso avaliar a gravidade do problema. A avaliação psicológica da esquizofrenia é complexa e requer formação específica. A maioria dos psicólogos que avalia a esquizofrenia conta com uma série de instrumentos como o Inventário da Personalidade Multifásico de Minnesota, o Inventário Clínico Millon Multiaxial, a Escala Wechsler de Inteligência Adulta, o Teste de Percepção Temática, o teste da mancha de tinta de Rorschach e muitos outros. Além dessas medidas, deve ser feita uma entrevista clínica extensiva para observar o comportamento na entrevista (padrões de discurso, aparência, maneira de se relacionar etc.) e detalhes do histórico do paciente.

Desenvolver uma aliança terapêutica positiva

O tratamento da esquizofrenia depende do estágio do distúrbio, da intensidade da regressão, do contato remanescente com a realidade e do desejo do paciente de fazer terapia. De qualquer forma, porém, é necessário que desde o início se procure estabelecer um relacionamento positivo. É um teste de paciência até para o terapeuta mais receptivo. O adolescente esquizofrênico pode enxergar a tentativa do terapeuta de estabelecer uma relação de apoio como um ato de exploração. Um questionamento sutil da história pessoal pode ser visto como um ato hostil de interrogatório. A tentativa de esclarecer a realidade de uma situação pode levar o paciente a fazer acusações grosseiras. A pessoa que lida com adolescentes esquizofrênicos deve estar preparada para enfrentar um longo e difícil caminho antes de estabelecer uma aliança terapêutica positiva.

Identificar pensamentos e sentimentos

Os esquizofrênicos em geral escondem as experiências interiores. O terapeuta sabe que as respostas emocionais do esquizofrênico são apropriadas à sua percepção da realidade. Procura sempre entender e demonstrar empatia pelo paciente esquizofrênico. Os sintomas podem expressar os sentimentos do paciente. Os pacientes esquizofrênicos podem, por exemplo, decidir ficar em silêncio durante toda a sessão de tratamento. Quando finalmente se sentir seguro e confiante para falar com o terapeuta, poderá revelar tudo o que absorveu durante o silêncio e que a atitude era uma maneira de evitar a rejeição. Interpretar e esclarecer o que o paciente está pensando e sentindo pode deixá-lo bastante seguro para abandonar algumas manifestações psicóticas.

Internar quando necessário

A internação certamente tem suas desvantagens. É uma grande ruptura na vida e tira o jovem do ambiente normal de sua casa e da escola, ameaça-lhe a auto-estima e, não raro, produz um estigma confirmado pela reação de amigos, professores e outros. Mas a falta de tratamento de um distúrbio sério como a esquizofrenia é um preço muito alto que se paga para evitar esses problemas. A internação de um adolescente perturbado é necessária em pelo menos três circunstâncias:

1. Quando for necessária uma avaliação mais completa que a do regime aberto.

2. Quando o adolescente já estiver fora de controle e for potencialmente perigoso para si mesmo ou para os outros.

3. Quando a pressão ambiental se tornar insuportável.[20]

[20]B. G. Winsberg *et al.*, Home vs. hospital care of children with behavioral disorders, *Archives of General Psychiatry* 37, 1980, p. 413-8.

Levar em conta a terapia de grupo

A terapia de grupo normalmente ocorre em ambiente hospitalar. Também é largamente usada no tratamento da esquizofrenia depois que o paciente recebe alta do hospital. Pode ser uma ótima estratégia porque "força" o paciente a ter alguma interação social e ajuda a evitar o isolamento comum entre os esquizofrênicos. Um estudo revelou, por exemplo, que, depois de dois anos, 40% dos pacientes de terapia individual tiveram de ser novamente internados, mas apenas 24% dos pacientes de terapia de grupo voltaram ao hospital.[21] Muitos médicos concordam que, no tratamento em regime aberto, a terapia de grupo aliada à terapia individual e a medicamentos é extremamente eficaz para evitar nova internação. Contudo, as pesquisas também fornecem orientação para saber quando ela é mais eficaz. Por exemplo, a terapia de grupo é menos eficaz e pode até ser prejudicial para casos agudos de indivíduos psicóticos.[22]

Tomar em consideração a abordagem de aprendizagem social

Em vez de tentar mudar toda a síndrome esquizofrênica, as técnicas de aprendizagem social estudam geralmente os padrões de comportamento que atrapalham a vida do adolescente. Esses programas são comumente chamados de *economia simbólica.* A estratégia consiste em reforçar o comportamento apropriado (como a interação social) e eliminar ou diminuir o comportamento impróprio (como a inconformismo, as alucinações e o discurso irreal). Em geral, esses programas de tratamento ocorrem em ambiente institucional, onde podem ser mais facilmente implementados.[23] Mas também podem ser usados de alguma forma dentro de casa, durante o tratamento de manutenção, ao dar continuidade e estrutura ao adolescente convalescente.

Onde mais buscar ajuda

Friedman, M. S., *Everything you need to know about schizophrenia*, New York: Rosen Publishers, 1999.

[21]C. P. O'Brien, K. B. Hamm & B. A. Ray, Group vs. individual psychotherapy with schizophrenics: a controlled outcome study, *Archives of General Psychiatry* 27, 1972, p. 474-85.

[22]Ibid.

[23]R. P. Liberman *et al.*, Interventions with psychotic behaviors, em *Innovative treatment methods in psychopathology*, orgs. K. S. Calhoun, H. E. Adams & K. M. Mitchell, New York: Wiley, 1974.

Hatfield, A., *Coping with mental illness in the family:* the familiy guide, Washington: National Alliance for the Mentally Ill, 1982.
Torrey, E,. F., *Surviving schizophrenia:* a family manual, New York: Warner Books, 1985.
Waso, M., *Coping with schizophrenia:* a survival manual for parents, relatives and friends, Palo Alto: Science and Behavior Books, 1982.

The National Alliance for the Mentally Ill é uma instituição de amparo norte-americano com mais de 25 mil membros em trezentas filiais estaduais e municipais. Ampara famílias com indivíduos esquizofrênicos, trocando informações sobre tratamentos e recursos financeiros, procedimentos hospitalares e experiências comuns.

National Alliance for the Mentally Ill
Colonial Place Three
2107 Wilson Blvd., Suite 300
Arlington, VA 22201-3042 — USA

Orientação bíblica para o adolescente em conflito

- Salmos 10.17; 20.1; 22.24; 142.6
- Isaías 41.13

Excesso de atividade e estresse do trabalho

CARACTERÍSTICAS DO CONFLITO

"Eles começam a trabalhar sem nenhum plano ou treinamento. Pegam o primeiro emprego que aparece, que em geral não tem nada que ver com seus interesses e aptidões, apenas com as exigências do trabalho [...] O que os pais da classe média diriam a esse programa 'educacional' para meninos e meninas adolescentes?"

Essa declaração foi escrita por Katherine DuPre Lumpkin em 1937, mas poderia ter saído no *The New York Times* de hoje. O jovem com um emprego que "não tem nada que ver com seus interesses e aptidões" está muito mais atarefado atualmente que antes.

"Ele quase nunca chega a tempo para o jantar", contou-me uma mãe recentemente. "Faz parte da equipe do livro do ano da escola, do conselho jovem da igreja, toca guitarra e trabalha vinte horas por semana no Pizza Hut!" Desesperada, acrescentou: "Daqui a pouco, ele vai entrar em curto-circuito por causa de tanta atividade! Nós provemos todas as necessidades dele, não sei por que ele quer trabalhar".

Na última década, pesquisadores, educadores e legisladores juntaram-se para compreender os efeitos da expansão do emprego de adolescentes. Desde 1940, nos Estados Unidos, o número de rapazes de dezeseis anos que trabalham e estudam aumentou sete vezes, enquanto o número de garotas com a mesma idade cresceu dezeseis vezes. Quase dois terços de todos os estudantes do ensino médio têm um emprego formal de meio período *durante* o ano escolar.[1]

Tomemos Jim, dezeseis anos, como exemplo. Ele recebe ordens e ganha dinheiro na Orange Julius de um *shopping center*. Não seria sua situação melhor que a de seu amigo Dave, que deveria estar trabalhando em vez de sentar-se diante da TV em casa ou perambular pelo mesmo *shopping*? "Por que não deixar o adolescente trabalhar", questiona-se, "se a alternativa é simplesmente matar o tempo sem fazer nada?".

Apesar da suposição corrente de que a ociosidade gera preguiça ou que "perambular" é a raiz de problemas da adolescência, como drogas, álcool ou delinqüência, simplesmente não há provas que sustentem a afirmação de que um emprego de meio período seja sempre melhor para o adolescente que não fazer "nada". O oposto também pode ser verdadeiro.

Uma série de estudos da Universidade de Wisconsin com milhares de adolescentes revelou que os jovens que trabalham são mais, e não menos, propensos que seus colegas não empregados a usar drogas e álcool e a praticar atividades escusas.

Além disso, há muito mais nesse não fazer "nada" do que parece. Tina não tem o peso das responsabilidades e pressões de um emprego. Tem tempo para sonhar, "refletir" sobre as experiências diárias, para o lazer e para fazer e fortalecer amizades. Todas essas atividades contribuem de maneira muito saudável para o seu desenvolvimento psicossocial. Negar-lhe esses privilégios é o mesmo que privá-la do processo de desenvolvimento da identidade.

Jogar basquete na escola, tocar guitarra elétrica no porão ou aprender passos de dança em frente do espelho do quarto ajuda a desenvolver o sentimento de competência e aptidão, coisa que não acontece quando se vende sem parar milhares de hambúrgueres ou calças jeans.

A formação para o trabalho típico do adolescente é rápida e não oferece perspectiva de futuro. O emprego que o adolescente consegue é simples, não apresenta desafios nem contribui em nada para o futuro. Cria o que o sociólogo David Riesman chama de "sem-gracice adaptada" numa fase da vida em que a curiosidade e a imaginação deveriam contribuir para a formação da identidade.

[1] W. Meeus, J. Dekovic & J. Iedema, Unemployment and identity in adolescence: a social comparison perspective, *The Career Development Quarterly* 45, 1997, p. 369-80.

Fazer "nada" — isto é, melhorar o arremesso no basquete, aprender um novo acorde ou dominar uma coreografia difícil de dança — é bom para o desenvolvimento da autonomia, da auto-estima e da determinação; ensina o valor do autocontrole, a necessidade de perseverança e o orgulho da conquista. O adolescente tem forte necessidade de descobrir várias facetas de sua personalidade e não pode fazer isso se não tiver tempo para "não fazer nada". O excesso de compromissos de um emprego interfere no trabalho de amadurecer.

CAUSAS DO CONFLITO

Há uma motivação básica para o adolescente trabalhar da forma que trabalha nos dias de hoje, e ela se encontra no terreno fútil do consumismo. O adolescente não trabalha por necessidade econômica premente. Os pesquisadores descobriram que *o materialismo é o principal fator motivacional da vontade do adolescente de fazer parte da folha de pagamento.* Atualmente um dos poucos pontos em comum dos adolescentes são os bens que compram. Um diretor de escola contou-me recentemente que os alunos não se sentavam à mesa do refeitório sem ter uma barra do apreciado chocolate *Dove* na bandeja.

Antigamente, os jovens trabalhavam no campo com os pais, motivados pelas necessidades econômicas da família. Atualmente, a maioria dos adolescentes trabalha em redes de lanchonetes e lojas. É o chamado *emprego de luxo*, no qual o próprio adolescente é o principal beneficiário. Em cada dez adolescentes que têm um emprego no período escolar, menos de um contribui para o orçamento da família.

Mas não são os filhos de operários e de famílias pobres que predominam na força de trabalho juvenil. Os primeiros e mais numerosos ingressantes no mercado de trabalho são os filhos da classe média alta e culta. Os sociólogos explicam o fato de duas formas. Primeiro, esses jovens moram em regiões economicamente prósperas, em geral em bairros afastados do centro, onde há muita oferta de emprego; segundo, seus pais, que são "empreendedores frenéticos", consideram que ganhar dinheiro é tão importante quanto juntar conhecimento.[2]

[2]E. G. Menaghan, L. Kowaleski-Hoenes & F. L. Mott, The Intergenerational costs of parental social stressors: academic and social difficulties in early adolescence for children of Young mothers, *Journal of Health and Social Behavior* 38, 1997, p. 72-86.

DESCRIÇÃO DE CASO

Rachel, que cursa o segundo ano do ensino médio, está sempre correndo. Tem um fusca temperamental, que funciona quando quer; um namorado firme; procura ser ativa na igreja e na escola e adora pintar. Como se não bastasse, trabalha à noite quase todo fim de semana na Gap, uma loja de roupas de moda. Rachel ganha por volta de 7,50 dólares por hora e uma média de 150 dólares por semana. Conforme me contou, o trabalho deixou de ser divertido depois de um mês, mas ela "precisa" do dinheiro. Rachel também gosta do desconto nas roupas que a Gap concede aos funcionários, outro grande incentivo para permanecer no emprego. Ela não lê nada que os professores pedem. Como a maioria dos jovens que trabalham, para cumprir as horas de trabalho, Rachel mata aulas quando é conveniente, copia a lição e até cola. Perde até a oportunidade de estar com os amigos e não toca no pincel há meses. Rachel procura participar da maioria das atividades do seu grupo, mas quase sempre está visivelmente estressada e exausta.

COMO OS PAIS PODEM AJUDAR

As estratégias para ajudar os adolescentes com o conflito do excesso de atividade e estresse do trabalho citadas a seguir podem ser usadas com eficiência pelos pais. Entretanto, como a relação entre pai e filho é única, algumas serão mais pertinentes a sua situação do que outras. Como em todo grande conflito da adolescência, o melhor é que os pais trabalhem sob a orientação de um terapeuta competente. Pensando nisso, as estratégias listadas neste livro visam a facilitar o processo de ajuda dentro de casa com o adolescente.

Avaliar o nível de estresse

É importante determinar se a carga de trabalho é saudável ou não. A melhor pista é saber se o adolescente gosta do trabalho. Um estudo realizado pela Universidade de Chicago descobriu que o humor do adolescente é mais positivo e seu nível de atividade mais alto quando pratica artes, *hobbies* e esportes do que com qualquer outra atividade, inclusive trabalhar em emprego de meio período. Se o emprego é apenas uma fonte de dinheiro para poder gastar, o trabalho não é saudável. Mas não cometa o erro de pensar que o que é estressante e insatisfatório para um adolescente possa também ser para os outros.[3]

Explorar o significado do trabalho

A maioria dos empregos dos jovens implica trabalho braçal não especializado sem nenhum futuro. Porém, um trabalho relevante pode promover o crescimento pessoal e a autonomia, estimular a cooperação e a responsabilidade social e motivar a aprendizagem e o domínio de habilidades úteis e informações. Um trabalho relevante também pode colocar o jovem em contato com adultos que contribuirão para esses fins.[4]

Fazer um inventário do tempo

Em geral, é sempre bom que o jovem determine exatamente como pretende gastar seu tempo. Isso pode ser feito com um inventário do tempo onde o estudante mantém um registro de tudo o que faz durante o dia. Ele anota suas atividades de hora em hora. O adolescente costuma ficar surpreso ao ver quanto tempo o seu emprego absorve. Explore com ele o que poderia ser feito com o tempo que despende no trabalho e a sua liberdade de fazer escolhas em relação a seu tempo.

Não equiparar trabalho com maturidade

Arranjar um emprego, em geral, é visto como um passo importante do adolescente no processo de amadurecimento. Mas desempenhar um papel normalmente ocupado pelos adultos não é o mesmo que ser adulto. A maturidade é um processo interno. Assumir o papel de adulto é uma tentativa superficial de conquistar a maturidade e pode impedir o processo de autoconhecimento. O trabalho ajuda o jovem a adquirir a aparência de maturidade, mas não sua substância.

Deixar que sonhe alto

Quando o adolescente contar algum sonho que julgue estar um pouco além de sua capacidade ou seja impossível, mesmo que pareça tolice, sonhe com ele. O adolescente que trabalha está sempre tão ocupado ten-

[3]T. D. Dzhebrailova, Individual features of resistance to emotional stress during work on a computer in fifteen-to sixteen-year-old pupils, *Human Physiology* 21, 1995, p. 125-9.

[4]C. S. Smith, J. Tisak, S. E. Hahn & R. A. Schmieder, The measurement of job control, *Journal of Organizational Behavior* 18, 1997, p. 225-37.

tando cumprir os horários que não consegue pensar no futuro. Quando você o apanhar explorando as opções que tem, reforce os seus sonhos.[5]

Cultivar a paz interior

O título de uma obra clássica do Irmão Lawrence capta a essência do que o adolescente sufocado pelos compromissos necessita: "praticar a presença" de Deus, entregando-se aos desejos dele, convidando-o para entrar em sua vida e afastando-se das pressões para comungar com ele. Obviamente, "praticar a presença" é melhor ver que pregar.

Falar sobre a "viagem mental"

Alguns jovens se sentem culpados por sonhar acordados, especialmente os que ficam atormentados e prostrados com o "trabalho" por fazer. Explique para o adolescente que não há nada de errado em permitir que a mente apenas vagueie, sem fazer nada. Dê-lhe permissão para deixar a alma alcançar o ritmo acelerado, deixando que faça uma "viagem mental".

Ensinar a controlar o orçamento

O adolescente precisa aprender a adiar a satisfação de ter e gastar seu dinheiro. Uma maneira dos pais fazerem isso é incentivá-lo a dar uma parte dos seus ganhos como dízimo à igreja e guardar outra parte para metas a longo prazo, como, por exemplo, pagar a faculdade. Para ajudá-lo a alcançar esse fim, ensine-o a fazer um orçamento e gastar o dinheiro sabiamente.

Combater o consumismo

Não há meio de escapar dessa sociedade consumista, principalmente para os adolescentes. Os gigantes da propaganda gastam milhões de dólares tentando fazer os jovens gastar dinheiro em CDS, cinema, calças jeans, barras de chocolate, refrigerante, gel para cabelo etc. Contudo, o adolescente não precisa se deixar levar pelo consumismo. Ensine-o a lutar contra a propaganda persuasiva e ardilosa.

[5]D. J. TERRY, R. RAWLE & V. J. CALLAN, The effects of social support on adjustment to stress: the mediating role of coping, *Personal Relationships* 2, 1995, p. 97-124.

Saber quando encaminhar

Encaminhe o adolescente com o conflito do estresse do trabalho e excesso de atividade para um terapeuta ou psicólogo competente quando, com o tempo, seu estilo de vida não der sinais de melhora na tomada de decisões e no estabelecimento de limites. Considere, também, a possibilidade de encaminhá-lo para um orientador vocacional competente que possa fazer uma avaliação e orientá-lo, caso ele demonstre uma intenção séria de explorar opções de carreira e planos de estudo para o futuro.

Onde mais buscar ajuda

CLOUD, H. & J. TOWNSEND, *Limites para ensinar aos filhos*, São Paulo: Editora Vida, 2001.

GOLEMAN, D., *Working with emotional intelligence*, New York: Bantam Books, 1998.

HAHN, D., *Teaching your kids the truth about consequences:* helping them make the connection between choices and results, Minneapolis: Bethany, 1995.

MAXWELL, J. C., *Why developing the leaders around you:* how to help others reach their full potential, Nashville: Nelson, 1995.

OLSON, K. G., *Why teenagers act the way they do*, Loveland: Group Books, 1987.

PEEL, B. & K. PEEL, *Discover your destiny:* finding the courage to follow your dreams, Colorado Springs: NavPress, 1996.

WHELCHEL, M., *How to thrive from 9 to 5*, Ann Arbor: Vine Books, 1999.

Orientação bíblica para o adolescente em conflito

- Salmos 127.1
- Provérbios 16.2; 23.4; 28.20
- João 6.27
- Efésios 5.15,16

Fobia

CARACTERÍSTICAS DO CONFLITO

Ter medo é comum e natural. Algumas pessoas têm medo de andar em determinadas regiões da cidade à noite. Outras têm medo de cães bravos ou de tempestades. São medos razoáveis e apropriados que nos ajudam a sobreviver.

A fobia, entretanto, é irracional e descabida. Ocorre em situações em que não há nenhum perigo real. Não é natural nem adequada. A fobia é um medo intenso, irracional, que pode atrapalhar consideravelmente a vida de uma pessoa. O medo irracional gira em torno de um objeto, fato, uma atividade ou situação. Conseqüentemente, o indivíduo fóbico começa a estruturar a maior parte de suas atividades diárias, senão todas, em função daquela que teme. E fará de tudo para não se defrontar com esse medo.

Grande parte das pessoas define o próprio comportamento com base em conhecimento prévio. Mas a pessoa fóbica costuma pensar no pior. Por exemplo, um indivíduo claustrofóbico dentro de um quarto escuro pode pensar que o teto vai cair sobre ele ou que vai ficar sufocado por falta de ar.

É difícil distinguir o indivíduo fóbico da pessoa com a síndrome do pânico, mas há diferenças. A síndrome do pânico surge de repente, sem nenhum fator causal aparente. A fobia, por sua vez, é bastante direcionada e específica. A pessoa fóbica é tomada pela ansiedade somente na presença daquilo que ela teme (p. ex., elevadores ou cães). Consulte a seção sobre a síndrome do pânico para obter mais comparações.

Em cada cem pessoas da população em geral, aproximadamente 77 têm algum tipo de distúrbio fóbico. O caso mais comum de fobia tratada pelos terapeutas é a agorafobia — o medo de sair para lugares abertos ou públicos, como lojas, restaurantes, teatro ou transporte públicos. As fobias são comuns em todos os níveis da sociedade, todas as idades e em ambos os sexos.

As reações fóbicas geralmente, têm três componentes. O primeiro é *cognitivo*. O indivíduo fóbico pode ter pensamentos negativos como: "Sei que vou fazer papel de tolo" ou "Vou morrer". O segundo é *comportamental*. A pessoa fóbica sempre evita a situação temida. Por último, o indivíduo pode ter uma ampla variedade de reações *psicológicas* na presença do estímulo fóbico.[1]

Centenas de fobias já foram identificadas. Na verdade, não é possível determinar exatamente a quantidade porque as reações fóbicas podem ocorrer em quase todas as situações ou com qualquer objeto. O *Blakiston's Gould medical dictionary* [*Dicionário médico Blakiston Gould*] cita 368 diferentes fobias.[2] As fobias mais comuns, com seus nomes incomuns são: ailurofobia (de gato), astrofobia (de trovão), misofobia (de sujeira), ofidiofobia (de cobra e anfíbios) e topofobia (de determinados lugares). O sistema de classificação mais amplamente aceito, o *Manual diagnóstico e estatístico de transtornos mentais* (DSM-IV), subdivide as fobias em três grupos: fobias simples, fobias sociais e agorafobia.[3] O terapeuta que lida com adolescentes precisa estar a par de cada uma delas.

Fobias simples

Consistem no medo infundado de objetos ou situações distintos e em evitar esses objetos e situações. Às vezes, são chamadoas de fobias específicas porque a variedade de seus estímulos fóbicos é menor do que nas outras fobias, a saber, tudo de acrofobia (medo de lugares elevados) até a zoofobia (medo de animais). Entre as fobias simples mais comuns, encontra-se o medo de animais e insetos, como pássaros, gatos, cachorros, abelhas, aranhas, cobras ou mariposas. Outra é o medo de doenças como, por exemplo, o câncer ou ataque cardíaco.[4] Essas fobias raramen-

[1] P. J. Lang, Fear reduction and fear behavior: problems in treating a construct, em *Research in Psychotherapy*, vol. 3, ed. J. M. Shlien, Washington: American Psychological Association, 1968.

[2] A. Osol, 3 ed., New York: McGraw-Hill, 1972.

[3] Porto Alegre: Artes Médicas, 1995.

[4] I. M. Marks, *Fears and phobias*, New York: Academic Press, 1969.

te representam problema sério para o indivíduo fóbico, a menos que os estímulos temidos sejam encontrados com facilidade ou necessariamente (como a pessoa que tem medo de elevador, mas mora num apartamento em andar alto). As fobias simples ocorrem mais nas mulheres. Um pesquisador descobriu que 95% dos fóbicos por animais são mulheres. Esse número foi constatado em indivíduos pós-pubescentes, porém antes da puberdade. Medo de animais é comum tanto em meninos como em meninas.[5]

Fobias sociais

São caracterizadas pela ansiedade excessiva em situações sociais, como festas, reuniões, entrevistas, fazer reclamações, escrever em público, interagir com o sexo oposto ou com professores. O que essas pessoas mais temem é a possibilidade do exame e da avaliação pública. Por medo de parecer ridículo, o fóbico social pode recusar-se a sentar à mesa de frente para outra pessoa. Pode evitar a natação, já que isso implicaria a exposição do corpo aos olhos dos outros. É um medo evidentemente inadequado, uma vez que interfere em áreas importantes do convívio social e do desenvolvimento normal do adolescente. A fobia social raramente é identificada antes da puberdade e começa na maioria das vezes no fim da adolescência.[6]

O terapeuta precisa estabelecer a importante distinção entre o conflito do adolescente com fobia social e o conflito com inadequação social. O jovem pode sentir ansiedade em acontecimentos sociais simplesmente porque tem pouco traquejo social. Isso não é o mesmo que fobia social e tem implicações importantes para o tratamento. Se o jovem sente ansiedade por falta de traquejo no contato social, os procedimentos para a redução de ansiedade não funcionarão. Ele precisa aprender a ser mais determinado e a adquirir aptidões no trato social. Veja a seção sobre inferioridade para uma análise desse método de tratamento.

Agorafobia

Esse termo remonta à Grécia antiga e significa literalmente "medo do mercado" (qua na época era ao ar livre). A característica clínica mais

[5]J. W. McFarlan, L. Allen & M. P. Hanzik, *A developmental study of the behavior problems of normal children between 21 months and 14 years*, Los Angeles: University of California Press, 1954.

[6]S. Shafer, Aspects of phobic Illness: a study of 90 personal cases, *British Journal of Medial Psychology* 49, 1976, p. 221-36.

comum é o medo de sair de um ambiente conhecido. O agorafóbico fica ansioso ao pensar em sair de casa ou ficar ao ar livre, principalmente se estiver sozinho. Raramente, ou nunca, vai a lugares públicos, mas pode ter uma vida normal dentro de casa. Muitos agorafóbicos até sofrem ataques de pânico. O medo de ter um ataque na rua é uma das razões que fazem com que permaneçam em casa. Assim como com a síndrome do pânico, a agorafobia começa geralmente na adolescência e segue um curso de episódios repetidos de grande ansiedade intercalados por ansiedade mais amena e difusa. A agorafobia ocorre três vezes mais em mulheres que em homens. Mais que qualquer outra fobia, vem quase sempre acompanhada de uma variedade de outros problemas, como depressão ou abuso de álcool.

DESCRIÇÃO DE CASO

Laura veio fazer terapia por insistência dos pais. Seu pai e sua mãe eram pessoas preeminentes e ricas da comunidade. Laura era a primeira filha, e eles tinham grandes planos para ela. Trouxeram-na para fazer terapia porque, de acordo com o pai, tinha "baixa auto-estima". Conforme se verificou, o conflito de Laura era a fobia social. Sentia muita ansiedade em encontros sociais que considerasse potencialmente embaraçosos e constrangedores. A gota d'água para seus pais foi ela ter-se recolhido ao quarto numa recente reunião de família com parentes vindos de todo o país. Evidentemente, Laura não tinha falta de habilidade no trato social, apenas temia ser avaliada pelos outros. Morria de medo só de pensar que poderia fazer algo constrangedor, motivo de comentários dos demais.

CAUSAS DO CONFLITO

As fobias dificilmente aparecem sem motivo. Embora seja difícil determinar um único fator causal, muitos acreditam que elas sejam geradas por uma combinação dos fatores descritos a seguir.

Biologia

Recentemente, teorias biológicas introduziram o conceito de "preparação" para explicar o comportamento fóbico. Observou-se que os sintomas não aparecem por acaso. Essas teorias argumentam que a constituição biológica nos torna mais "preparados" para evitar certas situações e objetos.

Em outras palavras, algumas fobias podem ser causadas por uma espécie de predisposição biológica para evitar determinados perigos.[7]

Condicionamento

Em determinadas circunstâncias, as fobias podem ser adquiridas a partir de experiências assustadoras. Por exemplo, o fato de ser mordido por um cachorro pode causar um medo persistente e exagerado de coisas que pouco tem a ver com a possibilidade de levar outra mordida. Assim que o medo se instala, o indivíduo fóbico pode estendê-lo para outros estímulos, como por exemplo, todos os animais quadrúpedes. Uma experiência clássica feita por John Watson demonstrou que os medos irracionais podem ser aprendidos em experiências desagradáveis, não apenas direta, mas também indiretamente pela associação de um evento que provoca medo. Lidando com "Albert" (um bebê de 11 meses), Watson fazia muito barulho toda vez que o menino chegava perto de um rato branco. No decurso de sete dias, Albert começou paulatinamente a demonstrar medo à presença do rato branco, sem haver nunhum barulho e, mais tarde, seu medo "generalizou-se", incluindo todos os objetos peludos.[8] Embora várias pesquisas confirmem que as fobias podem ser causadas por condicionamento, sabe-se que suas origens são mais complexas.

Exemplo

Muitos medos da infância são adquiridos pela observação e imitação dos pais, que podem ter medo de dentista, tempestade, escuro etc. Também se observaram crianças que, em situações novas, primeiro olhavam para os pais para ver como eles reagiam para depois mostrar sua própria reação. Mensagens verbais e comportamentais também podem gerar medo nas crianças. O adolescente pode ficar aterrorizado diante de avisos provocadores como "as aranhas podem matá-lo" ou "você pode ser raptado e morto por um estranho". O jovem pode tornar-se fóbico em relação àquilo que aprendeu a temer.[9]

[7] M. E. P. Seligman, Phobias and preparedness, *Behavior therapy* 2, 1971, p. 307-20.

[8] J. B. Watson & R. Rayner, Conditioned emotional reactions, *Journal of Experimental Psychiology* 3, 1920, p. 1-14.

[9] J. L. Deverensky, Children's fears: a developmental comparison of normal and exceptional children, *Journal of Genetic Psychology* 135, 1979, p. 11-21.

Deslocamento

Deslocamento é o processo pelo qual sentimentos e atitudes são transferidos da verdadeira origem para um objeto ou situação neutra. Freud foi o primeiro a descrever a origem das fobias em deslocamento. Escreveu sobre suas conversas com o pai do "pequeno Hans", um garoto de cinco anos que tinha medo de cavalos. A análise de Freud sobre as informações obtidas indica que Hans na verdade tinha medo que seu pai ficasse bravo com ele e deslocou esse medo para os cavalos, para diminuir sua ansiedade (era mais fácil evitar os cavalos do que o pai).[10]

G. Keith Olson explica esse fator causal tomando como exemplo uma adolescente que desenvolveu fobia a facas afiadas. Olson conta: "Alguns meses atrás, numa briga feia com a mãe na cozinha, [a adolescente] viu uma faca afiada e pensou em usá-la contra a mãe. Esse pensamento deixou-a horrorizada. Sentiu-se culpada e assustada, e reprimiu o sentimento o mais rápido e da melhor forma que pôde".[11] Depois dessa experiência, passou a sentir medo terrível de facas.

COMO OS PAIS PODEM AJUDAR

As estratégias citadas a seguir, destinadas a ajudar os adolescentes com o conflito das fobias, podem ser usadas com eficiência pelos pais. Entretanto, como a relação entre pai e filho é única, algumas serão mais pertinentes a sua situação do que outras. Como em todo grande conflito da adolescência, o melhor é que os pais trabalhem sob orientação de um terapeuta competente. Pensando nisso, as estratégias expostas aqui visam a facilitar o processo de ajuda dentro de casa com o adolescente.

Inspirar otimismo

Quando o adolescente perceber que está conseguindo enfrentar melhor as situações desafiadoras, o nível de ansiedade diminuirá e, por conseguinte, a fobia também. Para Albert Bandura, da Universidade de Stanford, essa autoconfiança demonstra a importância do indivíduo acreditar na sua capacidade de superar os conflitos. Embora as ações bem-sucedidas sejam a melhor maneira de inspirar esse tipo de otimis-

[10]Analysis of phobia in a five-year-old boy, standard ed., vol. 10, p. 1909, reprint, London: Hogarth, 1955.

[11]*Counseling teenagers:* the complete christian guide to understanding and helping adolescents, Loveland: Group Publishing, 1984, p. 303.

mo, ficou demonstrado que a persuasão verbal por parte dos pais e terapeutas também exerce influência positiva.[12] Tendo conhecimento de que as pessoas acreditam que ele pode vencer, o adolescente passa também a acreditar em seu próprio sucesso.

COMO OS PROFISSIONAIS PODEM AJUDAR

As estratégias de ajuda para adolescentes com o conflito das fobias descritas a seguir são normalmente usadas pelos terapeutas. São aqui apresentadas para dar informações aos pais, e ajudá-los a encontrar a melhor ajuda profissional possível para o adolescente sob seus cuidados.

Determinar a gravidade

No início do tratamento é aconselhável avaliar a intensidade da fobia do adolescente. Há inúmeras avaliações que funcionam bem para os conflitos fóbicos.

Examinar ganhos secundários

Algumas fobias fazem que as pessoas se sintam "privilegiadas". Podem receber bastante atenção e amor por continuarem a ter medo de pássaros, por exemplo. Esses benefícios superficiais da fobia são chamados de *ganhos secundários*. Teria o jovem fóbico medo de perder amor e atenção se não mantiver o seu comportamento anômalo? Quer *realmente* superar seu conflito fóbico? O terapeuta pedirá para o jovem citar as coisas boas que terá de deixar de lado se conseguir perder o medo. Usando uma escala de um a dez, o terapeuta pode pedir para o paciente avaliar a intensidade de seu desejo de superar o medo.

Praticar técnicas de relaxamento

O adolescente fóbico precisa desenvolver as técnicas básicas de relaxamento. Esse processo em geral começa nas primeiras sessões.[13] Várias técnicas de relaxamento são abordadas nas seções sobre ansiedade e síndrome do pânico. Eis algumas delas: relaxamento muscular profundo, exercícios respiratórios, autogênese e *biofeedback*. O adolescente pode

[12] Self-efficacy mechanism in human agency, *American Psychologist* 37, 1982, p. 122-47.
[13] S. Prior, Determining the effectiveness of short-term a anxiety management course, *British Journal of Occupational Therapy* 61, 1998, p. 207-313.

demorar um pouco para dominar essas técnicas, mas com a prática logo será capaz de relaxar e, portanto, sentir que tem mais controle sobre suas respostas fisiológicas à fobia.

Ensinar habilidades de enfrentamento

Quando o jovem começar a dominar as técnicas de relaxamento, estará pronto para aprender as habilidades de enfrentamento. O primeiro passo do terapeuta é pedir que faça uma lista de todas as situações da vida cotidiana que desencadeiam medo e ansiedade. O jovem deve ser o mais específico possível e tentar reunir pelo menos vinte itens (que variam de um leve desconforto até as experiências mais assustadoras). O terapeuta pedirá para classificar os itens de experiências estressantes em ordem hierárquica, partindo da que provoca menos ansiedade chegando à que gera mais. Cada item representa um aumento de tensão em relação ao item anterior, sendo que os aumentos se dão em acréscimos relativamente iguais.

O sistema de classificação baseia-se em *Unidades Subjetivas de Tensão* (UST). O relaxamento total equivale a zero UST, ao passo que a situação mais estressante na hierarquia equivale a 100. Todas as outras são classificadas com base na impressão subjetiva do indivíduo da distância de cada situação em relação ao estado de maior relaxamento ou maior ansiedade. Por exemplo, se o item mais estressante da hierarquia, no caso, "conversar com pessoas atraentes do sexo oposto", for igual a 100 UST, então, "pensar em uma pessoa do sexo oposto" pode equivaler a 65 UST e "olhar para uma pessoa atraente do sexo oposto" equivaler a 35 UST. O terapeuta permite que o paciente defina como reage em cada situação e decida onde cada acontecimento estressante se encaixa. Pode acontecer que numa lista de vinte itens, cada situação esteja distante da outra em apenas 5 UST.

Depois de estabelecer a hierarquia, o terapeuta a usará para dessensibilizar o adolescente em relação aos seus maiores medos. Partindo da primeira situação (com UST menores), o terapeuta cria uma história clara que o paciente possa reproduzir na imaginação. O adolescente deve imaginar a cena estressante durante meio minuto e reparar nas tensões iniciais do corpo. O terapeuta mostra como o adolescente pode usar a tensão como um alerta para proceder a um relaxamento muscular profundo ou respirar fundo. A tensão deve ser dissipada com a técnica de relaxamento, enquanto o paciente imagina a situação estressante.

Quando conseguir imaginar uma determinada cena sem sentir ansiedade ou tensão, parte para o próximo item da hierarquia. Segue toda a hierarquia de situações estressantes usando esse mesmo procedimento. Em cada etapa, utilizará os primeiros sinais de tensão como um alerta para relaxar. Quando conseguir controlar os itens com UST mais alta, terá muito mais confiança para lutar contra seus medos em situações reais.

Praticar diálogo interno

O terapeuta ensinará o adolescente que seus pensamentos não precisam intensificar o medo. Na verdade, a maneira de pensar pode servir de tranqüilizante para a tensão e aplacar o pânico.[14] O paciente deve dizer a si mesmo, a fim de relaxar em meio a uma reação fóbica, repetindo mentalmente uma série de afirmações que possam controlar o medo, algo como: "Não há nada com que me preocupar", "Isso logo vai passar", "Não existe nada que possa machucar-me aqui", "Eu consigo relaxar". Em meio à situação de medo, quanto mais atenção der a esse monólogo de enfrentamento, mais rapidamente alcançará o alívio psicológico. O terapeuta deixará que o adolescente faça sua própria lista de diálogos internos que o ajudem a vacinar-se contra a fobia. Em seguida, pedirá ao paciente que pratique a técnica em situações reais.

Praticar o enfrentamento *in vivo* e a dessensibilização sistemática

Para que o tratamento da fobia seja eficaz, o adolescente necessita de oportunidades para aplicar na "vida real" as habilidades de enfrentamento aprendidas no consultório. Precisa enfrentar os estímulos que geram o medo com a exposição direta (*in vivo*). Existe um conjunto significativo de provas que atestam a superioridade dessa técnica.[15] Nessa estratégia, o adolescente é exposto de fato a *shopping centers* cheios de gente, pássaros, aviões, cobras ou qualquer coisa que lhe provoque medo.

Um dos tratamentos *in vivo* mais amplamente estudados para os distúrbios fóbicos é o exemplo participativo desenvolvido por Albert

[14] D. H. Meichenbaum, *Cognitive behavior modification*, New York: Plenum, 1974.
[15] A. Bandura, Self-efficacy: toward a unifying theory of behavioral change, *Psychological Review* 84, 1977, p. 191-215.

Bandura e seus colegas.[16] Os terapeutas acompanham o adolescente e o ajudam no que for necessário para ele vencer seus medos irracionais. Podem simplesmente acompanhá-lo e encorajá-lo ou, melhor ainda, dar o exemplo com um comportamento não-fóbico. O primeiro passo para realizar esse tipo de exemplo pode conter uma hierarquia de situações geradores de medo que permitam ao paciente dessensibilizar-se sistematicamente em relação ao objeto que gera o medo.[17]

No caso da fobia a cobras, por exemplo, um item inicial da hierarquia pode ser olhar ou tocar a foto de uma cobra.[18] Um item intermediário poderia ser tocar no vidro da gaiola de uma cobra real. O próximo passo seria olhar por cima do vidro. Depois de construir a hierarquia, o terapeuta mostra ao paciente como cumprir cada uma das tarefas incluídas na hierarquia. Depois de dar o exemplo, ele repete um dos primeiros itens e instrui o adolescente a imitá-lo. Essa etapa é repetida em cada item.[19] Obviamente, é mais difícil usar as habilidades com o objeto que causa o medo que na situação imaginada. As recaídas são inevitáveis. Essa estratégia baseada na atuação é impossível às vezes, como no caso do medo da morte ou de se machucar. Nesses casos, a exposição imaginária é a única opção de tratamento.

Criar situações "vencedoras"

É fundamental que o adolescente consiga fazer alguma coisa por conta própria. Isso lhe permite romper os padrões de uma possível dependência. Para tanto, o terapeuta pode conferir-lhe algumas tarefas. Estas devem ser bem simples no início para garantir o sucesso. Por exemplo, no caso da fobia social, o terapeuta pode pedir que o paciente compre jornal numa banca. Em seguida, a tarefa pode ser ir a uma loja e comprar o jornal das mãos de um atendente. Depois, ir a uma livraria para comprar um livro e assim por diante. Desse modo ganhará mais confiança em suas aptidões e melhorará sua eficiência em situações futuras.

[16]A. Bandura, R. W. Jeffery & C. Wright, Efficacy of participant modeling as a function of response induction Aids, *Journal of Abnormal Psychology* 83, 1974, p. 56-64.

[17]A teoria subjacente a essa técnica foi desenvolvida por Joseph Wolpe, que acreditava que as fobias não são explicadas pelos conflitos inconscientes, mas por experiências traumáticas. V., de J. Wolpe, Experimental neuroses as learned behavior, *British Journal of Psychology* 43, 1952, p.243-52.

[18]Para essa finalidade, você pode encontrar fotografias de vários objetos temidos em qualquer boa enciclopédia.

[19]Bandura *et al.*, Self-efficacy mechanism in human agency.

Explorar outras emoções "assustadoras"

O adolescente com o conflito da fobia pode estar lidando com diversos sentimentos ocultos. Depois de enfrentar o que inicialmente parecia ser uma situação de medo insuportável, pode estar pronto para enfrentar outras emoções temíveis. Contando com uma base sólida de confiança adquirida com o terapeuta que o ajudou a assumir riscos em seu ambiente, o próximo passo é assumir repetidamente riscos com sentimentos que pareçam terríveis. Pode ser o sentimento de raiva, culpa, ressentimento ou vários outros considerados "perigosos". De qualquer forma, o terapeuta pode ajudar o jovem a lidar em doses seguras, caminhando em direção ao alvo de capacitá-lo a controlar os medos que o rodeiam.

Saber quando encaminhar

O terapeuta encaminhará o adolescente com o conflito da fobia para ser avaliado por um psiquiatra se houver uso de drogas. Se, em qualquer momento do tratamento, o comportamento fóbico mostrar-se exacerbado ou parecer não melhorar, a consulta ou o encaminhamento é necessário.

Onde mais buscar ajuda

AGRAS, S., *Panic:* facing fears, phobias, and anxiety, New York: W. H. Freeman, 1985.

BOURNE, E. J., *The anxiety and phobia workbook*, Oakland: New Harbinger, 1989.

DAVIS, M., M. MCKAY & E. R. ESHELMAN, *The relaxation and stress reduction workbook*, Richmond: New Harbinger, 1980.

KAHN, A. P., *Facing fears:* a sourcebook for coping with phobias, fears, and anxieties, New York: Checkmark Books, 1999.

WANDERER, Z., *Acquiring courage*, 1990. Trata-se de um programa em fita cassete para o "tratamento rápido de fobias". Sugere a aplicação de técnicas de terapia de implosão do estilo auto-ajuda. Seu uso é recomendável com o acompanhamento de um psicoterapeuta.

Orientação bíblica para os adolescentes em conflito

- Salmos 23.4; 27.1; 34.4; 56.3; 118.6
- Isaías 12.2; 35.3,4
- Romanos 8.15

Gagueira

CARACTERÍSTICAS DO CONFLITO

A gagueira é triste e frustrante em qualquer idade, mas principalmente para o adolescente que está em busca de uma identidade estável. Trata-se da condição em que o fluxo da fala é interrompido por paradas anormais, repetições ou prolongamento de sons e sílabas. Além disso, o gago pode apresentar movimentos faciais e corporais incomuns associados ao esforço de falar. Alguns são fluentes com amigos ou quando estão sozinhos, mas ficam extremamente gagos com os outros, principalmente com figuras de autoridade. Enquanto alguns jovens gaguejam diante de qualquer pessoa, muitos gaguejam apenas em determinadas circunstâncias. Em geral, os gagos têm inteligência normal ou acima do normal.[1]

A gagueira é comum e temporária em crianças pequenas e é chamada de gagueira do *desenvolvimento*. Costuma aparecer entre dois e quatro anos de idade e dura apenas alguns meses. A gagueira *persistente* começa entre três e oito anos de idade e persiste, caso não haja nenhuma intervenção eficiente. A gagueira que aparece depois dos cinco anos é considerada mais grave do que as que surgem antes dessa idade.[2]

Milhões de crianças em idade pré-escolar gaguejam. Aproximadamente 75% das crianças de dez anos de idade que gaguejam ficam gagas pelo resto da vida, e 1% (dois milhões) da população total de adolescentes dos

[1]E. G. Couture, *Stuttering*, Englewood Cliffs: Prentice-Hall, 1982.

[2]C. E. Schaefer & H. L. Millman, *How to help children with common problems*, New York: Van Nostrand Reinhold, 1981.

Estados Unidos sofre de gagueira. Há quatro a oito vezes mais homens gagos, de todas as idades, do que mulheres.[3]

DESCRIÇÃO DE CASO

Ryan, treze anos, começou a gaguejar por volta dos seis anos de idade. Nos últimos anos, passou a gaguejar com maior intensidade e constância, e seus pais passaram a ficar cada vez mais preocupados com o fato de o filho entrar na adolescência com esse problema. Tentavam ajudá-lo, fazendo-o repetir as palavras corretamente. Porém, em vez de melhorar, Ryan ficou mais ansioso, e a gagueira aumentou. Agora, está se tratando com uma fonoaudióloga. Foi trazido pelos pais para fazer psicoterapia porque estava apresentando sinais de depressão e baixa auto-estima. A raiz de seu conflito, no entanto, era o problema da gagueira.

CAUSAS DO CONFLITO

As causas da gagueira não são claras. Não existe nenhuma teoria amplamente aceita sobre sua origem. Vejamos alguns fatores que mais contribuem para o problema.[4]

Influências psicológicas

A probabilidade de alguém tornar-se gago é, em grande parte, influenciada pela hereditariedade. Acredita-se que a causa física direta seja uma deficiência na percepção auditiva. Os gagos ouvem a própria voz com atraso. Outra teoria afirma que um lado do cérebro não atingiu o nível de influência necessário para a fala adequada.

Fatores de estresse

Situações estressantes como fadiga, pressão na escola, afastamento de pessoas importantes e mudanças em estágios críticos do desenvolvimento podem causar a gagueira. A tensão faz com que indivíduos suscetíveis percam o controle dos músculos delicados da fala, e a linguagem mal articulada passa a ser uma forma de indicar medo ou relutância. Se o

[3]Ibid.
[4]Ibid.

padrão continuar, poderá resultar na gagueira persistente. Acredita-se que a propensão à gagueira se intensifique por situações estressantes.

Expectativas dos pais

As expectativas irreais dos pais geram ansiedade nos filhos. A gagueira pode resultar da tensão causada por pais que tentam forçar o filho pequeno a falar num nível mais avançado que seu estágio normal de desenvolvimento. Pais perfeccionistas também podem gerar essa tensão quando fazem o filho se sentir compelido a viver segundo padrões impossíveis ou excepcionalmente difíceis. Se os pais tiverem reação exagerada diante da dificuldade da fala normal, dizendo coisas do tipo: "Tenha mais cuidado ao falar" ou "Comece de novo e fale mais devagar", a criança pode ficar constrangida em falar. A tentativa vigorosa dos pais de melhorar a falta de fluência do filho em público pode causar mais hesitação e, portanto, piorar o problema.

Indicação de conflito

Sentimentos de raiva não manifestos são considerados, por alguns, uma das causas da gagueira. Uma analogia seria o motorista que pisa no acelerador com um dos pés e no breque com o outro. O gago é tido como alguém que quer se expressar mas conter-se ao mesmo tempo. Embora alguns entendam que esse conflito interno seja uma causa, não há pesquisas que comprovem essa hipótese.

COMO OS PAIS PODEM AJUDAR

As estratégias citadas a seguir destinam-se a ajudar os adolescentes com o conflito da gagueira e podem ser usadas com eficiência pelos pais. Entretanto, como a relação entre pai e filho é única, algumas serão mais pertinentes a sua situação do que outras. Como em todo grande conflito da adolescência, o melhor é que os pais trabalhem sob orientação de um terapeuta competente. Pensando nisso, as estratégias apresentadas neste livro visam a facilitar o processo de ajuda dentro de casa com o adolescente.

Proporcionar um ambiente acolhedor e tranqüilo

É essencial criar um ambiente tranqüilo e emocionalmente acolhedor quando se lida com um adolescente gago. Fale em tom suave, diminuindo o próprio ritmo da fala. Isso ajuda a marcar o tempo e criar um clima que permita ao gago relaxar e liberar as tensões que normalmente subjazem à gagueira. Ouça com paciência e atenção o que ele disser, sem chamar a atenção para a forma com que diz.

Consultar um especialista

O adolescente com gagueira costuma apresentar outros problemas, como ansiedade, medo, depressão, frustração, sentimentos de inferioridade ou culpa. Mas esses problemas, em geral, são causados pela gagueira. Se o jovem exibir esses distúrbios e também a gagueira, procure um especialista. Uma intervenção séria para a gagueira requer o tratamento especializado de um fonoaudiólogo.

Eliminar a ansiedade por antecipação

A antecipação é o maior inimigo do gago. "Permita" que o adolescente se arrisque e seja espontâneo. Tire o peso da culpa, a insegurança e a inibição. O gago precisa de espaço e liberdade emocional. Tente incutir-lhe coragem. As pessoas importantes em seu ambiente podem ser estimuladas a ajudá-lo da mesma forma. Isso lhe permitirá "desembuxar", como diz um professor gago da Universidade de Wisconsin.[5]

COMO OS PROFISSIONAIS PODEM AJUDAR

As estratégias de ajuda para adolescentes com o conflito da gagueira descritas a seguir são normalmente usadas pelos terapeutas. São aqui apresentadas para fornecer informações aos pais e ajudá-los a encontrar a melhor ajuda profissional possível para o adolescente sob seus cuidados.

Aumentar a consciência

O adolescente gago certamente sabe de seu problema. Mas pode ser bom reforçar sua motivação, explicando-lhe em detalhes os padrões de fala que resultam de sua gagueira. Também é útil abordar os tipos de palavras, comportamentos e situações que mais provocam a gagueira.

[5] G. F. Johson, Ten commandments for long-term maintenance of acceptable self-help skills for persons who are hard-core stutterers, *Journal of Fluency Disorders* 12, 1987, p. 9-18.

Identificar as áreas problemáticas pode ajudar o terapeuta a encontrar boas estratégias de tratamento (p. ex., as técnicas de relaxamento descritas a seguir).[6]

Implementar técnicas de relaxamento

O adolescente com esse problema pode beneficiar-se de várias técnicas de relaxamento. Quando aprendidas, proporcionam ao paciente a sensação de controle em meio a um conflito que parece incontrolável. Relaxamento muscular profundo, *biofeedback*, respiração profunda, imaginação guiada e autogênese são algumas técnicas que podem ser usadas. Esses e outros métodos foram descritos na seção sobre ansiedade e síndrome do pânico.

Considerar a terapia de grupo

Muitos especialistas concordam que a terapia de grupo proporciona aos gagos experiências positivas que a terapia individual não é capaz de oferecer. Por exemplo, em grupo, o adolescente compartilha experiências e sentimentos com pessoas que sofrem do mesmo problema. O jovem também pode ver que não é o único a lutar contra a gagueira e, acima disso, se beneficiar com a experiência terapêutica dos outros gagos.[7]

Saber quando encaminhar

O adolescente com problemas de fluência na fala pode reagir relativamente rápido a algumas dessas técnicas. No entanto, se continuar a gaguejar depois das estratégias de intervenção para reduzir a ansiedade, consulte um especialista. A maioria dos jovens que enfrentam o conflito da gagueira no período da adolescência requer ajuda profissional especializada. A probabilidade de remissão espontânea é praticamente nula.[8] Embora um terapeuta comum possa ajudar o adolescente na questão da ansiedade e da auto-estima, um especialista em terapia da fala deve ser consultado. O fonoaudiólogo é um profissional com formação universitária especializada.

[6] B. P. Ryan & Van Kirk B. Ryan, Programmed stuttering therapy for children: comparison of four establishment programs, *Journal of fluency disorders* 8, 1983, p. 291-321.

[7] Couture, *Stuttering.*

[8] R. Ladouceur & L. Saint-Laurent, Stuttering: a multidimensional treatment and evaluation package, *Journal of Fluency Disorders* 11, 1986, p. 93-103.

Onde mais buscar ajuda

AINSWORTH, S., *Stuttering:* what it is and what to do about it, Lincoln: Cliffs Notes, 1975.

APEL, M. A., *Coping with stuttering*, New York: Rosen Publishers, 1999.

BRYNGELSON, B., M. E. CHAPMAN & O. K. HANSEN, *Know yourself:* guide for those who stutter, Minneapolis: Burgess, 1966.

CONTURE, E. G., *Stuttering and your child:* questions and answers, Memphis: Stuttering Foundation of America, 1999.

CONTURE, E. G., *Stuttering*, Englewood Cliffs: Prentice-Hall, 1990.

ONSLOW, M. & A. PACKMAN, *The handbook of early stuttering intervention*, San Diego: Singular Publishers, 1999.

SCHWARTZ, M. F., *Stuttering solved*, Philadelphia: Lippincott, 1976.

Orientação bíblica para o adolescente em conflito

- Salmos 22.24; 32.7
- Provérbios 13.3; 25.15
- Isaías 41.13

Homossexualismo

CARACTERÍSTICAS DO CONFLITO

Poucos assuntos causam mais reação e controvérsia hoje em dia que o homossexualismo. A questão gera debates acalorados em praticamente todas as áreas da sociedade: na escola, na política, nas forças armadas, nos tribunais, nos esportes, na ciência, nas associações profissionais, no mundo do entretenimento, no comércio e na indústria, na mídia e especialmente na igreja. Todas estão envolvidas no fogo cruzado da discussão. De um lado, os críticos dos *gays*, que condenam e perseguem os homossexuais. Do outro, os defensores dos *gays*, que consideram o homossexualismo uma opção aceita, um estilo de vida alternativo.[1] A maioria das pessoas entre esses dois extremos forma um espectro desconfortável de indivíduos que debatem as questões e tentam entender as realidades ainda em desdobramento e a nossa idéia das causas do homossexualismo. Alguns pendem mais para a tolerância, outros para a condenação. Mas preferem fazer isso com muito conhecimento a limitar-se a filosofias baratas.

A intenção desta seção não é convencê-lo de uma determinada teoria nem gerar polêmica. Embora seja impossível tratar desse assunto sem ofender ninguém, o objetivo aqui é equipá-lo com técnicas práticas de ajuda, fundamentadas na compaixão, não na condenação. O assunto vale uma discussão, mas a questão aqui é ajudar o adolescente em conflito.

[1]*Homossexual* designa apenas um aspecto do indivíduo. Nesta seção, emprego a palavra para simplificar e designar a idéia de "indivíduo homossexual", cujo homossexualismo é apenas um dos aspectos de uma vida diversificada. Da mesma forma, a palavra *gay* é usada por mera conveniência.

É impossível saber quantos jovens, mesmo cristãos, enfrentam o conflito do impulso homossexual. A maioria, naturalmente, tem medo de admitir seus pensamentos e sentimentos (às vezes, até para si mesmos) devido a possível rejeição ou desavença. Por volta de 5% a 10% da população é homossexual, embora alguns estimem uma porcentagem maior de indivíduos com atividade bissexual.[2]

A confusão a respeito da homossexualidade acontece, em parte, porque ela não é fácil de definir. A ênfase deve estar no comportamento, não na inclinação. O psiquiatra cristão John White defende essa ênfase em *Eros defiled* [*Eros maculado*]. Escreve: "Ato homossexual é aquele que busca produzir orgasmo sexual entre indivíduos do mesmo sexo. Homossexual é o homem ou a mulher que pratica atos homossexuais".[3] Outras pessoas, cujo interesse pode ser o desejo de ampliar a base da comunidade homossexual aumentando o seu número, definem o homossexualismo como atração erótica em relação a pessoas do mesmo sexo.[4]

Essa definição se torna problema quando alguém reconhece que a orientação sexual não é uma coisa absoluta, mas varia em grau. O relatório Kinsey de 1948 sugere uma escala de sete pontos, na qual zero representa uma pessoa exclusivamente heterossexual, três é o meio-termo, e seis representa a pessoa com tendências e ações exclusivamente homossexuais. Os pesquisadores do relatório Kinsey concluíram que poucas pessoas se encontram nos pontos zero e seis da escala. Entretanto, a definição mais simples de homossexualidade enfatiza a prática de atos homossexuais. Esse é o pecado que os estudiosos evangélicos da Bíblia identificam em Gênesis 19.

A homossexualidade não é simplesmente um padrão de comportamento estereotipado. Há muitas variáveis para o despertar homossexual. Mansell Pattison descreve vários tipos de homossexualidade.[5] Qualquer desses tipos pode aparecer no consultório de um terapeuta cristão, que terá de encontrar uma forma de trazer a redenção dentro do contexto da pureza moral e da teologia cristã.

O *homossexualismo experimental* normalmente refere-se à experimentação do adolescente, em graus diferentes, de interação sexual com os

[2]C. Tripp, *The homosexual matrix*, New York: Meridian, 1987.
[3]Downers Grove: InterVarsity Press, 1977.
[4]E. M. Pattison, Homosexuality: classification, etiology, and treatment, em *Baker encyclopedia of Psychology*, org. D. G. Benner, Grand Rapids: Baker, 1985.
[5]Ibid.

dois sexos. No menor grau, o adolescente tem atividade "homoerótica", como, por exemplo, ficar excitado ao comparar órgãos sexuais. No maior grau, a experimentação do adolescente é a relação sexual com ambos os sexos. Em geral, essa experimentação conduz à heterossexualidade exclusiva.

O *pânico homossexual* é um fenômeno muito comum nos jovens. O adolescente vê uma pessoa nua no banheiro depois da aula de educação física e, de repente, fica excitado. Normalmente, não se trata de um impulso sexual. É uma simples excitação sexual genérica pela visão de corpos nus.

O *homossexualismo situacional* implica o comportamento homossexual quando as relações heterossexuais não são acessíveis. Os presídios são o exemplo mais comum. O alívio sexual é a principal motivação, e não há afeto nem intimidade.

O *homossexualismo reativo* está relacionada ao medo das relações heterossexuais. Embora a sexualidade heterossexual seja preferida, o comportamento homossexual é escolhido por parecer menos ameaçador e perigoso.

O *homossexualismo social* representa a adoção do comportamento homossexual como parte de um papel social requerido. Pattison cita como exemplo claro uma tribo da Nova Guiné na qual todos os homens de 8 a 16 anos são obrigados a assumir um papel homossexual passivo, e dos 16 aos 22 um papel homossexual ativo. Depois, eles devem se casar e permanecer heterossexuais. Mais de 95% dos homens da tribo seguem corretamente essas regras socialmente estabelecidas de comportamento sexual.

O *homossexualismo obrigatório* refere-se ao entendimento de orientação sexual de algumas pessoas como uma necessidade interna. Elas não sentem nenhuma excitação heterossexual, mas descobrem uma atração homossexual. Em geral, não sentem o menor prazer no típico namoro adolescente, embora mantenham ótimas relações sociais com o sexo oposto. Simplesmente não sentem atração nenhuma. Quando começam a sentir o impulso homossexual, não raro no fim da adolescência, ficam surpresas, como se não fosse vontade sua. Sentem-se obrigadas pelos próprios sentimentos a corresponder ao mesmo sexo. Para Pattison, esse padrão refere-se à maioria dos homossexuais.

O *homossexualismo preferencial* acontece nas pessoas com tendências bissexuais. Muitos homossexuais experimentam impulsos heterossexuais e praticam atos heterossexuais com satisfação. Podem simplesmente preferir a experiência homossexual em vez da heterossexual.

O *homossexualismo experimental* e o *pânico homossexual* são provavelmente os tipos mais comuns de conflito homossexual dos adolescentes. Muitos jovens perturbados com a própria homossexualidade buscam a terapia por outros problemas. Entre eles estão ansiedade, depressão, masturbação compulsiva, pesar por um relacionamento perdido ou conflito familiar em relação à sexualidade. Eventualmente, o jovem procura a terapia com o objetivo específico de esclarecer ou mudar sua orientação sexual.[6]

DESCRIÇÃO DE CASO

Todd, dezessete anos, conseguiu convencer os pais a deixá-lo fazer terapia com o argumento de que estava preocupado com o seu desempenho escolar. Logo contou ao terapeuta que sua verdadeira preocupação era o receio de ser homossexual. Todd lembrou-se de tentar "aquilo" com sua irmã mais nova, mas era muito novo para saber o que "aquilo" significava. De qualquer forma, seu pai pegou-os sem roupa e lhe disse que era uma pessoa muito má por ter feito isso. Todd atribui a esse incidente seu medo de sexo com mulheres. Nunca externou o medo de ser *gay*, mas está convencido que "tornou-se" homossexual por causa de suas experiências na infância.

CAUSAS DO CONFLITO

O espaço aqui não permite apresentar uma discussão detalhada sobre as causas do homossexualismo. Deixo o debate sobre a diversidade de suas causas para quem se interessar. Neste ponto, basta dizer que ninguém pode determinar precisamente por que alguém tem essa inclinação. Os motivos mais defendidos são expostos a seguir. Nenhum deles pode ser considerado causal, mas são normalmente vistos como fatores que aumentam a probabilidade da predisposição homossexual.

[6] E. Coleman & G. Remafedi, Gay, lesbian, and bisexual adolescents: a critical challenge to counselors, *Journal of Counseling and Development* 68, 1989, p. 36-40.

Influência psicológica

A adolescência é o período em que a identidade sexual emergente é testada. A homossexualidade, de acordo com muitos, deve-se a uma profunda perturbação nas relações entre pais e filhos.[7] O menino, por exemplo, pode ter um pai distante, desinteressado e hostil, e uma mãe excessivamente afetuosa, possessiva e controladora. Por causa da rejeição do pai, o desejo do filho de identificar-se com a figura paterna é frustrado e, se planta a semente do medo e o anseio pela intimidade com o sexo masculino. O comportamento sufocante da mãe diminui ainda mais a probabilidade do menino estabelecer uma identidade masculina completa.[8] As pesquisas ainda não comprovaram que essa teoria seja causal, mas é uma visão bastante defendida.[9]

Influência social

A interação social fornece algumas informações sobre a aceitação da expressão sexual. Os princípios de aprendizagem, como os mecanismos de associação, reforço e condicionamento, são comumente usados para explicar uma grande variedade de práticas e preferências, tanto heterossexuais como homossexuais. Alguns alegam que, de certa forma, o jovem *aprende* um determinado comportamento sexual por influência social. Por exemplo, o condicionamento negativo da resposta sexual em relação ao sexo oposto e positivo em relação ao mesmo sexo costuma criar uma inclinação homossexual.[10] Depois de anos de estudo, um pesquisador concluiu que, embora o homossexualismo possa se desenvolver sem nenhum fator genético ou hormonal operante, em geral, ele não se desenvolve sem a influência da aprendizagem e da socialização.[11]

Sedução precoce

Alguns especialistas defendem que a sedução homossexual pode exercer papel importante para criar o desejo homossexual, especialmente em

[7]M. G. Henderson, Disclosure of sexual orientation: comments from a parental perspective, *American Journal of Orthopsychiatry* 68, 1998, p. 372-5.

[8]I. Bieber, A discussion of homosexuality: the ethical challenge, *Journal of Consulting and Clinical Psychology* 44, 1976, p. 163-6.

[9]S. L. Jones & D. E. Workman, Homosexuality: the behavioral sciences and the church, *Journal of Psychology and Theology* 17, 1989, p. 213-25.

[10]Ibid.

[11]J. Money, *Gay, straight and in-between*, New York: Oxford University Press, 1988.

idade precoce. Na fase da infância, em que a escolha sexual ainda é relativamente indiferenciada, a sedução pode exercer profunda influência. A criança não tem idade suficiente para entender o que está acontecendo, e a experiência homossexual pode ser algo que reforce a expressão sexual. Nesse caso, os padrões de comportamento homossexuais podem desenvolver-se antes que se tenha oportunidade de explorar os hábitos heterossexuais. A sedução homossexual, certamente nem sempre resulta no estilo de vida homossexual, mas, em alguns casos, pode ser um fator causal.[12]

COMO OS PAIS PODEM AJUDAR

As estratégias citadas a seguir destinam-se a ajudar os adolescentes com o conflito da homossexualidade e podem ser usadas com eficiência pelos pais. Entretanto, como a relação entre pai e filho é única, algumas serão mais pertinentes para a sua situação do que outras. Como em todo grande conflito da adolescência, o melhor é que os pais trabalhem com a orientação de um terapeuta competente. Pensando nisso, as estratégias expostas neste livro visam a facilitar o processo de ajuda dentro de casa com o adolescente.

Evitar o choque e demonstrar aceitação

Se o seu filho disser: "Acho que sou *gay*". Qual será a sua reação? Em primeiro lugar, faça o possível para não demonstrar que levou um choque. A ajuda só será eficiente se você expressar de forma inabalável sua sincera preocupação. Mantenha a calma. A demonstração de choque pela inclinação sexual do adolescente pode se tornar um empecilho para a análise saudável que leve à solução. Isso vale principalmente para o adolescente que confessa o conflito com a homossexualidade.[13] Crie um clima de afeto e aceitação. Seja o mais objetivo possível e procure demonstrar sinceramente que o aceita como pessoa, mesmo que não aprove a orientação sexual dele. Se possível, encaminhe seu filho para um terapeuta competente.

[12]G. K. Olson, *Counseling teenagers:* the complete christian guide to understanding and helping adolescents, Loveland: Group Books, 1984.

[13]J. G. Baker & H. D. Fishbein, The development of prejudice towards gays and lesbians by adolescents, *Journal of Homosexuality* 36, 1998, p. 89-100.

Reforçar a mudança

Os reforços verbais podem ser eficazes com o jovem preso na armadilha de sentir atração pelo mesmo sexo. Se ele lhe contar que conversou com estudantes do sexo oposto na hora do intervalo, diga: "Que ótimo!". Se ele contar que se sente atraído por alguém do sexo oposto, diga: "Parabéns!". Esses comentários aparentemente insignificantes podem causar um grande efeito em adolescentes inseguros.

Garantir apoio social

O jovem que luta contra a preferência pelo mesmo sexo deve entrar para um grupo ativo de apoio social. Por intermédio do apoio social, vários grupos de ministério cristão ajudam os homossexuais a mudarem. Muitos desses grupos são representados pelo Exodus International and Homosexuals Anonymous e empregam abordagens distintas, mas em geral concordam que a mudança é um processo difícil e doloroso de renunciar práticas e atitudes e confiar na ajuda de Deus. Para obter indicações sobre literatura e terapias de apoio em português, veja o final deste capítulo.

COMO OS PROFISSIONAIS PODEM AJUDAR

As estratégias de ajuda para adolescentes com o conflito da homossexualidade descritas a seguir são normalmente usadas pelos terapeutas. Elas são aqui apresentadas para prestar-lhes informações, como pais, e ajudá-los a encontrar a melhor ajuda profissional possível para o adolescente sob seus cuidados.

Obter um histórico detalhado

Embora eu não conheça nenhuma medida válida e confiável que possa ser usada para analisar precisamente o grau de homossexualismo, uma boa entrevista feita por terapeuta ajudará muito a estabelecer o processo terapêutico. Uma entrevista meticulosa normalmente leva duas horas. O terapeuta preparará o paciente dizendo: "Preciso compreender tanto quanto possível a sua situação. Isso significa que terei de lhe fazer um monte de perguntas. Tentarei não ser desagradável, mas preciso de todos os detalhes. Se você não conseguir expressá-los em nossa conversa, poderá colocá-los num papel e me entregar depois".

Tratar os receios diretamente

O terapeuta não fará o adolescente se tornar homossexual se lhe permitir explorar suas ansiedades abertamente e sem repreensões. Se o jovem estiver apenas questionando a possibilidade de se tornar *gay*, provavelmente, não será a melhor hora para "processar" a preocupação mais a fundo. O terapeuta cristão acalmará suas ansiedades tanto quanto possível. Ele o tranqüilizará, garantindo-lhe que seus medos são comuns em nossa cultura e que o jovem não é homossexual. A maioria dos impulsos "homossexuais" da adolescência, na verdade, estão mais para uma pseudo-homossexualidade. Podem simplesmente fazer parte do processo de construção da identidade sexual do adolescente.

Esclarecer e avaliar os objetivos terapêuticos

Uma preocupação evidente do tratamento é o resultado. Embora algumas autoridades seculares argumentem que a orientação homossexual deve ser confirmada na terapia, muitos cristãos acreditam que pode ser erradicada pelo processo terapêutico e pelo poder de Deus. O paciente é quem determinará o objetivo desejado.[14] A responsabilidade terapêutica dos cristãos é proporcionar o ambiente e as informações mais propícios para ajudá-lo tanto a escolher e quanto ser capaz de seguir o caminho mais saudável, um curso de ação que também seja coerente com a vontade de Deus. Isso inclui evitar o comportamento homossexual.

O terapeuta cristão competente pergunta ao jovem o que ele espera de si e o que gostaria de ser. Com isso, fará distinção entre o homossexualismo *egodistônico*, condição em que o indivíduo sofre conflito interno com relação a seus desejos sexuais, e o homossexualismo *egossintônico*, em que o indivíduo está satisfeito com sua orientação e comportamento homossexuais. Se ele quiser sinceramente enriquecer seu modo de vida *gay* pela intervenção terapêutica, e esse desejo entrar em conflito com os valores do terapeuta, não ajudará nada discutir sobre o objetivo apropriado da terapia. O terapeuta só pode oferecer a ajuda que o paciente quiser receber. É como a pergunta daquela velha piada: "Quantos psicólogos são necessários para mudar uma lâmpada?

[14] M. Meehan, The homosexual condition: can it be changed?, *New Oxford Review* 66, 1999, p. 13-23.

Apenas um. Mas a lâmpada precisa querer ser mudada". É impossível trabalhar com um adolescente que esteja realmente satisfeito com sua condição homossexual, por mais que a família e os outros se aborreçam com isso. A partir do momento em que a pessoa aceita um determinado pecado e não se arrepende, pouco se pode fazer para mudá-la.

O terapeuta incentiva o adolescente que busca a terapia na esperança de mudar sua orientação sexual, mas também o avisará que nem sempre essa jornada é fácil. Pode ser um longo e doloroso processo. Às vezes, o paciente não muda para a orientação heterossexual, mas pode obter ajuda para ter uma vida vitoriosa e significativa, livre do comportamento homossexual. O desejo de mudar é um dos maiores sinais de que poderá vir a ser heterossexual. As pesquisas também descobriram outros indicadores de mudança positiva: pacientes com menos características do sexo oposto; abaixo de 35 anos; primeira experiência homossexual ocorrida antes dos dezesseis anos; e evidências de algum interesse heterossexual.[15] A presença de ideais e valores sexuais ao lado de atitudes morais em relação ao homossexualismo aumenta a probabilidade de mudança.[16]

Corrigir informações erradas

Há muita confusão em torno da questão do homossexualismo. O jovem pode, por exemplo, sofrer com a informação errada segundo a qual o homossexualismo é um distúrbio mental ou que essa condição é sempre irreversível. Talvez acredite que tenha cometido um pecado imperdoável e jamais será aceito por Deus. Pode culpar os pais por "o terem feito" daquele jeito. Corrigir os equívocos é apropriado. Uma postura esclarecedora é capaz de mudar atitudes e, desse modo, permitir que o adolescente supere suas dificuldades.

Segundo James Mallory, presidente do conselho médico e clínico da Rapha, o homossexualismo é mais bem compreendido utilizando o modelo do vício. Todo comportamento causador do vício é caracterizado por uma fraqueza predisponente. Variáveis como relacionamento com os pais, atitudes aprendidas de masculinidade ou feminilidade, capacidade biológica,

[15] J. Bancroft, *Deviant sexual behavior*: modification and assessment, Oxford: Clarendon, 1974.

[16] E. M. Pattison & M. L. Pattison, "Ex-gays": religiously mediated change in homosexuals, *American Journal of Psychiatry* 137, 1980, p. 1553-62.

psicológica e social de manifestar traços masculinos/ femininos, abuso sexual muito cedo, qualidade dos relacionamentos com ambos os sexos nas fases de desenvolvimento, todas podem contribuir para a vulnerabilidade ao comportamento homossexual, mas nenhuma é causal. Chega um momento, no entanto, que o indivíduo decide assumir um comportamento que inexoravelmente transforma-se em vício. De acordo com Mallory, a pessoa recebe um reforço e provável alívio temporário para o sofrimento emocional e, por isso, conclui: "Acho que sou assim mesmo". Sente encurralada e assume uma atitude fatalista diante da própria situação. O terapeuta tem a oportunidade e responsabilidade de corrigir essas conclusões errôneas que o adolescente pode tirar de sua orientação sexual.[17]

Ensinar habilidades sociais eficazes

A heterossexualidade, para muitos jovens, jaz debaixo de uma pilha de medos. Uma terapia eficiente deve incluir o encorajamento ativo de comportamentos heterossexuais apropriados. O fracasso no namoro perpetua o círculo vicioso de fracassos heterossexuais. Aprender habilidades de namoro e de conversação pode reforçar a confiança. O garoto que está morrendo de medo de ser *gay* pode achar difícil aproximar-se das garotas com o grau necessário de determinação, orgulho masculino e autoconfiança para atraí-las. Nesse processo, pode também precisar aprender que os homens conseguem demonstrar amor-próprio, determinação e competência sem ser cruéis, arrogantes e dominadores. A seção sobre timidez fornece várias estratégias para ensinar habilidades sociais.

Vale ainda notar que as garotas dão mais prioridade às relações pessoais do que às atividades em grupo, enquanto as prioridades sociais dos garotos estão em primeiro lugar.[18] Essa diferença de prioridades também tende a distinguir os homens homossexuais dos heterossexuais. Muitos adolescentes do sexo masculino com inclinações homossexuais têm dificuldade de fazer amizade com heterossexuais do mesmo sexo. Enquanto o garoto homossexual deseja "partilhar seus sentimentos", o heterossexual prefere relacionar-se em atividades de grupo, como esportes, por exemplo.

[17]Conversa pessoal com James Mallory, Northwest Medical Center, Atlanta, Ga.
[18]J. Sanford & G. Lough, *What men are like*, Mahwah: Paulist, 1988.

Alguns rapazes com esse conflito podem obter ajuda concentrando-se em aprender habilidades e interesses que os ajudem a fazer amizade com outros homens não *gays*. Joseph Nicolosi, no livro *Reparative therapy of male homosexuality* [*Terapia reparadora de homossexualismo masculino*], recomenda que se encoraje alguns pacientes a se tornarem esportistas para que descubram a força masculina. Relata que, em geral, o garoto pré-homossexual não pratica atividades físicas. A masculinidade está intrinsecamente ligada ao corpo. Quando o garoto pratica pouca ou nenhuma atividade física perde a noção de sua masculinidade.[19]

Ensinar a controlar o pensamento

O adolescente com receio de ser homossexual ou que tem um modo de vida *gay* é consumido por pensamentos sexuais. Às vezes, não consegue pensar em outra coisa. Palavras e imagens sempre lhe invadem a mente. O terapeuta pode ajudá-lo a fazer uma lista de pensamentos alternativos nos quais possa se concentrar. Algumas possibilidades são citar a Bíblia ou imaginar uma caminhada relaxante pelo campo. Pode memorizar trechos de hinos conhecidos ou músicas que inspirem sentimentos e usá-los quando necessário. O segredo é substituir a obsessão por outro pensamento. O treinamento de relaxamento também é eficaz para ajudar a pessoa a parar com suas obsessões. Vários exercícios de relaxamento usados pelos terapeutas podem ser encontrados nas seções sobre ataque de pânico e ansiedade. Se o jovem praticar essas estratégias, em pouco tempo as obsessões desaparecerão.

Considerar a terapia conjunta

G. Keith Olson sugere que a terapia conduzida por uma dupla formada por uma psicóloga e um psicólogo pode ser especialmente eficaz para tratar do adolescente com o conflito da homossexualidade. Nas sessões iniciais, o terapeuta do mesmo sexo recolhe as informações com o paciente. Somente depois disso e de ambos estabelecerem uma ligação terapêutica, o adolescente passa para a terapia conjunta com a dupla de homem e mulher terapeutas. Essa abordagem permite que o adolescente interaja com modelos de comportamento masculino e feminino. O método permite resolução mais rápida do sofrimento e da raiva em relação

[19]Northvale: Aronson, 1991.

aos dois sexos. Ajuda também o adolescente a aprender a interagir com homens e mulheres. A abordagem da dupla de terapeutas é uma estratégia eficaz para adolescentes.[20]

Ficar atento a pensamentos suicidas

As taxas de suicídio entre homossexuais são maiores que entre os heterossexuais. O adolescente homossexual pode até pensar em autoflagelação.[21] Por isso, é imperativo que o terapeuta que está trabalhando com adolescentes em conflito com a homossexualidade esteja atento aos sinais de alerta que possam indicar o perigo do suicídio: depressão, explosões irracionais, mudança nos hábitos de alimentação e sono, falta de esperança, conversas sobre autoflagelação e outros. Consulte o capítulo deste livro sobre suicídio para obter uma descrição detalhada desses sinais de alerta.

Esperar fadiga

Tratar jovens com o conflito da homossexualidade é uma tarefa estafante. Um dos motivos é que o paciente descarrega uma avalanche de sentimentos sobre o terapeuta. O profissional pode sentir dúvida, raiva, medo, admiração, ambivalência, amor, desconfiança ou anseio por amizade. Para piorar as coisas, muitos desses sentimentos contraditórios são experimentados simultaneamente.[22] Um modo de lutar contra a fadiga é esperar que ela ocorra e preparar-se para emoções intensas ao trabalhar com jovens que se sentem atraídos por pessoas do mesmo sexo.

Saber quando encaminhar

O terapeuta deve encaminhar o adolescente com o conflito da homossexualidade para outros terapeutas ou psicólogos competentes quando não conseguir mostrar-se autenticamente compassivo e não ficar à vontade com os problemas do paciente ou se o jovem não tiver total consciência da própria sexualidade ou não se sentir à vontade com ela. Encaminhar também é recomendável quando os objetivos terapêuticos do paciente conflitam com os valores do profissional.

[20]Olson, *Counseling teenagers.*

[21]A. Ben-Ari, Perceptions of life and death among suicidal gay adolescents, *Omega: Journal of Death and Dying* 37, 1998, p.107-19.

[22]Wilson, *Counseling and homosexuality.*

Onde mais buscar ajuda

Atkinson, D., *Homosexuals in the christian fellowship*, Grand Rapids: Eerdmans, 1979.

Bergner, M., *Setting love in order:* hope and healing for the homosexual, Grand Rapids: Baker, 1995.

Comeskey, A., *Pursuing sexual wholeness:* how Jesus heals the homosexual, Altamonte Springs: Creation House, 1989.

Devies, B. & L. Rentzel, *Coming out of homosexuality:* new freedom for men and women, Downers Grove: InterVarsity, 1994.

Paulk, J., *Not afraid to change:* the remarkable story of how one man overcame homosexuality, Seattle: Wine Press, 1998.

Payne, L., *The broken image:* restoring personal wholeness through healing prayer, Westchester: Crossway Books, 1991.

Van Den Aardweg, G., *Homosexuality and hope*, Ann Arbor: Servant Books, 1985.

Worthen, A. & B. Davies, *Someone I love is gay:* how family and friends can respond, Downers Grove: InterVarsity, 1996.

Outros contatos:

Exodus
http://exodus.org.br

Movimento pela Sexualidade Sadia (Moses)
Caixa Postal 20.059, Rio de Janeiro, RJ
Cep: 21022-970
Tel. (21) 2458-8797 / 2573-5651
www.moses.org.br

Orientação bíblica para o adolescente em conflito

- Levítico 18.22
- Provérbios 5.21
- Romanos 1.27
- 1Coríntios 6.9,10
- 1Tessalonicenses 4.3-5
- 1Timóteo 5.1,2

Inferioridade

CARACTERÍSTICAS DO CONFLITO

Segundo Maxwell Maltz, 95% das pessoas de nossa sociedade sentem-se inferiores.[1] Creio que a porcentagem seja ainda maior entre os adolescentes. Milhões de pessoas sofrem com o forte sentimento de inadequação.

A inferioridade e a auto-estima recebem mais atenção que qualquer outro assunto da psicologia do adolescente, e por um bom motivo. A auto-estima saudável é como uma vacina contra outros problemas comuns do adolescente.[2] Está provado que o sentimento de inferioridade é um fator determinante em: distúrbios da ansiedade, falta de adaptação social, compulsão alimentar, mau desempenho escolar, expulsão da escola, aspirações vocacionais, desonestidade, depressão, delinqüência, abuso de drogas e gravidez antes do casamento, entre muitos outros.[3] Além disso, o jovem em conflito com o sentimento de inferioridade ao entrar na adolescência tem mais probabilidade de ingressar na vida adulta com os mesmos sentimentos negativos, caso não receba ajuda.[4]

[1] *Psychocybernetics*, New York: Essandes, 1968.

[2] R. Gupta, Inferiority feelings as a source of variation in adjustment of female adolescents, *Journal of Personality and Clinical Studies* 12, 1996, p. 29-32.

[3] D. L. Yanish & J. Battle, Relationship between self-esteem, depression and alcohol consumption among adolescents, *Psychological Reports* 57, 1985, p. 331-4. T. M. Klein, Adolescent pregnancy and loneliness, *Public Health Nursing* 15, 1998, p. 338-47.

[4] F. P. Rice, *The adolescent:* development, relationships and culture, 6th ed., Boston: Allyn and Bacon, 1990.

A fase da adolescência é particularmente importante para o cultivo da auto-estima positiva. Com a possibilidade de se tornar inibido e introspectivo (p. ex., no estágio de operações formais do desenvolvimento cognitivo), o adolescente reúne condições que o ajudam a se auto-avaliar. Sou inteligente? Sou competente? Sou atraente? Ele se compara com seus próprios ideais e com os ideais dos outros; uma experiência que, em geral, é dolorosa. O eu ideal é formado de aspirações que podem ser realistas, muito baixas, ou, para o adolescentes com o sentimento de inferioridade, muito altas. O eu ideal com aspirações realistas induz à auto-aceitação. Ter aspirações muito baixas atrapalha o bom desempenho. Ter aspirações muito altas induz à frustração, baixa auto-estima e inferioridade.

A auto-estima é a avaliação subjetiva do próprio valor do indivíduo. Expressa aprovação ou desaprovação. É o indicador mais importante do comportamento e a causa que determina se a criança terá sucesso na vida. Outra forma interessante de definir a auto-estima é pela fórmula: AE = ER - EI (*auto-estima* é *igual* ao *eu real menos* o *eu ideal*). Todo adolescente cria uma imagem da pessoa que gostaria de ser. Não um desejo frívolo ("Quero ser um *pop star*."), mas um desejo sincero de possuir determinados atributos "ideais". Quando o eu real e o eu ideal são bastante parecidos, a auto-estima do jovem é positiva. Quando são muito diferentes, emerge a inferioridade.

Há vários indicadores de baixa auto-estima ou inferioridade na adolescência. Um deles é *a origem da atribuição*: o adolescente acredita que o seu sucesso ou fracasso depende de suas próprias ações e capacidade interna, ou depende de influências externas como sorte e acaso. O adolescente com o conflito da inferioridade invariavelmente atribuirá seus fracassos a causas internas e todos os êxitos a causas externas.[5] Se for reprovado em um exame, é porque ele é burro. Se passar, é porque o exame não foi tão difícil quanto de costume.

Outro indicador de inferioridade é a falta de confiança ou, mais precisamente, de *competência própria*: a convicção de realizar um ato com sucesso para produzir o resultado desejado. Em outras palavras, indica se o adolescente acredita que tem poder de mudar sua situação. Aquele que acredita que tem esse poder demonstra mais resistência e propósito.

[5] L. Y. Abramson, M. E. P. Seligman & J. D. Teasdale, Learned helplessness in humans: critique and reformulation, *Journal of Abnormal Psychology* 87, 1978, p. 49-74.

O que não acredita recua e desiste. O adolescente com sentimento de inferioridade tem mais probabilidade de se sentir desamparado e impotente. Tem mais chance de sofrer por falta de autovalorização.[6]

A posição *defensiva* é outro indicador de inferioridade. O adolescente com baixa auto-estima sente-se magoado. Para proteger-se de novas mágoas, cria barreiras. Pode exibir sentimentos desproporcionais de hostilidade, crítica, arrogância, desconfiança ou negação. Acha muito arriscado expor-se a outras mágoas, por isso, usa uma armadura psicológica. Uma de suas defesas mais comuns pode ser a apatia. É como se tomasse uma injeção de novocaína emocional que o deixasse em estado letárgico, assumindo uma atitude do tipo "não me importo".

O adolescente com baixa auto-estima pode ser distraído, tímido, retraído, inibido ou ansioso. Ele costuma sonhar acordado e prefere estar em situações em que a competição é mínima. Não tem nenhuma ou tem pouca expectativa de sucesso. Em geral, sente carência afetiva e teme novas experiências. Costuma não ter boa aparência e não ser muito ativo.[7]

DESCRIÇÃO DE CASO

Ron tem quinze anos de idade. É retraído e não vai bem na escola. Foi criado num lar cujos pais nutriam grandes expectativas em relação a ele. Os pais raramente o elogiavam, mesmo quando Ron mostrava um boletim com médias excelentes. Hoje Ron não consegue se lembrar de uma única vez em que seu pai lhe deu parabéns por um trabalho bem feito. Confessa sem hesitação que "desistiu" da escola, mas alega que seu pai não tem nada a ver com isso. Simplesmente acredita não ter as qualidades necessárias para ser bem-sucedido. Sente-se culpado, não porque ache que o seu comportamento seja ruim, mas sim porque acredita que ele próprio é ruim, problemático. Ron também é extremamente sensível a críticas. Qualquer tentativa de corrigi-lo ou encorajá-lo, ou uma simples sugestão, fere tanto quanto um insulto. Quando lhe perguntam sobre o seu futuro, demonstra despreocupação e apatia. Veio para a terapia porque achava estar deprimido. No entanto, Ron não demonstrou sinais sérios de depressão. Sentia-se frustrado e aceitava sua situação como destino, acreditando que não podia mudar. Seu conflito era sentir-se inferior.

[6]S. H. Shelton, Developing the construct of general self-efficacy, *Psychological reports* 66, 1990, p. 987-94.

[7]G. Domino & E. Blumberg, An application of Gough's conceptual model to a measure of adolescent self-esteem, *Journal of Youth and Adolescence* 16, 1987, p. 87-90.

É fácil ficar confuso quando se pensa em auto-estima. As palavras não são precisas e em geral são intercambiáveis. Vejamos alguns termos importantes:

- *Auto-imagem*: uma constelação de coisas que usamos para nos descrever.
- *Auto-estima*: avaliação das informações contidas em nossa autoimagem.
- *Amor-próprio*: apreço e cuidado que expressamos por nós mesmos.
- *Autovalorização*: confiança de que somos capazes de mudar uma situação.
- *Autoconfiança*: confiança, segurança e concicção em relação a nós mesmos.
- *Auto-aceitação*: respeito, dignidade e estima por nós mesmos.
- *Auto-idealização*: a imagem da pessoa que gostaríamos de ser.

Há outro ponto que merece atenção antes de explorarmos a questão da etiologia e do tratamento. Há muita confusão em torno da visão bíblica da auto-estima.[8] Charles Ridley explica que a verdadeira humildade, não o orgulho, é o correlativo bíblico para a auto-estima positiva. A *humildade* baseia-se no amor-próprio, não na negação de si mesmo, e deve sua confirmação ao amor incondicional de Deus pela raça humana. O *orgulho* está relacionado ao empreendimento e às tentativas de tomar para si mesmo a glória devida a Deus. A *falsa humildade*, que corresponde à auto-estima negativa, é uma forma invertida de orgulho na maldade do indivíduo.[9]

CAUSAS DO CONFLITO

Vários fatores contribuem para o sentimento de inferioridade. Muitos estão relacionados à influência dos pais. Essas "causas" podem persistir por toda a vida e manter a auto-estima baixa, se não houver intervenção de alguém.

[8]Algumas passagens da Bíblia são boas para delinear os princípios bíblicos relacionados à auto-estima: Marcos 12.31, Romanos 12.3, Efésios 5.1 e 2.

[9]C. Ridley, Self-esteem, em *Dictionary of pastoral care and counseling*, org. R. J. Hunter, Nashville: Abingdon, 1990.

Expectativas perfeccionistas

Alguns pais caem na armadilha de criar expectativas muito altas para os filhos. Embora ninguém nunca tenha conseguido alcançar o estado de perfeição, acreditam que de alguma forma seus filhos podem conseguir, e lhes dizem isso claramente. Esses pais não aceitam erros nem fraquezas. Estão sempre frustrados e são críticos e impacientes com os filhos. Os adolescentes esforçam-se cada vez mais para ser o que não são e acabam percebendo que nunca satisfarão seus pais. Serão sempre imperfeitos. Esse fardo pesado por si só é quase uma garantia do sentimento de inferioridade.[10]

Superproteção

A criança que é sufocada pela proteção nunca tem oportunidade de aprender a cuidar de si mesma nem de confiar no próprio julgamento. Cresce, torna-se tímida e com medo de errar. Na luta para conquistar a independência, sente-se vulnerável, fica facilmente magoada e incapaz de se defender sozinha. Não tem em que se basear para desenvolver os sentimentos de confiança, eficiência e domínio próprio.

Incoerência

Para estabelecer a sensação de bem-estar, o adolescente precisa de coerência dos pais. Ele precisa saber o que esperar da mãe e do pai. A coerência e os limites conhecidos dão segurança e estrutura. Se num dia uma coisa é permitida e no outro ele é punido por causa dessa mesma coisa, obviamente isso criará confusão e instilará inferioridade. Quando não há previsibilidade nos relacionamentos, a conseqüência é insegurança e baixa auto-estima.

Exemplo

Quando os próprios pais sentem inferioridade, em geral transmitem-na aos filhos. Além disso, podem tratá-los com a mesma falta de respeito que sentem por si mesmos. Os filhos acabarão acreditando que é natural não dar valor a si mesmo. Ouvem os comentários dos pais a dizer que os

[10]B. SOROTZKIN, Understanding and treating perfectionism in religious adolescents, *Psychotherapy: theory, research, and practice* 35, 1998, p. 87-95.

outros são sempre melhores do que eles próprios e passam a acreditar que não têm oportunidade de ser bem-sucedidos.

Influências físicas

As características físicas herdadas, como compleição, aparência e deficiências físicas, também influenciam o desenvolvimento da auto-imagem e da inferioridade. Esses atributos físicos podem influenciar a percepção e o comportamento dos outros em relação ao jovem. Os outros podem, por exemplo, reagir negativamente à deficiência ou à aparência física e, desse modo, afetar a auto-estima do adolescente. O jovem que demora mais para amadurecer do que os outros tende a ser tratado como criança, já que a maioria de seus colegas entra mais rápido do que ele no mundo adulto. Isso também pode contribuir para a baixa auto-estima.

Raciocínio falho

Às vezes, o adolescente cria auto-sugestões com pouca ou nenhuma base na realidade. Sem muita explicação, conclui: "Não sou bonito", "Não sou inteligente", "Não sou muito sociável". O jovem vive essas mentiras como se fossem verdades e por isso sente inferioridade. As expectativas irreais também ajudam a desenvolver a baixa auto-estima. Bruce Narramore apresenta três expectativas comuns que são inimigas da auto-aceitação: 1) devo atender às expectativas dos outros senão não serei aceito e amado; 2) sempre que não conseguir atingir minhas metas devo ser castigado; e 3) devo ter domínio sobre meu mundo.[11] Todas essas crenças são ilógicas e prejudicam a auto-estima.

Teologia falha

Alguns adolescentes sofrem com a baixa auto-estima porque supõem que Deus não os considera importantes. Outros jovens cristãos sinceros crêem que Deus quer que se sintam inferiores. Acreditam que humildade é o mesmo que autocondenação e que o amor-próprio é pecado. Embora suas crenças possam ser sinceras, estão errados. Deus não quer que nos sintamos inferiores. A Bíblia afirma continuamente que os seres humanos são valiosos para Deus e nos exorta a amar uns aos outros assim como Deus nos ama.

[11]S. B. Narramore, *You're someone special*, Grand Rapids: Zondervan, 1978.

COMO OS PAIS PODEM AJUDAR

As estratégias para ajudar os adolescentes com o conflito da inferioridade citadas a seguir podem ser usadas com eficiência pelos pais. Porém, como a relação entre pai e filho é única, algumas serão mais pertinentes para a sua situação do que outras. Como em todo grande conflito da adolescência, o melhor é que os pais trabalhem sob a orientação de um terapeuta competente. Pensando nisso, as estratégias expostas aqui visam a facilitar o processo de ajuda dentro de casa com o adolescente.

Reforçar a autenticidade

O adolescente com o conflito da inferioridade tem um sistema de radar interno extremamente sensível para detectar a falsidade. Pesquisas demonstram que o jovem responde negativamente a expressões de dizer palavras de aprovação que não forem genuínas.[12] Os pais devem ser cuidadosos ao fazer elogios e dizer palavras de aprovação que não sejam legítimos e reais. Segundo Gary Collins, o melhor é demonstrar aceitação, apoio contínuo, incentivo e aprovação sutil mas sincera das conquistas. O importante é que essas demonstrações sejam claramente consideradas boas.[13] As banalidades, além de não contribuírem para fortalecer a auto-estima do adolescente, prejudicam o seu desenvolvimento.

Localizar o sentimento de inferioridade

É sempre útil examinar o sentimento de inferioridade do adolescente em aspectos específicos de sua vida.[14] Vejamos uma lista de perguntas que você deve se fazer quando tentar descobrir se a baixa auto-estima do jovem é geral ou apenas em algumas áreas.

- *Social.* Como ele se enxerga como amigo dos outros? Tem as aptidões sociais necessárias para criar relacionamentos? Está satisfeito com a quantidade e a qualidade de suas amizades?

[12] R. M. Baron, Social reinforcement effects as a function of social reinforcement history, *Psychological Review* 6, 1966, p. 529-39.

[13] *Aconselhamento cristão*, São Paulo: Vida Nova, 1984.

[14] J. J. Lau, J. E. Calamari & M. Waraczynski, Panic attack symptomatology and anxiety sensitivity and anxiety sensitivity in adolescents, *Journal of Anxiety Disorders* 10, 1996, p. 355-64.

- *Escolar.* Ele se considera bom? Está satisfeito com seu desempenho escolar? Cria padrões razoáveis para seu desempenho, de forma a obter sucesso regularmente?
- *Imagem corporal.* Está satisfeito com sua aparência? Os colegas aceitam sua aparência e habilidades físicas?
- *Geral.* Enfrenta as novas situações com confiança? Costuma evitar a autocrítica?

A baixa auto-estima surge de uma discrepância entre o eu percebido e o eu verdadeiro em cada uma dessas áreas. Evidentemente, você ganhará tempo se se concentrar na área específica que estiver causando mais frustração.

Modificar padrões irreais

Quando o adolescente experimenta o sucesso ou o fracasso, está medindo seu desempenho em relação aos padrões interiores. Às vezes, esses padrões são explícitos e conscientes, enquanto alguns são menos óbvios e nem sequer percebidos conscientemente. Quando isso acontece, o potencial de insatisfação e autocondenação aumenta.

Ajude seu filho a tomar consciência dos padrões dele perguntando-lhe sobre suas experiências bem-sucedidas e os fracassos. Pergunte-lhe até que ponto acha que pode modificar seus objetivos e padrões para que sejam mais ou menos rígidos do que são. Use os exemplos concretos fornecidos por ele e discutam se os padrões dele são razoáveis ou irreais. Apresente-lhe em seguida as etapas necessárias para modificar padrões.[15]

1. Faça afirmações concretas e explícitas sobre o que é ter sucesso e o que é fracassar em determinada situação. Existe um meio-termo?

2. Com que freqüência o seu desempenho se classifica numa dessas categorias (sucesso ou fracasso)?

3. Verifique se se sente como se fracassasse mais do que deveria. Em outras palavras, sente-se mal em relação a você mesmo com muita freqüência?

[15]Ibid.

4. Se você se sente mal com muita freqüência, pense em maneiras de modificar os seus padrões. Pode baixar os seus padrões para o sucesso? Pode baixar seus padrões para o fracasso? Pode fazer os dois e aumentar seu meio-termo?

5. Examine as auto-sugestões depois de suas realizações para ver se elas se enquadram na categoria de bem-sucedido, meio-termo ou fracasso. Suas percepções devem ajudá-lo a se sentir bem com o sucesso, neutro com o meio-termo e decepcionado, mas não destruído, com o fracasso.

Você pode usar essas etapas para lidar com diversos padrões nas áreas importantes da vida do adolescente. O objetivo é ajudar o jovem a estabelecer padrões num nível que lhe traga satisfação.

Explorar a teologia

O jovem em conflito com a auto-estima e sensível aos valores bíblicos pode ter conceitos teológicos distorcidos. Pouco se poderá fazer se o adolescente acreditar que inferioridade é o mesmo que humildade, e auto-estima é o mesmo que o orgulho pecaminoso. Ele precisa ser gentimente auxiliado a entender os ensinamentos bíblicos sobre o valor humano e a auto-estima. Precisa ser lembrado de que foi feito à imagem de Deus e que a autocondenação é destrutiva e equivocada aos olhos de Deus. Embora essas informações demorem um pouco para ser assimiladas, o jovem primeiro necessita abandonar sua teologia distorcida a fim de que o trabalho de desenvolvimento de uma auto-estima saudável dê resultado. A seção sobre culpa pode ser útil para lidar com o jovem que enxerga a autocondenação como sinal de espiritualidade verdadeira.

Ajudar a estabelecer metas pessoais razoáveis

O adolescente precisa decidir por si mesmo o que fará para ser diferente. Pergunto para quase todos os meus pacientes, jovens ou não: "Se você pudesse apertar um botão mágico para mudar a sua vida, o que mudaria?". Isso pode ajudar o indivíduo a pensar em seus objetivos e no que está fazendo para alcançá-los. Para o jovem com sentimento de inferioridade há um exercício que pode ser usado para ajudá-lo a desenvolver alguns comportamentos e atitudes que ele mesmo gostaria que fossem diferentes. Se você tem bom relacionamento com o seu filho, peça-lhe que faça uma lista com o título: "Coisas que me deixam tristes comigo mesmo". Depois de elaborar a lista, peça-lhe que identifique o grau da disposição dele para mudar cada comportamento de acordo com uma escala de cinco pontos:

1. "Ainda não estou pronto para mudar."
2. "Não sei bem o que eu quero a esse respeito."
3. "Quero mudar isso no futuro."
4. "Estou tentando mudar isso aos pouco."
5. "Estou fazendo de tudo para mudar isso."

Em seguida, peça-lhe que identifique os padrões de comportamento que mais gostaria de mudar e discuta as estratégias de implementação para melhorá-los. Ajude-o a começar a tomar medidas graduais para atingir seus objetivos. Por exemplo, o adolescente que tem média geral cinco na escola pode dizer: "Uma coisa em mim que me deixa desanimado é pensar que não sou muito inteligente". O jovem pode querer estabelecer um objetivo de só tirar nota dez nos próximos exames. Certamente, isso lhe trará decepção, frustração e um forte sentimento de inferioridade. O adolescente precisa implementar objetivos razoáveis que lhe permitam alcançar aos poucos objetivos maiores.

Um objetivo inicial nesse caso seria não condicionar o desempenho escolar ao seu próprio valor como pessoa ou mesmo à própria inteligência. Outro seria fazer a lição de casa antes de assistir à TV. O importante é permitir que ele pense criativamente nas maneiras de se tornar a pessoa que quer ser. É bom que ele estabeleça os objetivos com um adulto que o ajude a ser realista e a se esforçar sempre para alcançá-los.[16]

COMO OS PROFISSIONAIS PODEM AJUDAR

As estratégias de ajuda destinadas a adolescentes com o conflito do sentimento de inferioridade descritas a seguir são normalmente usadas pelos terapeutas. Elas são aqui apresentadas para prestar informações

[16]Uma boa fonte de consulta para os pais que desejam incutir em seus filhos o princípio de estabelecimento de objetivos é o livro de Lanson Ross, *A kid's goal-setting guide* (Wheaton: Tyndale, 1985).

aos pais, e ajudá-los a encontrar a melhor ajuda profissional possível para o adolescente sob seus cuidados.

Explorar a idéia de auto-estima

Muitos adolescentes não sabem como devem sentir-se em relação a si mesmos. David Carlson, no livro *Counseling and self-esteem* [*Terapia e auto-estima*], sugere que o terapeuta faça várias perguntas para identificar a situação, as pessoas e as circunstâncias em meio às quais esse tipo de confusão surge.[17] Essas perguntas podem ser dadas como lição de casa, mas seria mais proveitoso discuti-las e esclarecê-las durante a sessão de terapia.

- Até que ponto confundo humilhação com humildade?
- Até que ponto confundo reprimir-me com reprimir o meu lado pecaminoso?
- Até que ponto confundo autodegradação com autonegação?
- Até que ponto confundo ser inútil com ser indigno?
- Até que ponto confundo egoísmo com amor-próprio?
- Até que ponto confundo convecimento com auto-afirmação?
- Até que ponto confundo autolatria com autovalorização?
- Até que ponto confundo individualismo com autoconsciência?

Se, como pai ou mãe, você explorar algumas dessas questões, é importante evitar que o adolescente se sinta pior com as perguntas. O propósito das indagações é ajudá-lo a esclarecer a compreensão que ele tem de auto-estima.

Ensinar a resolver problemas

Para o adolescente que foi criado num lar caracterizado pela superproteção, a resolução de problemas é uma intervenção essencial da terapia. Embora possa parecer extremamente básico, esse processo não deve ser desprezado. É uma habilidade fundamental que o adolescente superprotegido nunca aprendeu. O processo se divide em várias etapas na seqüência descrita a seguir. Tomei como exemplo Jackie, uma adolescente de quinze anos de idade, para mostrar como o processo funciona com um terapeuta.

[17]Vol. 13, *Resources of Christian Counseling*, Waco: Word, 1988.

1. *Reconhecer que o problema existe.* Jackie se sente deslocada no grupo de amigas. Isso é sinal de que tem problema a resolver.

2. *Parar para pensar.* Jackie não deve tomar nenhuma atitude antes de identificar o problema e decidir o que fazer. Depois de pensar a respeito, acha que estão caçoando dela.

3. *Estabelecer um objetivo.* Jackie decide que quer que suas amigas parem de caçoar dela.

4. *Criar possíveis soluções.* Pensa em várias possibilidades sem avaliá-las. Permite-se ser exagerada e criativa. Pode dizer para elas pararem. Pode sair de perto delas. Pode caçoar delas. Pode contar para as amigas como se sente. Pode rir da situação.

5. *Levar em conta as conseqüências.* Jackie pensa nas conseqüências de cada uma dessas atitudes. Se disser para as colegas pararem, elas podem caçoar ainda mais dela.

6. *Escolher uma solução.* Ela decide que o melhor é combinar duas soluções. Resolve rir da situação e, depois, dizer-lhes em particular como se sente. Julga que essa alternativa trará as melhores conseqüências para a situação presente e para o relacionamento futuro.

7. *Implementar a solução.* Jackie ignora o constrangimento e não leva a provocação a sério, dando de ombros. Decide encontrar-se com uma das amigas depois das aulas, para lhe dizer como se sente com a zombaria, e falar com a outra por telefone à noite. Tentará não constrangê-las (pois teria conseqüências negativas), apenas mostrar como se sente.

O adolescente praticará essas sete etapas do processo de solução de problemas na sessão de terapia. O terapeuta fornecerá a orientação necessária, mas deixará que o jovem faça quase todo o trabalho sozinho. O adolescente que aprende as estratégias sistemáticas de solução de problemas tende a lidar melhor com as situações de estresse e a frustração. Sua competência aumenta e sua progressiva autonomia estimula a autovalorização saudável e a auto-estima positiva.[18]

[18] A. W. Pope, S. M. McHale & W. E. Craignead, *Self-esteem enhancement with children and adolescents*, New York: Pergamon, 1988.

Desenvolver auto-sugestões positivas

É importante constatar se o jovem usa algum discurso particular a fim de criar uma auto-imagem negativa. Uma forma de conseguir isso é pedir para que descreva de maneira franca como realmente é. O terapeuta anotará os tipos de descrição usados. Perguntará em seguida como o adolecente é na escola, nos esportes e com outros adolescentes. Se descobrir que ele está destruindo sua auto-estima com auto-sugestões negativas, pode empregar um exercício como o descrito a seguir.

Primeiro, o terapeuta explicará o conceito da auto-sugestão (todas as pessoas carregam um gravador mental que reproduz algumas frases automaticamente). Em seguida ajudará o paciente a identificar suas auto-sugestões. O jeito mais fácil de fazer isso é anotar como completa as seguintes sentenças:

- Quando cometo um erro, penso comigo...
- Quando me olho no espelho, penso...
- Quando meus pais gritam comigo, digo para mim mesmo...
- Todo mundo deve...
- Quando não tenho êxito em algo que tento fazer, penso...
- Quando recebo uma nota baixa, penso...

O terapeuta tentará substituir as auto-sugestões negativas por alternativas positivas. Descreverá situações que podem evocar auto-sugestões e mostrará como substituir as antigas pelas novas. Fará também o paciente imaginar situações específicas que provocavam as auto-sugestões antigas para, em seguida, descartá-las. O terapeuta pode pedir ao adolescente que faça um registro dessas auto-sugestões. O processo pode ser lento, mas é muito eficaz e compensador.

Confrontar tendências destrutivas

Maurice Wagner, em seu proveitoso livro *The sensation of being somebody* [*A sensação de ser alguém*], observa que o indivíduo com auto-imagem inadequada normalmente tem tendências destrutivas que servem apenas para piorar e reforçar a baixa auto-estima. São tendências como, por exemplo: tratar as pessoas como objetos, desistir quando percebe que está errado, ficar bravo quando não tem controle da situação, querer fugir quando está com medo, ter medo dos problemas em vez de encará-los como desafios.[19] Quando o jovem exibe tendências destrutivas como essas, o terapeuta pode colocá-lo metaforicamente diante do espelho para ajudá-lo a ver de maneira objetiva a destruição que elas provocam. O profissional pode começar perguntando que vantagens o jovem leva com essas tendências.

Saber quando encaminhar

Lembre-se de que a auto-estima costuma demorar para se desenvolver. No entanto, o terapeuta deve encaminhar o adolescente com o conflito do sentimento de inferioridade para outros terapeutas ou psicólogos competentes quando, com o tempo, esse jovem se sentir mais inadequado ainda ou se começar a parecer deprimido, desamparado ou com tendências suicidas.

Onde mais buscar ajuda

CLARKE, J. I., *Self-esteem:* a family affair, Minneapolis: Winston, 1978.

CLOUD, H. & J. TOWNSEND, *Criando filhos vencedores*, São Paulo: Editora Vida, 2001.

MCALLISTER, D. & R. S. MCGEE, *The search for significance:* youth edition, Dallas: Word, 1990.

MCKAY, M. & P. FANNING, *Self-esteem*, New York: Martin's Press, 1987.

NARRAMORE, S. B., *You're someone special*, Grand Rapids: Zondervan, 1978.

OSBORNE, C. G., *The art of learning to love yourself*, Grand Rapids: Zondervan, 1976.

____, *Self-esteem:* overcoming inferiority feelings, Nashville: Abingdon, 1986.

POPE, A. W., S. M. MCHALE & W. E. CRAIGNEAD, *Self-esteem enhancement with children and adolescents*, New York: Pergamon, 1988.

WAGNER, M. E., *The sensation of being somebody:* building an adequate self-concept, Grand Rapids: Zondervan, 1975.

Orientação bíblica para o adolescente em conflito

- Deuteronômio 31.8
- Provérbios 3.21-24
- Eclesiastes 11.9
- Isaías 58.11
- 1Coríntios 15.33
- 1Timóteo 4.12

[19]Grand Rapids: Zondervan, 1975.

Irmãos

CARACTERÍSTICAS DO CONFLITO

A rivalidade entre irmãos e irmãs é retratada em documentos desde os primeiros registros da história. Da história bíblica de Caim e Abel ao mundo do faz-de-conta de Cinderela e suas irmãs adotivas, o conflito entre irmãos é tema de inúmeras histórias. Contudo, nosso interesse no laço fraterno não se limita à literatura. Desde que o eminente psicanalista do início do século XX, Alfred Adler, escreveu sobre um filho primogênito que foi "destronado" de uma família pela competição, pelo ciúme e pela hostilidade de um irmão mais novo, a rivalidade entre irmãos se tornou tema de estudo para vários pesquisadores.

Crescer numa família com outros irmãos é uma experiência compartilhada por 80% dos norte-americanos.[1] Quem tem irmãos normalmente passa mais tempo com eles que com os pais. Os irmãos exercem um papel importante no desenvolvimento infantil. A presença do segundo filho é um incentivo para mudança. O primeiro filho é forçado a se diferenciar do outro, normalmente seguindo os valores dos pais, a fim de manter sua posição "privilegiada". O desenvolvimento do primeiro filho é acelerado, enquanto o segundo mantém uma posição mais adaptativa, que requer mais atenção dos pais.[2]

[1] P. H. MUSSEN, J. J. CONGER & J. KAGAN, *Child development and personality*, New York: Harper & Row, 1974.

[2] R. SEGINER, Adolescents' perceptions of relationships with older siblings in the context of other close relationships, *Journal of Research on Adolescence* 8, 1998, p. 287-308.

De acordo com um estudo, o tipo mais freqüente de agressão na sociedade norte-americana acontece entre irmãos jovens. Esses relatórios indicam que 40% dos irmãos se agridem com objetos perigosos pelo menos uma vez ao ano e mais de 80% praticam algum tipo de violência contra um irmão.[3] Outros pesquisadores levantaram estatísticas menos dramáticas.[4] Um grupo de pesquisadores descobriu que os conflitos entre irmãos são mais intensos entre pessoas do mesmo sexo.[5] Outro grupo descobriu que a pouca diferença de idade intensifica o conflito entre irmãos, ao contrário de um grupo que descobriu que ela fortalece a ligação deles.[6] Embora os especialistas discordem sobre os números exatos e sobre a metodologia de pesquisa, a maioria concorda que a rivalidade entre irmãos é comum e até normal.

Foram identificadas três formas de rivalidade: *herdeiro*, na qual os irmãos se consideram que um dos filhos é o favorito dos pais; *competidor*, na qual os irmãos acham que o filho preferido muda conforme o comportamento dos demais; e *semelhante*, em que os irmãos entendem que cada um é especial para os pais e, por isso, os conflitos são mínimos.[7]

A rivalidade não resolvida pode causar inveja residual ou persistente, manipulação, intriga, conspiração, rancor, alienação, vingança, sabotagem ou até contendas familiares.[8] Felizmente, essa situação constitui exceção, mas uma intervenção terapêutica eficaz ajuda a garantir que os irmãos superem seus inevitáveis conflitos.

DESCRIÇÃO DE CASO

Corey, catorze anos, e seu irmão Doug de dezeseis eram grandes rivais. Qualquer olhar ou gesto era motivo para uma batalha verbal ou física. Sempre competiam entre si a fim de ganhar a atenção dos outros. Discutiam por causa

[3]R. Felson, Aggression and violence between siblings, *Social Psychology Quarterly* 46, 1983, p. 271-85.

[4]B. Sutton-Smith & B. G. Rosenberg, *The sibling*, New York: Rinehart, 1970.

[5]V. G. Cicirelli, A comparison of college women's feelings toward their siblings and parents, *Journal of Marriage and the Family* 42, 1980, p. 111-18.

[6]S. Bank & M. D. Kahn, Sisterhood-brotherhood is powerful: siblings subsystems and family therapy, *Family Process* 14, 1975, p. 311-37.

[7]C. E. Calladine, Sibling rivalry: a parent education perspective, *Child Welfare* 5, 1983, p. 421-7.

[8]E. A. Loomis, Sibling rivalry, em *Baker encyclopedia of Psychology*, org. D. G. Benner, Grand Rapids: Baker, 1985.

do lugar que cada um ocuparia no carro da família, que programa assistir na TV, quem era melhor no basquete e assim por diante. Muitas vezes, objetos valiosos eram quebrados durante as brigas. Doug contou que certa vez Corey cortou o fio do telefone com a tesoura no meio de uma ligação. Corey lembrou que Doug ameaçou-o com um ferro quente por ter derramado leite em sua lição de casa. Na primeira sessão, contaram inúmeras histórias de conflitos de irmãos. A mãe, que os criava sozinha, decidiu trazê-los para o tratamento porque achava que tinha perdido o controle sobre os dois.

Antes de explorar as causas e o tratamento da rivalidade entre irmãos, é importante falarmos rapidamente sobre três características únicas do ser humano. Elas são a essência de todo conflito humano. Primeiro, cada indivíduo enxerga e sente o mundo segundo seu próprio conjunto de percepções. Segundo, o ser humano é intencional e voluntarioso, com objetivos próprios. Terceiro, o homem é um ser social, que vive segundo sua identidade no contexto da família e de outros relacionamentos. Em resumo, o ser humano está fadado ao conflito.[9] Os irmãos não têm outra saída em relação aos conflitos, a não ser aprender a lidar com eles.

CAUSAS DO CONFLITO

Muitos fatores contribuem para a rivalidade entre irmãos. A seguir, apresentamos os mais comuns.

Favoritismo

Os filhos dependem tanto dos pais no que diz respeito ao amor, atenção e satisfação de suas necessidades que simplesmente não gostam de dividi-los com ninguém. Isso acontece especialmente quando percebem, até irracionalmente, que os pais escolhem seus favoritos. O favoritismo dos pais em relação a um filho pode causar grande ressentimento entre irmãos. José e sua túnica multicolorida é um exemplo bíblico de vítima do ciúme por causa do favoritismo dos pais.

[9] D. Lewis, Conflict and conflict management, em *Dictionary of pastoral care and counseling*, org. R. J. Hunter, Nashville: Abingdon, 1990.

Transferência da raiva

Às vezes, sentimentos hostis desencadeados por outros relacionamentos, por exemplo, dos pais, são descontados num irmão mais novo. A criança pode provocar brigas com os irmãos para aliviar a frustração em relação a questões completamente descabidas. Os Irmãos podem tornar-se alvos cômodos para uma experiência emocionalmente catártica, extremamente necessária.

Sentimento de inferioridade

Quando a criança tem de viver à sombra das conquistas de irmãos talentosos, sente como se sua individualidade lhe fosse roubada. A competição não parece justa. O adolescente com esse problema acha que todas as suas ações e conquistas são comparadas com as dos seus irmãos. As pessoas sempre dizem: "Você é irmão do João? Nossa, você tem um grande exemplo a seguir". Para equilibrar o placar, o irmão mais novo pode tentar, sem sucesso, diminuir o crédito de seu rival sendo-lhe hostil.[10]

Mudanças durante o desenvolvimento

Questões que implicam identidade e autopercepção contribuem bastante para criar a rivalidade entre irmãos na adolescência. O adolescente, mais que ninguém, fica irado com qualquer ataque à sua dignidade ou auto-estima. Isso inclui zombarias, ordens, sarcasmo, críticas ou tratamento injusto. Nessa fase de contínua mudança, a química do corpo pode interagir com os processos emocionais e causar acessos de raiva e explosões emocionais contra os irmãos. Por exemplo, os níveis hormonais do adolescente podem provocar a raiva.[11]

Ambiente doméstico

A estrutura de alguns lares pode criar conflitos entre os irmãos. Eles podem competir pela propriedade, pelo espaço e por outros bens tangíveis que compartilhem em virtude do ambiente em que vivem. Por exemplo, os irmãos podem envolver-se em brigas por causa do uso do

[10] J. H. Pfauts, The sibling relationship: a forgotten dimension, *Social Work* 21, 1976, p. 200-4.

[11] E. J. Susman *et al.*, Hormones, emotional dispositions, and aggressive attributes in young adolescents, *Child Development* 58, 1987, p. 1114-34.

banheiro ou do telefone. Curiosamente, quando as pessoas se encontram em situação de conflito, costumam atribuir a culpa umas às outras em vez de culpar a situação de que ambas são vítimas.[12]

COMO OS PAIS PODEM AJUDAR

As estratégias destinadas a ajudar os adolescentes em conflito com os irmãos citadas a seguir podem ser usadas com eficiência pelos pais. Entretanto, como a relação entre pai e filho é única, algumas serão mais pertinentes a sua situação do que outras. Como em todo grande conflito da adolescência, o melhor é que os pais trabalhem sob orientação de um terapeuta competente. Pensando nisso, as estratégias expostas neste livro visam a facilitar o processo de ajuda dentro de casa com o adolescente.

Examinar o seu papel

Se o adolescente tem um conflito grave com os irmãos, é aconselhável analisar a probabilidade de você ter contribuído para isso. Você trata todos os seus filhos igualmente, respeitando, porém, a individualidade de cada um? Você evita compará-los, por exemplo, fazendo a pergunta: "Por que você não é esforçado na escola como a sua irmã?". Você demonstra algum sinal de favoritismo? Você mima um de seus filhos? Você usa apelido carinhoso para um de seus filhos? Você passa mais tempo ou gasta mais dinheiro com um de seus filhos? Você deprecia os interesses, as habilidades ou o desempenho de um de seus filhos? Você reconhece e reforça as singularidades de cada filho? Procure passar mais tempo com cada um de seus filhos. Todo filho deve ter uma experiência significativa com um dos pais, por exemplo, numa viagem, sem ter nenhum irmão por perto para competir. Crie oportunidades para que cada um dos filhos seja o seu "único filho". Os filhos do meio, em especial, costumam sentir mais a negligência dos pais. Por isso, uma experiência exclusiva pode dar um grande empurrão na auto-estima.[13]

Descobrir a verdadeira causa do conflito

Às vezes, o conflito entre irmãos nada mais é do que o óbvio aborrecimento de ter de viver com um irmão. Outras vezes, o conflito pode ser sintoma

[12]K. A. Updegraff & D. A. Obeidallah, Young adolescents' patterns of involvement with siblings and friends, *Social Development* 8, 1999, p. 52-69.

[13]H. Barovick, Reluctant referees, *Time*, 22 de março, 1999, p. 91.

de um sentimento bem guardado. Um adolescente revoltado, por exemplo, pode estar irado com os pais por deixá-lo constrangido na frente dos amigos, ou com os professores por ter recebido notas injustas. Como os adultos são mais difíceis de enfrentar, o jovem pode descarregar a frustração nos irmãos. Examine possíveis causas de frustração. A rivalidade pode ser apenas um pretexto para o verdadeiro problema.

Examinar as suposições

Inevitavelmente, as pessoas fazem suposições sobre o comportamento de seus irmãos sem nenhuma base na realidade e, em seguida, agem de acordo com elas sem jamais verificar se são válidas. Por exemplo, o adolescente pode concluir que o irmão se esqueceu propositalmente de lhe dizer que alguém ligou para ele ou que a irmã perdeu a fita cassete favorita a fim de descontar uma ofensa real ou imaginária. O adolescente pode não revelar nunca suas suposições aos outros. Todavia, deixando de examiná-las, reforça mais um conflito destrutivo. Ajude-o a verificar se suas conclusões são ou não são fruto da realidade.

Levar em consideração o trato

Quando uma disputa reiterada e previsível entre irmãos sobre determinado assunto se torna evidente, estabelecer um trato pode ser uma boa idéia. Por exemplo, se duas irmãs costumam discutir sobre o uso do aparelho de som, um trato sobre a divisão do uso pode aliviar a tensão. Primeiro, defina os objetivos do trato. Permita que cada uma das partes exponha suas preocupações. As duas devem criar o trato juntas, delimitando claramente exigências, comportamentos, horas e assim por diante. O trato deve ser colocado no papel, assinado e datado por cada uma das partes. É um compromisso. Ponha-o em local visível como lembrete.[14]

Detectar o abuso

É cada vez mais evidente que alguns jovens sofrem com o pesadelo de alguma forma de abuso, ainda que totalmente imperceptível, por parte de um irmão. Pode ser físico, emocional ou sexual. Se você suspeitar de um abuso grave, não tente justificar dizendo: "É coisa de criança" ou "A

[14]CALLADINE, Sibling rivalry, p. 421-7.

rivalidade é normal". Chamar o abuso de nada mais do que rivalidade entre irmãos é como taxar o abuso físico simplesmente de falta de disciplina. Para obter mais ajuda de como lidar com essas situações terríveis, leia o livro *Perilous rivalry* [*Rivalidade perigosa*].

Ensinar o perdão

Adolescentes revoltados e cheios de ódio em relação aos irmãos, acima de tudo precisam da cura do perdão. Devem perdoar o irmão e a si mesmos. O perdão tem mais chances de ajudar a resolver efetivamente a rivalidade crônica entre irmãos que qualquer intervenção terapêutica. A lembrança de eventos dolorosos continuará a despertar raiva, amargura e ressentimento na vida adulta. A solução, nesses casos, não é esquecer nem mesmo usar técnicas de gerenciamento de conflitos, mas anular o poder que as lembranças têm de recriar mágoas no futuro. A solução está no perdão.[15] Para conhecer técnicas e estratégias que facilitam esse processo, veja a seção sobre perdão.

Saber quando encaminhar

Encaminhe o adolescente em conflito com os irmãos para um terapeuta ou psicólogo competente se, com o tempo, ele ficar mais desequilibrado e agressivo. Encaminhe-o se reconhecer que você não resolveu alguns problemas dele com os irmãos que possam estar interferindo na maneira que vocês se tratam.

COMO OS PROFISSIONAIS PODEM AJUDAR

As estratégias de ajuda para adolescentes em conflito com os irmãos descritas a seguir são normalmente usadas pelos terapeutas. São aqui apresentadas para fornecer informações aos pais e ajudá-los a encontrar a melhor ajuda profissional possível para o adolescente sob seus cuidados.

Solicitar um relatório da raiva

Essa tarefa foi criada para aumentar a consciência do adolescente de onde, quando, por quê e com que freqüência ele fica irado. É uma espécie de

[15]A. Hart, *Unlocking the mystery of your emotions*, Dallas: Word, 1989.

diário que serve para analisar os incidentes que provocam os irmãos. No caso de qualquer conflito, o terapeuta pedirá para o adolescente marcar: 1) a hora; 2) o local onde estava; 3) o que aconteceu; 4) quem estava presente; 5) o que ele fez ou disse; 6) a conseqüência; 7) como ele se sentiu depois; e 8) o que ele faria de diferente. O terapeuta analisará o relatório e com base nele ensaiará situações a fim de que o paciente aprenda técnicas de melhoria.

Ensinar a "cadeia de controle da ira"

Pesquisas extensivas revelaram o poder de aprender a controlar a ira. Raymond Novaco criou um programa que gira em torno dos "cinco elos da cadeia de controle da ira": desencadeadores, pistas, advertências, redutores e auto-avaliação. Essa estratégia de intervenção foi descrita na seção sobre raiva.

Ensinar o gerenciamento de conflitos

Quando entram em conflito, os irmãos têm quatro opções. O terapeuta ajudará o adolescente a perceber que a escolha é *dele*. De acordo com Joyce Hocker Frost e William W. Wilmot, o adolescente pode: 1) evitar o conflito; 2) deixar como está; 3) piorar o conflito ou 4) melhorar o conflito.[16] O terapeuta explorará as táticas de cada resposta. O conflito real pode ser adiado se os irmãos o evitarem ou se recusarem a identificá-lo. Pode continuar como está, se os irmãos concordarem em deixar temporariamente a situação como está e não resolvê-la. Pode piorar, se eles se xingarem, tocarem em problemas relacionados ao conflito real ou fizerem ameaças mútuas. Finalmente, o conflito pode melhorar se eles:

- resistirem à tendência de atacar, criticar ou fazer chantagens emocionais;
- dividirem o conflito em pequenas partes e as resolverem aos poucos;
- esclarecerem melhor o ponto de vista um do outro e tentarem trocar de lugar para ver o que o outro sentiria;
- conversarem sobre o que cada um sente realmente sem fazer acusações;
- explicar a situação de cada um de maneira clara e concisa até que possam entender o ponto de vista um do outro;

[16] *Interpersonal conflict*, Dubuque: William C. Brown, 1978.

- entrar num acordo para buscar alternativa que resolva o conflito; cada um abrirá mão de algo, mas ganhará outro em troca.

Outra forma básica e criativa de gerenciar conflitos é a comunicação eficaz. Isso significa ouvir e enviar mensagens com atenção e reflexão. Ao enviar mensagens, é importante que o jovem se lembre de que toda comunicação é uma questão de percepção e perspectiva, e não de muitos fatos. No lado de quem recebe, o segredo é evitar distorções. Há duas coisas que se deve praticar para que a recepção seja efetiva na comunicação. Em primeiro lugar, deve-se ouvir tanto as mensagens verbais como as não-verbais. Em segundo, deve-se verificar com o remetente se a mensagem foi compreendida corretamente.

Onde mais buscar ajuda

BALSWICK, J. O. & J. K. BALSWICK, *The family:* a christian perspective on the contemporary home, Grand Rapids: Baker, 1990.

BANK, S. P. & M. D. KAHN, *The sibling bond*, New York: Basic Books, 1997.

CLARK, B., *The constellation*, New York: Penguin Books, 1999.

Collins, G. R., *Family shock, keeping families strong in the midst of earthshaking change*, Wheaton: Tyndale, 1995.

FABER, A. & E. MASLISH, *Siblings without rivalry:* how to help your children live together so you can live too, New York: Norton, 1999.

LUSH, J., *Mothers and sons:* raising boys to be men, New York: Revell, 1988.

OSTROVSKY, E., *Sibling rivalry:* a guide for parents who want to understand and control conflict between their children, New York: Cornerstone Library, 1970.

SCARF, M., *Intimate worlds:* live inside the family, New York: Random House, 1995.

SLOAN, H. R., *Stop that fighting:* a short, step-by-step guide for turning sibling rivalry into peaceful coexistence, Fountain Valley: Telesis, 1976.

Orientação bíblica para o adolescente em conflito

- Levítico 19.17
- Salmos 133.1
- Filipenses 2.14-16
- Tiago 4.11
- 2Timóteo 2.23,24
- 1João 4.20; 2.11

Luto

CARACTERÍSTICAS DO CONFLITO

O luto é uma reação natural e normal à perda de alguma coisa ou de alguém querido ou amado. Doug Manning, no livro *Don't take my grief away* [*Não roube meu luto*], diz: "o luto é tão natural quanto chorar por causa de um machucado, dormir quando se está cansado, comer quando se tem fome ou espirrar quando o nariz coça. É a forma natural de curar um coração partido".[1]

O luto é resumidamente definido por Elisabeth Kübler-Ross no livro *On death and dying* [*Sobre o morrer e a morte*] como o "processo de separação".[2] O luto não se limita à morte. O processo da adolescência é a separação da infância e a entrada na vida adulta. A adolescência é cheia de pesar. O luto é uma resposta natural ao rompimento de uma ligação, seja pela perda de uma pessoa, coisa, atividade, posição, relação amorosa, seja de qualquer coisa importante. Ele é capaz de atrapalhar e desorganizar completamente a vida do indivíduo. É preocupante e destrutivo. Em geral, o luto é um processo, não um estado. A pessoa consternada passa por vários estágios de pesar que lhe permitem reorganizar a vida de maneira positiva.

Segundo Kübler-Ross, o luto é uma dádiva. "Quando não é filtrado, é correto, bom e saudável", declara a autora. "Não é necessária nenhuma

[1]New York: Harper & Row, 1979.
[2]New York: Macmillan, 1974.

intervenção, mudança ou terapia. Sara por si só. Porém, quando começamos a filtrar o luto com o crivo da culpa, da raiva, do ressentimento, da amargura ou da autocomiseração, precisamos de ajuda".[3]

Clinicamente, os sinais e sintomas do luto são observados há décadas: desconforto físico, preocupação com a imagem do falecido, culpa, remorso, medo, reação hostil resultante de raiva guardada e perda dos padrões de comportamento anteriormente influenciados pelo falecido.[4] O *Manual diagnóstico e estatístico de transtornos mentais* (4. ed.) descreve uma categoria de consternação simples. Nela, é normal que ocorra uma síndrome depressiva. Depois da morte de alguém, a culpa, quando existe, ocorre em grande parte por causa de coisas feitas ou deixadas de fazer pelo sobrevivente no momento da morte. Os pensamentos de morte, de acordo com o DSM-IV costumam limitar-se à idéia de que seria melhor estar morto ou ter morrido junto com o falecido. A reação da perda pode não ser imediata, mas raramente acontece depois dos dois ou três primeiros meses.[5]

O adolescente que sofre uma grande perda sente mais estresse do que os outros.[6] As pesquisas mostraram, entretanto, que ele passa a ser uma pessoa mais saudável quando o processo de pesar continua até a solução e a aceitação. Por exemplo, fica mais sério, tem relacionamento melhor com os pais e amigos, o desempenho escolar melhora (depois de uma dificuldade passageira), considera-se mais maduro em relação aos outros adolescentes e exalta os valores morais.[7]

Os adolescentes enfrentam melhor a morte do que alguns adultos. O poeta norte-americano William Cullen Bryant, mais conhecido por seu poema "Thanatopsis", expressa a meta de Erik Erikson de integridade do ego e confiança. Bryant escreveu:

> Portanto vive, para que quando o teu chamado chegar ...
> Não vás como um escravo à noite,
> Açoitado em sua prisão, mas amparado e seguro
> Por uma confiança inabalável ...

[3]Ibid.

[4]E. Lindman, Symptomatology and management of acute grief, *American Journal of Psychiatry* 101, 1944, p. 141-8.

[5]Porto Alegre: Artes Médicas, 1995.

[6]J. Jarolmen, A comparison of the grief reaction of children and adults, *Omega: Journal of Death and dying* 37, 1998, p. 133-50.

[7]D. Balk, Effects of sibling death on teenagers, *Journal of School Health*, Janeiro, 1983, p. 14-8.

Bryant escreveu o poema quando tinha dezoito anos. Era adolescente!

Em seu trabalho com pacientes terminais, Kübler-Ross encontrou reações comuns à notícia da morte iminente. Ela identificou cinco estágios da morte: negação, raiva, barganha, depressão e aceitação. Embora sejam semelhantes aos estágios do luto, há algumas diferenças. A teoria dela é dirigida especificamente ao paciente terminal. Forçar a identificação desses estágios da morte numa pessoa em conflito com o luto, é, de acordo com David Switzer, distorção e engano.[8]

O teólogo pastoral Wayne Oates propôs uma teoria positiva do luto em que traça uma progressão de estágios: o choque da perda em si, o efeito estupefaciente do choque, o conflito entre fantasia e realidade, a explosão numa onda de luto, memória seletiva e dor lancinante, a aceitação da perda e a afirmação da própria vida.[9]

John Bowlby propõe três estágios básicos de luto pelos quais o adolescente passa: protesto e negação, desespero e desorganização e, finalmente, reorganização.[10] Yorick Spiegel fornece um quadro mais completo do processo.[11] Em seu modelo, a pessoa enlutada passa por quatro estágios:

1. *O estágio de choque.* Esse estágio caracteriza-se por descrença, estupefação emocional, acessos eventuais de tristeza e choro, constante falta de consciência de acontecimentos e conversas externos e dificuldade para raciocinar claramente.
2. *O estágio do controle.* Caracterizado por um autocontrole estóico do próprio adolecente (além do controle sobre as exigências de outras pessoas ao redor dele). Nesse caso, o jovem pode ser passivo, sentir-se despersonalizado, sentir dificuldade para tomar decisões, experimentar distanciamento do mundo exterior, sentir como se tudo fosse irreal, sentir-se vazio ou morto interiormente e tentar agir como se a perda não tivesse ocorrido.

[8]Grief and loss, em *Dictionary of pastoral care and counseling*, org. R. J. Hunter, Nashville: Abingdon, 1990.
[9]Anxiety in Christian experience bereavement, *Psychiatry* 33, 1970, p. 444-67.
[10]*Attachment and loss*, vol. 3 de *Loss, sadness and depression*, Markham: Penguin, 1980.
[11]*The grief process:* analysis and counseling, Nashville: Abingdon, 1977.

3. *O estágio da regressão.* O adolescente não consegue se segurar mais sob o impacto da realidade da perda. As formas anteriores de sentir e reagir começam a tomar conta dele e, em geral, são independentes da realidade do ambiente presente. Mais uma vez, o adolescente enlutado experimenta: tristeza, incerteza, fragmentação, exaltação de todo tipo de emoção, choro, raiva, irritação, fica exausto e retraído com freqüência, demonstra apatia, egocentrismo, preocupação com o falecido e sua idealização, agarra-se a explicações simplistas, apresenta forte sensação de desamparo e vários mecanismos de defesa dirigidos contra a dor e o medo da perda de controle.
4. *O estágio da adaptação.* Nesse estágio final, os comportamentos regressivos começam a desaparecer gradualmente e ser substituídos por respostas mais adaptativas a medida que a perda é definitivamente reconhecida em toda a sua extensão. Para tanto, é necessário que se abandone exatamente a expectativa de que a vida volte a ser como antes e que haja a restauração do falecido dentro da própria personalidade do enlutado. Desse modo, ocorre o restabelecimento da ligação com o mundo externo presente.

Como o luto é um processo com estágios, é essencial que o adolescente viva cada um deles por inteiro a fim de chegar a uma solução positiva de toda a reação de luto. Reprimir e suprimir os sentimentos de luto, viver como se nada tivesse acontecido, tentar pular os estágios do processo de luto são sinais de que o processo de resolução e reorganização fracassou. O luto patológico ou não resolvido ocorre quando a passagem normal pelos estágios reconhecidos do luto é bloqueada, embora não seja raro experimentarem-se os estágios um pouco fora de ordem ou experimentar mais de um estágio de uma vez.

Alguns sinais de luto patológico no adolescente são: começar a consumir álcool ou drogas para "diminuir a dor", forte sentimento de culpa, magoar os outros porque foi magoado, abandonar atividades ou relacionamentos que antes eram importantes e significativos, fazer sexo para se aproximar de alguém, não conversar com as pessoas próximas sobre suas atribulações, causar problemas, agir com imprudência ou tentar ferir-se (embora seja natural ter pensamentos suicidas no luto) e assumir o papel de "bode expiatório" ou de "mau" para parecer durão.

O luto é como uma ferida real, tem seu próprio tempo. Algumas feridas são simples e saram fácil e rapidamente. Mas outras são mais complicadas e requerem a intervenção profissional. O mesmo acontece com o luto. Algumas perdas são lamentadas silenciosamente e saram sozinhas. Outras são complicadas e precisam de ajuda. Se depois de seis a oito meses o adolescente não apresentar nenhum progresso significativo no processo do luto, é sinal de que a intervenção profissional se faz necessária.

DESCRIÇÃO DE CASO

Dorothy, dezeseis anos, veio para a terapia dois meses depois de perder o pai em um acidente de carro. Ele morreu com a colisão. Dorothy não tinha expressado nenhum sentimento de pesar sobre a morte do pai, mas podia falar a fundo acerca do assunto de maneira factual. Sua mãe contou que, depois do acidente, Dorothy não dormia bem e raramente sentia fome. Porém, Dorothy dizia que estava bem. Não tinha confessado sua dor para ninguém, nem mesmo para sua melhor amiga ou sua irmã mais velha. Na segunda sessão de terapia, Dorothy começou a expressar sua dor. Iniciou na segunda metade da sessão, quando disse que estava brava com o pai por tê-la deixado. Ele lhe tinha prometido uma viagem de presente de aniversário e estava com raiva porque isso nunca mais ia acontecer. Mais forte que sua raiva, no entanto, era o sentimento de culpa por se sentir com raiva. Por vinte minutos, ficou soluçando em lágrimas, que não paravam de escorrer, com o rosto enterrado entre as mãos.

Para facilitar o processo de luto do adolescente consternado é preciso ajudá-lo a expressar os sentimentos, lembrar e aceitar a realidade da morte física, experimentar seus próprios valores como pessoa e encontrar o significado de sua vida em meio aos acontecimentos. O esforço do luto pode ser um desafio recompensador e proporcionar ao adolescente uma das experiências de vida mais significativas.

CAUSAS DO CONFLITO

A causa do luto, por assim dizer, é simplesmente a perda. O conflito do luto patológico, entretanto, é mais complicado. A questão é conseguir identificar o jovem mais suscetível de ter esse conflito. Em resumo, a população de risco inclui jovens cujos pais já tiveram depressão, com histórico de doenças sérias que requerem hospitalização e com padrão de herança genética para distúrbios afetivos.[12] Gary Collins, no livro *Aconselhamento cristão*, descreve várias outras influências do luto patológico.

As crenças do enlutado

As pessoas desde cedo aprendem a obter coisas, não perdê-las. Quando uma criança perde um bichinho de estimação num acidente, ele é logo substituído por outro. As crianças não aprendem a pensar em grandes perdas, e algumas são ensinadas a enterrar toda a tristeza decorrente de uma perda. Acabam aprendendo que qualquer demonstração de pesar ou a busca de consolo e ajuda para lidar com a perda é sinal de fraqueza. Concordam que não devem sofrer nem com a morte de um ente querido. Além disso, o adolescente que não tem nenhuma base religiosa ou fé na esperança do futuro e não consegue encontrar conforto na paz espiritual nos momentos de dor tem mais probabilidade de sofrer o luto patológico.

Histórico pessoal

O luto é sempre difícil, mas para alguns adolescentes parece ser mais forte que para outros. Isso acontece principalmente quando o jovem passou por dificuldades em outras separações e perdas pessoais. O adolescente com histórico de perdas anteriores não resolvidas — por exemplo, o divórcio dos pais ou o término de um relacionamento amoroso — tem mais probabilidade de passar por um luto complicado e anormal. Em outras palavras, se anteriormente o adolescente aprendeu a negar as perdas em vez de enfrentá-las, é possível que esteja despreparado para aceitar uma grande perda. Não tem nenhuma experiência em que se basear.[13]

Ambiente social

O adolescente que cresce num ambiente social que costuma negar a realidade da morte deixa de receber afeto ou apoio social. Não tem nenhum relacionamento íntimo ou contínuo que facilite o processo do luto. Por causa de seu ambiente, aprende a enterrar os sentimentos e a sofrer

[12]B. J. McConvill, Assessment, crisis intervention, and time-limited cognitive therapy with children and adolescents grieving the loss of a loved one, *Crisis intervention handbook*, org. A. R. Roberts, Belmont: Wadsworth, 1990.

[13]F. Canziani, Possible children's reactions to their parents' divorce, *Giornale di Neuropsichiatria dell'eta Evolutiva* 16, 1996, p. 255-82.

sozinho, caso sofra de fato. Esse adolescente tem mais chances de ficar atolado no processo da dor e sofrer luto patológico.

Circunstâncias relacionadas à perda

A perda repentina e trágica é em geral a mais difícil para o jovem assimilar de maneira saudável.[14] Quando a perda é previsível, como na morte de um avô idoso ou doente, o luto tem menos probabilidade de ser patológico. Quando um irmão morre ocorre freqüentemente um forte sentimento de culpa ("deveria ter sido eu"), principalmente se a pessoa tiver sentimentos incertos em relação ao irmão ou irmã, e sentimento ainda mais forte da própria mortalidade ("é para lá que vou, com a graça de Deus").[15] Naturalmente, quanto maior a perda, maior a intensidade da dor.

COMO OS PAIS PODEM AJUDAR

As estratégias citadas a seguir destinadas a ajudar os adolescentes em conflito com o luto podem ser empregadas com eficiência pelos pais. Entretanto, como a relação entre pai e filho é única, algumas serão mais pertinentes para a sua situação que outras. Como em todo grande conflito da adolescência, o melhor é que os pais trabalhem sob a orientação de um terapeuta competente. Pensando nisso, as estratégias mencionadas aqui visam a facilitar o processo de ajuda dentro de casa com o adolescente.

Saber o que evitar

Até os psicólogos mais experientes, quanto mais os pais, às vezes precisam ser lembrados da importância de ouvir atentamente ao lidar com a questão do luto. É muito doloroso observar um adolescente sofrer pelo pesar de um coração partido. Os pais ficam tentados a resolver os problemas do filho para o próprio conforto. Pais eficientes não devem tentar acelerar o processo do luto apenas para ajudar o adolescente a evitar mais dor. Confortar um jovem pesaroso está mais para confortar um bebê cujos dentes estão nascendo do que manter uma criança longe do fogão. A essência está em ouvir sua dor e sofrimento, não em impedir

[14] H. Vande Kemp, Grieving the death of a sibling or the death of a friend, *Journal of psychology and Christianity* 18, 1999, p. 354-66.

[15] R. A. Kalish, *Death, grief, and caring relationships*, 2nd ed., Monterey: Brooks-Cole, 1985.

de senti-los. O adolescente consternado não precisa de conselho e, certamente, não carece que lhe digam como e o que sentir. Ele não precisa ouvir coisas do tipo: "Sei o que você está sentindo", "Deus lhe ensinará uma lição maravilhosa com tudo o que você está passando", "Leva tempo para aceitar", "Não fique tão triste, as coisas poderiam ser piores". Evite todas essas respostas de tapinha nas costas.

Examinar seu próprio luto não resolvido

Os pais não raro deparam com a própria mortalidade quando um filho está enlutado. A consciência da morte é sempre temperada com um certo grau de negação, que nos ajuda a viver melhor. Como disse François de La Rochefoucauld: "Não se pode olhar nem o sol, nem a morte de frente". Portanto, você precisa rever e examinar sua própria atitude em relação à perda, as experiências com morte e o luto, e descobrir o seu grau de conforto com as emoções que giram em torno dessas questões. Se não fizer isso, poderá bloquear um processo saudável de luto no adolescente e causar conseqüências indesejáveis. Não substitua o seu conhecimento do luto pelo seu jeito de processar os seus próprios lutos. Quem passou por todo o processo de luto será de grande ajuda para quem mal acaba de ingressar nele.

Preparar-se para os aniversários de morte

Mesmo depois que o sofrimento do luto termina, haverá momentos em que o adolescente ficará triste. São ocasiões previsíveis. Qualquer data que tenha um significado importante para os sobreviventes e para o falecido é considerada uma data comemorativa. Os sobreviventes precisam preparar-se buscando um momento seguro para falar sobre seus sentimentos. No primeiro ano de luto, devem fazer uma lista das datas vindouras que possam causar tristeza, como o aniversário do falecido, a data da morte, feriados e assim por diante. Seja qual for o dia ou a ocasião, o enlutado deve ter a oportunidade de expressar sua dor e sofrimento. Pode ser com um terapeuta ou com amigos confiáveis. O mesmo vale para os lugares e acontecimentos que possam suscitar tristeza. Vale ressaltar que as pessoas no processo de luto não devem enfrentar esses momentos sozinhas.[16]

[16]M. Woodson, *The toughest days of grief*, Grand Rapids: Zondervan, 1994.

Incorporar uma atividade importante

Pode ser bom para o adolescente enlutado com dificuldade para expressar seus sentimentos desenvolver atividades que expressem sua dor. Por exemplo, pode plantar uma árvore ou uma muda de rosas em memória do falecido. O crescimento da planta será visto como um símbolo da vida e da esperança no futuro. Pode ser catártico levar flores à igreja em dias especiais. Usar uma jóia especial em memória do falecido pode ser um símbolo de amor. Doar livros e roupas do falecido pode ser terapêutico. Guardar e suscitar lembranças pode ser confortante para o adolescente pesaroso.

Usar o poder da oração

Se seu filho ou sua filha é aberto à oração, considere a possibilidade de orarem juntos. Pode ser bom para o adolescente enlutado ter um exemplo de força espiritual que possa seguir. Sugira que ele também ore sozinho. Diga para que peça a Deus que o conforte. Incentive-o a contar a Deus todos os seus sentimentos, a sentir que o falecido está com Jesus e, quando estiver preparado, a agradecer a Deus por seus cuidados. Para aqueles que precisam dizer adeus ou expressar alguma coisa ao falecido, a oração silenciosa é um bom momento para a cura. O salmo 23 continua a ser uma das passagens preferidas dos adolescentes. Pode ser um bom recurso para ajudar o jovem a orar durante o luto.

Saber quando encaminhar

Os pais devem ajudar o adolescente consternado pelo luto a buscar ajuda de um terapeuta ou psicólogo competente se, depois de algumas semanas, ele não sair do processo de luto ou se sentir mais pesar ainda e parecer cada vez mais deprimido, desamparado ou com tendências suicidas. Busque ajuda se perceber que o seu próprio luto está interferindo no relacionamento e complicando a situação ou se vir que está ficando impaciente com o sofrimento dele e querendo "corrigi-lo".

COMO OS PROFISSIONAIS PODEM AJUDAR

As estratégias de ajuda para adolescentes com o conflito do luto descritas a seguir são normalmente usadas pelos terapeutas. Elas são aqui apresentadas para prestar informações aos pais e ajudá-los a encontrar a melhor ajuda profissional possível para o adolescente sob seus cuidados.

Compreender as verdadeiras necessidades

É imperativo que os pais e terapeutas que tratam do jovem enlutado saibam exatamente do que o adolescente precisa. David K. Switzer identificou oito necessidades que precisam ser supridas a fim de que o processo do luto seja concluído de maneira eficaz, especialmente quando é gerado pela morte:[17]

1. Aceitar a realidade e a finalidade da morte (ou perda) física.
2. Ter consciência e expressar todos os sentimentos sobre a perda ou em relação ao falecido. Isso pode dizer respeito à forma que a pessoa morreu (p.ex., suicídio, acidente etc.).
3. Romper os laços emocionais com o falecido. Precisa parar de investir sentimentalmente no falecido e de se comportar como se ele ainda estivesse fisicamente presente.
4. Parar de falar ou agir como se o falecido estivesse fisicamente presente.
5. Confirmar que ele próprio tem valor, independentemente da interação ou ligação com o falecido.
6. Reafirmar e, portanto, permitir o retorno das características e comportamentos que contribuem para o progresso e desenvolvimento da vida do adolescente pesaroso.
7. Cultivar antigos e novos relacionamentos.
8. Redescobrir o significado da própria vida.

Ajudar a reconhecer o luto

Alguns adolescentes decidem fazer terapia para conseguir lidar com o luto, mas agem como se estivessem "recuperados". Afirmam que estão bem e forçam um sorriso. Parecem controlados e podem até dizer que querem ajudar a família a lidar melhor com a dor. John James e Frank Cherry chamam esse comportamento de "recuperação digna de prêmio".[18] O jovem quer a aprovação dos outros no momento da dor. Dese-

[17]Grief and loss.

[18]*The grief recovery handbook:* a step-by-step program for moving beyond loss, New York: Harper & Row, 1988.

ja ser elogiado pela forma que superou a perda. Um bom terapeuta ajudará gentilmente esse tipo de jovem a descobrir o luto suspenso. Perguntará o que mudou para ele depois da perda. O sono ou a alimentação mudou? Sente dificuldade de se concentrar? Expressa suas emoções de forma diferente? Fala com os amigos da mesma forma que antes? O terapeuta pode até pedir para o jovem escrever cartas para o falecido, a fim de expressar tudo o que nunca teve a oportunidade de dizer. Esse tipo de pergunta e exercício ajuda o jovem a ver e, finalmente, reconhecer que está sofrendo com o luto interrompido. Às vezes, tudo o que ele precisa é de permissão e tempo para sofrer.

Incluir a família

Quando se trata da morte de um membro da família do adolescente, quase sempre é bom trabalhar com todos os outros membros (às vezes, além da terapia individual com o jovem). Mary Elizabeth Taylor Warmbrod, professora de psicologia da Universidade de Manitoba, identificou um processo de três estágios para tratar do jovem aflito e sua família. Em cada um deles, o foco se volta para um aspecto diferente da vida familiar. O primeiro estágio é concentrar-se na morte e no enterro do ente querido; o segundo é refletir sobre como era o falecido, o que a família fazia junta e assim por diante; o terceiro e último é concentrar-se no presente, em relação às adaptações e bases de apoio.[19]

1. *O início: a morte e o enterro.* Esse estágio da terapia começa com perguntas estritamente factuais para a família. Quando a pessoa morreu? De que morreu? Como cada um soube que ela morrera? Como foi a ida ao hospital? Onde cada um estava na hora da morte? As perguntas sobre o enterro ou culto fúnebre naturalmente vêm depois. Quem compareceu ao enterro? Onde ele aconteceu? O que cada um pensou no enterro ou no culto fúnebre? Onde a pessoa foi enterrada? Você já visitou o túmulo? Nesse estágio, o terapeuta pode precisar de uma ou mais sessões.

2. *O meio: o passado e as lembranças.* Depois de relembrar a morte e o enterro, o próximo estágio faz a família retornar a um período

[19]Counseling bereaved children: stages in the process, *Social Casework: The Journal of Contemporary Social Work*, junho, 1986, p. 351-8.

anterior à morte da pessoa. É importante ouvir as lembranças de cada um. O terapeuta pode começar com perguntas sobre a aparência. Como era a pessoa? Você tem alguma foto para me mostrar? O que vocês gostavam de fazer juntos?

3. *O fim: o presente e o futuro.* O estágio final volta a atenção para o presente e para os planos quanto ao futuro. Há algumas perguntas que se podem fazer. Quando você mais sente falta dele, de manhã ou à noite? Com quem você fala quando pensa nele? Onde você chora? O que você faz quando começa a chorar? Como é na escola? O pessoal da escola sabe? Perguntas desse tipo dão aos membros da família a oportunidade de dizer uns aos outros que estão sofrendo juntos. Juntamente com o foco no apoio está a preocupação em relação aos planos para o futuro.

No decorrer das sessões, a dor pode diminuir. O que, teoricamente, a pessoa deve sentir é satisfação de ter conhecido o falecido, vontade de pensar nele em momentos especiais e confiança que há esperança no futuro e que a memória do falecido continuará a influenciar a família de maneira positiva.

Levar em consideração o apoio social

Já se demonstrou que o apoio social contribui com a adaptação do adolescente à morte de membros da família.[20] Em estudo publicado verificou-se que os adolescentes que tiveram mais apoio na área social ficaram significativamente menos deprimidos que os outros. Os adolescentes que não dispõem do apoio do pai sobrevivente encontram mais ajuda socialmente. Os adolescentes enlutados declaram que encontraram mais apoio com os amigos. Os adolescentes participantes de grupos de apoio social também declaram que obtiveram muito apoio do terapeuta.[21]

Normalmente, na primeira sessão de grupo, os participantes contam ao grupo os detalhes sobre quem morreu e como aconteceu. O líder estimula cada um dos membros a falar, mas não os pressiona. Depois do

[20] S. J. Marwit & S. S. Carusa, Communicated support following loss: examining the experiences of parental death and parental divorce in adolescence, *Death Studies* 22, 1998, p. 237-55.

[21] B. W. MacLennan, Mourning groups of children suffering from expected or sudden death of family or friends, *Journal of Child and Adolescent Group Therapy* 8, 1998, p. 13-22.

primeiro encontro, o assunto da discussão em grupo é geralmente determinado pelos participantes. Os temas costumam ser o sentimento de culpa e raiva, as dificuldades com os membros sobreviventes da família, memórias do falecido, dificuldades na escola e problemas com o medo de que outros morram. Os grupos duram em geral de oito a doze semanas, e o ideal é que tenham de cinco a nove participantes.[22]

Onde mais buscar ajuda

Boss, P., *Ambiguous loss:* learning to live with unresolved grief, Cambridge: Harvard University Press, 1999.

Collins, G., *Christian counseling*, ed. rev., Dallas: Word, 1988.

Hutton, L. (ed.), *Talking with your teen:* conversations for life, Nashville: Abington Press, 2000.

James, J. W. & F. Cherry, *The grief recovery handbook:* a step-by-step program for moving beyond loss, New York: Harper & Row, 1988.

Kennedy, A., *Losing a parent*, San Francisco: Harper & Row, 1991.

Kolf, J. C., *Teenagers talk about grief*, Grand Rapids: Baker, 1990.

Kuenning, D., *Helping people through grief*, Minneapolis: Bethany, 1987.

Nolen-Hoeksema, S. & J. Larson, *Coping with loss*, Mahwah: Lawrence Erlbaum Associates, 1999.

Switzer, D. K., *The dynamics of grief*, Nashville: Abingdon, 1970.

Tatelbaum, J., *The courage to grieve:* creative living, recovery, and growth through grief, San Francisco: Harper & Row, 1984.

White, M. A., *Harsh grief, gentle hope*, Colorado Springs: Navpress, 1995.

Woodson, M., *The toughest days of grief*, Grand Rapids: Zondervan, 1994.

Yancey, P., *Deus sabe que sofremos*, São Paulo: Vida, 1977.

______. *Decepcionado com Deus*, São Paulo: Mundo Cristão, 1990.

Orientação bíblica para os adolescentes em conflito

- Salmos 23.4; 34.18; 43.5; 147.3
- Eclesiastes 3.1-4
- Isaías 25.8
- Lucas 6.21
- 1Pedro 1.6,7

[22]R. E. Gray, The role of school counselors with bereaved teenagers: with and without peer support groups, *School Counselor*, janeiro, 1988, p. 185-93.

Masturbação

CARACTERÍSTICAS DO CONFLITO

"[A masturbação] é um dos tipos de comportamento sexual mais discutidos, duramente condenados e universalmente praticados".[1] Desde o começo dos tempos até os nossos dias, nenhuma prática sexual é mais controversa do que a masturbação: "Auto-erotismo que consiste em algum tipo de estimulação física direta".[2]

No século XVIII, a abstinência desse tipo de "vício solitário" era tida como crucial para a saúde. O rev. Sylvester Graham, criador da bolacha *cracker* integral, escreveu *Lecture to young men* [*Sermão aos jovens*], em que roga aos homens que se abstenham da masturbação para evitar a redução das reservas de "fluidos vitais" e a degradação moral e física. John Harvey Kellogg, médico, levou o trabalho de Graham adiante e desenvolveu um alimento antimasturbação e supressor da libido sexual: os flocos de milho.[3]

Na *Encyclopedia of health and home* [*Enciclopédia da saúde e do lar*] de 1918, era possível encontrar os critérios para o diagnóstico do adolescente "viciado nessa prática":

> Ele é tímido e retraído, a face tende a ser pálida, enquanto o olhar é vago e lânguido. Caracteriza-se por crescimento tardio generalizado, nervosismo e mãos trêmulas, perda de memória, incapacidade de estudar ou pouca

[1]G. R. Collins, *Christian counseling:* a comprehensive guide, Waco: Word, 1988.

[2]W. H. Masters, V. E. Johnson & R. C. Kolodny, *Masters and Johnson on sex and human loving*, Boston, Little: Brown, 1986, p. 283.

[3]R. Crooks & K. Baur, *Our sexuality*, 4th ed., New York: Benjamin-Cummings, 1990.

> inteligência, incapaz de olhar diretamente nos olhos de outra pessoa, olha para baixo como se tivesse feito algo vil. É impossível dizer quantos desses pacientes infelizes de nosso asilo de lunáticos já foi internado por causa desse terrível vício.[4]

A visão contemporânea reflete crenças conflitantes sobre a masturbação, mesmo dentro da igreja. Os argumentos contra a masturbação mais citados, de acordo com a *Baker encyclopedia of Psychology* [*Enciclopédia de psicologia Baker*], são:

1. Somente uma pessoa imatura masturba-se.
2. É condenada pela Bíblia.[5]
3. A masturbação é insociável e anti-social.
4. Viola o propósito divino planejado para o sexo.
5. Causa fadiga e enfraquecimento físico.
6. É sinal de pouco autocontrole.
7. As fantasias associadas à masturbação não são saudáveis emocionalmente.
8. É sexualmente frustrante e não é tão satisfatória quanto a relação sexual marital.
9. É sinal de egoísmo.
10. Provoca sentimentos indesejáveis como culpa e ansiedade.

Muitos especialistas consideram esses argumentos muitos simplistas e até falsos.[6] No entanto, o debate se a masturbação é algo certo ou errado não terminou. Quanto ao aspecto ético da masturbação, há julgamentos de todo tipo, desde considerá-la pecado mais grave que a fornicação, o adultério e o estupro até colocá-la na mesma categoria de um arranhão na cabeça.[7] Seja qual for a opinião individual sobre o as-

[4]G. Wood & E. Ruddock, *Vitalogy*, Chicago: Vitalogy Association, 1918.
[5]Duas passagens que são comumente usadas para condenar a masturbação são Gênesis 38.8-10 e 1Coríntios 6.9. Entretanto, a maioria dos estudiosos que examinam essas passagens não considera que o assunto tratado seja a masturbação.
[6]R. E. Butman, Masturbation, em *Baker encyclopedia of Psychology*, Grand Rapids: Baker, 1999.
[7]R. J. Foster, *Money, sex and power*, San Francisco: Harper & Row, 1985.

sunto,[8] jamais se poderá dizer que a masturbação entre os adolescentes é rara.

Mais de 90% dos homens e 50% das mulheres masturbaram-se até atingir o orgasmo em algum momento da vida. A média de idade para o início da masturbação é de treze anos para os meninos e quatorze para as meninas. Algumas pesquisas relatam que as mulheres aprendem sobre a masturbação a vida inteira. Por sua vez, o início da masturbação entre os homens é aparentemente um fenômeno da adolescência; 80% dos homens masturbam-se por volta dos quinze anos.[9]

Além das mulheres começarem a se masturbar mais tarde, a freqüência também é menor. Um estudo feito com universitários revelou que a freqüência da masturbação entre os homens é em média de uma vez por semana, e entre as mulheres de uma vez por mês.[10]

DESCRIÇÃO DE CASO

Tim veio fazer terapia porque estava preocupado com seus "pensamentos". Somente na terceira sessão confessou seu verdadeiro conflito, que era com a masturbação. Tim estava no fim do período ginasial. Saía com as garotas de vez em quando, mas não tinha nenhuma namorada firme. Não era exatamente do tipo estudioso nem atlético. Gostava de carpintaria. A certa altura, Tim começou a notar que não conseguia mais se concentrar nem mesmo em seu trabalho, pois era assolado por pensamentos sobre sexo. Quando uma imagem sexual lhe vinha à mente, não conseguia fazer outra coisa até encontrar alívio na masturbação. Tim masturbava-se de duas a três vezes por dia. Sentia-se extremamente culpado e estava convencido de que era terrivelmente anormal.

[8]Considere a variedade de posicionamentos tomados pelos cristãos sobre o assunto. Stephen Grunlan, no livro *Marriage and the family*: a Christian perspective (Zondervan, 1984), apresenta três razões para os cristãos evitarem a masturbação. Primeira, não existe necessidade biológica para a masturbação; segunda, a masturbação é um ato solitário e Deus nos criou como seres sexuais para unir homens e mulheres; terceira, as fantasias e a vida imaginária que acompanham o ato são pecaminosas. Contudo, James Dobson, na famosa série "Focus on the family", aceita a masturbação como parte normal do processo de crescimento, a não ser quando se torna excessiva. Charlie Shedd, em *The stork is dead* (Word, 1976), fala da masturbação como um "presente de Deus". David Seamands (no livro de J. A. Petersen, *For families only* [Tyndale, 1977]) diz: "Está mais do que na hora de parar de dar tanta importância à masturbação e atribuir-lhe a insignificância que ela bem merece".

[9]J. D. ATWOOD & J. GAGNON, Masturbatory behavior in college youth, *Journal of Sex Education and Therapy* 13, n.º 2, 1987, p. 35-42.

[10]Ibid.

Quem quer que escreva ou fale sobre masturbação deve estar preparado para as críticas. Na ausência de orientação bíblica clara sobre o assunto, resta-nos uma multiplicidade de opiniões conflitantes. Todavia, a maioria concorda que a ajuda eficiente e a terapia são extremamente recomendáveis para o adolescente com o conflito da masturbação.

CAUSAS DO CONFLITO

Embora talvez não tenha consciência das motivações, o adolescente masturba-se por várias razões. Vejamos as mais comumente citadas.

Excitação e orgasmo

Esses talvez sejam os motivos mais óbvios. O adolescente gosta da masturbação. Em estudo publicado, universitárias relataram que os principais motivos para a masturbação eram a sensação prazerosa e o alívio físico da tensão sexual.[11]

Fisicamente pronto

Na adolescência, os hormônios aumentam a sensibilidade erógena dos órgãos sexuais em desenvolvimento na fase de preparação para a procriação. No fim da puberdade, o jovem está maduro para a reprodução, tem todos os impulsos da sexualidade e o comportamento sexual de um adulto. Está fisicamente pronto para experimentar a excitação e o orgasmo. Esperar que não desfrute essas experiências seria o mesmo que esperar que uma família não abrisse as torneiras de casa com encanamento novo durante alguns anos.

Estímulos do ambiente

O adolescente vive hoje numa sociedade saturada pelo sexo, que enfatiza a satisfação sexual imediata. Filmes, revistas, programas de televisão e propagandas são claramente criados para provocar os impulsos e desejos sexuais. O ambiente está sexualmente sobrecarregado, e a masturbação é um meio de lidar com esse estímulo ambiental.

[11]R. Clifford, Development of masturbation in college women, *Archieve of Sexual Behavior* 7, 1978, p. 559-73.

Autoconhecimento

A orientadora sexual secular Eleanor Hamilton recomenda a masturbação para os adolescentes como forma de ficar "prazerosamente à vontade com os próprios órgãos sexuais".[12] O adolescente aprende suas respostas sexuais pessoais com a masturbação. A prática ensina a capacidade de controlar o impulso sexual. No entanto, a masturbação também pode ser mal usada e gerar falta de controle dos desejos sexuais. Os meninos atingem quase que instantaneamente o auge da excitação, uma excitação semelhante a dirigir um Porsche turbo com cinco velocidades pela primeira vez. A masturbação tem o poder de ensinar o adolescente a controlar os desejos sexuais desenfreados.

Fuga

A masturbação pode às vezes ser um meio para escapar do tédio, aliviar a tensão ou evitar temporariamente as pressões da vida. Pelo menos um quarto das pessoas que se masturbam faz isso quando sente solidão ou rejeição. Alguns adolescentes, porém, podem usar a masturbação de forma negativa, como meio de viver na fantasia e evitar relacionamentos interpessoais significativos.

COMO OS PAIS PODEM AJUDAR

As estratégias destinadas a ajudar os adolescentes com o conflito da masturbação citadas a seguir podem ser utilizadas eficientemente pelos pais. Entretanto, como a relação entre pai e filho é única, algumas serão mais pertinentes para a sua situação do que outras. Como em todo grande conflito da adolescência, o melhor é que os pais trabalhem sob a orientação de um terapeuta competente. Pensando nisso, as estratégias mencionadas neste livro visam a facilitar o processo de ajuda dentro de casa com o adolescente.

Ouvir com sensibilidade

Obviamente, esta estratégia deve fazer parte de todas as intervenções, mas muitas vezes é deixada de lado quando se quer ajudar o adolescente na questão sexual. Ouvir com sensibilidade significa não apenas

[12]E. Hamilton, *Sex with love*, Boston: Beacon Press, 1978, p. 33.

manter o nível da discussão lançando mão das habilidades discutidas na primeira parte deste livro, mas também fugir de algumas armadilhas. Evite demonstrar constrangimento, choque ou curiosidade excessiva. Controle o seu embaraço para que haja aceitação tranqüila. Não responda com palavras de encorajamento. Isso pode aliviar o seu constrangimento em relação ao assunto, mas também pode afastar o adolescente que já teve de criar coragem para conversar com você sobre o conflito.

Aliviar os medos e a ansiedade

Uma crença quase inevitável para o jovem atormentado com a masturbação é achar que o seu comportamento é anormal. Ignorando o fato de que essa prática é bastante comum, muitos adolescentes lutam contra vários medos relacionados ao comportamento masturbatório. Muitos especialistas em sexo, no entanto, falam da normalidade da masturbação, e o adolescente temeroso pode ter assegurado o "tudo-bem" (*ok*) da prática com essa informação. Há uma piada que diz: "Noventa por cento dos meninos confessam que se masturbam e 10% mentem".[13] A masturbação é normal, e não existe nenhuma prova científica a indicar que a prática seja prejudicial ao organismo ou interfira fisicamente nas relações sexuais futuras.

Os pais e terapeutas podem aliviar o medo em torno dos mitos que o adolescente carrega. Um dos mitos mais comuns diz que a masturbação causa espinhas ou leva à loucura, que é sinal de mente suja, que pode ser controlada com banho frio e assim por diante. O adolescente que sofre com esses e outros mitos precisa saber que essas idéias são falsas. A propósito, pesquisas indicam que a masturbação diminui quando a ansiedade em relação a ela é aliviada.[14]

Para poucos adolescentes, a masturbação passa a segundo plano em virtude do medo de ser descoberto. Às vezes, o adolescente é pego masturbando-se. Por exemplo, um conselheiro de acampamento, o pai ou a mãe, ou um irmão o apanha em flagrante. O irmão mais velho pode até usar a descoberta para fazer chantagem e manipulá-lo. A atenção, evidentemente, deve voltar-se para o medo e a humilhação subseqüentes.

[13]G. K. Olson, *Counseling teenagers*, Loveland: Group Books, 1984.

[14]W. R. Johson, *Masturbation*, New York: Sex Information and Education Council of the U.S., s.d.

Lidar com a culpa

Um adolescente contou-me certa vez: "Sempre depois que me masturbo, oro e prometo a Deus que nunca mais farei isso de novo". A culpa em questões sexuais é grande. O adolescente costuma se preocupar com suas idiossincrasias e preferências particulares. Enquanto escrevia esta seção um adolescente confessou-me numa sessão de terapia que às vezes se masturba antes de ir à igreja e se sente extremamente culpado por fazer isso no domingo. A culpa pela masturbação pode ser um meio de Satanás atacar jovens cristãos sinceros.

Mary Ann Mayo, no livro *A Christian guide to sexual counseling* [*Guia cristão para o aconselhamento sexual*], diz: "Conheço pessoas que passam 48 horas condenando-se e culpando-se por causa de quatro minutos de prazer auto-indulgente!".[15] Porém, a culpa do adolescente é genuína. O apóstolo Paulo escreveu: "Nenhuma coisa *é* de si mesmo imunda a não ser para aquele que a tem por imunda" (Rm 14.14; ARC). Permita que o adolescente investigue sua culpa e vergonha e encontrará a cura. Você pode consultar a seção sobre culpa para obter mais sugestões de como lidar com esse problema de forma eficaz.

Compreender o contexto do desenvolvimento

De acordo com o especialista cristão em ética Lewis Smedes, a preocupação moral com a masturbação deve ter por meta o desenvolvimento integral do jovem a fim de que este tenha uma vida heterossexual saudável.[16] Para o crescimento saudável, é importante que a criança aprenda a conhecer o próprio corpo e encontre o jeito de responder à estimulação. O adolescente está preocupado em estabelecer sua identidade psicossexual e curioso com relação às áreas erógenas, à ereção e à ejaculação seminal. A masturbação é um laboratório em que as funções fisiológicas e os prazeres do adolescente podem ser explorados em situações sob controle. A experiência pode ajudá-lo a desenvolver a intimidade madura que terá no casamento.[17]

[15] Grand Rapids: Zondervan, 1987, 193.

[16] L. SMEDES, *Sex for Christians*, Grand Rapids: Eerdmans, 1994.

[17] K. SANFORD, Towards a masturbatory ethic, *Journal of Psychology and Theology* 22, 1994, p. 21-8.

Rever a teologia pessoal

A masturbação pode ser uma grande fonte de problemas espirituais para o adolescente. O que eles querem saber é se ela é ou não pecado. A Bíblia não aborda o assunto diretamente. Por isso, os cristãos chegam a conclusões diferentes a respeito. O que você acha? Você enxerga a masturbação como pecado ou como algo não muito sério? A masturbação é uma daquelas áreas em que devemos ter cuidado para não julgar os outros e permanecer fiéis ao nosso entendimento dos princípios bíblicos.

Facilitar a exploração pessoal

Você pode ajudar o adolescente a entender a masturbação de maneira imparcial. Conselhos ou idéias que insinuam que a prática deve ser resistida a todo custo provavelmente estimularão o processo de fracasso e culpa. Porém, sugerir que a masturbação é a forma de lidar com as pressões sexuais também pode levar à frustração. Fantasias lascivas geram mais fantasias lascivas, e Jesus as condena claramente (v. Mt 5.27-30). Uma das estratégias mais construtivas para pais e terapeutas é simplesmente ouvir sem acanhamento nem necessidade de julgar. David Seamands diz: "Quando se fala abertamente sobre a masturbação, ela deixa de ser um problema".[18] A atitude de respeito em relação à prática exploratória do adolescente pode ajudá-lo a "recuperar sua autoestima e impulsioná-lo a ter relacionamentos interpessoais mais significativos e satisfatórios".[19] Bons pais e terapeutas espelham-se na certeza da graça de Deus e ressaltam sua total e incondicional aceitação.

Explorar o uso da pornografia

A pornografia é acessível a todos os jovens hoje em dia, e muitos deles, pelo menos de vez em quando, usam material pornográfico durante a masturbação. Em estudo publicado, apenas 30% dos meninos disseram que nunca olharam pornografia no ato da masturbação.[20] Se o problema do seu filho é a pornografia, procure mais sugestões na seção sobre pornografia.

[18]Sex, inside and outside of marriage, em *The secrets of our sexuality*, org. G. R. Collins, Waco: Word, 1976, p. 156.

[19]Butman, Masturbation, p. 688.

[20]R. Sorenson, *Adolescent sexuality in contemporary America*, New York: World, 1973.

Não desprezar perigos potenciais

Antes de concluir esta seção sobre o adolescente com o conflito da masturbação, devo fazer um alerta sobre uma experiência rara, mas perigosa, com a masturbação chamada asfixia auto-erótica ou "enforcamento". Isso acontece quando o adolescente (em geral, o homem) comprime a garganta ou o peito enquanto se masturba a fim de criar um estado de consciência alterado pela redução do suprimento de oxigênio no cérebro. Alguns especialistas dizem que essa privação pode criar fisiologicamente intensificação da sensação de prazer sexual no cérebro. Outros dizem que é o simples poder de sugestão que aumenta o prazer. Seja como for, é uma prática mortal. Nos casos fatais, as pessoas são encontradas enforcadas e nuas no quarto ou no banheiro.

Segundo relatórios do FBI, todo ano mil jovens morrem de asfixia auto-erótica. Isso significa que a cada oito horas um adolescente morre dessa prática. Os sinais de alerta da asfixia auto-erótica são: aparência constante de olhos injetados, fascínio por cordas, correntes e cintos de couro e escoriações ou lesões no pescoço.[21] Se você suspeitar dessa atividade, não hesite em perguntar diretamente: "Você já fez alguma coisa incomum ou perigosa para aumentar o prazer da masturbação?". Essa pergunta pode salvar uma vida.

Saber quando encaminhar

Se você se sente constrangido, desconcertado, muito curioso ou incerto sobre como proceder diante do adolescente com o conflito da masturbação, encaminhe-o a um terapeuta. É importante que o jovem saiba que essa atitude não é um ato de rejeição, mas a melhor maneira de ajudá-lo. Se você suspeitar de asfixia auto-erótica, deverá consultar imediatamente um especialista.

COMO OS PROFISSIONAIS PODEM AJUDAR

As estratégias de ajuda para adolescentes com o conflito da masturbação descritas a seguir são normalmente usadas pelos terapeutas. São aqui apresentadas para informar os pais e ajudá-los a encontrar a melhor ajuda profissional possível para o adolescente sob seus cuidados.

[21]D. MARSHALL, A deadly shame, *Parents of Teenagers*, agosto/ setembro, 1990.

Determinar a gravidade

Uma preocupação comum em relação à masturbação é "exagerar na dose". Até as matérias que consideram a masturbação "normal" tratam o "excesso" como problema. A pergunta que naturalmente se faz é: O que é considerado "excessivo"? Uma vez por ano, duas vezes por semana, depois das refeições? Se o adolescente se masturba tanto a ponto de interferir em algum aspecto de sua vida, então a masturbação deve causar preocupação. Entretanto, nesse caso, ela deve ser a manifestação de um problema, não o problema em si. Por exemplo, o adolescente que sente muita ansiedade por causa de conflitos com os pais pode usar a masturbação como fuga e alívio da ansiedade. O terapeuta pode avaliar a intensidade do conflito do adolescente com a masturbação perguntando-lhe diretamente com que freqüência se masturba.

Examinar obsessões e compulsões

Às vezes, o adolescente é consumido por pensamentos e fantasias sexuais. Seus hábitos masturbatórios podem tornar-se extremamente ritualistas. É um problema mais sério que apenas gostar da auto-estimulação. Num um estágio da vida tipicamente repleto de insegurança, ansiedade e confusão, a busca dos prazeres da masturbação pode passar a ser compulsiva. Quando isso acontece, a compulsão, não a masturbação, é o problema a ser tratado. O adolescente não precisa ficar obcecado com a masturbação nem deixar que ela o controle. Um terapeuta competente pode ser de grande valia nesse caso.

Ajudar a evitar

Para o adolescente que conclui que a masturbação é errada para ele e deseja controlar essa prática, Stephen Grunlan faz as seguintes sugestões: evite os momentos e lugares nos quais a masturbação era praticada; evite o estímulo sexual com filmes, televisão, música ou revistas; não lute contra os pensamentos sobre a masturbação, mas procure substituí-los por outros; viva um dia de cada vez; confie o assunto a Deus em oração.[22] Lembre-se de que dificilmente a masturbação pode ser tratada com a determinação direta de abandoná-la. Isso pode até piorar

[22]*Marriage and the family:* a christian perspective, Grand Rapids: Zondervan, 1984, p. 122

o problema e a ansiedade e fazer que o fracasso seja ainda mais comprometedor.

Onde mais buscar ajuda

CARNES, P., *Out of the shadow*, Minneapolis: CompCare, 1983.

____ , *Talking to your kids about sex*, Colorado Springs: Waterbrook, 1999.

HART, A. D., *The sexual male*, Waco: Word Publishing, 1993.

JONES, S. & B. JONES, *How and when to tell your kids about sex*, Colorado Springs: NavPress, 1993.

SMEDES, L. B., *Sex for christians*, Grand Rapids: Eerdmans, 1994.

STAFFORD, T., *A love story:* questions and answers on sex, Grand Rapids: Zondervan, 1977.

Orientação bíblica para os adolescentes em conflito

- Romanos 6.3
- 1Coríntios 6.13,18-20
- Colossenses 3.5
- 1Tessalonicenses 4.7
- Tiago 1.21

Obesidade

CARACTERÍSTICAS DO CONFLITO

A especialidade médica que mais cresce atualmente é a cirurgia plástica. O número de pessoas que se submete à cirurgia cosmética aumenta em quase 10% por ano. Com todas as celebridades adolescentes que têm aparecido nos noticiários com essas alterações no corpo, não é de surpreender que um número cada vez maior de garotas ainda na puberdade optem pela cirurgia estética.[1]

As adolescentes estão obcecadas pela pergunta: "Como estou?". Podem estar perguntando de seu novo corte de cabelo, se suas roupas estão amarrotadas ou se há resíduo de comida entre seus dentes. Mas o que elas realmente querem saber é se os outros as consideram fisicamente atraentes.[2]

A maioria esmagadora das adolescentes não está satisfeita com o que vê no espelho. Uma pesquisa Gallup feita em 1999 revelou que 67% das mulheres dizem que não estão tão magras quanto gostariam e 43% consideram-se gordas. Não é de admirar que as meninas em idade colegial sejam duplamente mais propensas a ter depressão que os meninos.

Curiosamente, as mulheres insatisfeitas com seu corpo não sofrem necessariamente de baixa auto-estima. Talvez porque estejam em boa companhia. A jovem que quer perder meio quilo fica mais tranqüila

[1]B. Hey, Portrait of an obsession, *Health*, junho, 1991, p. 68-70.

[2]G. D. Rosenblum & M. Lewis, The relations among body image, physical attractiveness, and body mass in adolescence, *Child Development* 70, 1999, p. 50-64.

sabendo que suas amigas se sentem da mesma forma em relação a si mesmas.

No entanto, há um grupo composto de adolescentes de ambos os sexos que sente aflição e humilhação exageradas devido à imagem corporal: os obesos. O adolescente que não é obeso e está em conflito com a imagem corporal está mais propenso a ter um distúrbio alimentar (consulte a seção sobre distúrbios alimentares).

Dez a 15% dos adolescentes são realmente obesos, e as meninas mais que os meninos.[3] A obesidade na adolescência é um problema sério de saúde. Estudos aprofundados revelaram fatores de alto risco para doenças cardiovasculares, das articulações e distúrbios ginecológicos em adolescentes obesos. O National Instititute of Health recomenda que a redução de peso seja considerada por todas as pessoas que apresentem uma das seguintes condições médicas: histórico familiar de diabetes, pressão sangüínea alta, doença coronariana ou histórico de obesidade na infância.[4]

Ter excesso de peso, além de ser um risco para a saúde, também afeta a vida social, a auto-estima, o desenvolvimento da identidade pessoal e o ajustamento emocional do adolescente.[5] Ademais, se um adolescente obeso tem histórico de problema de peso e não reduzir o peso na adolescência, a probabilidade de que se torne e permaneça obeso na vida adulta é de um para 28.[6] As pessoas que esperam que o adolescente obeso escape disso estão apostando em algo improvável.

Alguns podem até escapar, mas a dor e o sofrimento que o adolescente gordo sente é imensa. O depoimento a seguir retrata bem essa angústia: "Meu nome é Marcy Lewis. Tenho treze anos e estou na oitava série. A vida toda me vi como uma criança-pipa, de óculos e cabelos castanhos. Todo mundo dizia que ia emagrecer quando crescesse, mas eu sabia que ia ser uma adolescente pipa, de óculos e cabelos castanhos sem brilho".[7]

[3]United States Department of Commerce, Bureau of the Census, *Statistical abstract of the United States*, Washington, D.C., U.S. Government Printing Office, 1987.

[4]National Institutes of Health Consensus Development Conference Statement, Health implications of obesity, *Annals of internal medicine*, 103, 1985, p. 1073-7.

[5]M. Nowak, The weight-conscious adolescent: body image, food intake, and weight-related behavior, *Journal of Adolescent Health* 23, 1998, p. 389-98.

[6]K. D. Brownell, Obesity: understanding and treating a serious, prevalent, and refractory disorder, *Journal of Consulting and Clinical Psychology* 50, 1982, p. 820-40.

[7]P. Danziger, *The cat ate my gymsuit*, New York: Dell, 1973, p. 7.

DESCRIÇÃO DE CASO

Peter é um garoto de quatorze anos extremamente gordo. Tem inteligência acima do normal e sai-se razoavelmente bem na escola quando quer. Come compulsivamente. Mais de uma vez, tomou um litro e meio de sorvete numa sentada só. Fica de pé em frente ao espelho toda manhã e experimenta várias combinações de camisas e calças que, de alguma forma, "reduzam" o seu tamanho. Houve ocasiões em que até deixou de ir à escola de vergonha do peso. Quando está na escola, normalmente é retraído e evita o contato social. Peter é atormentado por seu peso a todo o momento, mas nunca forçou o vômito e não apresenta nenhum sinal de distúrbio alimentar. Já foi chamado de todos os apelidos que se costuma dar aos "gordos", e sua auto-estima não passa de uma gota. Peter daria tudo para ser "normal".

Muitos fatores que determinam a condição de obesidade não passam de julgamentos arbitrários com critérios variáveis, por exemplo, o "tamanho das dobras de pele" medidas com um compasso especial (quase sempre com base no tríceps). Contudo, o melhor critério, em geral, é tomar como referência um índice de peso (medido pela idade, sexo e altura). Os especialistas consideram que tudo que estiver acima de noventa por cento do índice normal é um indicador adequado para diagnosticar a obesidade.[8] Existe porém uma classificação do grau de obesidade do adolescente. A obesidade *leve* varia de 15% a aproximadamente 35% de excesso de peso. A *moderada* varia de 35% a 100% de excesso de peso. E a *grave* é definida por mais de 100% de excesso de peso. Esta obesidade pode apresentar um sério risco de vida, por conseguinte, a intervenção cirúrgica (gastroplastia) deve ser considerada, caso os tratamentos comportamentais não dêem resultado.[9]

CAUSAS DO CONFLITO

Por que a obesidade surge afinal? O que faz com que ela seja mais resistente a alterações? As causas da obesidade não são simples. A maioria dos especialistas concorda que se trata de um problema de múltiplas causas.

[8] D. S. Kirschenbaum, W. G. Johson & P. M. Stalonas, *Treating childhood and adolescent obesity*, New York: Pergamon, 1987.

[9] W. S. Agras, *Eating disorders:* management of obesity, bulimia, and anorexia nervosa, New York: Pergamon, 1988.

Fatores genéticos, biológicos, comportamentais, familiares, culturais e até econômicos interagem de maneira complexa para afetar o desenvolvimento e incidir na persistência desse conflito. Vejamos o que os pesquisadores sabem atualmente sobre sua etiologia.

Genes

Parece que alguns adolescentes nasceram para ter excesso de peso. Experiências com fertilização seletiva e estudos com gêmeos revelaram uma forte contribuição genética para a obesidade. Numa investigação, os pesquisadores analisaram medidas de peso e altura. Estudos com pares de gêmeos idênticos e fraternos revelaram que os irmãos alcançam e mantêm pesos corporais semelhantes quer sejam, quer não, criados por famílias diferentes (e que essas crianças têm muito mais probabilidade de ficar parecidas com os pais naturais que com os adotivos). A conclusão? Se pai e mãe biológicos são gordos, a probabilidade de que os filhos também sejam é de 80%.[10]

Biologia

Também ficou provado que as barreiras biológicas mantêm ou aumentam o peso do obeso. Estudos com células adiposas e adaptações metabólicas a redução de peso deixam claro que a biologia exerce papel importante na obesidade. Deve haver energia biológica positiva a fim de que a obesidade ocorra. Isto é, para a obesidade se desenvolver, a quantidade de caloria ingerida deve ser maior que a quantidade de caloria consumida. Outro reforço do aspecto biológico é atribuído por alguns estudos que demonstram que o adolescente cujos pais são obesos é muito mais propenso a ser obeso do que aquele cujos pais são magros.[11]

Causas externas

Evidências consideráveis revelam que fatores menos biológicos contribuem para o problema. Por exemplo, há importante relação entre o peso

[10] *Time*, 4 de junho, 1990, p. 80.

[11] S. M. Garn & D. C. Clark, Trends in fatness and the origins of obesity, *Pediatrics* 57, 1976, p. 443-56.

dos cônjuges e medidas de obesidade, assim como o peso entre pais adotivos obesos e seus filhos.[12] Os estudos relacionaram o peso dos proprietários ao de seus cachorros para mostrar a influência de fatores menos orientados biologicamente.[13]

Hábitos alimentares e padrões de comportamento

O adolescente obeso normalmente apresenta um hábito alimentar de "alta densidade". Esse hábito consiste na ingestão excessiva de alimentos, e, diferentemente do adolescente mais magro, o adolecente obeso mais engole do que mastiga.[14] Certa vez, tratei de um adolescente obeso que comia uma caixa de chocolates *Twinkies* inteira e um atrás do outro! Algumas evidências, como seria de esperar, também indicam que o adolescente obeso é menos ativo do que o magro.[15] E quando o nível de atividade é baixo, obviamente, a gordura se acumula porque o metabolismo cai. Alguns, por ignorância, logo chamam de preguiça a inatividade. Provavelmente, o jovem está evitando a atividade por vergonha. David Elkind, no livro *All grown up and no place to go* [*Adulto e sem lugar para ir*], cita uma passagem do livro de Paula Danzinger *The cat ate my gymsuit* [*O gato comeu minha roupa de ginástica*]. Ela ilustra, de forma comovente, a vergonha que os adolescentes obesos sentem. É o retrato de uma garota gorda e sensível que evita a aula de educação física.

> Fiquei sentada, tentando vestir a roupa de ginástica e esconder meu sutiã minúsculo e o meu corpo gordo, proeza que já era uma ginástica em si. Quando a aula começou, fui falar com a professora *Schmidt* de educação física.
>
> — Muito bem, Lewis, qual é o problema agora?
>
> — O gato comeu a minha roupa de ginástica.
>
> Ela balançou a cabeça, franziu a testa e colocou mais um zero em seu caderno de notas. Sentei e assisti ao jogo de vôlei pela milionésima vez.[16]

[12] Ibid.

[13] E. Mason, Obesity in pet dogs, *Veterinary Record* 86, 1970, p. 612-6.

[14] D. S. Kirshenbaum & A. J. Tomarken, On facing the generalization problem. The study of self-regulatory failure, em *Advances in cognitive-behavioral research and therapy*, org. P. C. Kendall, New York: Academic, 1982, p. 1:121-200.

[15] K. D. Browness & A. J. Stunkard, Behavioral treatment for obese children and adolescents, em *Obesity*, org. A. J. Stunkard, Philadelphia, W. B. Saunders, 1980.

[16] New York: Addison Wesley, 1984, p. 34.

Preferências alimentares

O adolescente obeso não come necessariamente mais comida em geral, mas quase sempre prefere alimentos mais calóricos e condimentados.[17] Além disso, sua resposta fisiológica tende a encorajar esse consumo e a não se inibir depois que o alimento é ingerido. Depois de comer alimentos ricos em carboidratos e açúcares, os níveis de insulina sobem, o que aumenta a fome e o consumo de alimentos. Na verdade, só o fato de olhar e sentir o cheiro da comida pode elevar o nível de insulina em pessoas obesas.[18]

Fatores familiares

A obesidade pode começar nas primeiras relações entre pais e filhos. Para muitos obesos, a infância foi caracterizada por intenso envolvimento dos pais, superproteção e rigidez. Em geral, os pais demonstram preocupação exagerada com o bem-estar do filho. Por exemplo, numa entrevista com a família, os pais freqüentemente falam pelo filho obeso ou corrigem-no quando tenta falar espontaneamente. Em casos extremos, não permitem que o filho obeso faça dieta porque não querem privá-lo de nada.[19]

Fatores psicológicos

Comer é um reforço positivo maior para os obesos porque essa atividade é mais prazerosa para eles que para as pessoas com peso normal. Todavia, a comida também pode ser usada como autopunição.[20] Com a autoimagem ruim, o ganho de peso torna-se um meio de reforçar as autosugestões negativas e pôr à prova a autopercepção. O adolescente obeso, que já se sente ineficiente, pode ficar mais inativo e retraído, e voltar-se para a comida a fim de buscar conforto e segurança.[21]

[17]P. Hoare & L. Cosgrove, Eating habits, body-esteem and self-esteem in scottish children and adolescents, *Journal of Psychosomatic Research* 45, 1998, p. 425-31.

[18]J. Rodin, Obesity: why the losing battle?, em *Psychological aspects of obesity:* a handbook, org. B. B. Wolman, New York: Van Nostrand Reinhold, 1982, p. 30-87.

[19]R. J. Brone & C. B. Fischer, Determinants of adolescent obesity: a comparison with anorexia nervosa, *Adolescence* 23, 1988, p. 155-69.

[20]A. Gila, J. Castro, J. Toro & M. Salamero, Subjective body-image dimensions in normal and anorexic adolescents, *British Journal of Medical Psychology* 71, 1998, p. 175-84.

[21]J. Sobal, Group dieting, the stigma of obesity and overweight adolescents, *Marriage and Family Review* 7, 1984, p. 9-20.

COMO OS PAIS PODEM AJUDAR

As estratégias citadas a seguir destinam-se a ajudar os adolescentes com o conflito da obesidade e podem ser usadas com eficiência pelos pais. Entretanto, como a relação entre pai e filho é única, algumas serão mais pertinentes para a sua situação do que outras. Como em todo grande conflito da adolescência, o melhor é que os pais trabalhem sob a orientação de um terapeuta competente. Pensando nisso, as estratégias visam a facilitar o processo de ajuda dentro de casa com o adolescente.

Planejar o futuro

A reação dos adolescentes obesos aos tratamentos de obesidade é bastante variável. Porém, uma coisa é certa: não existe cura para a obesidade. Terapeutas e pais devem planejar um tratamento a longo prazo. Se todos os outros fatores forem mantidos, é recomendável que o adolescente faça uma sessão de terapia por semana, em um período de oito a dez meses, ou até maior se necessário. Pesquisas indicam que o contato semanal contínuo com o terapeuta pode ajudar na manutenção de estratégias fundamentais e estimular a perda de peso. Mesmo depois que as metas foram atingidas, o contato semanal deve ser mantido por vários meses para promover a ampliação das mudanças compor-tamentais.[22]

Promover confiança

O adolescente obeso é rejeitado pelos colegas mais que qualquer outro grupo minoritário.[23] O estrago na auto-estima pode ser tremendo. Muitos acreditam que as pessoas obesas são simplesmente preguiçosas, pouco inteligentes e fracas. Esse estereótipo faz com que sejam tratadas como cidadãos de segunda classe, especialmente entre os adolescentes. É comum a criança obesa crescer ouvindo apelidos, como "baleia" e "elefante". O adolescente precisa saber que o problema está no seu corpo, não nele. Como pessoa, o adolescente não tem deficiências, tem apenas um desafio especial de lidar com o seu corpo. Sem autoconfiança e sem a sensação de que pode aprender a controlar melhor o seu corpo, o tratamento é inútil. Precisa acreditar que isso é possível e praticável. Para

[22]Kirschenbaum *et al.*, *Treating childhood and adolescent obesity*.

[23]M. D. Lebow, *Child obesity:* a new frontier of behavior therapy, New York: Springer, 1984.

obter mais informações sobre essa etapa fundamental do tratamento, veja a seção sobre inferioridade.

A propósito, é especialmente importante incutir confiança depois de algum retrocesso. As recaídas são inevitáveis nos programas de controle de peso. O adolescente pode comer muita *pizza* na sexta-feira à noite, por exemplo, ou não atingir uma meta de exercícios porque o tempo estava feio. É normal o jovem ter pensamentos catastróficos nessas circunstâncias. Sem aceitação e estímulo, pode acabar desistindo de tudo.

Ter em mente clínicas para tratamento intensivo

Um método de tratar o adolescente obeso é enviá-lo a um centro de controle de peso. Um grupo de pesquisadores que estudou o sucesso desses centros escolheu uma clínica de Tacoma, Washington, que enfatiza três aspectos: 1) educação nutricional; 2) exemplos de comportamento; e 3) atividades físicas. Os participantes freqüentam apenas cinco dias, porém, seis meses de estudos posteriores ao tratamento revelaram perda de peso constante, o que levou os pesquisadores a concluir que se trata de um método eficaz para a terapia de controle de peso de adolescentes.[24] Tratamentos intensivos semelhantes podem ser feitos em ambiente hospitalar. O Oaks Treatment Center em Austin, Texas, tem um programa de doze semanas para adolescentes, que consiste em aulas de nutrição, exercícios, dietas monitoradas etc. Antes de recomendar um centro específico, o terapeuta deve estar bem informado a respeito da idoneidade e eficiência desse centro.

Examinar suas expectativas

Essas estratégias são as melhores que existem para o tratamento desse doloroso problema. Certamente, há muitos outros métodos para tratar eficazmente da obesidade. Este capítulo serve apenas de trampolim para outros recursos excelentes que descrevem com mais detalhes as intervenções terapêuticas em adolescentes obesos. Algumas se encontram no fim deste capítulo. Esteja consciente da dificuldade desta tarefa. Examine suas expectativas quanto ao tratamento. São realistas? Lembre-se de que uma pequena perda de peso ou a simples interrupção do aumento inevitável de peso com o avanço da idade já pode melhorar a saúde.

[24]G. Brandt, T. Maschhoff & N. S. Chandler, A residential camp experience as an approach to adolescent weight management, *Adolescence* 15, 1980, p. 807-22.

Trabalhar com o terapeuta

Como a alimentação tem papel central na vida familiar, é bom envolver-se na estratégia de tratamento. Se o adolescente concordar com a idéia, o terapeuta pode pedir para falar com os pais. Ele pode ajudá-los a decidir ser mais criteriosos não comprando nem fazendo alimentos de alto valor calórico, não servindo refeições muito gordurosas, nem mantendo o refrigerador cheio de comidas calóricas. Além deste livro, há outras fontes interessantes: *American heart association cookbook* [*Livro de receitas da associação cardíaca americana*] (New York: Ballantine Books, 1994) e *The new living heart diet* [*Dieta de um coração renovado*] de Michael DeBakey, Antonio M. Gotto, Lynee W. Scott e John P. Foreyt (New York: Raven Press, 1996). Você também pode ser solicitado a dar o exemplo no hábito de exercícios físicos.

Se houver muito conflito dentro de casa, o terapeuta pode ajudar os pais ensinando-lhes algumas habilidades de controle dos filhos para diminuir a confusão. Estudos revelam que os hábitos dietéticos das famílias que experimentam algum tipo de perturbação relacional são mais inadequados do que os das outras famílias.[25]

COMO OS PROFISSIONAIS PODEM AJUDAR

As estratégias de ajuda para adolescentes com o conflito da obesidade descritas a seguir são normalmente usadas pelos terapeutas. São aqui apresentadas a fim de prestar informações aos pais, e ajudá-los a encontrar a melhor ajuda profissional possível para o adolescente sob seus cuidados.

Analisar as condições

Há vários métodos para analisar a gravidade do conflito do adolescente com a imagem do corpo e a obesidade. Uma medida preliminar que sempre ajuda é avaliar a confiança do adolescente na própria capacidade de controlar a perda de peso. O Controle Interno de Escala de peso em comparação com o Controle Externo fornecerá ao terapeuta uma pista para saber se o adolescente é otimista em relação à mudança. A Escala de

[25] A. C. Israel, L. Stolmaker & C. A. Andrian, The effects of training parents in general child management skills on a behavioral weight loss program for children, *Behavior Therapy* 16, 1985, p. 169-80.

Alimentação Compulsiva pode ser usada para avaliar a tendência do adolescente de comer descontroladamente (principalmente nos momentos em que não está necessariamente com fome). Este é um dos poucos métodos de verificação dos hábitos alimentares desenvolvidos especificamente para adolescentes. Muitos terapeutas usam essas ou outras avaliações.

Requerer um exame físico feito por médico

Os métodos mais bem-sucedidos para tratar a obesidade reconhecem que ela é um problema de múltiplas causas que engloba fatores genéticos, metabólicos, ambientais, familiares e emocionais. O terapeuta não pode tratar do problema eficazmente sem incorporar a assistência do médico especializado que lhe forneça um retrato completo do conflito. Pode haver complicações físicas que o médico, e não o terapeuta, terá de tratar. Se for prescrita uma dieta excessivamente baixa em calorias, é ainda mais importante que a análise e o acompanhamento médico façam parte do programa de tratamento.

Analisar as metas

No início do tratamento, é importante analisar a conveniência de metas de perda de peso do adolescente. Embora a melhora na aparência física seja uma grande motivação para o jovem obeso no início da terapia, pode ser problemática porque a perda de peso possível para muitos pode não alterar de maneira perceptível a aparência física. As metas que o adolescente tem em mente podem ser irreais, e o momento certo de acertar essa situação é o início do tratamento. O terapeuta competente ajudará o jovem a mudar suas metas terapêuticas sem a preocupação exclusiva com o aspecto estético.

Fazer um gráfico de peso e um diário alimentar

O terapeuta ajudará o adolescente a criar um gráfico personalizado para registrar as alterações de peso. O eixo Y registra a evolução das medidas de peso e o eixo X, as datas. O jovem anota o peso uma vez por semana e registra a data. Esse recurso não precisa ser rigidamente controlado, mas pode servir de reforço para garantir a responsabilidade do adolescente. Além disso, o gráfico fornece a análise visual da evolução do tratamento.

O adolescente também deve ser encorajado a manter um diário da dieta, registrando quando, onde, quê e com quem comeu. Esse exercício permite observar os próprios hábitos alimentares com mais objetividade. Ajuda a responder questões como estas: Como mais quando estou sozinho?; Como entre as refeições com freqüência?; Existe algum sentimento que sempre precede o ato de comer?

Há um exemplo de diário na página seguinte.

Modificar os hábitos alimentares

Conforme vimos nas causas da obesidade, o adolescente acima do peso tem um hábito alimentar de alta densidade. Come rápido, com fartas garfadas ou colheradas e engole a comida, mastigando relativamente pouco para a quantidade de alimento ingerido. Esse hábito alimentar pode aumentar a propensão do corpo de armazenar o excesso de nutrientes em forma de gordura. Um tratamento eficaz deve dar ênfase à mudança nos hábitos alimentares por meio de monitoramento contínuo do próprio comportamento alimentar.[26] O terapeuta costuma dar uma tarefa ao adolescente para ajudá-lo a modificar seus hábitos. Este é encorajado a comer devagar e apreciar a comida, a cor, o cheiro, a textura etc. Deve fazer uma pausa de dois minutos em cada refeição. Se não conseguir lembrar-se disso, o terapeuta pode sugerir que programe um despertador para tocar no meio de cada refeição. Ou é ensinado a dividir a refeição ao meio e descansar antes da segunda metade. Para retardar ainda mais o ato de comer, o jovem pode dar uma breve pausa entre uma garfada e outra, deixando o talher no prato. Isso permite que tome consciência de que o estômago está cheio e acabe mudando o hábito alimentar de alta densidade.[27]

Implementar a prática de exercícios

Está cada vez mais claro que as intervenções no controle de peso devem dirigir-se para o aumento de exercícios físicos, além da meta tradicional de mudar os padrões alimentares. Evidências indicam que o exercício pode até diminuir o apetite. Um estudo descobriu que a prática de dez

[26]R. Dixey, Healthy eating in schools: overweight and "eating disorders": are they connected?, *Educational Review* 50, 1998, p. 29-35.

[27]Kirshenbaum *et al.*, *Treating childhood and adolescent obesity.*

DIÁRIO ALIMENTAR

Dia	Hora	Alimento ingerido Quantidade	Tipo	Companhia Sozinho	Com quem	Local	Evento anterior	Humor
4/1	7	2	Rosquinhas	Π		Cozinha	Acordei	Cansado
	9h15	1	Lácteo		Jim	Armário	Aula de matemática	Entediado

minutos de exercícios antes do almoço reduz a ingestão calórica do adolescente obeso com tanta eficácia quanto a educação nutricional.[28] O problema com o aumento da atividade física de jovens sedentários é que eles costumam abandonar o programa no meio. Várias intervenções podem ser levadas em conta para fazer esse esforço dar certo. Por exemplo, sabemos que as pessoas tendem a manter melhor os programas de exercício quando: 1) gostam do exercício; 2) o exercício é adequado; e 3) o exercício inclui outras pessoas (p. ex., um esporte de equipe). Essas características serão consideradas pelo terapeuta quando estabelecer o programa de exercícios. Em resumo, a pesquisa diz que o melhor conselho nessa área é encorajar o uso de uma programação semanal (não diária) específica para aumentar a prática de exercícios na vida do adolescente obeso.[29]

Usar contratos comportamentais

Contrato comportamental é um acordo explícito que especifica as expectativas e os planos para a mudança de comportamento. O contrato é escrito, não oral, e consiste em comportamentos e conseqüências específicas. O ideal é que o paciente faça o contrato junto com o terapeuta toda semana e inclua a meta da semana, que, a propósito, deve ser desafiadora, mas alcançável. Por exemplo, o contrato do adolescente pode exigir: "... registrar a ingestão de calorias, jogar futebol três vezes, fazer um registro no gráfico de medida e perda de peso, evitar sorvetes e outros doces". A recompensa pelo cumprimento das metas do contrato deve ser algo que o motive ainda mais. Por exemplo, reservar uma modesta quantia em dinheiro, que lhe será devolvida no fim da semana caso ele cumpra os termos do contrato. Pesquisas mostraram que a quantidade de recompensas não costuma influir no resultado.[30] Outras recompensas podem conter eventos sociais positivos ou privilégios especiais em casa.

Vejamos um exemplo de contrato.

[28] L. H. Epstein, B. J. Masek & W. R. Marshall, A nutritionally based school program for control of eating in obese children, *Behavior Therapy* 9, 1978, p. 766-78.
[29] Kirshenbaum *et al.*, *Treating childhood and adolescent obesity.*
[30] Ibid.

Contrato para a semana ________

Esta semana vou:

1. Controlar por mim mesmo minha alimentação pelo menos seis dias.
2. Praticar *cooper* pelo menos duas vezes por pelo menos meia hora.
3. Comer somente na cozinha pelo menos quatro dias.
4. Ler um capítulo do meu livro sobre nutrição.
5. Voltar da escola a pé três dias.
6. Anotar meu peso em um gráfico de peso.

Se cumprir essas metas com sucesso, vou ter de volta meu depósito de dez reais.

____

Assinatura, data.

Saber quando encaminhar

O terapeuta encaminhará o adolescente obeso a um médico ou psiquiatra com perspicácia em questões psicológicas para um exame físico completo no início do tratamento de aconselhamento psicológico. O propósito é analisar a presença ou ausência de problemas físicos que estejam fora de sua esfera terapêutica ou que possam interferir no tratamento.

Se o terapeuta não se sente qualificado para lidar com problemas de obesidade, deve encaminhar seu paciente a um colega. Se ficar claro que o conflito do adolescente com a obesidade dá sinais de problemas generalizados e conflitos dentro da família, deve-se intensificar a terapia familiar.

Onde mais buscar ajuda

ANTONY, M. M. & R. P. SWINSON, *When perfect isn't good enough:* strategies for coping with perfectionism, Oakland: New Harbinger Publications, 1998.

BRODY, J., *Jane Brody's nutrition book*, New York: Bantam, 1981.

CASH, T. F., *The body image workbook:* an 8-step program for learning to like your looks, Oakland: New Harbinger Publications, 1997.

COLLIPP, P. J., *Childhood obesity*, New York: Warner Books, 1986.

Dalton, S., *Overweight and weight management:* the health profes-sional's guide to understanding and practice, Gaithersburg: Aspen Publisher, 1997.

Lipe, D. & J. Wolff, *Help for the overweight child:* a parent's guide to helping children lose weight, New York: Scarbrough, 1978.

Powers, P. S., *Obesity:* the regulation of weight, Baltimore: Williams and Wilkins, 1980.

Orientação bíblica para o adolescente em conflito

- Salmos 139.14
- Isaías 64.8
- Romanos 12.2
- 1Coríntios 15.49
- Efésios 2.10
- Tiago 1.18

Obsessões e compulsões

CARACTERÍSTICAS DO CONFLITO

É comum a criança em idade pré-escolar insistir em alguns hábitos. Ela pode precisar beber água antes de ir para a cama ou querer dormir com uma determinada boneca, e somente essa boneca, toda noite. Pode insistir em vestir a blusa antes da calça. Pode querer usar o mesmo copo para tomar leite em todas as refeições. A atenção a padrões regulares de comportamento entre as crianças pequenas é uma tentativa de controlar o ambiente e seu próprio comportamento. Quanto mais previsível for sua vida, mais seguras elas se sentirão.

Da mesma forma que o medo se transforma em fobia, esses hábitos podem tornar-se rituais e preocupações infundados. As rotinas (hábitos) podem transforma-se numa *característica obsessivo-compulsiva da personalidade* marcada pela tendência generalizada de ficar preocupado com limpeza, organização, pontualidade, controle, eficiência, dedicação, cumprimento rígido de regras e perfeição em todos os aspectos.[1] A compulsão ou o perfeccionismo leve, se bem administrada, pode ser uma qualidade. Porém, em geral, essas características geram problemas.

Obsessões são pensamentos, idéias, dúvidas ou medos importunos e recorrentes que algumas pessoas não conseguem impedir que bombardeiem sua percepção consciente. Embora desejem evitá-los, não conseguem

[1]C. M. Berry, Obsessive-compulsive disorder, em *Baker encyclopedia of psychology*, org. D. G. Benner, Grand Rapids: Baker, 1985.

deixar de ruminá-los e se preocupar com eles. Essas ruminações e preocupações raramente têm propósito construtivo e costumam paralisar a capacidade de agir.

Compulsões são impulsos repetitivos e improdutivos que a pessoa se sente impelida a praticar seguidamente, mesmo sabendo que não deve. A compulsão pode ser absurda, como, por exemplo, contar os ladrilhos do chão do banheiro ou lavar as mãos a cada quinze minutos. Tratei um jovem que rotineiramente media o próprio nariz. A impossibilidade de executar alguns rituais auto-impostos provoca no indivíduo compulsivo a sensação terrível de iminência de uma catástrofe. As compulsões em geral, mas nem sempre, são acompanhadas de obsessões e vice-versa.[2]

O comportamento obsessivo-compulsivo é bastante comum. Quase todo o mundo conhece uma pessoa considerada perfeccionista, que é indecisa, meticulosa ou inflexível. Os sintomas obsessivo-compulsivos são considerados patológicos somente quando pelo menos cinco das situações a seguir ocorrem:[3]

1. O perfeccionismo interfere na conclusão da tarefa. Por exemplo, a incapacidade de concluir um projeto porque os rígidos padrões auto-impostos não estão sendo cumpridos.

2. Preocupação com detalhes, regras, listas, ordem, organização ou horários a ponto de perder o objetivo principal da atividade.

3. Insistência ilógica para que outros se submetam a maneiras exatas de fazer coisas, ou relutância injustificada em permitir que outros façam algo devido à convicção de que isso não será feito corretamente.

4. Dedicação excessiva à produtividade em detrimento de atividades de lazer e de amizades.

5. Indecisão devida a fuga total, adiamento ou demora em tomar decisões. Por exemplo, a pessoa que não consegue cumprir os compromissos no horário porque se concentra nas prioridades. Ela tem medo de cometer erros.

[2]C. Wever & J. M. Rey, Juvenile obsessive-compulsive disorder, *Australian and New Zealand Journal of Psychiatry*, 1997, p. 31.
[3]American Psychiatric Association, *Diagnostic and statistical manual of mental disorders*, 4th ed. rev., Washington: American Psychiatric Association, 1996.

6. Excesso de atenção, escrúpulo e inflexibilidade em questões de moralidade, ética ou valores (não devidas a identidade cultural ou religiosa).
7. Demonstração de afeto contida.
8. Falta de generosidade em dar tempo, dinheiro ou presentes quando não há probabilidade de ganho pessoal.
9. Incapacidade de se desfazer de objetos velhos ou inúteis, mesmo quando não têm nenhum valor sentimental.

Embora o transtorno obsessivo-compulsivo seja mais comum em adultos que em adolescentes, em geral começa na juventude. No adolescente o início acontece por volta dos dez anos. Em mais da metade dos casos, o problema começa antes dos vinte anos. Ocorre de forma semelhante em homens e mulheres.[4]

CAUSAS DO CONFLITO

Apesar de todo o esforço dedicado ao desenvolvimento de um teoria sobre as origens do transtorno (ou) distúrbio obsessivo-compulsivo, suas causas ainda são muito desconhecidas. Há, porém, vários motivos sugeridos para a sua ocorrência.

Biológica

Até o presente, as abordagens biológicas para a compreensão desse distúrbio renderam poucas informações precisas. Ao que parece, a genética exerce leve influência na predisposição de algumas pessoas a desenvolver problemas de obsessões e compulsões. Entretanto, nenhum déficit bioquímico ou estrutural pode explicar a sua manifestação.[5]

DESCRIÇÃO DE CASO

Rick, quinze anos, é filho único de um casal de classe média emocionalmente estável. Teve uma infância feliz, sem nenhum problema significativo, mas na

[4]C. E. Hollingsworth *et al.*, Long-term outcome of obsessive-compulsive disorder in childhood, *Journal of the American Academy of Child Psychiatry* 19, 1980, p. 134-44.

[5]E. T. Sturgis, Obsessional and compulsive disorder, em *Comprehensive handbook of psychopathology*, orgs. H. E. Adams e P. B. Sutker, New York: Plenum, 1984.

quarta série, seus pais buscaram ajuda profissional porque achavam que ele tinha dificuldade de aprendizagem. Rick ficava muito nervoso com as provas e passava horas fazendo uma lição de casa que requeria apenas alguns minutos. A avaliação de um especialista não revelou nenhuma patologia importante. Ele e seus pais fizeram uma breve terapia e passaram alguns anos sem que nada de sério acontecesse. Na verdade, Rick era considerado um filho exemplar pelos amigos de seus pais. Era invariavelmente bem-comportado, ordeiro e "maduro" para a sua idade. Seu quarto era o protótipo da arrumação.

Porém, quando Rick ingressou no ensino médio, as coisas começaram a piorar. Começou a ir mal na escola. Seus pais notaram que não era por falta de "esperteza". Rick lia e relia suas tarefas várias vezes procurando os erros. Copiava sempre os trabalhos escritos umas quatro ou cinco vezes. Por melhor que seu trabalho fosse, nunca parecia ser bom bastante. Rick desenvolveu rituais perfeccionistas, como manter o armário do colégio extremamente limpo e organizado. Fechava e abria o armário três vezes para ter certeza de que estava bem trancado. A vida de Rick era governada por rituais, e ele era atormentado por idéias que, caso não fossem praticadas, "algo terrível" poderia acontecer.

Redução do medo

As obsessões e compulsões são tentativas de controlar o ambiente e de se sentir seguro. O comportamento perfeccionista permite ao indivíduo evitar a ansiedade e o medo decorrentes de não ter um desempenho perfeito. Fazendo a coisa "certa", a pessoa com conflito nessa área passa a ter certeza de seu comportamento e desse modo reduz o medo de cometer erro ou de não ser aceitável de outro modo. O medo também é reduzido pela conduta de adiar eventos indesejáveis. Ao contar objetos, por exemplo, o adolescente pensa adiar uma catástrofe imaginada.[6]

Insegurança

Infelizmente, a insegurança domina muitos conceitos que o adolescente tem de si mesmo. Isso pode contribuir para a manifestação de obsessões e compulsões no adolescente suscetível. O jovem que repete o comportamento está inseguro de que se comportou corretamente. Fica

[6]M. M. Grados, M. C. Labuda, M. A. Riddle & J. T. Walkup, Obsessive-compulsive disorder in children and adolescents, *International Review of Psychiatry* 9, 1997, p. 83-98.

ansioso e é compelido a repetir o ato novamente. A ordem e a organização podem constituir tentativas vãs de ajudar a pôr fim à insegurança. O fato de ter "tudo no lugar" proporciona equilíbrio psicológico e faz que ele acredite estar certo porque as coisas estão certas.

Culpa

A compulsão pode ser uma reação ao desejo de ser desleixado, bagunceiro e desorganizado. A culpa por ter vontades "proibidas" alimenta o comportamento perfeccionista. Em vez de roubar e trapacear no jogo, por exemplo, o adolescente torna-se um modelo de virtude e fica horrorizado com o mau comportamento dos outros. Passa a ser exageradamente escrupuloso e sente culpa por pequenas coisas. Sente culpa até quando não é útil nos momentos de lazer.

Expectativas dos pais

Muitos filhos aprendem com os pais que as coisas precisam ser feitas de uma maneira específica e exata para serem aceitas. Pais muito rigorosos e com altas expectativas, rígidos e perfeccionistas, não toleram as deficiências e incoerências dos filhos. Seu lar enfatiza a etiqueta e a limpeza. Esses pais, além de ser o exemplo de comportamento compulsivo, reforçam-no. Se os filhos não se rebelarem contra essa conduta ao longo do caminho, provavelmente, se tornarão exageradamente conscienciosos e perfeccionistas.

COMO OS PAIS PODEM AJUDAR

As estratégias voltadas para ajudar os adolescentes com o conflito do distúrbio obsessivo-compulsivo citadas a seguir podem ser usadas na prática pelos pais. Entretanto, como a relação entre pai e filho é única, algumas serão mais pertinentes a sua situação que outras. Como em todo grande conflito da adolescência, o melhor é que os pais trabalhem sob a orientação de um terapeuta competente. Pensando nisso, as estratégias indicadas aqui visam a facilitar o processo de ajuda dentro de casa com o adolescente.

Facilitar o ritmo lento

Os indivíduos obsessivo-compulsivos são muito tensos. Estão quase sempre com pressa, a ponto de não conseguir relaxar nem diminuir o ritmo. Cabe aos pais impor um ritmo mais lento. Cuidado com o tom e a atitude.

A última coisa que esse adolescente precisa é de pais enérgicos e controladores. Você pode tratar dessa pressa diretamente, perguntando ao adolescente se ele descansa e relaxa. Às vezes, ele só está precisando de "permissão" para espairecer.[7]

Evitar superstições

A superstição promove o comportamento compulsivo. Para evitar a má sorte, o jovem supersticioso pode, por exemplo, apontar o lápis sempre em horários predeterminados ou usar certas cores em dias específicos. Se foi criado por adultos que costumavam bater na madeira para ter sorte, nunca passavam debaixo de escadas etc, precisará de ajuda para perceber que tem liberdade de escolha e não precisa imitar esses hábitos. Outra maneira de evitar a consolidação desses rituais é fazer que o jovem mude de comportamento intencionalmente. Por exemplo, peça para ele vestir-se em uma ordem diferente, pegar um caminho distinto para voltar para casa após as aulas ou sentar-se em um lugar diferente no refeitório da escola. Desse modo, ele pode ser flexível e criativo. Obviamente, para o indivíduo obsessivo-compulsivo obstinado, qualquer alteração na rotina será difícil e não deve ser forçada.

Ensinar comportamentos construtivos

O comportamento perfeccionista é desnecessário e ineficiente. Mostre ao jovem como pode usar as boas intenções de maneira mais construtiva. Por exemplo, desafie uma jovem que fica duas horas no banheiro, lavando-se de uma determinada forma várias vezes, arrumando a escova e a pasta de dente, pendurando as toalhas com perfeição etc. a mudar de comportamento ou, pelo menos, reduzir a repetição. Em vez de se lavar quatro vezes, peça para que se lave apenas duas. Em vez de lavar cada dedo separadamente, sugira que lave todos os dedos da mão de uma só vez. Em vez de pendurar as toalhas várias vezes até ficarem perfeitas, diga que pode fazer apenas duas tentativas e depois desistir. Isso a ajudará a diminuir o tempo pela metade e ver que esses rituais são desnecessários.

A idéia é que o adolescente reconheça o valor positivo no seu comportamento e elimine a repetição desnecessária. Diminua a pressão dizendo que, se ele não conseguir, não faz mal, e desafie-o a continuar tentando até conseguir.

[7] Ibid.

Reforçar a não-compulsividade

Os pais podem elogiar qualquer sinal de melhora no autocontrole e de redução do perfeccionismo. Cumprimente o adolescente pelo progresso. Se estiver lutando contra o conflito de achar que precisa entregar um trabalho escolar perfeito, aplauda-o quando entregar um trabalho independentemente da qualidade e do grau de perfeição. Concentre-se na nova capacidade dele controlar os rituais, e não no resultado do controle. Você também pode sugerir que ele se recompense quando mudar hábitos compulsivos, fazendo algo de que goste.

COMO OS PROFISSIONAIS PODEM AJUDAR

As estratégias de ajuda para adolescentes com o conflito do transtorno obsessivo-compulsivo descritas a seguir são normalmente usadas pelos terapeutas. São aqui apresentadas para fornecer informações aos pais, e ajudá-los a encontrar a melhor ajuda profissional possível para o adolescente sob seus cuidados.

Explicar o problema

O simples fato de identificar um conflito e discutir sua natureza ajuda a aliviar a ansiedade e boa parte do estresse do adolescente perturbado. Essa identificação ajuda o jovem a saber que não está sozinho nessa luta. Lembro-me de uma adolescente espiritualmente sensível, compulsiva, que ficou aliviada quando descobriu não estar possuída por um demônio! O terapeuta explicará a dinâmica do conflito e fará distinção entre o pensamento obsessivo e o comportamento compulsivo. Explicará que isso é um modo de lidar com a ansiedade e o estresse e que o adolescente pode aprender novas formas mais construtivas de lidar com a ansiedade. O terapeuta, porém, precisa tomar cuidado ao usar rótulos. Se o adolescente apresentar sintomas leves do distúrbio, talvez seja melhor evitar qualquer coisa que se pareça com um diagnóstico clínico. O rótulo pode acabar transformando-se em "profecia".

Encorajar os sentimentos

A demonstração aberta dos sentimentos evita que os rituais compulsivos e os pensamentos obsessivos se tornem mais intensos. A dificuldade daqueles que lutam contra esse problema é que em geral não têm consciência dos próprios sentimentos. Por isso, uma boa idéia é criar um "diário de sentimentos", um lugar onde o jovem possa registrar o que sente, e não o que *deveria* sentir. O terapeuta sugerirá ao adolescente perturbado que faça um registro dos seus sentimentos, anotando-os ao longo do dia. Pedirá para registrar o que acontece, o que diz a si mesmo e o que sente em conseqüência disso. Obviamente, essa tarefa pode transformar-se em compulsão. O paciente pode ficar mais preocupado em cumprir a tarefa corretamente que em ficar de fato mais consciente de suas emoções. Precisa estar seguro de que não existe maneira certa ou errada de fazer esse exercício e que não é necessário fazê-lo invariavelmente.

Usar o recondicionamento

O perfeccionismo está associado à tentativa de evitar a ansiedade. É necessário recondicionar o jovem a fim de que o comportamento compulsivo deixe de ser necessário para se evitar a ansiedade.[8] Ele pode viver sem rituais ou perfeccionismo e sentir-se bem mesmo assim. O terapeuta ensinará o jovem a relaxar no momento certo. Este aprenderá a respirar fundo, por exemplo, antes das atividades, para evitar o costumeiro aumento da ansiedade. A seção sobre ansiedade descreve várias estratégias de relaxamento que podem ser usadas pelo terapeuta para esse propósito.

Outro método usado pelos terapeutas é ensinar o relaxamento e em seguida dessensibilizar o paciente, mostrando que nenhum desastre acontecerá se não cumprir a conduta compulsiva. Quando o adolescente relaxa, o terapeuta pede-lhe para imaginar que não está tendo, como sempre, o comportamento perfeccionista e compulsivo. Toda vez que imaginar essa cena, ficará menos ansioso em relação à idéia de abandonar suas compulsões.

Por exemplo, o jovem é obcecado e compulsivo por jogar o lixo na lata de lixo. Quando estiver em estado de relaxamento, o terapeuta lhe pedirá para imaginar que está sentado na escrivaninha do quarto. Em seguida, jogará mentalmente um pedaço de papel no cesto debaixo da escrivaninha e deve imaginar que não vai correr imediatamente para esvaziar o cesto na lata de lixo da garagem. Em vez disso, simplesmente

[8] L. Salzman & F. H. Thaler, Obsessive-compulsive disorders: a review of the literature, *American Journal of Psychiatry* 138, 1981, p. 286-96.

continuará estudando e deixará o papel no fundo do cesto. É possível que sinta um pouco de ansiedade com essa cena e tenha necessidade de relaxar mais profundamente. Depois, imaginará que joga outro papel no cesto e assim por diante. Sempre que visualizar a cena, a ansiedade diminuirá, e o exercício fará com que ele, abandone a compulsão gradativamente.

Praticar a interrupção de pensamento

Os pensamentos compulsivos são tratados com sucesso pela técnica de interrupção de pensamento desenvolvida por Joseph Wolpe.[9] O terapeuta pede ao paciente que se concentre nos pensamentos obsessivos por um momento e, em seguida, grita: "Pare!". Isso distrairá o indivíduo e interromperá momentaneamente os pensamentos compulsivos. Esse procedimento é repetido várias vezes até o paciente conseguir mentalmente dar o comando sozinho e desse modo abandonar a obsessão. Outra variação da estratégia é fazer o paciente usar um elástico no pulso e puxá-lo sempre que sentir a manifestação de uma obsessão. Outro recurso é dispor de um pensamento para substituir a obsessão depois que ela é interrompida.[10] Por exemplo, o indivíduo que tem obsessão pela imagem de um acidente horrível pode interrompê-lo esse pensamento e substituí-lo por um cenário de praia.

Ter em mente a consulta médica

O tratamento do transtorno obsessivo-compulsivo de melhor resultado comporta medicamentos. Os antidepressivos que contêm clorimipramina e imipramina (inibidores de recaptura da serotonina) têm ajudado muitas pessoas que sofrem desse problema. Infelizmente, provocam vários efeitos colaterais sérios, que devem ser compensados pelos benefícios.[11]

Saber quando encaminhar

O terapeuta deve encaminhar o adolescente com obsessões e compulsões a médicos ou psiquiatras com experiência e perspicácia em problemas psicológicos e afetivos caso os sintomas sejam graves bastante a

[9]J. Wolpe, *Psychotherapy by reciprocal inhibition*, Stanford: Stanford Univ. Press, 1958.

[10]D. C. Rimm, Thought stopping and covert assertion in the treatment of phobias, *Journal of Consulting and Clinical Psychology* 41, 1973, p. 466-7.

[11]E. T. Sturgis & V. Meyer, Obsessive-compulsive disorder, em *Handbook of clinical behavior therapy*, orgs. S. M. Turnger, K. C. Calhoun & H. E. Adams, New York: Wiley, 1980.

ponto de se pensar no uso de medicação.[12] Deve encaminhar o paciente para outros terapeutas ou psicólogos competentes se, depois de três meses regulares de terapia, não houver nenhuma diminuição do comportamento ritualista ou se o paciente estiver ficando cada vez mais deprimido. Nesse caso, possivelmente, haja algum distúrbio subjacente mais grave, e uma segunda opinião ajudará o terapeuta a definir o diagnóstico.

Onde mais buscar ajuda

ADAMS, P. L., *Obsessive children*, New York: Brunner-Mazel, 1973.

FRANCIS, G. & R. A. GRAGG, *Childhood obsessive compulsive disorder*, Thousand Oaks: Sage Publications, 1996.

RACHMAN, S. J. & R. J. HODGSON, *Obsessions and compulsions*, Englewood Cliffs: Prentice-Hall, 1980.

RAPOPORT, J. L., *The boy who couldn't stop washing:* the experience and treatment of obsessive-compulsive disorder, New York: Plume, 1990.

Orientação bíblica para os adolescentes em conflito

- Provérbios 1.10; 3.21-24; 4.14,25-27; 20.11; 23.19
- Gálatas 6.8

[12]T. R. INSEL, Toward a neuroanatomy of obsessive-compulsive disorder, *Archives of General Psychiatry* 49, 1992, p. 739-44.

Pais

CARACTERÍSTICAS DO CONFLITO

Mark Twain disse: "Quando eu tinha sete anos, meu pai sabia tudo. Quando eu tinha quatorze, meu pai não sabia nada. Mas, quando completei 21, fiquei impressionado ao ver o quanto meu velho havia aprendido em apenas sete anos".

Embora os adolescentes normalmente consigam superar os conflitos com a mãe e o pai, isso não serve de consolo nem para eles nem para os pais. O problema é quase inevitável. A tensão entre os adolescentes e os pais existe desde o começo dos tempos. Apesar de todo amor que sentem pelos pais, não conseguem se conter. A autonomia que se conquista na adolescência gera, quase que necessariamente, um período difícil para pais e filhos. Os pais precisam sentir-se necessários. Os adolescentes necessitam prescindir deles. Haim Ginott, em *Between parent and teenager* [*Entre pais e adolescentes*], escreveu: "O adolescente é como o indivíduo que precisa de empréstimo, mas gostaria de ser financeiramente independente".[1]

Embora a adolescência não seja uma provação tumultuosa para a maioria das famílias, pesquisas revelam que mais de 20% dos adolescentes se envolvem excessivamente em discussões com um de seus pais (mais freqüentemente com as mães do que com os pais).[2] O conflito

[1]New York: Avon, 1969.

[2]J. D. Balswick & C. Macrides, Parental stimulus for adolescent rebellion, *Adolescence* 10, 1975, p. 253-66.

entre adolescentes e pais é diferente do conflito que têm com seus colegas. Com os pais o conflito é tanto sobre conteúdo, como acerca do horário de chegar a casa, quanto sobre o processo de tomar as decisões. Em outras palavras, as regras e a maneira que são ditadas podem tornar-se motivo de controvérsia. O processo amiúde se relaciona à falta de liberdade que o jovem sente.

O conteúdo das brigas entre pais e adolescentes concentra-se reiteradamente numa das áreas a seguir.[3]

- *Vida social e costumes.* Isso cria provavelmente mais discórdia que qualquer outra coisa. É o conflito que vai da escolha de amigos até a escolha das roupas e do corte de cabelo por parte do adolescente. Uma das reclamações mais comuns dos pais é que seus filhos nunca estão em casa e passam pouco tempo com a família.[4] As regras para o horário de chegar a casa, namorar e algumas atividades também são exemplos de conflitos da vida social.
- *Questões de responsabilidade.* Os pais querem que os filhos cuidem de seus objetos pessoais e sejam responsáveis em assuntos relativos a dinheiro, uso do telefone e do carro.
- *Desempenho escolar.* Notas, hábitos de estudo, freqüência às aulas e atitudes em geral referentes aos estudos recebem grande atenção dos pais. Às vezes, a pressão para que o adolescente seja bem-sucedido também contribui para agravar o problema.
- *Relações familiares.* Brigas com os irmãos, relacionamento com parentes e o grau de autonomia em relação à família contribuem para o conflito.
- *Valores e princípios morais.* Os pais se preocupam com os filhos, especialmente quanto ao comportamento sexual, à bebida, ao fumo, ao uso de drogas, à honestidade. Cuidam para os filhos não se meterem em confusões e freqüentem a igreja.

A idade do jovem também influi no conflito entre pais e adolescentes. As meninas começam a entrar cada vez mais em conflito com os pais

[3]J. A. Hall, Parent-adolescent conflict: an empirical review, *Adolescence* 22, 1987, p. 767-89.
[4]M. Felson & M. Gottfredson, Social indicators of adolescent activities near peers and parents, *Journal of Marriage and the Family* 46, 1984, p. 709-14.

por causa de namorados a partir dos doze anos, sendo que a idade crítica é catorze ou quinze anos. A idade crítica entre os meninos em relação às namoradas é dezesseis anos. O sexo dos adolescentes é outro fator que interfere no conflito. As meninas causam mais problemas para a família que os meninos.[5]

A condição socioeconômica é outro fator determinante bem documentado do conflito. As famílias de baixa renda estão mais preocupadas com a obediência e o respeito, enquanto as famílias de classe média estão mais preocupadas com notas e realização. Alguns pesquisadores também descobriram que, quanto maior a família, maior o grau de conflito entre pais e filhos.[6]

DESCRIÇÃO DE CASO

A família Johnson estava num beco sem saída. Travava uma longa batalha há meses até que os pais pediram trégua e apelaram para os conselhos de um terapeuta. Na sessão inicial, o clima no consultório foi muito tenso e emocionalmente carregado. A briga consistia na escolha de Glen, o filho de 14 anos, de um grupo particular de amigos. Ele queria ficar com pessoas que seus pais não aprovavam. A mãe chamou-os de "marginais" e alegou que eram péssima influência para seu filho. Tratava-se de garotos que Glen havia conhecido na escola, e seus pais queriam que andasse com o grupo de adolescentes da igreja. Glen disse que seus amigos da escola eram "legais" e não vacilou em chamar o grupo que seus pais escolheram de "bando de chatos".

Um mês antes, o pai de Glen baixou uma ordem proibindo que ele se encontrasse com os amigos no fim de semana. Quando viu Glen no *shopping center* com eles na noite de sexta-feira, a batalha se transformou em guerra. Na primeira sessão, Glen não conseguia terminar uma frase sem que seu pai o interrompesse para defender sua posição e vice-versa. A estratégia de comunicação entre eles era previsível: "ataque frontal", que causava ira, posição defensiva ou retraimento. Os dois achavam que estavam certos e queriam impor as próprias vontades. É claro, o problema afetou todas as áreas do relacionamento, a ponto de pequenas divergências se transformarem em grandes debates.

[5]D. R. Papini *et al.*, Early adolescent age and gender differences in patterns of e emotional self-diclosure to parents and friends, *Adolescence* 25, 1990, p. 959-76.

[6]A. Bell,Family structure and parent adolescent relationships: does family structure really make a difference?, *Journal of Marriage and Family Therapy* 47, 1985, p. 503-8.

CAUSAS DO CONFLITO

Nenhuma lista de conflitos entre pais e adolescentes é completa. A seguir, veremos alguns dos motivos mais citados para o conflito crônico dos adolescentes com os pais.

Instabilidade conjugal

Uma das influências mais importantes sobre o jovem é o clima emocional do relacionamento dos pais.[7] Vários estudos citam a relação positiva entre o bom entendimento do casal e a cooperação da família.[8] Quando os pais não se dão bem, os filhos se sentem ameaçados, com medo e com raiva. O lar instável é uma causa importante da revolta dos adolescentes contra os pais.

Diferenças entre gerações

As personalidades diferentes de pais e filhos são mais uma causa importante do conflito.[9] Embora nem todos os adultos e jovens se encaixem nos estereótipos, os especialistas observaram que os pais consideram o filho adolescente muito inexperiente, ingênuo e imprudente. Enquanto os adultos são cuidadosos e às vezes céticos, os adolescentes costumam ser aventureiros e idealistas. Os adultos valorizam o passado e usualmente mostram-se satisfeitos; os adolescentes consideram o passado irrelevante e querem a mudança. Os adultos querem continuar jovens; os adolescentes querem ser adultos.[10] As eternas diferenças entre gerações são responsáveis por grande parte dos conflitos entre pais e adolescentes.

Falta de comunicação

Os pais ensinam as habilidades de comunicação aos filhos. Se não derem o exemplo e não praticarem maneiras eficazes de comunicação, poderão estar plantando sementes de discórdia na fase da adolescência. A falta de

[7]D. Olshine, Scanning beneath the surface: a look at family systems, *Youthworker*, maio/junho, 1996, p. 34.

[8]B. Burman, R. S. John & G. Margolin, Effects of marital and parent child relations on children's adjustment, *Journal of Family Psychology* 1, 1987, p. 91-108.

[9]D. V. Ary, T. E. Duncan, S. C. Duncan & H. Hops, Adolescent Problem Behavior: the influence of parents and peers, *Behavior Research and Therapy* 37, 1999, p. 217-30.

[10]F. P. Rice, *The adolescent: development, relationships and culture*, Boston: Allyn and Bacon, 1990.

comunicação entre pais e filhos nos primeiros anos de vida converte-se em hostilidade e revolta na adolescência. Em vez de conversar abertamente sobre problemas e chegar a soluções de mútuo acordo ou passar mais tempo com o filho e praticar atividades de lazer com ele, os pais recorrem a mexericos, interrogatório e a culpa. Fazem isso na tentativa frustrada de manter o controle, não de estabelecer um relacionamento.

Falta de confiança

Alguns conflitos acontecem porque o adolescente costuma discordar para ver como está sua relação com os pais. Dá a conhecer parte de uma informação com a intenção de chateá-los ou irritá-los. Conscientemente ou não, faz isso para ver se pode confiar nos pais e dizer realmente o que lhe passa na cabeça. Se os pais tiverem uma reação negativa, perderão.[11] Para decifrar esse tipo de mensagem subliminar é preciso ser sensível e ter empatia com o jovem. Quanto mais autocontrole e calma os pais demonstrarem, mais aberto e participativo o adolescente será.

Expectativas dos pais

Alguns pais encaram a adolescência quase como uma doença, um período passageiro de enfermidade. O livro de grande utilidade de Bruce Narramore, *Adolescence is not an illness* [*A adolescência não é uma doença*], é uma tentativa de desfazer esse mito.[12] A questão é que muitos conflitos entre pais e adolescentes acontecem porque são esperados. Os pais, que ouvem as "histórias de guerra" de outros pais, criam imagens estereotipadas dos adolescentes. Não raro, desenvolvem atitudes, percepções e respostas em relação aos adolescentes com base em mitos. Por exemplo, podem ter ouvido e, por conseguinte, acreditam que os adolescentes são "explosivos" e "totalmente inconseqüentes". Essas expectativas e medos podem exacerbar a normal animosidade humana.[13]

Mudança de papéis e regras

Muita coisa que os pais aceitavam do filho quando ele era criança, agora, na adolescência, não aceitam mais. Na transição da infância para a adolescência,

[11] L. Ross, *A kid's goal-setting guide (for parents)*, Wheaton: Tyndale, 1985.
[12] Old Tappan: Revell, 1980.
[13] G. K. Olson, *Counseling teenagers:* the complete christian guide to understanding and helping adolescents, Loveland: Group Books, 1984.

os filhos e os pais redefinem papéis e regras. Por exemplo, negociam uma regra sobre o horário de chegar a casa e o tipo de roupa, música e amigos que são permitidos. A decisão do que é ou não aceitável quanto a comportamento pode causar tensão na relação entre pais e filhos.

COMO OS PAIS PODEM AJUDAR

As estratégias citadas a seguir destinam-se a ajudar os adolescentes em conflito com os pais e podem ser usadas com eficiência pelos pais. Entretanto, como a relação entre pai e filho é única, algumas serão mais pertinentes a sua situação que outras. Como em todo grande conflito da adolescência, o melhor é que os pais trabalhem sob orientação de um terapeuta competente. Pensando nisso, as estratégias expostas neste livro visam a facilitar o processo de ajuda dentro de casa com o adolescente.

Levar em conta o preparo

Ser pai de adolescente não é fácil. Há momentos em que todo pai se sente desencorajado e confuso. Se você acha que o conflito do seu filho adolescente será menor se você tiver mais ajuda e preparo, procure um terapeuta.[14] Às vezes, a tensão entre pais e filhos diminui simplesmente com uma orientação objetiva. A lembrança dos erros que se cometeu quase sempre é mais forte do que todas as coisas positivas que se fez e disse. Qualquer terapeuta lhe dirá que não existe pai perfeito. Também o alertará sobre os principais perigos da superproteção e do excesso de permissividade, de rigidez e de meticulosidade. Há vários livros úteis dirigidos a pais de adolescentes. Alguns são citados no fim desta seção.

Aprender a jogar limpo

Os adolescentes e pais em conflito, não raro travam uma "luta suja". Por exemplo, recorrem a ardis como mudar de assunto, fazer mais de uma acusação por vez, interromper, acusar, ser sarcástico ou ficar em silêncio. Quando o problema é esse tipo de discussão crônica, é melhor que o terapeuta faça algumas sessões conjuntas com pais e filhos. Desse modo, as duas partes aprenderão a travar uma luta limpa.

[14]C. Pilgrim, Q. Luo, K. A. Urberg & X. Fang, Influence of peers, parents, and individual characteristics on adolescent drug use in two cultures, *Merrill-Palmer Quarterly* 45, 1999, p. 85-107.

A técnica descrita a seguir foi desenvolvida por George Bach. É um meio de encontrar solução principalmente quando uma reclamação ou frustração não cede depois da explosão. A luta justa permite que pais e adolescentes expressem suas frustrações de maneira mais racional. Bach afirma que "o único tipo de problema não negociável na luta limpa é o que envolve comportamentos além do controle voluntário que, portanto, não podem ser mudados pela força de vontade".[15] Isso inclui álcool, cigarro e problemas de instabilidade emocional e retraimento social. As nove etapas da luta limpa mostram como uma briga, e não o conteúdo da disputa, pode ser resolvida. A seguir, encontra-se um breve resumo da estratégia aplicada no conflito entre pais e filhos. Você pode obter uma descrição mais detalhada no livro de George Bach e H. Goldberg, *Creative aggression* [*Agressão criativa*].

1. O adolescente que tem alguma reclamação a fazer convida o pai para uma luta limpa. Se este concordar, marcam hora e local onde ela se desenrolará.
2. Pessoas neutras (membros da família) devem estar presentes na hora acertada. Antes de começar a briga, o adolescente e o pai devem fazer uma sessão de estratégia com um observador neutro que os ajude a definir a queixa. A sessão de estratégia deve ser aberta para que todos os envolvidos possam ouvir.
3. O iniciador da luta, no caso o adolescente, expõe a queixa.
4. O pai deve repetir a reclamação, não palavra por palavra, mas de modo a refletir exatamente a essência da luta e os sentimentos do adolescente. A partir desse momento, cada uma das partes deve repetir tudo o que a outra disser.
5. O adolescente faz uma "exigência de mudança", que deve ser mudança de comportamento, não de atitude.
6. O pai responde à reclamação e à exigência de mudança.
7. A luta limpa se dá numa troca de declarações simples e diretas.

[15]New York: Avon, 1974.

8. A luta termina quando pai e filho concordam com a mudança um dos dois rejeita a solução ou quando os dois lados estabelecem condições específicas para uma mudança parcial.
9. Numa segunda reunião, pai e filho discutem sobre o sucesso ou o fracasso do acordo.

COMO OS PROFISSIONAIS PODEM AJUDAR

As estratégias de ajuda para adolescentes em conflito com os pais descritas a seguir são normalmente usadas pelos terapeutas. São aqui apresentadas para prestar informações aos pais, e ajudá-los a encontrar a melhor ajuda profissional possível para o adolescente sob seus cuidados.

Oferecer consolo

Os adolescentes amam e odeiam os pais ao mesmo tempo. Eles mesmos acham essa ambivalência difícil de aceitar. Compreensivelmente, acham que existe alguma coisa errada inerente para essa ambigüidade de sentimentos pelas pessoas que os sustentam. Um terapeuta sensível pode evitar boa parte do sentimento negativo de culpa do jovem, mostrando que esses sentimentos confusos são "normais" e que o conflito faz parte do processo natural de amadurecimento. O profissional pode trazer à tona os sentimentos ambivalentes do jovem. Por exemplo: "Parece que você se sente de duas formas em relação a seu pai. Você o admira, mas ele o deixa irritado". Uma afirmação calma e imparcial como essa pode ajudar o jovem a ver que seus sentimentos "malucos" são compreensíveis. Isso é muito melhor que dizer: "Decida-se! O que você sente?".

Compreender as origens familiares

Embora os pais procurem educar os filhos da melhor maneira possível, às vezes os conflitos do adolescente com eles nascem de uma criação sincera, porém não saudável. O bom terapeuta é atento a esse modelo e pode ajudar os pais a mudar seus métodos negativos. Keith Olson observa vários padrões de comportamento negativo dos pais que influenciam os conflitos dos adolescentes com eles.

Para os *pais perfeccionistas*, ser bom não é suficiente. O filho nunca consegue fazer nada certo e conseqüentemente se sente incompetente.

Os *pais hostis* são talvez os mais perniciosos porque direcionam sua rejeição diretamente aos filhos em vez do desempenho deles. A forma mais extrema é o abuso físico.

Os *pais superprotetores* não conseguem liberar os filhos e continuam a fazer coisas para eles quando sua ajuda já não é mais necessária. Isso cria um sentimento doloroso de incapacidade e falta de aptidão no adolescente.

Os *pais superindulgentes* dão coisas demais aos filhos. Em geral, o resultado é um adolescente egoísta e exigente, que acha que todo mundo lhe deve alguma coisa.

Os *pais muito permissivos* criam um ambiente livre, com poucas regras e poucas expectativas. O adolescente criado dessa forma não raro tem relações interpessoais desastrosas porque não está acostumado a se adaptar aos outros.

Os *pais severos* são duros e exagerados no castigo. Embora o adolescente criado nesse ambiente carregue uma boa dose de culpa, acaba revoltando-se contra esse tipo de tratamento (em geral como uma maneira de magoar os pais severos).

Os *pais incoerentes* mudam de um padrão de comportamento a outro sem motivo aparente. Essa confusão deixa o adolescente sem base moral sólida em que se apoiar. Ele tende a tornar-se um manipulador habilidoso e a irritar os outros.

Os *pais com duplo-vínculo* colocam o adolescente numa armadilha. Não importa o que o adolescente faça, eles são incapazes de ficar bem. Os pais usam o duplo vínculo como forma de controle sutil e insidioso.

Conhecer esses estilos de criação dos filhos pode ajudar o terapeuta a identificar junto com os pais as possíveis causas do conflito para procurar modificá-las.

Explorar a capacidade de comunicação

A comunicação é a essência da harmonia entre pais e filhos. À medida que ganha autonomia ao longo da adolescência, o jovem merece um tipo de comunicação mais igualitário que o que os pais mantinham quando ele era criança.[16] A maneira de negociar essa mudança é um fator crítico que

[16]S. Vogl-Bauer, P. J. Kalbfleisch & M. Teatty, Perceived equity, satisfaction, and relational maintenance strategies in parent adolescent dyads, *Journal of Youth and Adolescence* 28, 1999, p. 27-49.

determinará como será a relação entre eles. Pesquisas revelaram vários padrões de comunicação nas famílias. Regras implícitas sobre quem pode falar com quem e sobre o que pode falar são comuns. Porém, em algumas famílias essas regras podem causar tanto problema que o adolescente quando quer que o pai saiba de alguma coisa conta para a mãe, que, por sua vez, conta para o marido. Estilos de comunicação como esse certamente criam problemas entre pais e filhos.[17]

Um bom terapeuta pode ajudar a família a implementar uma comunicação aberta, sincera e democrática e modos de solução de problemas essenciais caso a família se disponha a superar os conflitos. Pais e filhos precisam aprender diversos princípios de comunicação para não ficarem na defensiva e desse modo evitar acusações e interrogatórios.

Sven Wahlroos, em *Family communication* [*Comunicação familiar*], cita várias regras para ajudar adolescentes e pais a conversarem e alcançar a verdadeira compreensão.[18]

- Lembrar-se de que os gestos falam mais alto que as palavras.
- Definir o que é importante e ignorar o que não é.
- Ser o mais realista possível.
- Ser claro e específico.
- Ser o mais preciso possível.
- Confirmar suas suposições.
- Reconhecer que duas pessoas podem ver a mesma coisa de maneiras distintas.
- Reconhecer que sua família o conhece bem.
- Não deixar que uma conversa se transforme em discussão.
- Conhecer seus verdadeiros sentimentos e manifestá-los.
- Aceitar todos os sentimentos e tentar compreendê-los.
- Ser atencioso e respeitoso.
- Não dar conselhos, nem fazer sermões; em vez disso, fazer perguntas.
- Não se justificar.
- Não censurar, não gritar, não reclamar.
- Saber quando ser bem-humorado e quando ser sério.
- Acima de tudo, ouvir.

[17]D. J. Burnett, Improving parent-adolescent relationships: a structured managed care treatment model, *Marriage and Family: a Christian Journal* 2, 1999, p. 25-36.
[18]New York: Macmillan, 1974.

É muito mais fácil falar do que fazer essas coisas. Você pode destacar e praticar duas ou três regras dessas em situações específicas. Praticar a lista inteira de uma só vez é mais difícil.

Numa pesquisa com adolescentes, o entrevistador perguntou qual era o conselho dos filhos para os pais quanto à conversação. O resultado foi: 1) Ouça e compreenda; 2) seja direto e franco; 3) não fuja quando surgir um assunto delicado; 4) confie em nós e deixe-nos aprender com os nossos erros; 5) não viva no passado; 6) seja disciplinador, mas não controlador; 7) comprometa-se; 8) mostre que você ama, se importa e dará seu apoio.[19]

Embora a boa comunicação não seja uma panacéia, e pareça muito simplista para alguns, as pesquisas deixaram bem claro que vale a pena o esforço de aprender habilidades como, por exemplo, esclarecer o problema e manifestar os sentimentos.[20]

Explorar a possibilidade de fuga

Um número assustador de adolescentes acha que fugir de casa é a única alternativa para o conflito com os pais. Eles sobrevivem nas ruas e muitas vezes são chamados de "filhos da noite". Voltam-se para as drogas, o crime e a prostituição a fim de aplacar o sofrimento. Meninos e meninas fugitivos não raro recebem promessas de abrigo e proteção se venderem o corpo. Por mais estranho que pareça, o cafetão torna-se um substituto dos pais. Alguns fugitivos acabam voltando para casa; outros sobrevivem ou morrem ainda jovens. A maioria das crianças de rua nos Estados Unidos é branca e de família comum de classe média. Contudo, é comum que uma crise como o divórcio ou abuso físico ou sexual por parte de um dos pais provoque esse comportamento drástico.[21]

Os terapeutas que lidam com adolescentes que enfrentam conflitos graves com os pais levam em consideração a possibilidade de o jovem fugir. O adolescente que pensa em fugir costuma ser deprimido, inseguro, impulsivo e luta contra problemas aparentemente insolúveis.[22]

[19] J. Normon & M. W. Harris, *The private life of the american teenager*, New York: Rawson, Wade, 1981.

[20] J. Alexander & B. V. Parsons, *Functional family therapy*, Monterey: Brooks-Cole, 1982.

[21] J. J. Christensen, Survival on the streets: homeless teens and what you can do to help, *Youth!*, março, 1991, p. 26-31.

[22] B. Benalcazar, Study of fifteen runaway patients, *Adolescence* 17, 1987, p. 553-66.

As discussões com os pais são o principal motivo que leva o jovem a sair de casa.[23]

Saber quando encaminhar

Encaminhe o adolescente que sempre entra em conflito com os pais para terapeutas ou psicólogos competentes se, com o tempo, você perceber que está perdendo o controle e ficando cada vez mais frustrado.

Onde mais buscar ajuda

BACH, G. B. & H. GOLDBERG, *Creative aggression:* the art of assertive living, New York: Avon, 1974.

BELL, R. & L. WILDFLOWER, *Talking with your teenager:* a book for parents, New York: Random House, 1983.

BELL, V., *Getting out of your kids' faces and into their hearts*, Grand Rapids: Zondervan, 1994.

CAMPBELL, D., *How to really love your teenager*, Wheaton: Victor, 1981.

CLOUD, H. & J. TOWNSEND, *Criando filhos vencedores*, São Paulo: Vida, 2001.

DAVITZ, L. & J. DAVITZ, *How to live (almost) happily with a teenager*, Minneapolis: Winston, 1982.

ELIAS, Z., *How not to embarrass your kids:* 250 don'ts for parents of teens, New York: Warner Books, 1999.

GINOTT, H. G., *Between parent and teenager*, New York: Avon, 1969.

GNAGEY, T. D., *How to put up with parents:* a guide for teenagers, Ottawa: Facilitation House, 1975.

HABERMAS, R., *How to have real conversations with your teen:* tips for parents from veteran youth workers—with teens of their own!, Cincinnati: Standard Publishing, 1998.

______, *Raising teens while they're still in preschool:* what experts advise for successful parenting, Joplin: College Press, 1998.

HABERMAS, R. & D. OLSHINE, *How to have conversations with your teen*, Cincinnati: Standard Publishing.

HAGGARD, T., *Confident parents, exceptional teens:* creating a teen- friendly family, Grand Rapids: Zondervan, 1999.

[23]E. SPILLANE-GRIECO, Characteristics of a helpful relationship: a study of empathetic understanding and positive appeal between runaways and their parents, *Adolescence* 19, 1984, p. 63-75.

LEMAN, K., *Becoming the parent God wants you to be*, Colorado Springs: NavPress, 1998.

LUCAS, R. L., *Proactive parenting*, Eugene: Harvest House, 1993.

MCCARTY, R. J., *Tips for raising teens:* a primer for parents, New York: Paulist Press, 1998.

MCINTIRE, R., *Losing control of your teenager:* ten rules for raising an adult while keeping a friend, Amherst: Human Resources Development Press, 1985.

MEIER, P. D., *Christian child-rearing and personality development*, Grand Rapids: Baker, 1977.

NARRAMORE, S. B., *Help! I'm a parent*, Grand Rapids: Zondervan, 1995.

______, *Parenting with love and limits*, Grand Rapids: Zondervan, 1979.

______, *You can be a better parent*, Grand Rapids: Zondervan, 1979.

______, *Adolescence is not an illness*, Old Tappan: Revell, 1980.

PATTERSON, G. & M. FORGATCH, *Parents and adolescents living together*, Eugene: Castalia Publishing, 1987.

RIDENOUR, F., *What teenagers wish their parents knew about kids*, Waco: Word, 1982.

ROSS, L., *A kid's goal-setting guide (for parents)*, Wheaton: Tyndale, 1985.

SCOTT, B., *Relief for hunting parents*, Nashville: Oliver-Nelson, 1989.

STINNETT, N. & M. O'DONNELL, *Good kids:* how you and your kids can successfully navigate the teen years, New York: Doubleday, 1996.

WEINHAUSE, F. & K. FRIEDMAN, *Stop struggling with your teen*, New York: Penguim, 1984.

WORTHINGTON, E. L. & K. WORTHINGTON, *Helping parents make disciplines*, Grand Rapids: Baker, 1995.

Orientação bíblica para os adolescentes em conflito

- Provérbios 1.8; 6.20-22; 15.20,32; 23.25
- Efésios 6.1,2
- Colossenses 3.20

Pais divorciados

CARACTERÍSTICAS DO CONFLITO

É inacreditável o número de crianças afetadas pela separação dos pais. O divórcio é um fato na vida de mais de um milhão de crianças por ano nos Estados Unidos. Aproximadamente 40% das crianças brancas e 75% das crianças negras nascidas em lares de pessoas casadas enfrentam o divórcio dos pais antes dos dezesseis anos.[1] A maioria dos jovens que experimentam o divórcio dos pais continua morando com um deles pelo menos cinco anos mais. Outra parte acaba ganhando nova família e pouco mais de um terço enfrenta o trauma extra de ver um segundo casamento desfeito.[2] Para piorar, os filhos que moram com um dos pais divorciados têm seis vezes mais chances de ser pobres que os que moram com ambos os pais; duas ou três vezes mais chances de ter problemas emocionais e comportamentais; são mais propensos a largar os estudos ou ser expulsos e suspensos da escola,[3] a engravidar na adolescência; usar drogas; e a ter problemas com a justiça.[4] Suas dificuldades persistem na vida adulta, na medida que lutam para alcançar a intimidade em seus relacionamentos, para formar um casamento saudável e até para conseguir um emprego estável.[5] A respeitada pesqui-

[1] *USA Today* 124, maio, 1996, p. 8.

[2] K. Zinsmeister, Divorce's toll on children, *American Enterprise* 7, maio/ junho, 1996, p. 39.

[3] M. Gallagher, Marriage saving, *National Review* 51, 8 de novembro, 1999, p. 38.

[4] M. Zuckerman, Children of divorced parents, *U.S. News & World Report* 114, 12 de abril, 1993, p. 72.

[5] H. Marano, Divorce and children, *Psychology Today* 31, março/ abril, 1998, p. 19.

sadora e especialista na área, Barbara Dafoe Whitehead, diz: "Os filhos criados por apenas um dos pais ou por uma segunda família têm menos sucesso quando se tornam adultos, principalmente nas duas áreas da vida essenciais para a felicidade: amor e trabalho".

Os filhos do divórcio em geral reagem com depressão, retraimento, pesar, medo, ilusão de responsabilidade pelo rompimento e da possível reconciliação, raiva, vergonha, queda no rendimento escolar, sentimento de perda ou rejeição e conflito em relação a qual dos pais deve expressar sua lealdade.

Não é de surpreender que muitos acreditem que o problema do jovem com o conflito do divórcio dos pais esteja na raiz de uma crise nacional. Acredita-se que o divórcio enfraquece a base social e deposita sobre as escolas, os tribunais e o sistema de assistência social um fardo muito grande. É um dos problemas do mundo moderno que mais requerem a ajuda de um terapeuta.

CAUSAS DO CONFLITO

Sabe-se há muito tempo que o divórcio causa influência negativa e profunda nos filhos. O desenvolvimento e a adaptação dessas crianças são prejudicados tanto no ambiente doméstico como no escolar. Há vários fatores que explicam por que os jovens sofrem tais conflitos.

A ascensão do "divórcio expressivo"

Nos últimos trinta anos, os norte-americanos passaram a pensar na família de forma inteiramente nova. Muitos hoje vêem a dissolução do casamento não como uma tragédia que afeta a ordem social, mas sim como uma oportunidade dos indivíduos se refazerem e terem uma vida emocionalmente mais feliz. Nesse vasto número de divórcios, não há nenhuma grande rivalidade ou violência capaz de prejudicar a vida dos filhos. A maioria das separações atualmente é motivada pela busca de cenários mais agradáveis. É o chamado "divórcio expressivo", e a idéia subjacente é que, se um ou ambos os pais fica mais feliz com o divórcio, por conseguinte, os filhos também serão beneficiados. Mas a verdade é que estes quase sempre são prejudicados.[6] Essa postura adotada nos

[6]B. W. Dafoe, Family life, *Policy Review* 85, setembro/ outubro, 1997, p. 58.

últimos anos é um dos motivos de tantos jovens serem criados por apenas um dos pais ou por padrastos ou madrastas.

Falta de modelos do papel feminino e masculino

Em nove de dez casos de custódia, a mãe fica com a guarda dos filhos. Metade de todos os filhos do divórcio que moram com a mãe não tem nenhum contato com o pai durante pelo menos um ano. Apenas uma em dez crianças vê uma vez por semana o pai ou a mãe que não está no exercício da guarda. Em geral, apenas um em cada cinco adolescentes consegue manter relacionamento próximo com ambos os pais. A guarda conjunta do filho tem muita publicidade, mas continua rara. A maioria dos filhos do divórcio vive somente com a mãe e não tem nenhuma figura masculina dentro de casa que possa servir de modelo de comportamento. A propósito, estudos mostraram que, com um segundo casamento, o pai é mais propenso a diminuir o envolvimento com os filhos do casamento anterior. Além disso, uma pesquisa Gallup feita com adolescentes revelou que três entre quatro jovens de treze a dezessete anos acham que as pessoas se divorciam com muita facilidade nos EUA.[7]

A insuportável dor da perda

Se perguntar a qualquer adolescente o que ele pensa do divórcio dos pais, talvez ele não consiga expressar em palavras, mas pode ter certeza de que essa é a experiência mais dolorosa que já viveu. Numa pesquisa feita com setecentos estudantes do primeiro ano do ensino médio, no qual tinham de classificar as situações da vida em relação ao nível de estresse, o único fato considerado mais estressante que o divórcio dos pais foi a morte de um dos pais ou de um membro da família. O divórcio ficou acima de fatos como: a morte de um amigo, ser "agredido fisicamente" por um dos pais, achar que ninguém gosta dele ou sofrer um ferimento grave.[8] O trauma emocional e a dor de perder os pais por causa da dissolução do casamento sem dúvida é um dos fatores que mais contribuem para os conflitos que o adolescente sofrerá em seguida.

[7]K. Zinsmeister, Divorce's toll on children, *American Enterprise* 7, maio/ junho, 1996, p. 39.
[8]Ibid.

O fator sexual

O divórcio afeta mais o menino que a menina, e quanto mais idade ele tiver mais problemas escolares enfrentará. Em comparação com os meninos, as meninas parecem adaptar-se melhor com o passar do tempo.

Saúde emocional dos pais

Outro fator que pode contribuir para o conflito do adolescente em relação ao divórcio dos pais é a estabilidade emocional dos pais. Pais que ficaram menos capazes de realizar suas funções parentais porque o ônus do divórcio os afetou pessoalmente, por certo têm menos probabilidade de estar presentes para dar atenção aos filhos. Esses pais podem ser mais propensos a fazer exigências irreais de maturidade dos filhos, ser mais incoerentes em questões de disciplina e menos afetuosos e envolvidos com os filhos.

DESCRIÇÃO DE CASO

Mônica, aluna do terceiro ano do ensino médio chegou a casa depois de um dia normal na escola e encontrou o pai fazendo as malas para sair de casa. Foi assim que soube que seus pais estavam se divorciando. Ela sabia que os pais tinham uma relação tumultuosa, mas, desde pequena, eles lhe asseguravam de que eram apaixonados e nada os separaria. Mônica apegou-se a essas promessas e acreditou nelas. Quando o pai lhe contou que estava deixando sua mãe, saiu correndo de casa e continuou correndo. Não sabia a quem recorrer. Alguns colegas da escola tinham pais divorciados, mas não queria falar com eles. A única coisa que a fez voltar para casa tarde da noite foi a lembrança de seu irmão caçula. Não podia deixá-lo passar por tudo isso sozinho. Por essa razão, voltou para casa a fim de consolá-lo e finalmente juntar os pedaços de sua vida despedaçada.

COMO OS PAIS PODEM AJUDAR

As estratégias citadas a seguir destinam-se a ajudar os adolescentes com o conflito do divórcio dos pais e podem ser utilizada com eficiência pelos pais. Entretanto, como a relação entre pai e filho é única, algumas serão mais pertinentes a sua situação do que outras. Como em todo grande conflito da adolescência, o melhor é que os pais trabalhem sob a orientação de um terapeuta competente. Pensando nisso, as estratégias aqui expostas visam a facilitar o processo de ajuda dentro de casa com o adolescente.

Esperar luto grave

O adolescente que assiste ao divórcio dos pais lamentará a morte do casamento como se fosse a morte de um dos pais. Os sinais de luto atormentam o indivíduo na medida que passam pelas fases de negação, raiva, barganha e depressão (v. o cap. "Luto" a fim de obter mais informações sobre esses estágios). Quando for levar a efeito qualquer das estratégias seguintes, saiba que a tranqüilidade e a aceitação do jovem, o estágio final do luto, não virão rapidamente. Além disso, pode ser muito bom para ele conhecer, por intermédio do terapeuta, os estágios do luto e saber que seus pais estão passando por uma experiência semelhante.

Permitir a raiva

De todos os estágios do luto causado pelo divórcio dos pais, a raiva é o mais longo e expressivo. Depois do jovem permanecer numa posição solitária, é totalmente compreensível que seu ressentimento provoque muita raiva. Ele está irado porque seus pais se separaram, porque não tentaram mais um pouco, porque agora ele está triste e infeliz em virtude de algo que não foi ele que provocou. A onda de raiva pode parecer infindável e incontrolável. Dê-lhe oportunidade para dar vazão à raiva e ajude-o a expressá-la de forma não violenta nem negativa (v. cap. "Raiva").

Esperar sentimento de culpa

Além de muita raiva, é de esperar que nessa situação dolorosa o jovem sinta uma boa dose de culpa. Nos primeiros meses depois do divórcio, o jovem é atormentado por sentimentos de culpa. "Eu devia ter-me esforçado mais para mantê-los juntos", pode pensar. Sejam quais forem os motivos reais e as explicações de seus pais, ele se sentirá um pouco responsável pela separação dos dois. O terapeuta também pode ajudar a aliviar um pouco dessa falsa culpa ajudando-o a ser mais razoável no que diz respeito à situação dos pais. É menos complicado lidar com um adolescente do que com uma criança nesse caso, mas não é nada fácil. Alguns adolescentes acreditam que poderiam ter feito alguma coisa para os pais continuarem juntos. Portanto, faça o possível para aliviar a carga de culpa (v. cap. "Culpa").

Ajudar a evitar problemas na escola

Os filhos do divórcio sofrem para manter seu desempenho normal na escola. Um estudo descobriu que eles têm cinco vezes mais chances de ser expulsos ou suspensos. Mesmo na amostra de classe média de Wallerstein, treze por cento dos jovens abandonaram os estudos completamente.[9] Ajude o jovem a evitar problemas na escola providenciando para que ele tenha toda a ajuda escolar de que necessitar. Você pode coordenar esforços com um tutor competente ou em reuniões com os professores. Para obter mais ajuda nessa área, leia o capítulo "Desempenho escolar".

Explorar programas escolares

As intervenções da escola para jovens que vivem o divórcio dos pais estão sendo cada vez mais adotadas pelas comunidades. Pesquisas revelaram que essas intervenções ajudam a combater os efeitos indesejáveis do divórcio.[10] Um estudo feito em escolas revelou que "os filhos do divórcio, amparados de todos os lados, apresentaram grau menor de dificuldades, ansiedade e preocupação depois do divórcio e grau maior de abertura acerca do divórcio e aos recursos positivos utilizados".[11] A conclusão desse e de outros estudos é que o apoio emocional no ambiente escolar é eficaz para ajudar os filhos do divórcio a enfrentar o problema, e esses programas podem ampliar os esforços de pais e terapeutas com o adolescente. Ao avaliar os programas, busque os que levem em conta os estágios de desenvolvimento do jovem, incluam o envolvimento dos pais e professores, atividades estruturadas e o desenvolvimento de habilidades.

[9] J. S. Wallerstein, Children of divorce: report of a ten year follow-up of early latency-age children, *American Journal of Orthopsychiatry* 57, 1987, p. 199-211.

[10] J. L. Pedro-Carroll, L. J. Alpert-Gillis & E. L. Cowen, Prevention interventions for children of divorce, *Journal of Primary Prevention* 18, 1997, p. 5-23.

[11] E. L. Cowen, J. L. Pedro-Carroll & L. J. Alpert-Gillis, Relationships between support and adjustment among children of divorce, *Journal of Child Psychology and Psychiatry* 31, 1990, p. 727-35.

Ajudar o adolescente a evitar a intermediação

O desafio para o adolescente cujos pais se divorciaram é não desempenhar o papel de "intermediário" das partes quando um dos pais se torna a vítima incontestável e o relacionamento se torna turbulento. Isso normalmente acontece quando o jovem se sente obrigado a transmitir informações de um elemento do ex-casal para outro. Deixe claro que não é o caso e que não deve servir de intermediário de nada. Diga-lhe que tem todo o direito de não ficar no meio, afirmando a qualquer dos pais algo como: "Não acho certo falar com você sobre a mamãe o papai". Você também pode sugerir que responda "Não sei" quando um dos pais lhe fizer perguntas sobre o outro a que não esteja disposto a responder. A questão é que os filhos não devem carregar esse fardo e precisam saber disso.

Não esperar que a outra família resolva o problema

À primeira vista, acredita-se que a segunda família é um bom substituto para a família natural da criança. Ela contém os dois modelos adultos de papéis e em geral está em melhores condições econômicas que o lar de uma pessoa descasada sozinha. Contudo, é preciso deixar claro que para o adolescente a segunda família não recria a família nuclear. Não reúne a família de novo. Na verdade, os jovens de uma segunda família têm perfil comportamental muito mais parecido com o dos que moram com um dos pais do que com o dos que moram com os dois pais da família natural. Na verdade, o segundo casamento de um dos pais pode aumentar, e não diminuir, o estresse do adolescente. Portanto, é imperativo que os pais compreendam isso e não pensem que o jovem se sentirá imediatamente bem com a idéia de fazer parte de outra família.

Atenção às datas importantes

Natal, Páscoa, Dia das Mães, Dia dos Pais, qualquer data que convide à comemoração tradicional e traga lembranças pode ser dolorosa e desconfortável para os filhos de pais divorciados. Com efeito, é difícil saber como agir nessas ocasiões. Os pais divorciados podem ajudar a amenizar um pouco esse problema inevitável, tratando de algumas questões com o adolescente. Pergunte como gostaria que essas ocasiões fossem e ajude-o a pensar em como serão de modo mais realista. Embora cada situação seja diferente, você pode explorar possíveis estratégias de enfrentamento e adequadas para a circunstância permitindo que o adolescente pense nas soluções junto com você.

Atenção ao risco de suicídio

As pesquisas são claras: as taxas de suicídio dos filhos do divórcio são muito maiores que dos filhos de famílias não desfeitas.[12] Curiosamente, a morte de um dos pais não está relacionada ao suicídio na adolescência, mas a instabilidade ou a separação familiar é uma das maiores causas do suicídio de adolescentes.[13] Depois de analisar mais de 750 famílias escolhidas aleatoriamente, os pesquisadores dividiram os filhos em dois grupos: os que nunca tentaram suicidar-se e os que tentaram pelo menos uma vez. Os dois grupos diferiam pouco em idade, renda familiar, raça e religião. Mas a maior parte dos que tentaram o suicídio vinha de um ambiente familiar desfeito. Mais da metade dos que tentaram suicídio viviam em lares com apenas um dos pais biológicos.[14] Em outro estudo, descobriu-se que três de cada quatro suicídios na adolescência acontecem em lares em que um dos pais está ausente.[15] O importante é ficar atento aos sinais de possível suicídio. Esses sinais são descritos em detalhes no capítulo "Suicídio".

Esperar efeitos duradouros

Em seu revolucionário estudo sobre como o divórcio afeta os filhos, Judith Wallerstein descobriu que, depois de cinco ou dez anos de divórcio, as conseqüências negativas ainda eram assombrosos. Em resumo, podemos concluir que, no início, dois terços de todos os filhos mostram sintomas de estresse e metade acha que o divórcio destruiu sua vida. Depois de cinco anos, mais de um terço ainda estava muito perturbado (na verdade, até mais do que no começo), e outro terço demonstrava problemas psicológicos. Um número surpreendente de filhos

[12]S. Larson & D. Larson, Divorce: a hazard to your health?, *Physician*, maio/junho, 1990, p. 16.

[13]F. L. Nelson, Youth suicide in California: a comparative study of perceived causes and Interventions, *Community Mental Health Journal* 24, 1988, p. 31-42.

[14]C. N. Vélez & P. Cohen, Suicidal behavior and ideation in a community sample of children: maternal and youth reports, *Journal of the American Academy of child and Adolescent Psychiatry*, 273, 1988, p. 349-56.

[15]J. B. Eshtain, Family matters: the plight of America's children, *Christian Century*, julho, 1993, p. 14-21.

permanecia com raiva dos pais. Depois de uma década, 45% dos filhos estavam bem, 14% iam bem em algumas áreas e mal em outras, e 41% ainda permaneciam muito mal. O último grupo "era de jovens que estavam entrando na vida adulta preocupados, com baixo desempenho, muita autocrítica e às vezes revoltados".[16] Além dos conflitos emocionais, em geral acompanhados de depressão, muitos lamentavam a infância e temiam diante da perspectiva do próprio casamento e da criação de filhos.

Saber quando encaminhar

Encaminhe o adolescente com o conflito do divórcio dos pais para um terapeuta ou psicólogo se, com o tempo, sentir mais raiva ou ficar mais deprimido.

COMO OS PROFISSIONAIS PODEM AJUDAR

As estratégias de ajuda para adolescentes com o conflito do divórcio dos pais descritas a seguir são normalmente usadas pelos terapeutas. São aqui apresentadas para fornecer informações aos pais, e ajudá-los a encontrar a melhor ajuda profissional possível para o adolescente sob seus cuidados.

Facilitar a expressão de sentimentos

O adolescente quase sempre reluta em demonstrar seus sentimentos aos pais divorciados, pois acreditam erroneamente que a comunicação aberta com os pais aumentará o estresse já evidente nesse ambiente tumultuado. Todavia, uma comunicação aberta pode reduzir de fato a ansiedade que os membros da família sentem e ajudar a melhorar a auto-estima do adolescente. O terapeuta pode facilitar esse processo levando o adolescente a escrever uma carta a cada um dos pais. Mesmo que não seja entregue, pelo menos no momento, ela servirá apenas para ajudá-lo a expressar seus sentimentos.

Onde mais buscar ajuda

BUCHANAN, C., *Adolescents after divorce*, Cambridge: Harvard University Press, 1996.

[16] J. S. WALLERSTEIN, Children of divorce, p. 199-211.

EMERY, R. E., *Marriage, divorce, and children's adjustment*, New York: Sage Publishers, 1999.

ISLER, C., *Caught in the middle:* a teen guide to custody, New York: Rosen Publishing Group, 2000.

JOHNSTON, J. R. & V. ROSEBY, *In the name of the child:* a developmental approach to understanding and helping children of conflicted and violent divorce.

LANSKY, V., *Vicki Lansky's divorce book for parents:* helping your children cope with divorce and its aftermath, Deephaven: Book Peddlers, 1996.

MURRAY, S., *Divorce recovery for teenagers*, Grand Rapids: Zondervan, 1990.

ROTHCHILD, G., *Dear mom and dad:* what kids of divorce really want to say to their parents, New York: Pocket Books, 1999.

SOMMERS-FLANAGAN, R. & C. ELANDER, *Don't divorce us:* kids' advice to divorcing parents, Washington: American Counseling Association, 1999.

TEYBER, E., *Helping children cope with divorce*, San Francisco, Jossey-Bass, 1996.

WALLERSTEIN, J. S. & S. BLAKESLEE, *Sonhos e realidades no divórcio*, São Paulo: Saraiva, 1991.

Orientação bíblica para os adolescentes em conflito

- 1Pedro 5.7
- 2Coríntios 1.3,4

Perdão

CARACTERÍSTICAS DO CONFLITO

Embora o perdão seja um conflito permanente para milhões de pessoas desde o início dos tempos, a psicologia manteve-se relativamente afastada do tema até recentemente. Nos últimos dez anos, vários pesquisadores empregaram suas aptidões para ajudar-nos a entender o que é o perdão e como ele cura a alma humana. Diversos artigos e livros sobre o perdão escritos por profissionais têm sido publicados, oferecendo aos psicólogos mais ferramentas terapêuticas do que nunca anteriormente a fim de ajudar as pessoas, até os adolescentes, a encontrar um caminho correto para o perdão.[1]

O conflito do perdão acontece quando a pessoa sofre uma violação que lhe causa dor física ou emocional. A vítima experimenta tanto a frustração como a perda.[2] A perda pode ser concreta (como posses materiais) ou abstrata (como um sonho ou o sentimento de dignidade). Quase instantaneamente a pessoa ofendida sente raiva do violador e clama por vingança. No calor do momento, pode até jurar que se "vingará, nem que seja a última coisa que faça". A idéia normalmente promove rancor e

[1]E. L. Worthington, L. Parrott & S. Gramling, Unforgiveness and trait unforgiveness: theory and measurement, Symposium on forgiveness (Division 8), *Annual Convention of the American Psychological Association*, Washington, D.C., agosto 1999.

E. L. Worthington, J. W. Berry & L. Parrott, Unforgiveness, forgiveness, religion, and health em *Faith and health*, org. T. G. Plante & A. C. Sherman, New York: Guilford Publications, 2000.

[2]R. T. Denton & M. W. Martin, Defining forgiveness: an empirical exploration of process and role, *American Journal of Family Therapy* 26, 1998, p. 281-92.

hostilidade generalizada. Não raro, quanto mais jovem for o indivíduo, mais insidiosos e penetrantes serão os efeitos da incapacidade de perdoar.[3]

O adolescente não consegue perdoar as pessoas que o prejudicaram e alimenta a raiva de se vingar delas e causar-lhes um estrago ainda maior que o que lhe provocaram. Num sentido mais amplo, ele se torna ríspido em outros relacionamentos e perde a confiança nas pessoas. Desenvolve o padrão de comportamento de não dar nada até ter certeza de que receberá algo em troca. Em resumo, se torna amargo e rancoroso, a menos que experimente o perdão.

Archibald Hart vai direto ao ponto: *o perdão substitui a necessidade de vingança.* O apóstolo Paulo definiu a essência do perdão: "Não retribuam a ninguém mal por mal [...] façam todo o possível para viver em paz com todos. Amados, nunca procurem vingar-se, mas deixem com Deus a ira" (Rm 12.17-19).

No Sermão do Monte, Jesus resume o princípio do perdão: "Ofereça a outra face". A lei antiga convocava: "Olho por olho, dente por dente" (Mt 5.38). Mas o problema dessa lei é que não conseguimos nos contentar apenas com um olho e um dente. Achamos que só ficaremos satisfeitos se o nosso ofensor sofrer mais do que nós. Por isso Jesus diz para esquecer a necessidade de revidar e perdoarmos. Curiosamente, o perdão não traz vantagem ao ofensor; ele nos protege de outras ofensas, de repetirmos o mal de nosso ofensor sem parar. O perdão é bom para nossa própria proteção.[4]

DESCRIÇÃO DE CASO

April, dezessete anos, veio fazer terapia porque, segundo ela, foi "traída por sua melhor amiga". Há mais ou menos quatro meses, sua amiga Julie começou a namorar seu ex-namorado. April estava perdidamente apaixonada pelo rapaz quando o namoro terminou. O relacionamento deles havia durado quase um ano. April não entendia por que ele tinha terminado até que, faz dois meses, tudo fez sentido quando seu ex-namorado começou a namorar Julie. O fato é que April descobriu que Julie provocou o rompimento deles dando ao rapaz a falsa informação de que April estava querendo lhe dar o fora. Para

[3] J. M. BRANDSMA, Forgiveness, em *Baker Encyclopedia of Psychology*, org. D. G. Benner, Grand Rapids: Baker, 1985.

[4] A. D. HART, *Feeling free:* effective ways to make your emotions work for you, Old Tappan: Revell, 1979.

salvar as aparências, o rapaz decidiu tomar a iniciativa de terminar primeiro. Foi então que Julie começou a flertar com ele. April ficou compreensivelmente furiosa. Não conseguia mais nem olhar para Julie na escola. Passava a maior parte do tempo pensando numa maneira de magoar e humilhar Julie. A idéia tornou-se uma obsessão. O namoro de Julie com o rapaz não durou muito, mas April ainda não consegue perdoar o mal que ela lhe fez.

Ajudar o adolescente a aprender os princípios do perdão é um dom maravilhoso e pode ser muito recompensador. A vida inteira ele encontrará pessoas até bem-intencionadas que o magoarão. Se conhecer o poder do perdão, será capaz de salvar inúmeros relacionamentos.

CAUSAS DO CONFLITO

Em poucas palavras, as pessoas sofrem com o conflito do perdão quando não conseguem ou não querem abrir mão do direito de revidar. As características descritas a seguir só pioram o conflito.

Legalismo

Alguns jovens sinceros têm mentalidade legalista que provoca a necessidade constante de buscar vingança contra quem quer que os magoe. Nos tempos de Jesus, os fariseus eram puristas religiosos que colocavam as regras acima dos relacionamentos. Essa visão ainda nos acompanha e impede que algumas pessoas experimentem a alegria e a liberdade de abandonar a idéia legalista do "olho por olho".

Orgulho

A postura orgulhosa evita o perdão. O orgulhoso sente satisfação de estar em posição superior, por isso, é incapaz de sentir empatia pelos outros. O ego inflado de orgulho leva o adolescente à determinação de retaliar. O jovem sente forte impulso de revidar causando algum mal ao seus ofensores.

Amargura

A raiva contra os ofensores naturalmente alimenta o fogo do ressentimento e o desejo de retaliar. Se o perdão não fizer o seu trabalho de cura, o fogo se transformará na chama fria da amargura. Quando isso acontece, tudo na vida fica ruim. A pessoa ofendida projeta sua raiva em tudo e em todos. Torna-se especialista em fazer críticas. Em resumo, passa a ser uma pessoa amarga. Nessa posição de defesa, o perdão fica duplamente mais difícil.

Exemplo

Quando os pais são incapazes de perdoar, em geral os filhos os imitam. Acabam achando que é normal recusar-se a perdoar as ofensas. O adolescente ouve os pais falarem em vingar-se das injustiças cometidas contra eles e julga que deve fazer o mesmo. Além disso, o filho pode sofrer o impacto da falta de perdão dos pais, o que, claro, torna ainda mais difícil para o jovem perdoar os outros.

Falso perdão

Algumas pessoas não conseguem perdoar realmente porque "perdoam" demais. Perdoam até o pior dos erros num piscar de olhos. Ao ser banalizado, o perdão perde o poder e o significado. O jovem que perdoa com muita facilidade não consegue perdoar sinceramente porque procura fugir da dor real reprimindo as ofensas traumáticas.

Teologia incorreta

Alguns adolescentes não conseguem perdoar os outros porque acreditam que Deus nunca os perdoará. Podem até achar que Deus quer que sejam punidos. Embora suas crenças sejam sinceras, não há dúvida de que eles estão errados. Na verdade, Deus os perdoa: "Quem nele crê não é condenado" (Jo 3.18). A qualidade do relacionamento do jovem com Deus exerce papel importante em sua capacidade de perdoar.

COMO OS PAIS PODEM AJUDAR

As estratégias destinadas a ajudar os adolescentes em conflito com o perdão, a seguir listadas, podem ser concretamente utilizadas pelos pais. Entretanto, como a relação entre pai e filho é única, algumas serão mais pertinentes para a sua situação do que outras. Como em todo grande conflito da adolescência, o melhor é que os pais trabalhem sob a orientação de um terapeuta competente. Pensando nisso, as estratégias expostas neste livro visam a facilitar o processo de ajuda dentro de casa com o adolescente.

Avançar devagar

Ninguém quer ser forçado a perdoar. Não dá para persuadir o adolescente a perdoar seus inimigos. O perdão "forçado" promove um tipo de felicidade no indulgente que o faz "disparar" perdão com a maior facilidade na menor das ofensas.[5] Cuidado com o adolescente sensível muito expedito em perdoar. Talvez, esteja perdoando por sentimento de dever. E, obviamente, isso não tem nada a ver com o perdão. Está mais para a desculpa do que para o perdão. Não se apresse a concluir que ele está "curado". O processo de aprender a perdoar é relativamente longo e requer paciência.

Esclarecer o objetivo

Perdão não é o mesmo que reconciliação. A pessoa pode perdoar as violações que sofreu, mas terminar o relacionamento com o ofensor. Pode ser o caso, por exemplo, de uma ofensa física ou de abuso sexual. Embora o perdão seja um prelúdio indispensável para a reconciliação, não requer que se continue o relacionamento com o violador. Mesmo que o jovem consiga livrar-se da raiva e amargura, pode achar que a probabilidade do violador assumir uma direção positiva é muito pequena e decidir evitar a reconciliação. Nesse caso, o objetivo da terapia é alcançar uma condição emocional em que o ofendido se disponha a não punir o ofensor.[6]

Ajudar a reconhecer a necessidade

Se não quiséssemos nada das pessoas, elas não nos magoariam, não ficaríamos com raiva e não haveria necessidade de perdão. Ajude o adolescente a reexaminar a mágoa que o ofensor causou.[7] Ajude-o a enxergar as necessidades não supridas do ofensor, as feridas do espírito infligidas por outros ofensores. Talvez, a profunda necessidade do agressor deva ganhar crédito, consideração ou respeito. Identificar as necessidades do ofensor é o primeiro passo para instigar a força interior que ajudará o ofendido a perdoar. Quando o adolescente reconhece a própria necessidade,

[5]L. B. Smedes, *Forgive and forget:* healing the hurts ewe don't deserve, San Francisco, Harper & Row, 1984.

[6]S. R. Ferch, Intentional forgiving as a counseling intervention, *Journal of counseling and development* 76, 1998, p. 261-70.

[7]E. L. Worthington, An empathy-humility-commitment model of forgiveness applied within family dyads, *Journal of Family Therapy* 20, 1998, p. 77-94.

pensa duas vezes antes de culpar o ofensor, por mais desprezível que tenha sido a ofensa.[8] O processo de reconhecer a própria necessidade requer humildade e leva tempo. Tenha calma e cuidado ao revelar essa parte delicada.[9]

Reconhecer um equívoco comum

Muitos adolescentes acreditam que para perdoar os outros precisam relevar suas ações. Pensando nisso, podem agarrar-se à raiva e não experimentar a liberdade do perdão. Esclareça essa questão para garantir que isso não atrapalhe o processo. Ajude o jovem a entender que o perdão não depende de nenhuma mudança no comportamento do ofensor. E que a pessoa ofendida não precisa de nenhuma garantia que o ofensor não a prejudicará novamente. O perdão serve exatamente para proteger o ofendido, não o ofensor.[10]

Explorar os disfarces do perdão

As pessoas costumam achar que se não pensarem na dor das ofensas que sofreram conseguirão perdoar os ofensores. Associam o perdão à negação da dor. Omitir não é perdoar. Esquecer tampouco é prova do perdão genuíno. A prova está na cura da dor persistente do passado. Outro erro é confundir o perdão com desculpa. Desculpar é eximir uma pessoa de culpa. O perdão não exime a pessoa da responsabilidade por seu comportamento. Ademais, perdoar não é tolerar. Não precisamos tolerar o que as pessoas nos fazem só porque as perdoamos.[11]

COMO OS PROFISSIONAIS PODEM AJUDAR

As estratégias de ajuda para adolescentes em conflito com o perdão descritas a seguir são normalmente usadas pelos terapeutas. São apresentadas aqui para prestar-lhe informações, como pai ou mãe, e ajudá-lo a encontrar a melhor ajuda profissional possível para o adolescente sob seus cuidados.

[8]D. Seamands, *Healing for damaged emotions*, Wheaton: Victor, 1982.
[9]F. A. DiBlasio, The use of decision-based forgiveness intervention within intergenerational family therapy, *Journal of Family Therapy* 20, 1998, p. 77-94.
[10]Hart, *Feeling free:* effective way to make your emotions work for you.
[11]Smedes, *Forgive and forget*.

Ajudar a ir além das necessidades

Depois de descobrir o que quer do ofensor, o adolescente precisa parar de olhar para as pessoas tendo em vista suas próprias necessidades. Para ser capaz de perdoar, precisa compreender as necessidades e motivações que levaram os outros a agir da forma que agiram. Talvez, o melhor exemplo disso seja a capacidade de Jesus de tolerar a dor na cruz: "Pai, perdoa-lhes, pois não sabem o que estão fazendo" (Lc 23.34). O objetivo é sentir empatia pelo ofensor e compreender, de alguma forma, que ele estava tentando defender ou valorizar seus próprios interesses, se bem que de maneira equivocada.[12]

Se o adolescente não consegue perdoar os pais por não deixá-lo usar o carro, precisa entrar no mundo dos pais, tanto quanto possível, para ver que eles só querem o melhor para ele. O adolescente não precisa concordar com o que seus pais fazem, apenas olhar suas ações da perspectiva deles. Novamente, essa perspectiva requer que se deixe de lado qualquer atitude defensiva. O terapeuta não espera que o adolescente de repente se torne sensível a esse ponto. A jornada às vezes é tão gradual que ele ultrapassa a barreira da empatia mesmo sem perceber.

Considerar a cura interior

A intervenção pode ter resultados positivos para as pessoas espirituais que não conseguem perdoar algumas ofensas traumáticas. Às vezes, o indivíduo não consegue perdoar porque as lembranças são muito dolorosas. Tem medo de ter problemas emocionais se perdoar. A cura interior é um processo divino pelo qual o terapeuta simbolicamente intervém com a presença de Jesus nas lembranças dolorosas. Para aplacar a dor das lembranças, o paciente, com a ajuda do terapeuta, é encorajado a ver Jesus a seu lado, por exemplo, amparando-o e protegendo. Talvez esse procedimento não produza resultados imediatos, mas inicia um processo de cura que permitirá ao indivíduo conseguir perdoar. O terapeuta deve ter todo o cuidado ao tratar da cura interior e nunca obrigar o paciente a passar por essa experiência. A decisão de usar essa técnica deve ser tomada em comum acordo.[13]

[12]D. Augsburger, *Caring enough to forgive*, Ventura: Regal, 1982.

[13]J. M. Alsdurf & H. N. Malony, A critique of Ruth Carter Stapleton's ministry of inner healing, *Journal of Psychology and Theology* 8, 1980, p. 173-84.

Uma das melhores abordagens para tratar as lembranças e emoções dolorosas é defendida por David Seamands. Ele sugere vários princípios bíblicos gerais para facilitar esse processo:[14]

Encarar o problema de frente. A recordação deve ser confrontada com toda honestidade.

Assumir a responsabilidade pela questão. Não se deve culpar os outros, mas assumir a responsabilidade pela situação.

Perguntar-se se você realmente quer ser curado. Curar-se de uma recordação significa deixar de usá-la como muleta para ganhar o apoio dos outros.

Praticar o perdão. A cura não acontece enquanto o perdão genuíno não acontecer.

Perdoar a si mesmo. Se não houver auto-aceitação e perdão, não haverá cura.

Pedir que o Espírito Santo lhe mostre como orar. Deus pode ajudar a encontrar a verdadeira necessidade.

Para obter uma descrição mais detalhada do processo de cura, leia os livros de David Seamand *Healing for damaged emotions* [*A cura para as mágoas*] e *Healing of memories* [*A cura das más recordações*].

Confiar no perdão de Deus

Leslie Weatherhad disse: "O perdão de Deus é a idéia terapêutica mais poderosa do mundo. Se o indivíduo puder crer que Deus lhe perdoou, conseguirá se livrar dos problemas da neurose". Todo perdão humano é decorrente da graça e do perdão de Deus. É uma questão central do evangelho e de nossa salvação. Teoricamente, o terapeuta cristão ajuda o jovem em processo de perdoar os outros a participar do perdão de Deus em relação a ele. O que o paciente não consegue realizar por meio de técnicas e princípios psicológicos pode ser alcançado com a ajuda do Espírito Santo. Evidentemente, o terapeuta deve respeitar as crenças e valores espirituais expressos pelo adolescente.

Saber quando encaminhar

O terapeuta encaminha o adolescente em conflito com o perdão para outro terapeuta ou psicólogo competentes quando, com o tempo, esse jovem

[14]*Healing for damaged emotions.*

fica cada vez mais ressentido, frustrado, deprimido, desesperançado ou com tendências suicidas. O terapeuta também encaminha o paciente quando identifica que ele próprio tem um problema pessoal não resolvido em relação ao perdão, a fim de impedir que assuntos pessoais interfiram na terapia.

Onde mais buscar ajuda

AUGSBURGER, D., *Caring enough to forgive*, Ventura: Regal, 1982.

ENSOR, J., *Experiencing God's forgiveness*, Colorado Springs: Navpress, 1997.

GROSSKOPF, B., *Forgive your parents, heal yourself*: how understanding your painful family legacy can transform your life, New York: The Free Press, 1999.

HOSIER, H., *It feels good to forgive*, Eugene: Harvest House, 1980.

JEFFRESS, R., *When forgiveness doesn't make sense*, Colorado Springs: Water Brook Press, 2000.

MCCULLOUGH, M. E., S. J. SANDAGE & E. L. WORTHINGTON, *To forgive is human*, Downers Grove: InterVarsity Press, 1997.

SAFER, J., *Forgiving and not forgiving*: a new approach to resolving intimate betrayal, New York: Avon Books, 1999.

SEAMANDS, D., *Healing for damaged emotions*, Wheaton: Victor, 1982.

Healing of memories, Wheaton: Victor, 1985.

SMEDES, L. B., *Forgive and forget*: healing the hurts we don't deserve, San Francisco: Harper & Row, 1984.

______, *The art of forgiving*, Nashville: Moorings, 1996.

STANTLY, C., *The gift of forgiveness*, Nashville: Thomas Nelson, 1991.

Orientação bíblica para os adolescentes em conflito

- Salmos 34.22; 103.12
- João 3.17,18
- Atos 10.43
- Romanos 5.8; 8.1,2

Pornografia

CARACTERÍSTICAS DO CONFLITO

A leitura de material com conteúdo sexual explícito e a apreciação de fotos de atos sexuais são práticas antigas. Desenhos em cavernas que retratam atos sexuais, a arte erótica da Grécia antiga, Índia, África e Japão indicam a universalidade cultural do interesse pelo sexo.

Hoje é praticamente impossível encontrar um estudante universitário que jamais tenha tido nenhum contato com algum tipo de material com conteúdo sexual explícito. Embora os livros e filmes "para adultos" sejam dirigidos ao público acima dos 21 anos, os adolescentes curiosos têm diversas oportunidades de experimentar o erotismo e a pornografia. Revistas, *best-sellers*, propagandas, revistas em quadrinhos e filmes em geral oferecem essa oportunidade a qualquer pessoa remotamente interessada em consumir esse tipo de material. As chances para essa experiência não se limitam a espiar a coleção de pôsteres da *Playboy* de um amigo. O adolescente pode usufruir a pornografia por telefone, com os serviços chamados "disque-sexo", em fitas de vídeo alugadas de qualquer locadora, em programas noturnos da televisão a cabo e pela Internet. Josh McDowell e Dick Day, em *Why wait?* [*Por quê esperar?*], contam que os especialistas estimam que 70% de toda pornografia acabe nas mãos de adolescentes.[1]

[1] *Why wait?* What you need to know about the teen sexuality crisis, San Bernardino: Here's Life, 1987.

Com essa disseminação ampla e todos os esforços para conquistar respeitabilidade, a pornografia é, sem dúvida, um negócio multibilionário nos Estados Unidos. Em vez de ter influência marginal na sociedade, seus valores morais inundam as principais correntes de pensamento.[2]

Definir pornografia também não é uma tarefa fácil em virtude da diversidade de tipos identificados. Na perspectiva de muitos, a *pornografia violenta*, segundo a qual a violência sexual, quase sempre dirigida contra as mulheres, é normal. A *pornografia degradante* rebaixa e despersonifica a mulher, mesmo quando o material não retrata nenhum comportamento violento explícito. Ao contrário da pornografia violenta ou degradante, a *erótica* defende a visão de que as expressões não-violentas e não-degradantes são normais e úteis.[3] Evidentemente, as fronteiras entre elas se confundem quando se usa um termo ambíguo como *degradante*. Alguns preferem a definição geral de Langly Longford: "Pornografia é tudo aquilo que explora e despersonifica o sexo e faz que o ser humano seja tratado como coisa, e as mulheres, em especial, sejam tratadas como objetos sexuais".[4]

Há vários argumentos sobre quase todas as definições de pornografia, mas como disse Richard Foster: "Isso não obscurecerá sua existência. Há uma grande diferença entre as figuras nuas da capela Sistina e as das revistas de 'mulher pelada', e qualquer pessoa sensata sabe distinguir".[5]

Embora quase todo adolescente já tenha sido exposto à pornografia, os meninos são três vezes mais propensos a ficar excitados que as meninas.[6] Apesar de nem todos os garotos ficarem obcecados pela idéia, os que relatam ao terapeuta estar travando uma luta contra a obsessão, provavelmente sentem-se reféns de sua compulsão. Podem até ficar viciados.

Dale Ryan, conhecido por alguns como "o missionário dos viciados", identifica cinco aspectos do vício. O primeiro é a *tolerância*; o viciado

[2] J. H. Court, Pornography, *Baker e encyclopedia of psychology*, org. D. G. Benner, Grand Rapids, Baker, 1985.

[3] W. A. Fisher & A. Barak, Sex education as corrective: immunizing against possible effect of pornography, em *Pornography:* research advances and policy considerations, orgs. D. Zillman & J. Bryant, Hillsdale: Lawrence Erlbaum Associates, 1989, p. 289-320.

[4] L. Longford, *Pornography:* the Longford report, London: Coronet, 1972.

[5] *Money, sex and power*, San Francisco: Harper & Row, 1985.

[6] P. Y. Miller & W. Simon, The development of sexuality in adolescence, em *Handbook of adolescent psychology*, org. J. Adelson, New York: Wiley, 1980.

precisa ver mais a fim de alcançar o mesmo grau de alteração de ânimo. O segundo é *a abstinência*; ele fica muito contrariado quando não pode continuar. O terceiro é o *auto-engano*; o viciado nega que o comportamento realmente o afeta. O quarto é a *perda da força de vontade*. Finalmente, esse comportamento causa *problemas reais* na vida da pessoa.[7]

DESCRIÇÃO DE CASO

Antes mesmo que eu dissesse 'oi', Ron foi logo confessando seu problema: "Não consigo parar de pensar em sexo. Nunca contei para ninguém, mas não dá mais para agüentar". Ron estava esforçando-se para conter as lágrimas: "Estou ficando assustado. Semana passada, roubei dinheiro da minha mãe para comprar mais pornografia e acho que ela sabe o que eu estou fazendo". Aluno do terceiro ano do ensino médio, Ron parecia ter a existência consumida pelo sexo. A primeira experiência com pornografia foi aos nove anos de idade com a revista *Playboy* que estava na lata de lixo do vizinho. Quando apareceu em meu consultório, estava viciado nessa "droga", na maior parte das vezes revistas, mas também usava os serviços disque-sexo de vez em quando.

Ron tem o hábito de se embriagar em pornografia. Compra ou rouba quatro revistas a cada duas semanas e as esconde dentro das capas de disco em seu quarto. Usa-as durante vários dias para se masturbar e depois desfaz-se delas com grande pesar. É um ritual seu, depois do que sempre promete a si mesmo e a Deus que nunca mais fará isso de novo.

Para Patrick Carnes, o vício sexual é "a frieira da mente".[8] Nunca sara, vive coçando e parece que vai passar. Todavia, o ato de coçar causa dor e aumenta a coceira.

CAUSAS DO CONFLITO

Há vários motivos que explicam por que alguns adolescentes se apegam à pornografia. A seguir encontram-se alguns dos fatores mais comumente citados.

[7] M. G. Maudlin, Addicts in the pew, *Christianity Today*, 22 de julho, 1991, p. 19-20.
[8] *Out of the shadows:* understanding sexual diction, Minneapolis: CompCare, 1983, VII.

Curiosidade

De acordo com John Court, "a pornografia é um fator significativo no desenvolvimento dos costumes e atitudes sexuais dos adolescentes".[9] Embora ela possa prejudicar o desenvolvimento saudável, o jovem busca a pornografia como fonte de conhecimento e comparação do comportamento sexual. Court também ressalta que, enquanto alguns materiais de conteúdo sexual explícito bem escolhidos podem educar o jovem, nenhum estudo demonstrou que a pornografia tem os mesmos efeitos benéficos.[10]

Desejos psicológicos

O adolescente está fisicamente preparado para o sexo muito antes de estar pronto para a intimidade social e para as responsabilidades do casamento. A masturbação é uma "válvula de escape" natural enquanto a natureza se encarrega de sincronizar o crescimento na vida do jovem. O problema de alguns adolescentes é que a válvula de escape pode passar a ser uma obsessão consumidora. Frederick Buechner, aclamado escritor e pastor presbiteriano, escreveu: "A lascívia é como um macaco que faz algaravia em nosso lombo. Dome-o de dia, e ele gritará mais alto em nossos sonhos à noite. Quando pensamos que estamos a salvo, ele mostra a cara feia com um sorriso zombeteiro, e não há nada no mundo capaz de contê-lo. Ó, Deus todo-poderoso, por que dotaste o homem de brinquedo tão abominável?".[11] Adolescentes no fim da adolescência não são tão jovens assim que não entendam essa lamentosa indagação.

Disponibilidade

Revistas como a *Playboy*, *Penthouse*, *Hustler* e dezenas de outras estão disponíveis nas bancas e livrarias de toda parte. Os filmes proibidos para menores estão em todo lugar. As *sex-shops* estão se espalhando. A arte erótica tem reconhecimento. O advento das fitas de vídeo e da televisão a cabo deu nova dimensão à disponibilidade da pornografia, para não mencionar a Internet (v. cap. à parte). Um psicólogo da Universidade

[9]Pornography, *Dictionary of pastoral care and counseling*, org. R. J. Hunter, Nashville: Abingdon, 1990.

[10]Pornography, *Baker encyclopedia*.

[11]*Godric*, New York: Harper & Row, 1980, p. 153.

de Utah estudou os clientes em idade colegial de um serviço disque-sexo de Nova York. Descobriu que todos os adolescentes, sem exceção, ficavam viciados em ouvir sexo adulto explícito pelo telefone. Em vários casos, os jovens tinham feito mais de trezentas ligações telefônicas até os pais receberem uma enorme conta e acabarem com a prática.[12] O adolescente que quer ter acesso à pornografia fará de tudo para consegui-la.

Raciocínio falho

Em geral, o adolescente viciado em pornografia não se dá grande valor. Vale-se da pornografia para tornar o seu isolamento suportável. Esse pensamento gera a negação e as distorções que o impedem de enfrentar as tentações.

O círculo vicioso

O vício da pornografia constitui um ciclo de quatro etapas, que, de acordo com Patrick Carnes, intensifica-se a cada repetição.

1. *Fixação*: o transe ou a disposição de ânimo quando o viciado está completamente tomado por pensamentos sexuais. Esse estado mental cria uma busca obsessiva pelo estímulo sexual.
2. *Ritualização*: o hábito especial do viciado que leva à masturbação ou a outro comportamento sexual. O ritual intensifica a fixação, aumentando a excitação.
3. *Comportamento sexual compulsivo*: o ato sexual em si, que é o objetivo da fixação e da ritualização. O verdadeiro viciado é incapaz de controlar ou parar de ter esse comportamento.
4. *Desespero*: a sensação de total impotência em relação ao próprio comportamento e de desespero em face dele.[13]

COMO OS PAIS PODEM AJUDAR

As estratégias citadas a seguir destinam-se a ajudar os adolescentes com o conflito da pornografia e podem ser usadas com eficiência pelos pais.

[12]T. Minnery, Pornography: the human tragedy, *Christianity Today*, 7 de março, 1986.
[13]*Out of the shadows*, p. 9.

Entretanto, como a relação entre pai e filho é única, algumas serão mais pertinentes que outras para sua situação. Como em todo grande conflito da adolescência, o melhor é que os pais trabalhem sob orientação de um terapeuta competente. Pensando nisso, as estratégias expostas neste livro visam a facilitar o processo de ajuda dentro de casa com o adolescente.

Incutir esperança

Reafirme a coragem que o jovem demonstrou ao pedir ajuda numa questão tão delicada. A confissão da atração que a pornografia lhe causa é como um bálsamo que traz alívio imediato, quando não a tão esperada cura. Saber que pode falar sobre seu problema em clima isento de condenações é como um auxílio para o alívio procurado. Mas o adolescente também precisa saber que existe solução permanente para o problema. A esperança o encherá de otimismo e o estimulará a completar as etapas subseqüentes de recuperação.

Compreender o impulso

Como os adolescentes são extremamente curiosos em relação ao sexo oposto, a pornografia os atinge e atrai como um ímã. Estimula sua necessidade de conhecer o desconhecido. Se o jovem falar abertamente com o pai ou a mãe ou com o terapeuta sobre a sedução da pornografia, estará dando o primeiro passo para ganhar o controle sobre o poder desse vício pernicioso. Grande parte da energia do jovem que seria usada para devorar a pornografia será, desse modo, imediatamente canalizada para uma atividade positiva. De acordo com Keith Olson: "O simples fato de falar sobre os desejos e conflitos em clima isento de condenações reduzirá as chances de se exceder no sexo".[14]

Entender a gravidade dos danos

No inicio dos anos 1970, foi amplamente divulgado que a pornografia é benigna ou benéfica. Depois de um aumento exagerado na disponibilidade e do surgimento da pornografia violenta e infantil, novas pesquisas mostraram que o antigo otimismo dos secularistas estava

[14]*Counseling teenager:* the complete Christian guide to understanding and helping adolescents, Loveland: Group Books, 1984.

equivocado.[15] Uma série de evidências mostra que, em muitos crimes sexuais, a pornografia é um dos fatores desencadeantes, principalmente nos casos de estupro.[16]

A pornografia reforça o mito de que a mulher quer ser estuprada.[17] As vítimas quase sempre são retratadas como se desejassem secretamente ser atacadas e ter prazer numa relação sexual violenta. As evidencias indicam que o retrato de uma mulher que fica excitada quando está sendo estuprada está fortemente associado ao potencial de violência contra as mulheres. Em estudo publicado, 41% dos participantes disseram que seriam capazes de cometer o estupro depois de ver uma cena como essa, se tivessem certeza de que não seriam apanhados.[18] Independentemente do ato ser praticado, a exposição à pornografia violenta reduz de fato a sensibilidade em relação às vítimas do estupro.[19] A insensibilidade diante das mulheres fica evidente em afirmações como: "O não, só quer dizer realmente não, quando a mulher lhe dá um tapa". Como disse um pesquisador: "A pornografia estimula o clima em que os atos de hostilidade sexual dirigidos às mulheres não apenas são teoricamente tolerados, mas também estimulados".[20]

Compreender os danos relacionais

A pornografia contribui para as expectativas irreais acerca da sexualidade. Mesmo a pornografia considerada leve, como a da revista *Playboy*, apresenta um mundo de fantasias sexuais que distorce os verdadeiros relacionamentos. As sessões de produção das fotos e a impressão com tratamento de cores encobrem um monte de defeitos. As fotos lustrosas que aparecem nas páginas dessas revistas foram tão manipuladas que nem dá para imaginar a realidade.

[15]G. Zgourides, M. Monto & R. Harris, Correlates of adolescent male sexual offense: prior adult sexual contact, sexual attitudes, and use of sexually explicit materials, *International Journal of Offender Therapy and Comparative Criminology* 41, 1997, p. 272-83.

[16]Court, Pornography, *Dictionary of Pastoral Care.*

[17]S. L. Caron & D. B. Carter,"The relationships among sex role orientation, egalitarianism, attitudes toward sexuality, and attitudes toward violence against women, *Journal of Social Psychology* 137, 1997, p. 568-87.

[18]S. Feshbach & N. Malamuth, Sex and aggression: proving the link, *Psychology Today*, 1978, p. 110.

[19]D. Linz, Exposure to sexually explicit materials and attitudes toward rape: a comparison of study results, *Journal of Sex Research* 26, 1985, p. 50-84.

[20]S. Brownmiller, *Against our will:* men, women and rape, New York: Simon & Schuster, 1975, p. 395.

Os pesquisadores descobriram que depois de ficar expostos reiteradamente à pornografia, os homens e as mulheres se tornam menos satisfeitos com os atrativos físicos de parceiros "reais".[21] A pornografia também perpetua o mito de que um "homem de verdade" está sempre pronto para o sexo e que se deve fazer sexo sem levar a outra pessoa em consideração. A pornografia, pela própria natureza, denigre a sexualidade e causa danos relacionais.[22] Nela, a pureza e a bondade são ridicularizadas para valorizar o desejo e a imoralidade. Pesquisadores descobriram que as conseqüências de consumir pornografia não-agressiva podem provocar aumento de fantasias sexuais agressivas, comportamento agressivo em relação à mulher, a aceitação de atitudes contrárias à mulher e crenças sobre o comportamento sexual que não conduzem ao respeito pelo sexo oposto.[23]

Entender o poder da pornografia

A pornografia representa um mecanismo poderoso de aprendizagem porque as imagens pornográficas são associadas a reforçadores poderosos, como o estímulo sexual e o estímulo agressivo e, por conseguinte, acaba classificando erroneamente essa experiência de sexual.[24] A hipótese do "fruto proibido" defendia que a liberalização das leis relacionadas à pornografia levaria à diminuição de interesse e ao encolhimento do mercado. É lógico que essa visão estava errada. Nos últimos anos, o mercado pornográfico cresceu em níveis jamais vistos. A natureza violenta e degradante da maior parte desse tipo de material foi sem dúvida manipulada pelo mercado. As vendas não são dirigidas apenas ao consumidor curioso e esporádico. O negócio bilionário foi feito para o consumidor assíduo.

Saber quando encaminhar

Encaminhe o adolescente com o conflito da fascinação pela pornografia para um terapeuta ou psicólogo competente se você se sentir desconcertado,

[21] D. Zillmann & J. Bryant, Pornography's impact on sexual satisfaction, *Journal of applied social ppsychology* 18, 1988, p. 438-53.

[22] C. Itzin, "Pornography and the organization of intrafamilial and extrafamilial child sexual abuse: developing a conceptual model", *Child Abuse Review* 6, 1997, p. 94-106.

[23] D. Byrne & K. Kelley, Introduction: pornography and sex research, em *Pornography and sexual aggression*, orgs. N. M. Malamut & E. Donnersten, Orlando: Academic Press, 1984, p. 1-9.

[24] R. A. Baron & D. Byrne, *Social psychology*, Boston: Allyn & Bacon, 1977.

constrangido, excessivamente indiscreto ou inseguro para prosseguir. Os pais que encaminham um filho com esse problema devem fazer de tudo para que ele saiba que não se trata de rejeição. O jovem precisa saber que você na verdade quer que ele tenha a melhor ajuda possível.

O terapeuta encaminhará o adolescente para outro terapeuta ou psicólogo competente se, com o tempo, o jovem se sentir mais perturbado e obcecado por material pornográfico.

COMO OS PROFISSIONAIS PODEM AJUDAR

As estratégias de ajuda para adolescentes com o conflito da pornografia descritas a seguir são normalmente usadas pelos terapeutas. São aqui apresentadas a fim de fornecer informações aos pais e ajudá-los a encontrar a melhor ajuda profissional possível para o adolescente sob seus cuidados.

Enfocar as crenças

Na terapia, o foco não será simplesmente o "problema sexual". O vício pode ser interpretado como sintoma ou sinal de outras necessidades que não estão sendo supridas. Essas necessidades podem fazer parte das quatro crenças principais essenciais para o adolescente que está enredado nesse difícil conflito.

1. "Eu não presto, não sirvo para nada." O jovem se encontra num mundo secreto em que somente ele sabe toda a extensão da verdade. Cada tentativa de parar aumenta ainda mais essa sensação de não ter valor. Para se curar da obsessão pela pornografia, o adolescente deve dizer: "Sou uma pessoa de valor".

2. "Ninguém me amaria do jeito que eu sou." O adolescente que se considera imprestável acredita também que ninguém o amaria. A rejeição e o abandono são medos constantes. Para se curar da obsessão pela pornografia, ele precisa dizer: "Sou amado e aceito pelas pessoas que me conhecem".

3. "Se depender dos outros, nunca suprirei minhas necessidades." Acreditando que não presta e que ninguém o ama, o adolescente conclui que não pode depender dos outros. Afinal, quem o ouviria ou teria simpatia por alguém detestável? Ele está convencido de

que nunca terá o que as pessoas normais têm. Para se curar da obsessão pela pornografia, precisa dizer: "Se revelar o que preciso, os outros poderão suprir minhas necessidades".

4. "Sexo é a minha maior necessidade." O adolescente que caiu nessa linha de raciocínio acabará trocando as pessoas pela obsessão sexual. O uso da pornografia se torna sua principal fonte de satisfação. Para se curar da obsessão pela pornografia, precisa dizer: "O sexo é apenas um dos aspectos da minha vida".[25]

Interromper o processo do vício

No livro *Out of the shadows* [*Saindo da sombra*], Patrick Carnes adapta os doze passos dos Alcoólicos Anônimos para usá-los com as pessoas que se debatem contra o vício do sexo. O método provou causar uma alteração fundamental para a interrupção do processo vicioso do adolescente. Da mesma forma que para os AA, essa abordagem demonstrou melhores resultados para os viciados em sexo em situação de grupo. Um de seus principais objetivos é permitir que a pessoa veja e ouça outros viciados sexuais encararem a realidade e enfrentarem a vida.

As mudanças duradouras têm mais chances de êxito no processo de terapia individual acoplado a um grupo de auto-ajuda doz doze passos. O objetivo é integrar as necessidades proeminentes do vício do jovem num "eu" saudável a fim de que essas necessidades sejam supridas, e não expressas. Vejamos quais são os doze passos para os viciados em sexo.

1. Reconhecemos que éramos impotentes face ao vício do sexo, a ponto de perder o controle de nossa vida.
2. Acreditamos que um poder superior a nós pode nos devolver a sanidade.
3. Decidimos entregar nossa vontade e nossa vida aos cuidados de Deus, como o concebemos.
4. Fizemos um minucioso e destemido balanço moral de nós mesmos.

[25]Para obter uma descrição dessas crenças e de como facilitar a mudança, v. Carnes, *Out of the shadows.*

5. Confessamos a Deus, a nós mesmos e a outro ser humano a exata natureza de nossos defeitos.
6. Estamos inteiramente prontos para que Deus nos remova todos esses defeitos de caráter.
7. Humildemente, pedimos a ele que remova nossas falhas de caráter.
8. Fizemos uma relação de todas as pessoas que prejudicamos e estamos dispostos a pedir desculpas e fazer reparação a todas elas.
9. Pedimos desculpas a essas pessoas ou lhes fazemos reparações diretamente, sempre que possível, a não ser que isso possa prejudicá-las ou prejudicar outras pessoas.
10. Continuamos a fazer o balanço pessoal e, quando estamos errados, reconhecemos o erro prontamente.
11. Procuramos, por meio da oração e da meditação, melhorar o nosso contato consciente com Deus, como nós o concebemos, rogando apenas para que conheçamos a sua vontade em relação a nós e tenhamos força para realizá-la.
12. Com o despertar espiritual alcançado por meio destes passos, procuramos levar esta mensagem a outras pessoas e praticar estes princípios em todas as nossas atividades.[26]

Onde mais buscar ajuda

Carnes, P., *Out of the shadows*, Minneapolis: CompCare, 1983.

Court, J. H., *Pornography:* a christian critique, Downers Grove: InterVarsity Press, 1980.

Eutsler, S. D., *Clothing the mind:* how to overcome an addiction to pornography, Springfield: Teen Challenge, 1999.

Sexuality, Health & Relationship Education, 15935 NE 8th, Suite B200, Bellevue, WA 98008; www.share-program.com.

Smedes, L. B., *Sex for christians*, Grand Rapids: Eerdmans, 1994.

Stafford, T., *A love story:* questions and answers on sex, Grand Rapids: Zondervan, 1977.

[26]Carnes, *Out of the shadows*, 137. Para obter uma avaliação cristã do método dos doze passos, v. T. Stafford, The hidden gospel of the 12 steps, *Christianity Today*, 22 de julho, 1991.

ZILLMANN, D. & J. BRYANT, *Pornography:* research advances and policy considerations, Hillsdale: Lawrence Erlbaum Associates, 1989.

Orientação bíblica para os adolescentes em conflito

- Provérbios 4.25-27; 6.25,26;
- Mateus 5.27,28
- Romanos 6.13
- Colossenses 3.5
- Tiago 1.21

Pressão do grupo

CARACTERÍSTICAS DO CONFLITO

Numa tira de história em quadrinhos, um garoto com o cabelo espetado diz ao pai: "Mas, pai, eu tenho de ser diferente. O que mais eu posso fazer para ficar igual aos outros garotos?".

Todo mundo quer agradar os outros, ser apreciado, respeitado e aceito. As pessoas ao nosso redor exercem grande influência sobre o que fazemos, pensamos e dizemos. E isso é bom! O desejo de se acomodar às normas do grupo é uma das forças mais civilizadoras da sociedade. Mas também tem o potencial de criar um grande conflito pessoal e a perda da auto-estima. Esse mal talvez seja maior para os adolescentes do que para qualquer outro grupo.

O jovem muda de discurso, roupa, comportamento, idéia e até de valores para se conformar aos seus companheiros. No entanto, a pressão do grupo não é necessariamente negativa. Entrar para um grupo de escoteiros, jogar tênis, mesmo ir à igreja e ler a Bíblia são decisões que podem ser tomadas devido à pressão do grupo. Na transição da infância, que ficou para trás, para o mundo adulto, ainda a ser alcançado, o adolescente busca apoio nos colegas, esse apoio pode levar a caminhos positivos.

Conseqüências negativas, entretanto, também resultam da pressão do grupo. Largar a escola, experimentar drogas, racismo e pequenos furtos são apenas alguns exemplos. Sexo antes do casamento é outro comportamento que costuma acontecer em virtude da pressão do grupo. Na verdade, o amor é um dos motivos menos citado pelos adolescentes para fazer sexo. A pressão do grupo está em primeiro lugar.[1] A pressão negativa acontece quando o jovem se sente forçado a fazer uma coisa que certamente não quer, algo que não faria se estivesse sozinho, só para fazer parte da turma. A pressão do grupo não é um fenômeno que acontece de repente na adolescência. A necessidade de ser aceito pelo semelhante já existe nas primeiras amizades. Mas é na adolescência que o indivíduo se torna plenamente consciente da pressão do grupo, porque as situações e os riscos são mais sérios. O processo natural e saudável da individuação pode explodir numa erupção tempestuosa de revolta contra os valores dos pais por causa da influência do grupo.

DESCRIÇÃO DE CASO

Connie, quinze anos, veio fazer terapia em virtude da insistência dos pais. Era uma aluna mediana e freqüentava regularmente o grupo da juventude da igreja. Porém, há pouco, o comportamento de Connie deixou seus pais preocupados. Primeiro, ela estava numa festa no bairro que excedeu os limites e teve de ser interrompida pela polícia. O pai de uma das amigas a trouxe para casa e contou aos pais de Connie que ela tinha bebido.

Foi uma surpresa. Não imaginavam que Connie estivesse envolvida com esse tipo de atividade. Na igreja e em casa, parecia outra pessoa. Vestia-se e agia de maneira diferente. Seus pais souberam depois que ela levava uma muda de roupa na mochila de ginástica e se trocava no banheiro antes de entrar na classe. Na escola, não andava com os amigos da igreja e queria fazer parte de um grupo de estudantes que tinham valores muito diferentes. Seus pais estavam especialmente preocupados com os garotos mais velhos com quem estava saindo. Depois de três ou quatro sessões de terapia, Connie confessou que faria de tudo para ser aceita pelo grupo "bem-conceituado" da escola. Achava-se falsa e fingida.

Antes de examinar as causas e as intervenções da pressão do grupo, vejamos rapidamente os tipos de grupos que podem influenciar os adolescentes nos dias de hoje. Os sociólogos descobriram vários grupos específicos de adolescentes em idade colegial.

Os *clubbers* freqüentam as festas (*raves*) que duram a noite inteira, em locais secretos, e sabe-se que consomem drogas sintéticas.

[1]*Psychology Today*, maio, 1989, p. 10.

Os *góticos* são fascinados pela morte. Usam roupas pretas e pintam as unhas com esmalte preto.

A turma *cabeça limpa* se parece com os *skinheads*, mas é composta de jovens saudáveis cuja luta é contra o uso de álcool, drogas e produtos de origem animal, e não em defesa das minorias.

Os *mauricinhos*, em geral, são garotos que adoram praticar esportes ou ginástica. Seu desempenho escolar varia de mediano a bom, têm boa aparência, são simpáticos e confiantes.

Os *motorheads* são garotos que adoram carros. Seu desempenho escolar é abaixo da média; são grosseiros com os professores e usam roupas sujas de graxa porque gostam de mexer nos carros.

Os *rappers* são garotos brancos que usam roupas largas, ouvem *rap* e usam gíria de jovens da periferia.

Os *malucos* (ou *bicho-grilos*) são os adolescentes meninas e meninos, que usam drogas. São relaxados na escola e costumam matar aula.[2]

As *patricinhas* são meninas da elite social, o equivalente feminino dos "mauricinhos".

Os *políticos* são a elite governante que dirigem os diretórios acadêmicos. Eles intercedem na administração da escola e, em geral, são benquistos.

Os *intelectuais* são a elite acadêmica, conhecidos pela capacidade de levar o estudo com facilidade.

Os *greasers* são os saudosistas dos anos 1950 e pendem para o lado delinqüente. Fumam maconha, bebem e são ambivalentes em relação à escola.

Os *cê-dê-éfes* são um grupinho de "gênios" que passam a maior parte do tempo na biblioteca.

À exceção dos políticos, todos os grupos ocupam territórios específicos no câmpus da escola, lugares onde podem reunir-se fora da classe.

Os alunos que não se encaixam nessas categorias sociológicas formam a maioria silenciosa. Freqüentam a escola regularmente, participam de vários grupos de interesse dentro e fora do câmpus e têm amigos parecidos com eles.[3]

[2]M. H. Leona, An examination of adolescent clique language in a suburban secondary school, *Adolescence* 13, 1978, p. 496-502.

[3]R. W. Larkin, *Suburban youth in cultural crisis*, New York: Oxford University Press, 1979.

CAUSAS DO CONFLITO

Muitos fatores influenciam o conflito com a pressão negativa do grupo. A seguir, encontram-se as "causas" mais comumente citadas.

Insegurança

Quanto mais inseguro o adolescente é quanto ao próprio valor, mais se mira nos outros para orientar-se e tomar decisões. Na ânsia de fazer parte do grupo, fica suscetível à influencia dos colegas. Desse modo, se fizer exatamente o que seus amigos fazem, não "parecerá um idiota" aos olhos deles. O adolescente adquire uma falsa sensação de segurança, que desaparece tão logo receba uma pequena dose de rejeição.

Relacionamento com os pais

Uma das maiores e mais consistentes descobertas sobre a pressão do grupo é a sua relação com a interação familiar. Segundo as pesquisas, a grande conformidade ao grupo tem a ver com a relação pai e filho deficiente.[4] Antagonismo, rejeição, falta de comunicação, autoritarismo extremo e permissividade em casa são fatores fortemente ligados à suscetibilidade do adolescente à influência do grupo.[5]

Falta de determinação

Aprender a "simplesmente dizer não" nem sempre é fácil. Alguns adolescentes cedem à pressão negativa do grupo porque não têm as aptidões interpessoais necessárias para resistir, expressar seus verdadeiros sentimentos e escolher seu próprio comportamento.[6] São como penas que flutuam ao vento, que se deixam levar pela opinião predominante e são incapazes de influenciar o meio.

[4]C. Jackson, Initial and experimental stages of tobacco and alcohol use during late childhood: relation to peer, parent, and personal risk factors, *Addictive Behaviors* 22, 1997, p. 685-98.

[5]J. E. Márcia, Identity in adolescence, em *Handbook of a adolescent Psychology*, org. J. Adelson, New York: Wiley, 1980.

[6]K. A. Urberg, S. M. Degirmencioglu & C. Pilgrim, Close friend and group influence on adolescent cigarette smoking and alcohol use, *Developmental Psychology* 33, 1997, p. 834-44.

Raciocínio falho

Às vezes, o jovem age segundo crenças sem sentido, com pouca ou nenhuma base na realidade. Sem praticamente nenhum motivo, conclui: "Para ser amigo deles preciso fazer o que eles querem que eu faça". Ou: "Tenho de me vestir de tal ou qual modo e conversar sobre tal ou qual assunto para ser bem-visto". Baseia todas as suas decisões num raciocínio falho.

COMO OS PAIS PODEM AJUDAR

As estratégias citadas a seguir destinam-se a ajudar os adolescentes em conflito com a pressão do grupo e podem ser usadas com eficiência pelos pais. Entretanto, como a relação entre pai e filho é única, algumas serão mais pertinentes a sua situação que outras. Como em todo grande conflito da adolescência, o melhor é que os pais trabalhem sob orientação de um terapeuta competente. Pensando nisso, as estratégias expostas neste livro visam a facilitar o processo de ajuda dentro de casa com o adolescente.

Não exagerar na preocupação

Os pais geralmente preocupam-se com o impacto da pressão do grupo em seus filhos, mas grande parte dessas preocupações é infundada. A maioria dos adolescentes continua vivendo de acordo com os valores dos pais em relação à religião, educação, política e ao trabalho. Embora passe menos tempo com os pais e mais tempo com os amigos do que quando era criança, continua a recorrer aos pais para se aconselhar e se orientar sobre os assuntos importantes de sua vida. Além disso, quando questionado sobre quem é mais influente e importante em sua vida, a maioria dos adolescentes cita os pais, e não os amigos.[7]

Procure ajudar seu filho a ter uma visão mais ampla da transição da adolescência. Nesse período, o conflito entre pais e filhos atinge o nível máximo. Enquanto o típico adolescente está preocupado em adquirir sua independência, geralmente os pais estão preocupados em manter o controle para combater a suposta pressão do grupo. Os pais costumam achar que o primeiro ano da adolescência é apenas a ponta do *iceberg*, que

[7] J. Williamson & L. Campbell, Parents and their children comment on adolescence, *Adolescence* 20, 1985, p. 745-8.

seus conflitos ficarão cada vez maiores, não menores. Porém, a verdade é que normalmente acontece o contrário depois desse primeiro ou segundo ano.

Explorar as pressões positivas

O adolescente pode se sentir mais seguro se analisar de que forma o seu grupo o influencia. Uma das maneiras menos traumáticas de ressaltar essa consciência é ajudá-lo a explorar a maneira que os amigos o influenciam de maneira positiva. Por exemplo, os amigos podem incentivá-lo a tentar entrar num time, ter notas melhores, ficar em forma, concorrer como líder da turma, economizar dinheiro e assim por diante. Essa conversa pode levar a uma análise das influências negativas que ele recebe.

Reforçar a autoconfiança

Muitos princípios abordados na seção sobre inferioridade (p. ex. desenvolver auto-sugestões positivas, modificar padrões irreais, confrontar as tendências destrutivas e explorar a teologia) podem ser usados para ajudar a reforçar a confiança do adolescente que luta contra a pressão do grupo.

Ajudar a desafiar o sistema

O adolescente acredita quase sempre que precisa acompanhar o grupo para ser bem-conceituado. Explore com ele o que poderia acontecer se se opusesse ao sistema. E se ele saísse do cinema porque achou o filme agressivo? Os amigos o considerariam covarde? Como ele sabe? Se os amigos precisam humilhá-lo para defender as convicções deles, examine o valor do relacionamento com essas pessoas. Ajude o adolescente a questionar o comportamento dos outros e a decidir sozinho como conduzirá sua vida.[8] Desafie-o a fugir do modelo esperado e a influenciar o meio. Use o termostato como exemplo. Os jovens costumam se comportar como termômetros: não têm nenhum controle sobre o ambiente e adaptam-se a tudo que os rodeiam. O termostato, ao contrário, influencia o meio. É um velho clichê, mas a maioria dos adolescentes não conhece.

[8] A. D. Farrell & K. S. White, Peer influences and drug use among urban adolescents: family structure and parent-adolescent relationship as protective factors, *Journal of Consulting and Clinical Psychology* 66, 1998, p. 248-58.

Saber quando encaminhar

Encaminhe o adolescente com o conflito da influência negativa do grupo para um terapeuta ou psicólogo competente se, com o tempo, ele se sentir mais desorientado e ficar mais suscetível à influência do grupo.

COMO OS PROFISSIONAIS PODEM AJUDAR

As estratégias de ajuda para adolescentes com o conflito da pressão do grupo descritas a seguir são normalmente usadas pelos terapeutas. São aqui apresentadas a fim de prestar informações aos pais e ajudá-los a encontrar a melhor ajuda profissional possível para o adolescente sob seus cuidados.

Fazer um inventário das experiências

O terapeuta ajudará o adolescente a encontrar perspectiva, examinando as decisões tomadas com base na pressão negativa do grupo. Pedirá para que diga como reagiu às situações nos últimos meses, qual foi a conseqüência e o que aprendeu com isso. O terapeuta pode perguntar se ele faria tudo de novo. Isso ajuda o jovem a perceber quem significa "má notícia" e decidir conscientemente quem será seu amigo. O inventário também pode ajudá-lo a identificar as áreas em que é mais propenso a ceder à pressão negativa do grupo.

Questionar as auto-sugestões

O adolescente que cede à pressão do grupo costuma ter pensamentos automáticos que o impedem de resistir. São idéias sem sentido que perpetuam o medo da rejeição. Por exemplo, o estudante pode pensar: "Eu pareço um bobo", sempre que alguém olha para ele. O pensamento lhe vem à mente automaticamente. O terapeuta pode ajudá-lo a questionar a validade desses pensamentos, descobrindo o que diz para si mesmo. Esses pensamentos em geral são fugazes e difíceis de identificar.

Para identificá-los, o terapeuta fará o paciente lembrar-se do que pensou pouco antes do surgimento de algum sentimento. Por exemplo, no que pensa antes de se sentir inseguro? Pode ser mais fácil reconstruir uma situação em que cedeu em algo que não queria. O terapeuta usará as auto-sugestões e mostrará que a mudança de pensamento (i.e., substituir a lógica defeituosa por pensamentos razoáveis) pode ajudá-lo a não ceder. O terapeuta o fará imaginar situações hipotéticas que podem ser difíceis e ajudá-lo a preparar as auto-sugestões que lhe darão força interior e respeito próprio. Por exemplo: "Posso defender aquilo em que acredito", "Sou uma pessoa íntegra" ou "Acredito em mim".[9]

Ensinar determinação

Talvez a estratégia mais eficaz para ajudar o adolescente a resistir à influência negativa do grupo seja reforçar a determinação. Descobriu-se que ela ajuda os jovens a resistir ao uso de drogas, ao comportamento sexual negativo e outras ações.[10] O adolescente pode aprender a usar habilidades não-verbais para reforçar a capacidade de ser determinado, ou seja, de expressar os sentimentos, perguntar o que quiser saber ou dizer não ao que não quer fazer. Pode aprender a olhar diretamente para as pessoas quando falar com elas, manter uma postura aberta, e não fechada e "manter-se firme" de fato e não recuar diante dos outros. O adolescente também pode aprender a ser determinado expressando seus sentimentos e desejos. O adolescente em conflito costuma avaliar seus sentimentos para ver se são apropriados. Ele se pergunta: "O que *devo* sentir?"; quando deveria perguntar: "O que *estou* sentindo?". Quando aprender a identificar os próprios sentimentos, o terapeuta o encorajará a manifestá-los ao grupo.

Para obter mais informações sobre o treinamento para a determinação, consulte *Your perfect right* [*O que é certo para você*], de Alberti e Emmons e *Asserting yourself* [*Para ser determinado*], de Bower. Para reforçar a determinação no contexto cristão, veja *Beyond assertiveness* [*Além da determinação*], de Faul e Augsburger e *The assertive christian* [*O cristão determinado*], de Emmons e Richarson.

Onde mais buscar ajuda

ADLER, R. B., *Confidence in communication:* a guide to assertive and social skills, New York: Rinehart, 1974.

ALBERTI, R. E. & M. L. EMMONS, *Your perfect right:* a guide to assertive behavior, San Luis Obispo: Impact Publishers, 1978.

[9] A. T. BECK, *Cognitive therapy and emotional disorders*, New York: New American Library, 1979.

[10] J. M. WILLIAMS & D. W. HALL, Conformity to peer influence: the impact of assertion training on college students, *Journal of College Student Development* 29, 1988, p. 466-71.

BOWER, G. & S. BOWER, *Asserting yourself:* a practical guide for positive change, Reading: Addison-Wesley, 1976.

EMMONS, M. & D. RICHARDSON, *The assertive christian*, Minneapolis: Winston, 1981.

FAUL, J. & D. W. AUGSBURGER, *Beyond assertiveness*, Waco: Word, 1983.

HARTLEY, F., *Dare to be different*, Old Tappan: Revell, 1980.

KAPLAN, L. S., *Coping with peer pressure*, New York: Rosen Publishers, 1999.

SANDERS, B., *Tough turf:* a teen survival manual, Old Tappan: Revell, 1986.

SCOTT, S., *How to say no and keep your friends*, Amherst: Human Resource Development Press, 1986.

_____, *Peer pressure reversal:* an adult guide to developing a responsible child, Amherst: Human Resource Development Press, 1985.

WELCH, E. T., *When people are big and God is small:* overcoming peer pressure, codependency, and the fear of man, Phillipsburg: P & R Publishers, 1997.

Orientação bíblica para o adolescente em conflito

- Provérbios 24.21
- Isaías 51.7
- Mateus 5.11,12
- Lucas 6.22
- Tiago 1.2,3
- 1Pedro 2.20; 3.17

Promiscuidade e sexo pré-nupcial

CARACTERÍSTICAS DO CONFLITO

Todo adolescente caminha na beira do precipício moral do sexo pré-nupcial. Apesar dos esforços de instalar grades de segurança, cada vez mais adolescentes estão caindo nesse abismo. As estatísticas são alarmantes. Um estudo feito pelo U.S. Center for Desease Control descobriu que 54% dos estudantes colegiais tiveram pelo menos uma relação sexual na vida, e 39% tiveram uma relação sexual pelo menos três meses antes da pesquisa.[1] Por volta dos 21 anos, 81% dos homens solteiros e 67% das mulheres solteiras já tiveram relações sexuais. As pesquisas mostram que a média de idade para a primeira relação sexual é de quinze anos para as meninas e catorze para os meninos.[2] Pesquisas recentes também descobriram aumento na atividade sexual entre adolescentes com menos de quinze anos de idade.[3]

CAUSAS DO CONFLITO

Os adolescentes sexualmente ativos praticam sexo por diferentes razões. Embora esses motivos aparentemente sejam semelhantes, não raro, têm origens diversas.

[1]Morbidity and mortality weekly report, vol. 40, U.S. Department of Health and Human Services, Public Health Service, Centers for Disease Control, 2 de janeiro, 1992, p. 885-8.

[2]J. McDowell & D. Day, *Why wait?* What you need to know about the teen sexuality crisis, San Bernardino: Here's Life, 1987.

[3]D. J. Bersharov & K. N. Gardiner, Trends in teen sexual behavior, *Children and Youth Services Review* 19, 1997, p. 341-67.

Curiosidade

Entrar na puberdade é como trocar um Fusca por um Corvette vermelho e ser proibido de dirigir acima de 50 km por hora até se casar. Quando se trata de sexo, a curiosidade da maioria dos adolescentes está em marcha de alta velocidade. Quando o jovem alcança a puberdade, as mudanças que ocorrem deixam-no fisicamente preparado para o sexo; por isso, ele quer experimentar, e não esperar. Fica curioso a respeito do desconhecido, especialmente quando é proibido. Quer ver por si mesmo se o sexo é tão bom como "todo mundo" diz.

Estímulo do meio

Já se disse que o adolescente típico "enfrenta mais tentações sexuais a caminho da escola todas as manhãs que seu avô enfrentava no sábado à noite quando saía atrás disso!".[4] Na sociedade atual só um ermitão passa ileso pelo bombardeio de imagens provocantes das grandes avenidas. Sexo vende, e ninguém consegue evitar as centenas de imagens estimulantes que brilham diante de nós diariamente. O sexo é usado para vender de tudo, de desodorante a soda limonada. Imagens sexuais aparecem nos 40 sucessos musicais. São exibidas explicitamente na MTV (com programas de "aconselhamento" explícito sobre sexualidade), na televisão aberta e em filmes, livros, revistas e jornais. Hoje o adolescente não pode evitar o estímulo sexual do meio na vida diária.

A mensagem da mídia

Trinta anos atrás o comportamento dos adolescentes era influenciado por amigos, pais, professores, parentes e líderes religiosos. Atualmente, a televisão, o rádio e o cinema substituíram quase todas essas influências. Embora os adolescentes ainda sejam moldados pelos colegas e pelos pais, a mídia é a terceira a influenciar os valores. E ela valoriza o sexo. Calcula-se que em dez anos de programação de televisão sejam transmitidas 92 mil cenas de atividade sexual.[5] Mais perturbador que isso é a forma que o sexo é retratado na mídia. O sexo na TV raramente mostra as conseqüências perturbadoras e reais. Todos os dias, 33 mil

[4]C. K. MAST, *Sex respect:* an option of true sexual freedom, a public health workbook for students, Bradley, Ill., Respect, 1986.

[5]MCDOWELL & DAY, *Why wait?*, p. 40.

norte-americanos são infectados por alguma doença sexualmente transmissível (DST). Mas quando foi a última vez que você viu um ator ou atriz representar uma personagem com alguma doença venérea, AIDS ou gravidez não planejada? A mensagem da mídia é: "Todo mundo faz" sem culpa e nem preocupação, só pelo prazer.

DESCRIÇÃO DE CASO

Quando Julie, dezessete anos, veio para a terapia, estava deprimida e cheia de culpa. Depois de algumas sessões de conversa sobre essas emoções ambíguas, o motivo real veio à tona. Em meio a uma torrente de lágrimas (e faltando dez minutos para acabar a sessão), Julie contou que estava dormindo com o namorado. Estava perdidamente apaixonada, mas sentia uma culpa terrível devido a sua atividade sexual. A menstruação não vinha há três semanas, e ela estava morrendo de medo de estar grávida. No fim, descobriu-se que era falso alarme, porém Julie (e seu namorado) prometeram parar. Apesar das sérias intenções, ela não conseguiu. Veio fazer terapia, sem que seus pais soubessem e sob protestos do namorado, a fim de obter ajuda. Queria desesperadamente parar, mas não sabia como.

Pressão do grupo

Mesmo que tenha bons pais e seja criado com princípios morais sólidos e saudáveis, o jovem ainda será tentado a ser sexualmente ativo. Os ideais de bondade e pureza em muitos casos são desviados pela grande pressão do argumento: "Você faria se me amasse". Embora as garotas com freqüência sejam coagidas pelos namorados, ambos os sexos sofrem a pressão do grupo: os homens para ser macho, e as mulheres para ser liberadas. Nas conversas de vestiário e nas reuniões entre amigas, "experiência" sexual é sinal de comportamento "maduro", entrada na vida adulta. Em alguns colégios e câmpus de universidade, o termo *virgem* é usado em tom pejorativo, como "CDF" ou "burro".

A sociedade também exerce a sua cota de pressão sobre os adolescentes. Retrata o sexo como coisa natural e "moderna". Há um refrão de um sucesso *pop* que diz: "Sexo é natural, sexo é bom; nem todo mundo faz, mas deveria". O adolescente celibatário pode acabar achando-se uma aberração ou no mínimo esquisito.

Carência sentimental

Por que tantos adolescentes sucumbem à tentação e praticam o sexo pré-nupcial? Um dos motivos é que eles confundem sexo com intimidade. Muitos encontros sexuais, especialmente para as garotas, acontecem pela necessidade desesperada de ser amada. Uma pesquisa realizada pela revista *Seventeen* constatou que, para a maioria das adolescentes, o afeto é mais importante que o sexo. Na verdade, apenas 1,1% das meninas entrevistadas disse que o sexo é mais importante que o afeto.[6] Elas anseiam mais pelo relacionamento amoroso do que pela experiência sexual. As expressões "fazer amor" e "ter intimidade", normalmente, são usadas como sinônimos da relação sexual. Na busca de segurança e da identidade, os adolescentes fazem sexo para compensar a falta de amor dos pais. Acabam acreditando equivocadamente que a cumplicidade, a abertura e o amor verdadeiros são alcançados na relação sexual.

COMO OS PAIS PODEM AJUDAR

As estratégias citadas a seguir destinam-se a ajudar os adolescentes com o conflito da promiscuidade e do sexo pré-nupcial e podem ser utilizadas com eficiência pelos pais. Entretanto, como a relação entre pai e filho é única, algumas serão mais pertinentes a sua situação do que outras. Como em todo grande conflito da adolescência, o melhor é que os pais trabalhem sob orientação de um terapeuta competente. Pensando nisso, as estratégias expostas neste livro visam a facilitar o processo de ajuda dentro de casa com o adolescente.

Examinar suas atitudes

É fácil para os pais reagir de maneira subjetiva quando o adolescente conta que praticou sexo. Ao examinar "por que as conversas sobre sexo com os adolescentes não dão certo", Gordon Jensen e Myra Robbins contam que os pais e terapeutas: 1) não ouvem; 2) assumem atitude condenadora e moralizante; 3) transmitem informações imprecisas; 4) demonstram choque ou curiosidade excessiva; 5) não guardam segredo; ou 6) dão "respostas fáceis" com muita rapidez.[7]

[6] J. Gaylin, What girls really look for in boys, março, 1978, p. 107-13.
[7] Ten reasons why sex talks with adolescents go wrong, *Medical aspects of human sexuality*, julho 1975, p. 7.

Para evitar essas armadilhas, os pais e terapeutas devem ter cuidado com suas atitudes diante da sexualidade do adolescente. Você ficou constrangido, chocado, revoltado, muito curioso etc.? Se não for capaz de reagir de maneira compreensiva e compassiva e ao mesmo tempo reconhecer a realidade do pecado, então, talvez seja bom consultar um terapeuta a fim de ajudar o adolescente a enfrentar o problema.

Demonstrar perdão

Um estudo realizado pela Universidade de Wisconsin — Madison revela que o principal problema apontado pelas pessoas que buscam um psicólogo por causa da atividade sexual pré-nupcial é o sentimento de culpa.[8] Isso é verdade especialmente para o adolescente que freqüenta a igreja. Se já praticou sexo, provavelmente esteja sendo atormentado pela culpa. Precisa saber que Deus perdoa e ajuda as pessoas a recomeçar, não importa o que tenham feito, não importa quantas vezes tenham violado seus próprios valores, Jesus Cristo está pronto a curá-las e purificá-las.

O jovem que sente culpa por seu comportamento sexual pode estar a ponto de perder a esperança e nunca mais voltar a ter uma vida santa. Por causa de uma experiência negativa, o jovem pode dizer: "Não adianta tentar voltar a ser correto de novo depois do que fiz". Acha que o passado já comprometeu seu futuro e está moralmente falido. Embora o sexo antes do casamento seja pecado (v. 1Co 6.12-20), o jovem precisa saber que nunca é tarde para o perdão. Os pais e terapeutas têm uma ótima oportunidade de demonstrar esse fato.

Refazer a idéia de esperar

Quando o adolescente está apaixonado, não é fácil agüentar a frustração de esperar. No entanto, conversando sobre as formas que a espera pode ajudar o relacionamento, o jovem pode começar a mudar de atitude e a enxergar a espera como desafio, em vez de obrigação. Quando duas pessoas dormem juntas, mas não vivem juntas, o sexo se torna mais importante que a vida. Vira uma paixão ardente que exclui outras formas de amor.

Todavia, quando o sexo é adiado, o casal tem a oportunidade de valer-se do amor para se conhecer melhor. Além disso, a forma que os

[8]McDowell & Day, *Why wait?*, p. 261.

jovens enamorados reagem às pressões sexuais tende a determinar o curso de sua reposta às outras pressões da vida no futuro. Ceder ou ajudar-se mutuamente a resistir? Sempre que surgir um problema e o casal conseguir resolvê-lo junto, o amor crescerá. Retratar a espera de maneira positiva pode auxiliar o jovem preocupado com seu futuro sexual a ser mais forte.

Estar preparado para os argumentos

Cedo ou tarde, o adolescente que se sente pressionado perguntará: "Por que isso é importante? Nós vamos nos casar e fazer sexo da mesma forma. Que diferença faz a data da cerimônia de casamento?". É uma pergunta que merece ser respondida.

Colleen Kelly Mast, criador do *Sex respect*, diz que o sexo pré-nupcial pode levar o jovem a se casar com a pessoa errada: "Por ser tão marcante, o sexo cria um vínculo sentimental muito forte entre as pessoas. Esse vínculo pode fazer uma pessoa acreditar que seu relacionamento é mais profundo do que realmente é, que conhece seu parceiro melhor do que realmente conhece. Ou, por ter feito sexo, pode ficar tentada a insistir no relacionamento, não por amor, mas apenas para 'salvar as aparências'".

Outro argumento comum a favor do sexo pré-nupcial é: "Mas devo isso a ele". Quando a menina pensa que está em dívida com o namorado, em geral é por que ele quer que ela pense assim. Essa menina precisa saber que é uma pessoa digna. Necessita de uma resposta objetiva para saber que respeito se demonstra com preocupação, e não com manipulação. Porém, é preciso ouvir todos esses argumentos do jovem levando em conta o aspecto sentimental que os geram. Se os pais e terapeutas ouvirem realmente o que o adolescente diz, as chances de conseguir estabelecer uma relação de ajuda são muito maiores.

Explorar a maneira que o sexo afeta os relacionamentos futuros

Um estudo sobre a sexualidade do adolescente concluiu que o sexo pré-nupcial cria "carência sentimental", uma série restrita de sentimentos.[9] Em outras palavras, esse comportamento provoca conseqüências emocionais duradouras, cujas características em geral são culpa, ciúme,

[9]G. R. Collins, *Aconselhamento cristão*, São Paulo: Vida Nova, 1984.

medo, ansiedade, insegurança, raiva e depressão. Poucos adolescentes tomam consciência de que o sexo pré-nupcial pode se tornar futuramente uma grande fonte de desconfiança no casamento. A suspeita tem sua razão de ser. Se o indivíduo não consegue controlar-se antes do casamento, dificilmente conseguirá controlar-se depois. O sexo pré-nupcial não leva necessariamente ao sexo extraconjugal; apenas é mais provável que isso aconteça. Essa idéia é um grande incentivo para o adolescente que pretende ter um relacionamento conjugal seguro no futuro.

Explorar a maneira que o sexo afeta a espiritualidade

Se o seu filho valoriza o relacionamento com Deus, é importante conversar com ele sobre a maneira que o sexo pré-nupcial afetará sua espiritualidade. Na verdade, para o adolescente espiritualmente comprometido, trata-se de uma grande preocupação. Fale ao jovem de como a alegria de se relacionar com Deus diminui quando o indivíduo começa a fazer o que não é bom para si. A oração e a adoração ficam sem sentido e, se o jovem continua a praticar o sexo antes do casamento, o sentimento de culpa se acentua. O sexo pré-nupcial é um dos maiores tormentos de consciência para um jovem cristão comprometido.[10]

Uma advertência: quando tocar nesse assunto, tenha cuidado para não transmitir a idéia de que sexo é ruim. Deus criou o corpo humano capaz de intimidade sexual e orgasmo. Do mesmo modo que às outras partes de sua criação, Deus chamou o ser humano sexual de "bom". O adolescente com a consciência muito ativa pode distorcer o dom do sexo concedido por Deus e manter durante anos a ansiedade sexual mesmo depois de casado.

Proporcionar literatura saudável

Em geral, não adianta muito recomendar livros para um adolescente em conflito. Ele simplesmente não lê livros sobre depressão, raiva, rivalidade entre irmãos etc. Porém, quando se trata de sexualidade, quase sempre, o jovem se dispõe a ler qualquer material. De fato, um professor disse ironicamente que o primeiro contato de muitos jovens com a enciclopédia se dá por que ouviram dizer que ali encontrariam informações detalhadas sobre sexo.

[10]L. Jensen, R. J. Newell & T. Holman, Sexual behavior, church attendance, and permissive beliefs among unmarried young men and women, *Journal for the Scientific Study of Religion* 29, n.º 1, 1990, p. 113-7.

A leitura é uma fonte segura de informações para o adolescente sobre questões que ele hesita em perguntar. O livro de Tim Stafford *A love story* [*Uma história de amor*] é um clássico escrito no formato de perguntas e respostas. Aborda vários temas, entre eles, sexo pré-marital, masturbação, namoro e muitos outros. Outra obra do autor dirigida ao adolescente é *Worth the wait* [*Vale a pena esperar*], que também fala da frustração do sexo pré-nupcial. Trata de questões como por que o sexo é tão interessante, como ter um relacionamento saudável, vinte perguntas para escolher a pessoa certa na hora certa, descobrir o perdão, e como dizer não e manter-se firme. Os dois livros são objetivos, cheios de revelações e sensibilidade e são muito apreciados pelos adolescentes. Outro livro que trata da questão do sexo pré-marital e costuma ajudar os jovens é *Preparing for adolescence:* straight talk to teens and parents [*Preparando-se para a adolescência:* uma conversa franca com pais e adolescentes] de James Dobson. Além disso, dois livros atuais sobre sexo e namoro que vale a pena ler são: *I kissed dating goodbye* [*Eu disse adeus ao namoro*] de Joshua Harris e *Limites no namoro* de Henry Cloud e John Townsend.

Estabelecer salvaguardas

Não adianta começar a procurar a saída de incêndio quando o edifício já está em chamas. Não raro, o adolescente se mete em encrencas das quais não consegue sair. Quando dá vazão aos hormônios, é difícil contê-los novamente. A solução é evitar a tragédia antes que aconteça. Se você o ajudar a definir com antecedência o que ele pode e o que não pode fazer, ele traçará algumas linhas divisórias que procurará não transpor. Um exemplo é evitar que ele fique sozinho com a namorada dentro de casa. Mais da metade dos adolescentes tem a primeira relação sexual em sua própria casa ou na casa da namorada (em geral, das 15h às 17h).[11] Outras ações a evitar são vestir-se de maneira provocante, ficar dentro do carro estacionado na rua e determinadas festas. O casal de namorados também deve sempre programar suas atividades em comum antes de se encontrar. Resguardando-se, o adolescente delimita os territórios onde não deve pisar e com isso evita situações potencialmente arriscadas.

[11]R. Coles & G. Stokes, *Sex and the american teenager*, New York: Harper & Row, 1985.

Respeitar o valor do namoro

Resguardar-se não significa evitar o namoro. De acordo com Erik Erikson, se até o fim da adolescência não viver uma experiência amorosa como o namoro, o jovem acabará contentado-se com uma série de relações impessoais e estará sempre perseguido pelo sentimento de despersonalização.[12] Contudo, ele pode desfrutar a glória do namoro e suprir suas necessidades afetivas sem ter relações sexuais. Como pai ou mãe, você pode ajudá-lo a conhecer suas necessidades afetivas e a determina-se a supri-las por meios não sexuais.

Incentivar a comunhão

É comum o adolescente sentir-se terrivelmente sozinho em sua difícil batalha pela pureza sexual, mesmo dentro da igreja. A comunidade deve ser sensível e zelosa e oferecer um bom refúgio em meio à batalha. Lembre o adolescente cristão de que Deus está com ele todo o tempo (v. Dt 31.8) e que ele tem o poder de resistir mesmo aos mais fortes impulsos (v. Fp 4.13). Certamente, essas mensagens serão mais respeitadas se vierem de um colega bem-conceituado. Saber que existem outros lutando e se apoiando na força de Deus é bom para o adolescente que se sente abandonado nessa guerra.[13] Os relacionamentos formam convicções.

Conhecer as verdadeiras necessidades

O problema do adolescente que luta contra a tentação de praticar o sexo antes do casamento não é apenas sexual, mas relacional. O jovem precisa aprender a suprir suas necessidades afetivas sem ter de recorrer ao sexo. A relação sexual não é um preço que se deve pagar para ganhar afeto, intimidade ou amor. A batalha será mais fácil se, com alguma ajuda, o adolescente tomar consciência das necessidades subjacentes ao sexo e estiver determinado a supri-las de outra maneira. Por exemplo, alguns adolescentes tornam-se sexualmente ativos para conquistar autonomia e afirmar uma identidade independente da autoridade paterna. A privacidade do sexo proporciona a sensação de que o adolescente não é mais um filho dependente. Quando ele entender a força de seu anseio pela autonomia, poderá decidir canalizá-la de modo mais favorável.

[12]*Identidade*: juventude e crise, Rio de Janeiro: Zahar, 1972.

[13]J. P. Roche, Premarital sex: attitudes and behavior by dating stage, *Adolescence* 21, 1986, p. 107-21.

Compreender as doenças sexualmente transmissíveis

Não se pode falar em sexo pré-nupcial sem deixar bem claro a importância de conhecer as doenças sexualmente transmissíveis (DSTS). Estima-se que 2,5 milhões de adolescentes sejam infectados por DSTS, anualmente.[14] Isso significa que a cada 13 segundos um adolescente contrai uma doença sexualmente transmissível nos Estados Unidos. O adolescente sexualmente ativo deve ser questionado diretamente, com delicadeza, sobre as DSTS. Ele pode sentir-se muito envergonhado para perguntar sobre seus sintomas e precisar de encorajamento para falar a respeito. O risco de ser infectado por DSTS aumenta muito em relação ao número de pessoas diferentes com quem o indivíduo manteve contato sexual. Quanto menor o número de parceiros, menor o risco.[15] Vejamos quais são as DSTS mais comuns e seus sintomas.

Gonorréia. A mulher pode não apresentar nenhum sinal ou sintoma ou pode sentir uma queimação ao urinar, corrimento vaginal, febre ou dores estomacais. O homem terá um corrimento esbranquiçado do pênis e sentirá coceira ou queimação ao urinar. Os sintomas em geral aparecem de dois a oito dias depois do contato.

Clamídia. Essa doença é duas vezes mais comum que a gonorréia. Os sintomas lembram uma gonorréia leve e normalmente surgem ao mesmo tempo. A clamídia se manifesta de uma a cinco semanas depois do contato.

Sífilis. A pessoa infectada com sífilis apresenta feridas, às vezes doloridas, nos órgãos sexuais ou na boca. As feridas desaparecem gradualmente mesmo sem tratamento, mas a doença permanece. Várias semanas depois, surgem outros sinais, como febre baixa, dor de garganta, feridas ou erupções cutâneas.

Herpes. Oficialmente, é a infecção causada pelo vírus herpes simplex tipo 2 (HSV-2). Pode ser extremamente dolorosa ou muito leve. No homem, aparece uma pequena ferida ou pequenas bolhas no pênis. Na mulher, aparecem bolhas na vagina ou na região vaginal. Ela pode ter febre e dores de cabeça. Sem tratamento, os sintomas desaparecem em uma ou duas semanas, mas o vírus da herpes permanece no organismo.

[14] L. FURBY, L. M. OCHS & C. W. THOMAS, Sexually transmitted disease prevention: adolescents' perceptions of possible side effects, *Adolescence* 32, 1997, p. 781-809.

[15] F. WATTLETON, American teens: sexually ative, sexually illiterate, *Curriculum Review* 27, 1988, p. 16-23.

O adolescente com DST deve ser encaminhado ao médico imediatamente. A falta de tratamento pode causar perigo. A doença pode provocar um dano irreparável nos órgãos reprodutivos femininos, esterilidade no homem e na mulher, artrite, doenças cardíacas e até uma infecção ocular grave que pode levar à cegueira. Alguns desses efeitos aparecem anos depois que se contraiu a doença. O tratamento médico é essencial. Encaminhe o adolescente para um médico mesmo que ele não tenha certeza se foi realmente exposto a uma doença sexualmente transmissível. E, é claro, se o resultado for positivo, ele deve avisar todas as pessoas com quem teve relações sexuais para que façam um teste.

Compreender a AIDS

Mais de dezoito mil pessoas na faixa dos vinte anos foram diagnosticadas de AIDS ou síndrome da imunodeficiência adquirida, a maioria foi provavelmente infectada com o vírus na adolescência.[16] Pesquisas indicam claramente que muitos adolescentes se expõem ao risco de contrair AIDS,[17] que é uma doença na qual o sistema imunológico do organismo sucumbe. É causada pelo vírus da imunodeficiência humana (HIV). As pessoas infectadas pelo HIV podem parecer perfeitamente saudáveis, mas também podem apresentar vários problemas de saúde, por exemplo, que indicam o início da doença como grande perda de peso, pneumonia aguda, uma forma de câncer e danos no sistema nervoso. O indivíduo se contamina quando o HIV é introduzido na corrente sangüínea, em geral, pela relação sexual homossexual ou heterossexual, ou ao compartilhar com pessoas infectadas agulhas ou seringas para o uso de drogas.[18]

Há alguns livros excelentes sobre o entendimento e aconselhamento de pessoas com AIDS. *The Samaritan's imperative: compassionate ministry to people living with AIDS* [*O dever do bom samaritano: atendimento compassivo às pessoas que convivem com a AIDS*], de Michael J. Christensen, (Abingdon, 1991), trata dos princípios básicos para lidar com pacientes com AIDS e apresenta uma nova visão sobre o amor, a aceitação e o perdão. Uma obra que foi escrita especificamente para médicos e profissionais

[16]Ibid.

[17]K. GREENE, J. L. HALE & D. L. RUBIN, A test of the theory of reasoned action in the context of condom use and AIDS, *Communication reports* 10, 1997, p. 21-33.

[18]L. L. LOCKHART & J. S. WODARSKI, Facing the unknown: children and adolescents with AIDS, *Journal of the National Association of Social Workers* 34, 1989, p. 215-22.

do ambiente cristão é *Counseling and AIDS* [*Terapia e AIDS*] de Gregg R. Albert (Word, 1990). O livro trata de todo tipo de situação, de terapia para as pessoas que precisam fazer o teste de HIV a aconselhamento de famílias de pacientes com AIDS.

Saber quando encaminhar

Encaminhe o adolescente se o seu comportamento o assustar (crítico, vingativo etc.) ou se você ficar chocado ou constrangido em conversar sobre o assunto. A falta de entendimento pode levar o adolescente perturbado de volta à imoralidade. Como sempre, o encaminhamento deve ser feito com delicadeza para não ser interpretado como rejeição.

COMO OS PROFISSIONAIS PODEM AJUDAR

As estratégias de ajuda para adolescentes com o conflito da promiscuidade e do sexo pré-nupcial descritas a seguir são normalmente usadas pelos terapeutas. São aqui apresentadas para dar informações aos pais e ajudá-los a encontrar a melhor ajuda profissional possível para o adolescente sob seus cuidados.

Analisar os fatos

Quando se analisa a intensidade da atividade sexual do adolescente, o objetivo é compreender precisamente como ela afeta a vida dele e como ele está lidando com o problema. Embora existam alguns instrumentos para ajudar a avaliar a gravidade do problema, o emprego deles é extremamente arriscado na maioria dos casos. A gravidade da tensão pode ser facilmente determinada pelo terapeuta por meio de um questionamento direto e sensível.

Onde mais buscar ajuda

ARTERBURN, S., *Addicted to " love"*, Ann Arbor: Vine Books, 1991.

BARNES, B., *Preparing your child for dating*, Grand Rapids: Zondervan, 1998.

DOBSON, J., *Preparing for adolescence:* straight talk to teens and parents, Ventura: Vision House, 1984.

HOWARD, M., *How to help your teenager postpone sexual involvement*, New York: Crossroad-Continuum, 1991.

JOHNSON, T. C., *Understanding your child's sexual behavior:* what's natural and healthy, Oakland: New Harbinger Publications, 1999.

JONES, S. L. & B. B. JONES, *How and when to tell your kids about sex*, Colorado Springs: NavPress, 1993.

MCDOWELL, J. & D. DAY, *Why wait? What you need to know about the teen sexuality crisis*, San Bernardino: Here's Life, 1987.

PARROTT, L. & L. PARROTT, *Relacionamentos:* orientações práticas para enriquecer todo tipo de relacionamento, São Paulo: Vida, 1999.

PARROTT, L., *Secrets of a healthy dating relationship*, Kansas City: Beacon Hill, 1995.

Sexuality, Health & Relationship Education, www. share-program.com.

SHORT, R. E., *Sex, love, or infatuation:* how can I really know?, Minneapolis: Augsburg, 1990.

SMEDES, L. B., *Sex for christians*, Grand Rapids: Eerdmans, 1976.

STAFFORD, T., *Worth the wait:* love, sex, and keeping the dream alive, Grand Rapids: Zondervan, 1990.

______, *A love story:* questions and answers on sex, Grand Rapids: Zondervan, 1977.

WARREN, N. C., *Finding the love of your life*, Colorado Springs: Focus on the Family, 1992.

Orientação bíblica para os adolescentes em conflito

- Atos 15.29
- Romanos 6.13
- 1Coríntios 6.13,16,18-20
- Colossenses 3.5

Raiva

CARACTERÍSTICAS DO CONFLITO

O corpo de Cristo sempre teve dificuldade de saber como expressar as fortes emoções de maneira apropriada, especialmente a raiva. Em algumas famílias é mais aceitável ficar deprimido do que com raiva.[1] Mas a raiva é normal e natural. De acordo com David Mace, o homem não é responsável pela raiva que sente, mas sim pela forma que reage a ela e como a usa quando vem à tona. O apóstolo Paulo compreendeu isso quando disse: "Quando vocês ficarem irados, não pequem" (Ef 4.26). O ser humano foi criado com a capacidade de experimentar fortes emoções, inclusive a paixão da raiva.[2]

A raiva não é fácil de ser definida. Ocorre em diversos graus de intensidade e se expressa de inúmeras maneiras. Em *Counseling for anger* [*Terapia para a raiva*], Mark Cosgrove entende que a raiva desencadeia três tipos de reação: emocional (i.e., ficar magoado), cognitiva (i.e., "Saiba que você me magoou muito") e comportamental (i.e., gritar). Essas reações, segundo o autor, estão tão interligadas que as pessoas experimentam a emoção da raiva como uma onda contínua. Alguns jovens perdem a esperança quando enfrentam essa forte emoção negativa porque não conseguem separar sentimento e pensamento do comportamento. Esquecem-se dos

[1] D. G. Bagby, Anger, em *Dictionary of pastoral care and counseling*, org. R. J. Hunter, Nashville: Abingdon, 1990.

[2] Para obter uma abordagem da questão de quando a raiva se torna perniciosa, consulte o livro *Happiness is a choice*, de Frank B. Minirth & Paul D. Meier (Grand Rapids: Baker, 1978).

componentes do pensamento e do comportamento e se concentram somente na onda do estímulo emocional.[3]

Os sinais físicos da raiva são: fala acelerada, voz alta, meneio de cabeça, tremor, mãos frias, respiração rápida, suor, dentes cerrados, mordida dos lábios, sentimento de choque e falha na voz. Paul Eckman, professor da Universidade da Califórnia, explica que o enrijecimento dos lábios é um dos primeiros sinais da raiva. Um observador atento seria capaz de detectar no rosto de um adolescente os sinais dessa forte emoção antes de ser registrada na mente consciente desse jovem.[4]

A raiva é tão comum na adolescência que muitas pessoas acreditam que sua falta é sinal de má adaptação. As pessoas supõem que os adolescentes fiquem com raiva e até batam portas de vez em quando. A raiva faz parte do importante e doloroso processo de individuação. Para os adolescentes de temperamento difícil, no entanto, a raiva se torna mais que uma fase do desenvolvimento. Ela se torna um padrão crônico de hostilidade em autodefesa. Na verdade, um ato de raiva pode se tornar um componente importante do desenvolvimento da personalidade.

Os adolescentes com o conflito da raiva são mais isolados, menos bem-sucedidos, menos satisfeitos e mais impulsivos do que os outros.[5] Muitos dos seus relacionamentos são marcados pelo conflito, pelo retraimento e pela perda. Em casa, brigam com os irmãos e enfrentam os pais.[6] Podem expressar a raiva passivamente, chegando em casa tarde da noite e dando desculpas esfarrapadas. Ou podem ser extremamente agressivos e quebrar portas, paredes e mobília. Podem ser suspensos na escola ou se tornar gazeteiros porque os professores discutem com eles.[7]

Para efeito de diagnóstico, segundo a American Psychiatric Association, os padrões de comportamento intenso da raiva destrutiva podem ser rotulados de *distúrbio comportamental*, *distúrbio oposicionista*, *distúrbio explosivo intermitente* ou, caso o adolescente tenha pelo menos dezoito anos de idade, *distúrbio da personalidade anti-social*. Seja qual for o caso, a raiva do adolescente é como uma bola de basquete debaixo da água: não

[3]M. P. Cosgrove, *Counseling for anger*, Waco, Texas: Word, 1988.

[4]D. Mace, *Love and anger in marriage*, Grand Rapids: Zondervan, 1982.

[5]C. R. Colder e E. Stice, A longitudinal study of the interactive effects of impulsivity and anger on adolescent problem behavior, *Journal of Youth and Adolescense* 1998, p. 255-74.

[6]D. Cornell, C. S. Peterson & H. Richards, Anger as a predictor of aggression among incarcerated adolescents, *Journal of Counseling and Clinical Psychology* 67, 1999, p. 108-15.

[7]P. York *et al.*, *Toughlove*, Garden City, New York: Doubleday, 1982.

é fácil de controlar. E quando o frágil equilíbrio necessário para controlá-la é abalado, a raiva do adolescente sobe à superfície e irrompe numa explosão. Já a criança tem acessos de raiva, que também podem ser vistos em muitos adolescentes. Quando o adolescente tem um acesso de raiva, a reação é quase vulcânica de tão intensa. A raiva é manifestada pela perda de controle expressa na forma de gritos, palavrões, quebra de objetos e, às vezes, socos. Embora os acessos de raiva sejam comuns numa criança (de dois a quatro anos de idade), a raiva destrutiva está além dos limites num adolescente. Em geral, o adolescente que tem acessos de raiva beneficiou-se deles em algum momento, vendo os pais levantarem a bandeira branca da rendição diante dos ataques. Desse modo, o jovem aprende a controlar o ambiente por meio das explosões de raiva.

DESCRIÇÃO DE CASO

Mark era um adolescente robusto de dezessete anos. Era dez quilos mais pesado que o pai e estava em perfeitas condições físicas. Embora tivesse amigos na escola, todos aprenderam por experiência própria a deixar Mark fazer o que quisesse quando ficava com raiva. Ele tinha a fama de ser "esquentado". Veio fazer terapia por causa de diversas contravenções e por ser beligerante diante da autoridade dos pais. Em várias ocasiões, seus pais perceberam que ele tinha de se conter para não agredi-los. A mãe descreveu-o como "uma bomba relógio pronta para explodir". Embora Mark admitisse que discutia com os pais, não achava que tinha problema de raiva.

CAUSAS DO CONFLITO

A lista das possíveis causas da raiva é quase infinita: frustração, traição, privação, injustiça, exploração, manipulação, crítica, violência, desaprovação, humilhação e assim por diante.[8] A seguir, encontram-se apenas alguns motivos pelos quais alguns adolescentes sentem o conflito da raiva.

Mudanças do desenvolvimento

Na adolescência, a questão da consciência e da preocupação com a identidade cria um ambiente propício para as demonstrações de raiva.

[8]Para obter uma abordagem mais detalhada da etiologia da raiva crônica, v. *Counseling for anger*, de Cosgrove.

O adolescente, mais do que qualquer um, é capaz de ficar irado por causa de um ataque à sua dignidade e auto-estima. Isso inclui zombarias, pressão, sarcasmo, rejeição, erro, insinceridade, injustiça ou crítica. O adolescente está seriamente voltado a construir uma identidade sólida, e a menor tentativa de minar essa construção pode provocar retaliação. Além disso, nesse período de mudança contínua, a química do corpo pode interagir com o processamento das emoções. Demonstrou-se que os níveis hormonais do adolescente, por exemplo, estão ligados à raiva.[9]

Ameaça contínua

Alguns adolescentes só presenciaram dor e sofrimento a vida inteira. Cresceram em lares em que eram humilhados, desprezados, injustamente criticados ou até maltratados. A resposta que aprenderam a dar nesse ambiente negativo é proteger-se com uma armadura pesada de raiva e agressão. Estão calejados. Aprenderam que os relacionamentos machucam e não permitirão mais que os outros se aproveitem deles. A raiva, portanto, passa a ser um estilo de vida. É o isolamento adolescente da dor psíquica.

Aprendizagem social

O adolescente também aprende a expressar sua raiva à moda dos pais.[10] Um amplo estudo linear com crianças em escola primária de Nova York revelou que o comportamento agressivo dos pais em casa está associado à agressividade da criança na escola.[11] Não é preciso se estender para afirmar que os modelos de comportamento da criança são os pais. Se ela vive num lar em que os pais ficam irados e controlam a família com agressões físicas e verbais, é sensato concluir que aprenderá a usar a raiva da mesma forma.

Expectativas irreais

Na ânsia de construir sua identidade sobre o sólido alicerce de uma auto-estima saudável, o adolescente pode impor padrões irreais a si mesmo. Na verdade, pode querer a perfeição. Por exemplo, o aluno aplicado,

[9]E. J. Susman *et al.*, Hormones, emotional dispositions, and aggressive attributes in young adolescents, *Child development* 58, 1987, p. 1114-34.

[10]P. Hastings & J. E. Grusec, Conflict outcome as a function of parental accuracy in perceiving child cognitions and affect, *Social Development* 6, 1997, p. 76-90.

[11]L. R. Huesmann *et al.*, Stability of aggression over time and generations, *Developmental Psychology* 20, 1984, p. 1120-34.

que costuma receber nota 10 em tudo, terá acessos de raiva se receber um 9,5; já o aluno atleta ficará irado se perder um lance livre no basquete. O adolescente que espera a perfeição está condenado a sofrer de raiva crônica de si mesmo e dos outros.

COMO OS PAIS PODEM AJUDAR

As estratégias para ajudar os adolescentes com o conflito da raiva, citadas a seguir, podem ser utilizadas com eficiência pelos pais. Porém, como a relação entre pai e filho é única, algumas serão mais pertinentes para a sua situação que outras. Como em todo grande conflito da adolescência, o melhor é que os pais trabalhem com a orientação de um terapeuta competente. Pensando nisso, as estratégias visam a facilitar o processo de ajuda dentro de casa com o adolescente.

Evitar as armadilhas mais comuns

Daniel G. Bagby, especialista em raiva na igreja, aponta três erros de interpretação mais comuns que afetam a capacidade de administrar a raiva adequadamente. O primeiro erro é crer que Deus não quer que ninguém sinta raiva e que qualquer tipo de raiva é pecaminoso. O segundo é acreditar que a melhor maneira de administrar a raiva é camuflá-la ou ignorar. E o terceiro é crer que, se os sentimentos negativos da raiva forem ignorados, serão esquecidos e não continuarão a afetar os relacionamentos.[12]

Compreender a própria raiva

Todo ser humano sabe o que é sentir raiva. Até a mais tranqüila das pessoas já perdeu a calma e se encolerizou com a frustração. Por isso, é imperativo que você compreenda a sua própria raiva muito bem. Qual é a sua atitude em relação à raiva? O que o deixa com raiva? Como você lida com a raiva e a desconta? Para poder explorar a raiva de maneira saudável, você terá de examiná-la e compreendê-la em sua própria vivência.

Ajudar o adolescente a reconhecer a raiva

Não é fácil desenterrar uma raiva guardada, mas é imperativo fazer o adolescente com raiva desvendar o seu conflito. Será mais assustador

[12]Anger.

se a raiva dele se dirigir contra membros da família ou contra Deus. O adolescente precisará de um adulto paciente e compreensivo para conseguir falar sinceramente sobre sua raiva. O jovem, em geral, sente-se mais à vontade projetando seus sentimentos negativos numa pessoa a quem culpa por sua raiva.

Se o adolescente resistir e não quiser reconhecer a raiva, peça gentilmente que ele complete a frase: "Raiva é...". A definição poderá ajudá-lo (e ajudar você) a entender o que ele pensa. Ele pode dizer: "A raiva é sempre justificada se você foi magoado". Ou: "Ter raiva é sempre errado, não importa o quanto o magoaram", "Raiva é odiar as pessoas". Qualquer coisa que ele disser fornecerá uma pista do que ele pensa sobre a raiva e será uma oportunidade não ameaçadora para que ele comece a admitir seu conflito com a raiva.

Preparar-se para o praguejar

O ato de praguejar é um componente da raiva na adolescência. Os palavrões podem ser divididos em três categorias: 1) profanação, que é usar palavras de desrespeito a algo que é considerado sagrado ou santo, como o nome de Deus; 2) xingamento, que é usar palavras com a intenção de magoar alguém (p. ex., "Vá pastar"); e 3) obscenidade, que é usar imagens sexuais de forma escarnecedora.

Quase todo adolescente acaba dizendo palavrões mais cedo ou mais tarde e o emprego desse tipo de linguagem aumentou visivelmente nos últimos anos.[13] O adolescente xinga para chamar atenção, chocar ou se rebelar e afirmar sua independência.[14] Descobri que uma das melhores maneiras de lidar com isso é ignorar. Se achar que sua linguagem não está assustando nem atingindo ninguém, o adolescente não terá motivos para continuar a usá-la. Contudo, também é importante ser empático. Quando ele praguejar reagindo a uma frustração, tente reconhecer o problema e mostrar que entende. Ao mesmo tempo, pode também ser apropriado expressar desaprovação e impor limites para o comportamento. Se ele continuar a profanar, por exemplo, você pode mostrar que entende seus sentimentos, mas dizer que você também fica aborrecido quando ouve alguém desonrar a Deus e que agradeceria se ele não proferisse

[13]R. B. Bloom, Therapeutic management of children's profanity, *Behavioral Disorders* 2, 1977, p. 205-77.

[14]A. Montague, *The anatomy of swearing*, New York: Macmillan, 1967.

blasfêmias. Desse modo, você também estará mostrando uma maneira construtiva de fazer um pedido sem agressões verbais.

Explorar a raiva em relação a Deus

O adolescente revoltado precisa saber que não é proibido gritar com Deus. Deus já passou por isso antes e também já experimentou a raiva. Se estiver culpando a Deus por algo, permita que ele faça isso. Permita que ele fale abertamente sobre esses sentimentos. O terapeuta pode até pedir para ele escrever uma carta sincera para Deus dizendo-lhe como se sente em relação a ele e às circunstâncias. Quando o adolescente expressar seus sentimentos, sugira que ouça também a Deus.[15]

COMO OS PROFISSIONAIS PODEM AJUDAR

As estratégias de ajuda para adolescentes com o conflito da raiva descritas a seguir são normalmente usadas pelos terapeutas. São aqui listadas a fim de dar a você, pai ou mãe, informações e ajudá-los a encontrar a melhor ajuda profissional possível para o adolescente sob seus cuidados.

Pedir um "registro de palavrões"

Um registro de palavrões ajudará o adolescente a ter mais consciência de onde, quando, por que e com que freqüência costuma ficar com raiva. O registro em forma de diário é um meio de analisar os acontecimentos provocativos. Convém que o adolescente mantenha um registro da raiva, inclusive dos lugares, fatos, das pessoas, do que ele fez e disse, das conseqüências, de como se sentiu depois e do que gostaria de ter feito diferente. O adolescente traz o registro em cada sessão. O terapeuta analisa o registro e usa as situações descritas no registro como exemplo para ensinar-lhe técnicas para lidar com a raiva.

Descobrir a verdadeira origem da raiva

Aparentemente, o adolescente pode estar com raiva da mãe por deixá-lo encabulado na frente dos amigos, do professor por ter-lhe dado uma nota injusta, do amigo por não ter concordado com ele numa conversa na hora do recreio, do irmão mais velho por não o ter buscado no horário

[15]A Bíblia aborda a questão da raiva em Ef 4.26, Sl 4, Cl 3.8 e Tg 1.19.

combinado. Entretanto, todas essas coisas podem ser apenas sintomas de uma raiva mais profunda. No fundo, ele pode estar realmente com raiva devido à morte inesperada de um parente próximo ou do divórcio dos pais. Depois de identificar a verdadeira origem da raiva, o terapeuta começa a tratar do problema real.

Restaurar o bem-estar físico

A raiva cria uma onda de energia e tensão física. Para a raiva crônica, pode ser bom ensinar ao paciente as válvulas de escape socialmente aceitáveis para o excesso de tensão e energia. Praticar *cooper*, natação, esportes de equipe ou até gritar com a cara no travesseiro e quebrar lápis pode ser útil para restaurar o equilíbrio psicológico e físico da pessoa presa da raiva. O motivo principal de se sugerir uma atividade física vigorosa é reduzir a tensão concentrando-se no propósito do exercício, e não extravasar ou imaginar que está se vingando. O objetivo é restaurar o bem-estar.[16]

Ensinar a "cadeia de controle da raiva"

Em 1975, Raymond Novaco criou um programa de controle da raiva, aprovado por extensas pesquisas e comprovadamente eficaz. Ministrado gradativamente, em sucessivas sessões, o programa gira em torno dos "cinco elos da cadeia de controle da raiva": gatilhos, deixas, lembretes, amortecedores e auto-análise.

Os *gatilhos* são os fatos externos e os julgamentos internos (de auto-afirmação) que geram a onda de raiva. A *interpretação* que o adolescente faz de uma situação pode tornar-se um gatilho. Ter consciência desses gatilhos é o primeiro passo para controlar a raiva. O registro de palavrões mencionado anteriormente também pode ajudar a identificar os gatilhos.

As *deixas* referem-se às manifestações psicológicas e físicas que indicam o surgimento da raiva. Os sinais são: aceleração dos batimentos cardíacos, enrubescimento da face, enrijecimento dos músculos, nó no estômago e respiração entrecortada. É semelhante à reação que um boxeador sente com a deixa: "e deste lado do ringue". É importante prestar atenção às deixas porque o adolescente cronicamente agressivo costuma

[16]C. F. Alschuler & A. S. Alschuler, Developing healthy responses to anger: the counselor's role, *Journal of Counseling and Development* 63, 1984; p. 26-9.

ser impulsivo. Tomar consciência dessas deixas poderá ajudá-lo a interromper o processo. Também ajuda o adolescente a identificar outros estados afetivos. Ele pode aprender a diferença entre medo e raiva, por exemplo. Quando o jovem se torna capaz de identificar por meio dessas deixas quando uma onda de raiva pode aumentar, está pronto para dar o próximo passo.

Os *lembretes* são um meio de auto-ajuda para reduzir a intensidade da onda de raiva. Eles são o oposto dos gatilhos. São frases destinadas a reduzir a raiva em qualquer situação. Exemplo: "esfria", "calma", "dá um tempo" ou "não ganho nada se ficar bravo".

Os *amortecedores* são a continuação do esforço iniciado pelos lembretes. Armam a pessoa com uma variedade de artifícios para reduzir a onda de raiva em situações provocativas da vida real. Os amortecedores podem ser relativamente simples: fazer contagem regressiva a partir de dez, ou de cem, respirar fundo ou pensar em uma cena tranqüila.

A *auto-análise* é o elemento final ensinado na cadeia de controle da raiva. Ao refletir sobre o seu progresso, o adolescente pode avaliar a forma que usou os elementos e, em seguida, proceder às alterações com a finalidade de controlar melhor a raiva.

Essa é a essência do programa da cadeia de controle da raiva. Tratamentos, exercícios de auto-afirmação, técnicas para a solução de problemas e exercícios de relaxamento também são eventualmente incorporados ao programa.

Ensinar alternativas racionais para crenças provocadoras de raiva

O adolescente com raiva precisa de ajuda para entender que a raiva, em geral, é um sintoma de mágoa, medo ou frustração e que os pensamentos por trás desses sentimentos servem de combustível para disparar a raiva. O pensamento irracional é a faísca que faz com que a raiva se inflame. É bom o adolescente entender como essa combustão funciona. Vejamos três exemplos comuns:

Rótulos. "Você é um completo idiota", "Você é um desastrado, um infeliz". Rotular ajuda o jovem a se sentir moralmente superior àqueles de quem tem raiva. Uma vez rotulada, a pessoa é isolada e representa tudo o que o jovem com raiva despreza. O terapeuta confronta a realidade. Pergunta ao adolescente com raiva se realmente acredita que tem raiva da pessoa porque ela é uma completa idiota ou apenas injusta em algumas circunstâncias. O terapeuta ajuda o adolescente a entender que o rótulo apenas piora a própria frustração e acaba intensificando a raiva.

Jogo de adivinhação. O terapeuta inventa explicações para as ações das outras pessoas fazendo um jogo de adivinhação. Não apenas cria uma explicação, mas também a hipótese a ser confirmada, mas acredita nela como se fosse verdadeira. Isso gera e intensifica a raiva, pois faz com que a pessoa parta de falsas premissas. O terapeuta pode pedir ao paciente a explicação das causas de sua raiva em algumas situações, o que imagina que outras pessoas estavam sentindo e por que elas agiram da forma que agiram. Ou ele pode inverter os papéis e "adivinhar" as ações e sentimentos do paciente para ver quanto essa distorção pode ser imprecisa.

Amplificação. Nessa distorção da raiva, um episódio negativo é colocado além das proporções. Por exemplo, se o adolescente perde pontos num exame porque não entendeu as instruções, pode se sentir frustrado no momento, mas percebe que isso não fará diferença na sua média final. Porém, pode decidir ampliar a frustração além das proporções até ficar vermelho de raiva. Pode transformar a situação numa catástrofe, dando-lhe mais importância do que deveria e, desse modo, explodindo em raiva descabida. O terapeuta ajuda o paciente a enxergar o processo com objetividade a fim de diminuir sua incidência no futuro.[17]

Praticar exercícios de simulação

No livro *Self-talk, imagery, and prayer in counseling* [*Auto-sugestão, simulação e oração na terapia*], H. Norman Wright explica o sucesso dos exercícios de simulação para controlar e reduzir a raiva. O autor sugere que o terapeuta proponha situações hipotéticas para o paciente. O terapeuta apresenta cinco situações que mais gerariam raiva no paciente naquele momento e pede que feche os olhos e use a imaginação para recriar essas situações. O adolescente ouve suas próprias declarações nessa circunstância e observa como normalmente reage à raiva. Em seguida, relaxa. Depois, imagina a mesma situação, mas diz frases racionais que impeçam o fluxo da raiva. Na verdade, trata-se da advertência bíblica de apaziguar a ira. O paciente se vê reagindo à provocação de maneira calma e controlada. Wright sugere que o paciente pratique mentalmente

[17]H. N. WRIGHT, *Self-talk, imagery, and prayer in counseling*, Waco: Word, 1986.

essa nova versão da experiência, fora das sessões de terapia, repetidas vezes. Com a prática, mudará de reação na próxima vez em que enfrentar uma situação real.[18]

Ensinar a perdoar

O paciente com raiva, que está cheio de rancor e ódio, também necessita do poder curativo do perdão. Precisa aprender a perdoar os outros, assim como a si mesmo. O perdão tem mais probabilidade de ajudar a encontrar uma solução eficaz para o problema da raiva crônica que qualquer outra intervenção terapêutica. A raiva só existe no presente. Contrariamente ao que se costuma dizer, a raiva não aumenta nem se acumula num reservatório interior. Ninguém guarda sobras da raiva do dia anterior, como um atleta com dor muscular. Podemos ter lembranças dolorosas do que aconteceu no dia que passou, lembranças que nos fazem recriar o sentimento de raiva, mas a raiva em si acontece apenas no presente. A *lembrança* de acontecimentos penosos é o que mantém a raiva viva. A solução, nesse caso, não é esquecer nem usar técnicas para administrar melhor a raiva, mas acabar com o poder das lembranças de recriar no paciente os sentimentos que magoam. A solução é o perdão.[19] Para conhecer as técnicas e estratégias que facilitam esse processo, veja a seção sobre o perdão.

Saber quando encaminhar

O terapeuta encaminha o adolescente com o conflito da raiva para médicos perspicazes em psicologia ou psiquiatra, quando há sintomas físicos. As possíveis conseqüências físicas da raiva crônica são: erupções na pele, úlcera, dores musculares, pressão alta, ranger dos dentes e aperto das mandíbulas.[20]

O jovem é encaminhado para outros terapeutas ou psicólogos competentes quando, com o tempo, torna-se mais desequilibrado e com mais raiva. O terapeuta também pode encaminhar o jovem quando as suas próprias raivas não resolvidas interferirem no tratamento (p. ex., se a situação ou a personalidade do paciente lhe provocar sentimentos negativos).

[18]Ibid.
[19]A. Hart, *Unlocking the mystery of your emotions*, Waco: Word, 1989.
[20]F. Stearns, *Anger*, Springfield: Charles C. Thomas, 1972.

Onde mais encontrar ajuda

AUGSBURGER, D., *Caring enough to confront*, Ventura: Regal, 1981.

BRY, A., *How to get angry without feeling guilty*, New York: New American Library, 1976.

CARTER, L., *Getting the best of your anger*, Grand Rapids: Spire, 1997.

GENTRY, W. D., *Anger-free*: ten basic steps to managing your anger, New York: Word, William Morrow, 1999.

HART, A., *Unlocking the mystery of your emotions*, Waco: Word, 1989.

MEYER, J., *Be anxious for nothing: the art of casting your cares and resting in God*, Tulsa: Harrison House, 1998.

OLIVER, G., *Making anger work for you*, Siloam Springs: John Brown University Press, 1998.

OLIVER, G., *"More" making anger work for you*, Siloam Springs,: John Brown University Press, 1998.

OLIVER, G., *Good women get angry*: a woman's guide to handling her anger, depression, anxiety, and stress, Ann Arbor, Michigan: Vine Books/ Servant Publications, 1995.

RUBIN, T. I., *The angry book*, New York: Collier, 1970.

TAVRIS, C., *Anger, the misunderstood emotion*, New York: Simons & Schuster, 1982.

TAYLOR, G. & R. WILSON, *Exploring your anger*, Grand Rapids: Baker, 1997.

WALTERS, R. P., *Anger*: yours and mine and what to do about it, Grand Rapids: Zondervan, 1981.

WARREN, N. C., *Make anger your ally: harnessing our most baffling emotion*, Garden City: Doubleday, 1983.

WILD, J., *Hot stuff to help kids chill out: the anger management book*, East Troy: LGR Publishing, 1997.

Orientação bíblica para os adolescentes em conflito

- Salmos 37.8
- Provérbios 29.8,11
- Eclesiastes 7.9
- Efésios 4.26,27
- Hebreus 12.14
- Tiago 1.19,20

Revolta, violência e armas de fogo

CARACTERÍSTICAS DO CONFLITO

Littleton, Colorado, era o tipo de lugar para onde os pais pensavam em se mudar para ter certeza de que seus filhos estariam seguros, para fugir do estresse e da criminalidade da cidade grande. Ninguém poderia adivinhar que aquela calma comunidade envolta pela neblina e emoldurada pelas montanhas, um dia viria a ser um cenário de morte. Numa manhã de terça-feira, Eric Harris e Dylan Klebold, dois garotos de um grupo conhecido como a "máfia da capa impermeável", chegaram ao colégio em que estudavam rindo, gritando, armados com uma pistola semiautomática, um rifle e duas espingardas de cano curto e atirando para todos os lados. Mataram doze alunos e um técnico de esportes querido por todos e em seguida se mataram. Antes disso, porém, instalaram pelo menos trinta bombas caseiras e outros explosivos, sendo que um deles, segundo a polícia, poderia destruir a escola inteira.

Thomas Solomon Jr. não é nenhum monstro. Nunca foi membro da "máfia da capa impermeável". Era um garoto dócil de 15 anos, escoteiro, freqüentava a igreja e não pensava em Marilyn Manson, Duke Nukem, Goth e nenhum outro ídolo da cultura norte-americana, o que se poderia esperar de um jovem assassino. Porém, isso não impediu que Solomon causasse uma confusão na Heritage High School em Conyears, Geórgia. Foi à escola numa manhã de quinta-feira carregando o peso do rompimento com a namorada e munido de um olhar determinado. Parecia aturdido quando começou a atirar a esmo dentro do refeitório da escola.

Ninguém morreu e, felizmente, apenas seis alunos ficaram feridos, um deles em estado grave. A segundanista Stephanie Laster tinha acabado de sair da mesa do refeitório, onde conversava com um professor sobre uma viagem missionária que planejava fazer no mês seguinte.

Pode haver semelhanças entre os dois casos (de fato, os padrões de violência escolar revelam jovens brancos, do sexo masculino, extremamente deprimidos), mas o mais surpreendente é ver que os "adolescentes transviados" podem ser muito diferentes. Só porque um jovem usa roupas pretas e gosta de *video games* violentos não significa que ele vai matar seus colegas. E só porque um jovem não usa jaqueta com o símbolo da suástica e coturnos não significa que se abstenha de matar. É exatamente isso que deixa os especialistas desnorteados e desesperados na busca de uma resposta para a ira e a violência juvenil. Por quê? Por que jovens com tantos anos de vida pela frente apelam para uma violência inconcebível? Mais importante que isso, como podemos evitar que outros jovens recorram às armas? Existe algum sinal de alerta?

Não há nenhuma lista de evidências simples que denunciem os jovens tomados pela raiva a ponto de ferir gravemente os outros, mas o principal fator a que se deve ficar atento é a mudança de comportamento. Outros sinais de alerta, dizem os especialistas, indicam que o jovem pode estar cruzando a linha que separa um adolescente esquisito comum da perigosa zona de destruição pela violência: dificuldade em manter relacionamentos, rebaixamento das notas escolares, depressão, desistência de atividades na escola, perda de apetite, insônia, isolamento crescente e um novo grupo de amigos desconhecidos dos pais. Contudo, um dos sinais mais claros é o fascínio por armas de fogo ou por outros meios de destruição, entre eles, livros sobre explosivos. O mesmo vale para os jovens que fazem várias ameaças sérias de ferir ou matar alguém. Em outras palavras, trata-se de jovens perigosos com histórico de agressividade. Eles são fascinados por armas, violência e bombas e, em geral, são constantemente provocados ou excluídos do grupo. As circunstâncias da vida desses jovens contêm todos os ingredientes para o ódio e a violência. Este capítulo destina-se a ajudá-los a encontrar uma alternativa para a destruição.

CAUSAS DO CONFLITO

Há vários motivos para o jovem fantasiar um comportamento violento. Mas é difícil dizer por que alguns chegam a realizar de fato suas fantasias violentas. Ninguém sabe ao certo, mas os motivos mais comumente citados para um jovem querer resolver seus problemas com fuzis são descritos a seguir.

Niilismo

Há alguns anos, este provavelmente não seria um dos principais motivos para um jovem cometer atos de violência. Nos dias atuais, entretanto, alguns adolescentes são moldados por um ambiente cultural que reforça a insatisfação crescente e o niilismo insensível. Um exemplo é a admiração dos jovens por certos grupos musicais com postura cruel. Os grupos alemães Rammstein e KMFDM (que significa "nenhuma compaixão para a maioria"), por exemplo, fazem um som industrial e as letras são permeadas de auto-repulsa e questionam o sentido da vida. O problema é que muitos desses jovens estão abertos a qualquer coisa que lhes fale a sua alienação e seu desespero. Matar os colegas de classe é apenas um reflexo do quanto a vida é insignificante para eles.[1]

Racismo

Para alguns jovens, o racismo exerce um papel importante nos atos de violência. Os *skinheads*, como alguns são conhecidos, são facilmente identificados pelas jaquetas com a suástica e pelos coturnos com ponteiras de aço (para ferir o máximo possível quando chutam os inimigos) com cadarços vermelhos, um símbolo do sangue derramado pela "raça dominante". O conjunto de crenças cruéis e o fascínio por tudo que é alemão, desde o idioma às insígnias da Segunda Guerra, são marcas registradas de um grande grupo de racistas carecas que se proclamam os "soldados do Quarto Reich".

Pais negligentes

Alguns pais deixam um grande vazio na vida de seus filhos, e essa lacuna pode ser preenchida por uma segunda família formada por colegas revoltados, arredios e confusos que praticamente se criam sozinhos. Quando o jovem entra na puberdade e começa a demonstrar insubordinação, reserva e segredos, e descontrole emocional a ponto

[1]B. MURRAY, Boys to men: emotional miseducation, APA *Monitor* 30, julho/ agosto, 1999, p. 1.

de desestruturar até as pessoas mais bem-preparadas, os pais estressados, sobrecarregados de trabalho, em vez de ficar preocupados, tiram o corpo fora.[2]

Violência na mídia

Embora já seja clichê falar da violência da cultura popular, não deixa de ser verdade que os adolescentes de hoje têm acesso e são expostos a uma gama incrível de imagens de violência. O aumento da violência na mídia — na TV, em filmes, na Internet e em *video games* — é realmente inacreditável.[3] A grande variedade de filmes violentos e sangrentos feitos para a TV e a proliferação dos *video games* que oferecem ao jogador a oportunidade de cometer todo tipo de carnificina levam para dentro de casa imagens de violência jamais vistas pelas gerações anteriores. De acordo com a American Psychological Association, a criança comum assiste até completar o primário a pelo menos oito mil assassinatos na TV e mais de cem mil tipos de outros atos de violência.[4] Quando lhe perguntaram por que achava que os estudantes estavam recorrendo cada vez mais à violência armada, Michael Woods, aluno de uma escola onde houve um tiroteio recentemente, declarou: "Hoje em dia, os meninos vêem e ouvem falar dessas coisas o tempo todo. É uma nova válvula de escape para eles".[5]

Video games violentos

Embora os *video games* possam ser confundidos com "violência da mídia", eles merecem atenção especial entre os motivos pelos quais alguns jovens extravasam sua fúria (v. cap. "Vício em Internet e jogos de computador"). Tomemos como exemplo o famoso jogo Doom, o favorito dos dois garotos que mataram os colegas de classe em Littleton, Colorado. Nele, os jogadores assumem a personalidade de um fuzileiro naval que caminha por um labirinto e explode monstros com uma ampla variedade de canhões e avança hipnotizado pela emoção de olhar pelo cano de

[2]D. J. Flannery, M. Singer, L. Williams & P. Castro, Adolescent violence exposure and victimization at home: coping with trauma symptoms, *International Review of Victimology* 6, 1998, p. 29-48.

[3]J. R. Janes, *Mayhem*, New York: Soho Press, 1999.

[4]B. I. Koerner, From way cool to out of control, *U.S. News*, 3 de maio, 1999, p. 20-5.

[5]J. Cloud, Just a routine school shooting, *Time*, 31 de maio, 1999, p. 36.

uma arma digital ou de rastejar pelos cantos à procura de monstros que cospem fogo, na expectativa de ver o sangue deles espirrar pelas paredes. As pesquisas são claras: passar horas fantasiando e representando esse tipo de violência só serve para instigar ira e estimular o comportamento violento.

Fácil acesso às armas

Mesmo duras leis sobre o porte de arma podem ser derrotadas. A lei Brady de 1994 foi amplamente aclamada por proibir, por exemplo, armas de "ataque" automáticas, mas os incidentes recentes de violência nas escolas foram causados por estudantes que carregavam pistolas semiautomáticas e rifles 9 mm *hi-point* projetados segundo as normas da lei Brady.[6]

Síndrome da imitação

Sempre depois que o tiroteio de uma escola é transmitido nos noticiários de todo o país, centenas de escolas sofrem ameaças de violências semelhantes. Às vezes, as aulas são canceladas e pessoas, presas. De acordo com uma pesquisa Gallup, 37% dos adolescentes de treze a dezessete anos nos Estados Unidos todos souberam de ameaças em suas escolas, e 20% declararam que a escola teve de ser evacuada por causa de ameaça de bomba.[7] A questão é que os jovens que estão a ponto de provocar explosões são inspirados por outros que já ultrapassaram os limites. Eles seguem o exemplo da pessoa com a qual se identificam. Às vezes, esses imitadores estão apenas esperando uma dica de como cometer um crime ou ato de violência que já tinham em mente. Alguns vêem a nação comovida devido ao tiroteio num colégio e acreditam que essa é uma forma rápida de se tornar importante. É uma viagem de poder para os impotentes que julgam não ter nada a perder.

DESCRIÇÃO DE CASO

Aaron é um garoto solitário de quinze anos que despreza o sistema. Usa uma jaqueta preta pesada, até no verão, mania que é freqüentemente motivo de

[6]J. Volz, Congress looks to APA on violence prevention, *APA Monitor*, julho/ agosto, 1999, p. 32.

[7]A. Cohen, Criminals as copycats, *Time*, 31 de maio, 1999, p. 38.

piada para alguns colegas de classe. Na hora do lanche, ele se junta a dois outros fora-da-lei e se entretêm com jogos de guerra num *laptop*. No último fim de semana, foi apanhado pela polícia no parque com uma garrafa de uísque, e seus pais, que achavam que ele nunca havia bebido, ficaram surpresos. Apesar dos problemas de comportamento, Aaron ainda se preocupa com suas notas na escola. Recentemente, num trabalho escolar, Aaron falou com simpatia sobre o assassino Jeffrey Dahmer e disse que, provavelmente, teria sido molestado pelos colegas desde pequeno. Certa vez, Aaron ficou tão revoltado com uma nota em estudos sociais que o professor pediu-lhe para que saísse da classe. Ao sair, proferiu alguns insultos em voz baixa, entremeados por palavras em alemão. Por isso ganhou uma suspensão de três dias. Nesses três dias, Aaron pensou em roubar o rifle do tio e descarregar o ódio na aula desse professor na semana seguinte.

COMO OS PAIS PODEM AJUDAR

As estratégias citadas a seguir destinam-se a ajudar os adolescentes com o conflito da violência e podem ser usadas pelos pais com eficiência. Entretanto, como a relação entre pai e filho é única, algumas serão mais pertinentes a sua situação do que outras. Como em todo grande conflito da adolescência, o melhor é que os pais trabalhem sob orientação de um terapeuta competente. Pensando nisso, as estratégias expostas neste livro visam a facilitar o processo de ajuda dentro de casa com o adolescente.

Avaliar a ameaça

Peça a centenas de estudantes para dizerem quem são os alunos perigosos da escola e ouvirá os mesmos nomes. Os próprios alunos estão em melhor condição para pressentir os sinais de perigo vindos de outro colega. Mas isso não é o mesmo que saber que alguém está prestes a ultrapassar os limites. Um aluno pode ser introvertido, solitário ou simplesmente esquisito, não representar nenhuma ameaça para ninguém. Mesmo as que fazem várias ameaças, geralmente nunca as cumprem. A melhor maneira de analisar uma ameaça é procurar sinais de aviso específicos. O aluno extravasa a raiva jogando coisas ou esmurrando a parede? Foge da realidade, recorrendo a drogas, álcool ou ao computador? Gosta de chocar as pessoas? A maioria dos adolescentes faz algo parecido de vez em quando, mas quanto mais o indivíduo se comporta dessa forma, mais grave é o perigo.

Criar um "disque-denúncia"

"Conte a um adulto." Esse pequeno conselho é fundamental para detectar problemas de violência antes que eles apareçam. Muitas cidades têm encontrado grande colaboração criando uma linha telefônica para denúncia anônima à disposição dos jovens 24 horas por dia. Por esse recurso, eles podem relatar comportamentos questionáveis de algum colega. Muitos jovens ficam com medo que o aluno perigoso descubra o delator e busque vingança. Com essa medida, o problema deixa de existir.

Tomar cuidado para que o agredido não se torne um agressor

Luke Woodham de Pearl, Mississipi, um menino baixinho e gordo, era espancado e ridicularizado pelos colegas. Mitchel Johnson de Jonesboro, Arkansas, era um gorducho rejeitado pelos colegas. Eric Harris e Dylan Klebold de Littleton, Colorado, eram garotos introvertidos e perturbados, que atormentavam os colegas e eram atormentados por eles. Os quatro adolescentes vingaram-se matando os colegas. Agredidos, eles se tornaram agressores. Como a provocação é amiúde a causa subjacente da violência escolar, o National School Safety Center agora se refere a ela como "o problema mais persistente e subestimado das escolas norte-americanas".[8] Luke Woodham de Pearl, Mississipi, escreveu uma carta em que dizia: "Matei porque pessoas como eu são maltratadas todos os dias. Fiz isso pela sociedade: 'Se nos pressionarem, responderemos da mesma forma'".

Criar um conselho consultivo na comunidade

Como em geral as pessoas querem ser os melhores pais para seus filhos e membros mais engajados na comunidade é normal que se voltem umas para as outras. Um conselho consultivo da comunidade, composto por várias pessoas de dentro e de fora das escolas, pode reunir-se mensalmente para fazer com que alunos, professores, diretores, líderes cívicos, religiosos e a comunidade em geral entrem em contato uns com os outros. O conselho tem potencial de criar um ambiente que permite melhorar a comunicação antes de os problemas virem à tona.

[8]A. Mulrine, A common thread?, *U.S. News & World Report*, 3 de maio, 1999, p. 24.

Criar um programa de intervenção contra o provocador

A provocação é a prática de caçoar, importunar e agredir infligida pelo supostamente poderoso ao presumivelmente fraco. Todavia, mais de trezentas escolas nos Estados Unidos conseguiram reprimir esse tipo de provocação implementando regras que não reprovam apenas essa prática, mas também a impassibilidade diante dela. Por exemplo, é contrário às regras observar um colega ser provocado, e não intervir ou não buscar ajuda. Devido principalmente a esse programa, as denúncias de má conduta nessas escolas caíram quase pela metade.[9]

Oferecer opções para as longas suspensões escolares

Algumas comunidades estão tendo sucesso com um programa que oferece aos jovens suspensos da escola a oportunidade de reduzir o tempo da suspensão pela metade. O jovem nessa condição participa de um programa de solução de conflitos individualizado, com duração de algumas horas e participação dos pais. Às vezes, cobra-se uma taxa que pode ser reembolsada depois da conclusão do programa. Faz sentido utilizar o estágio da crise da suspensão para intervir, porque é nesse momento que o indivíduo está mais aberto a mudanças. Os jovens perturbados e as famílias são levados a um terapeuta antes que os desastres ocorram e, em seguida, são encaminhados para os serviços de apoio.

Evitar muita "privacidade"

Deixe o computador da família numa área comum a fim de que o adolescente não fique tentado a navegar nos *sites* nazistas ou nos que ensinam a fazer bombas. O mesmo vale para a TV e o videocassete. Evite situações em que o adolescente possa ficar a maior parte do tempo com a porta fechada.[10] Todo jovem precisa de privacidade, mas não deve despender todo o seu tempo dessa forma.

Não ceder

Um casal contou-me recentemente que o filho de dezesseis anos queria ir a Cancum, México, nas férias de janeiro. Insistiu tanto que os pais cederam. De alguma forma, em meio às discussões, a viagem a Cancum

[9]Ibid.g

[10]B. Pfefferbaum & J. R. Allen, Stress in children exposed to violence: reenactment and rage, *Child and Adolescent Psychiatric Clinics of North America* 7, 1998, p. 121-35.

tornou-se um teste de confiança, e os pais acabaram ficando na defensiva. A verdadeira questão, porém, não era a confiança, mas a segurança e a autoridade paterna. Normalmente, ao lidar com adolescentes agressivos, a principal preocupação dos pais acaba ficando de lado. Portanto, o principal deve continuar sendo o principal.

Conhecer os amigos

Todas as autoridades concordam que o melhor que os pais e líderes podem fazer para ajudar o estudante colegial tomado pelo ódio é conhecer e conversar com os amigos dele. Você sabe com quem o seu filho anda? A que tipo de filme e vídeo assiste? Que tipo de música ouve? Você deve criar o hábito de conhecer os amigos e os pais dos amigos dele. Saiba em quem ele se espelha, quem gostaria de ser e por quê.[11]

Conversar com os outros

É claro, quando suspeitarem que um determinado jovem tem problema, os pais ou profissionais que trabalham com adolescentes devem imediatamente procurar uma autoridade da escola, professor, diretor, orientador ou técnico de esporte. Também podem conversar com outros alunos ou pais de alunos.[12] O mais importante, entretanto, é que os pais conversem com os próprios filhos.

Ouvir

Certamente existe alguma relação entre o fato de os pais gastarem 40% menos tempo com os filhos hoje do que gastavam há trinta anos e a violência cometida pelos jovens.[13] Nem é preciso dizer que os jovens propensos à violência sentem-se bastante desligados dos pais. É triste ver que na maioria das vezes os pais sabem bem pouco a respeito das atividades do filho, para não mencionar os pensamentos e sentimentos dele. Portanto, tudo o que propiciar uma conversa franca em que os pais realmente ouçam seus filhos vale mais que qualquer outra coisa que se possa imaginar.[14]

[11]S. A. Hritz & P. A. Gabow, A peer approach to high risk youth, *Journal of Adolescent Health* 20, 1997, p. 259-60.

[12]C. M. Borduin, Multisystemic treatment of criminality and violence in adolescents, *Journal of the American Academy of Child and Adolescent Psychiatry* 38, 1999.

[13]Cloud, Just a routine school shooting, p. 34-8.

[14]Murray, Boys to men: emotional miseducation, p. 1.

Revelar Deus

A *Newsweek* publicou uma matéria de capa com o título, em letras garrafais: "Por quê?". O subtítulo dizia: "A ciência da violência juvenil". A matéria estampava as pesquisas mais recentes sobre como a química do cérebro do adolescente pode aumentar as chances de manifestar impulsos violentos. Porém, para evitar a violência juvenil, precisamos enxergá-la como uma doença da alma, não apenas do cérebro. O ódio e a ira da juventude violenta revelam profunda dor e a necessidade de algo para aplacá-la. Esses jovens estão em busca de algo, talvez Deus, para ter sentido. Como disse Lutero certa vez, se não temos Deus na vida, temos falsos deuses. A questão é não ignorar o lado espiritual desse triste problema.

Guardar as armas em local seguro

Nunca é demais insistir: deixe as armas em local seguro! O fácil acesso às armas aumenta a tentação de traçar um plano de violência. Além disso, a arma despersonaliza a violência. Ela mantém distância entre agressor e vítima e diminui a possibilidade de algum nível de empatia que poderia prestar-se a uma intervenção antes que outro tipo de violência aconteça. As armas podem ser usadas por impulso, sem muito esforço físico e quase nenhuma preocupação com as conseqüências. Diariamente, treze jovens morrem vítimas de armas de fogo nos Estados Unidos. Também se sabe que quase a metade das armas usadas pelos agressores juvenis é adquirida por adultos, que as compram legalmente nas lojas.[15] Em suma, não deixe as armas acessíveis, tranque-as em lugar seguro.

Saber quando encaminhar

Quando um jovem faz repetidas ameaças sérias de ferir ou matar alguém, não se deve pensar muito para chamar a polícia. Se você sabe de um jovem que faz tais ameaças, quanto antes chamar a polícia, melhor.

Onde mais buscar ajuda

Branch, C. W., org., *Adolescent gangs:* old issues, new approaches, Philadelphia: Brunner/ Mazel, 1999.

[15]The long road after Littleton, *Christianity Today*, 14 de junho, 1999, p. 32-3.

BECKER, G., *Protecting the gift:* keeping the children and teenagers safe, New York: Dial Press, 1999.

GARBARINO, J., *Lost boys:* why our sons turn violent and how we can save them, New York: Free Press, 1999.

GOLDSTEIN, A. P., org., *School violence intervention:* a practical handbook, New York: The Guilford Press, 1997.

GURIAN, M., *A fine young man:* what parents, mentors, and educators can do to shape boys into exceptional men, New York: Jeremy P. Tarcher/ Putnam, 1997.

HUCKABEE, M. & G. GRANT, *Kids who kill:* confronting our culture of violence, Nashville: Broadman, 1998.

KELLEHER, M. D., *When good rids kill*, Westport: Praeger, 1998.

KINDLON, D. & M. THOMPSON, *Raising cain:* protecting the emotional life of boys, New York: Ballantine, 1999.

MINTLE, L., *Kids killing kids*, Altamonte: Creation House, 1999.

OLIVER, C. & G. J. OLIVER, *Raising sons and loving it:* helping your boys become godly men, Grand Rapids: Zondervan, 2000.

OSOFSKY, J. D., org., *Children in a violent society*, New York: The Guilford Press, 1997.

POLLACK, W. S., *Real boys:* rescuing our sons from the myths of boyhood, New York: Henry Holt & Company, 1999.

Orientação bíblica para os adolescentes em conflito

- Levítico 19.18
- Salmos 34.14
- Provérbios 14.17
- Eclesiastes 7.9
- Efésios 4.31
- Tiago 1.19,20

Solidão

CARACTERÍSTICAS DO CONFLITO

Sentir-se sozinho e desprezado está tornando-se uma epidemia emocional nos Estados Unidos. A solidão, a dolorosa consciência de que não estamos ligados aos outros de maneira significativa, atinge a vida de milhões de pessoas. É uma das "causas mais universais de sofrimento humano".[1] Não faz distinção de classe, etnia nem idade. Uma canção famosa dos Beatles pergunta: "De onde vem tanta gente solitária?".* Muitas vêm da adolescência! Todo mundo se sente sozinho vez ou outra, porém os adolescentes se sentem muito mais.

Embora os especialistas considerem a solidão um problema pessoal sério para pelo menos 10% da população adulta em geral,[2] estudos de larga escala descobriram que de 15 a 20% de todos os adolescentes experimentam níveis dolorosos de solidão.[3] Um estudo que explorou a gravidade da solidão em todas as faixas etárias revela que as pessoas mais solitárias são de baixa renda, sozinhas e mães adolescentes. Os alcoólatras vêm em seguida, seguidos por calouros universitários e graduandos de colégios da área rural.[4]

[1]H. Nouwn, *Reaching out*, Garden City: Doubleday, 1975.

*"All the lonely people, where do they all come from?", trecho da música *Eleanor Rigby*. (N. do E.)

[2]M. E. Bragg, A comparative study of loneliness and depression, tese de Ph.D., UCLA, 1979, *Dissertation Abstracts International* 39, 1979, p. 79/13 710.

[3]E. Ostrov e D. Offer, Loneliness and the adolescent, em *Adolescent Psychology*, ed. S. Feinstein, Chicago: Univ. of Chicago Press, 1978.

[4]N. Medora & J. C. Woodward, Loneliness among adolescent college students at a Midwestern university, *Adolescence* 21, n.º 82, 1986, p. 391-402.

Não deveria causar nenhuma surpresa que grande parte dos adolescentes se sinta solitária. As tentativas de socialização do jovem são permeadas pelo medo da rejeição. Tony Campolo traça um retrato vívido do adolescente num novo grupo.

> Primeiro, simplesmente observa, tentando não revelar nenhum de seus pensamentos e sentimentos. Procura demonstrar calma, para não parecer deslocado. Na tentativa de reagir nem com entusiasmo, nem com desdém ao que os outros membros do grupo estão fazendo, sua expressão é de indiferença quase total. Permanece neutro a fim de ganhar tempo para descobrir o que os membros do grupo esperam dele. Depois de sentir o grupo, começa paulatinamente a se comportar da forma que acredita que possa trazer-lhe a aprovação e a aceitação dos outros.[5]

Se o adolescente não ganhar a aprovação e a aceitação, a armadilha da solidão entra em ação. Sem as ferramentas descritas nesta seção, é quase certo que o adolescente caia na cilada da solidão, dentro e fora do meio cristão. De acordo com Campolo, há uma grande probabilidade de que o jovem solitário jamais volte a um culto da igreja caso não tenha aceitação rápida. Todavia, a rejeição do grupo "descolado" da escola, pode fazer com que o adolescente ferido se torne extremamente devotado à igreja que lhe proporcione aceitação. "A igreja sempre atraiu os fracassados da sociedade", diz Campolo, "porque podem se sentir vencedores dentro da irmandade".[6]

Quando o jovem vai ao culto e senta-se no fundo, isolado e impassível, pode ter certeza que está sentindo-se inseguro. Esse tipo de adolescente é chamado de "água-viva de armadura". Ele vem porque quer ser aceito pelo grupo e ser bem visto aos olhos deles. Mas o acolhimento de que precisa ainda não está disponível.

Não dá para imaginar o impacto de não ter ninguém com quem conversar no ônibus da escola, de ter que comer sozinho no refeitório ou não ter com quem sair mais outra noite de sexta-feira. A solidão é dolorosa. Para o adolescente em conflito, solidão é esperar o que parece nunca chegar.

[5] *The success fantasy*, Wheaton: Victor, 1980.
[6] Ibid.

DESCRIÇÃO DE CASO

Peter tem quatorze anos, é ruivo e meio gordinho. Era filho único até quatro anos atrás, quando sua irmã nasceu. Seu pai é corretor da bolsa e a mãe trabalha como vendedora. Mudaram de cidade há alguns meses, e Peter nunca se sentiu tão solitário. Numa sessão de terapia, confessou : "Sempre fui sozinho, por isso, para mim, isso não é novidade. Chego em casa da escola e fico sozinho até mais ou menos as seis da tarde, quando minha mãe ou meu pai chega do trabalho. Assisto à TV, mas acabo me cansando. Talvez eu e minha irmã possamos ser amigos quando ela crescer". A mãe de Peter o incentiva a fazer amigos, mas ele acredita que as amizades "devem acontecer simplesmente". Passa a maior parte do tempo sentado, ouvindo música no *walkman*.

A solidão e o sentimento de rejeição, todavia, não devem fazer com que o adolescente se esconda num canto escuro. Ele precisa de ajuda para sair desse escuro desolador.[7]

Antes de explorarmos as causas e curas da solidão, é bom deixar bem claro os seus aspectos. Um grupo de pesquisadores identificou cinco "cês" para definir os diferentes componentes da solidão. O adolescente tem solidão na falta de: 1) *congruência*: quando se sente como se desconhecesse partes de si mesmo; 2) *camaradagem*: quando se percebe separado dos outros; 3) *comunidade*: quando se sente ignorado pelos; 4) *costume*: quando se sente separado dos outros por causa de diferenças culturais; e 5) *comunhão*: quando se sente separado e alienado de Deus.[8] Outros identificaram esses mesmos aspectos em termos diferentes: psicológico, interpessoal, social, cultural e cósmico.[9]

CAUSAS DO CONFLITO

Amadurecer nunca foi uma tarefa fácil. A estrada da maturidade é traiçoeira. Talvez os jovens de hoje não sejam mais solitários que os de cem anos atrás, mas os motivos da solidão na adolescência certamente mudaram.

[7]N. E. MAHON, T. J. YARCHESKI & A. YARCHESKI, Loneliness and health-related variables in young adults, *Perceptual and Motor Skills* 85, 1997, p. 800-2.

[8]L. J. RICHMOND & E. D. PICKEN, A model for working with lonely clients: Sadler revisited, em *Loneliness:* a sourcebook of current theory, research and therapy, org. S. M. Natale, New York: Wiley, 1986, p. 351-78.

[9]W. A. SADLER JR., Dimensions in the problem of loneliness: a phenomeno-logical approach, *Journal of Phenomenological Psychology* 9, 1978, p. 1-2.

O espírito de nosso tempo

Logo depois da Segunda Guerra Mundial, Paul Tournier escreveu: "A solidão é conseqüência do espírito de nossa era".[10] Os especialistas até hoje concordam. A pressão em relação à eficiência e à comodidade nesta era de alta tecnologia levou muita gente a se sentir insignificante e descartável. Os adolescentes atualmente não têm condição de criar raízes. A mobilidade generalizada em nossa sociedade destrói amizades e separa famílias. Até a possibilidade de mudar-se impede que alguns adolescentes criem amizades importantes. A urbanização gerou o medo de estranhos. Os fones de ouvido, os *video games* portáteis e, é claro, a televisão podem nos separar uns dos outros. É como se o adolescente interagisse mais com o vídeo que com pessoas. E a lista não pára por aí. A questão é que a nossa sociedade perdeu muitos fundamentos do relacionamento tradicional que ajudavam os adolescentes das gerações anteriores a evitar a dor e a solidão.

Separação dos pais durante o desenvolvimento

Na adolescência, o relacionamento com os pais é redefinido.[11] O jovem está tentando abandonar as formas infantis de se relacionar. Os pais podem ser surpreendidos no intervalo de tempo entre o modo de dependência anterior do adolescente e o atual, em que ainda estão se adaptando à nova independência. Como em geral não vêem o filho hesitante como uma "criança dependente", este pode sentir isolamento psicológico.[12] Esse adolescente é obrigado a lamentar a perda de sua identidade de criança e abandonar certas crenças e ligações da infância. O papel dos pais nessa turbulenta passagem é crítico. A atitude dos pais varia da mais prestativa, quando são encorajadores e compreensivos, à mais destrutiva, quando se afastam prematuramente do filho ou tentam retardar o afastamento, prolongando as ligações pré-adolescentes.[13] Inevitavelmente, a mudança progressiva nesse importante processo de ligação/ separação é cercada por muita solidão.

[10] *Escape from loneliness*, Philadelphia: Westminster, 1962.

[11] L. Goosens, A. Marcoen, S. Van Hees & O. van de Woestijne, Attachment style and loneliness in adolescence, *European Journal of Psychology of Education* 13, 1998, p. 529-42.

[12] R. S. Weiss, *Loneliness:* the experience of emotional and social isolation, Cambridge: MIT Press, 1973.

[13] H. Stierlin, *Separating parents and adolescents*, New York: Norton, 1973.

Maturação emocional

"Quero sentir calor com alguém",* faz parte da letra de uma música da cantora *pop* Whitney Houston e expressa a necessidade ardente do adolescente de se relacionar. A capacidade e o anseio da intensa intimidade desenvolvem-se rapidamente na adolescência. Essas mudanças criam forte necessidade de estabelecer novas ligações emocionais. Junte isso à grande expectativa em relação ao namoro e à aceitação social e inevitavelmente o jovem deixará de ter o nível desejado de ligações afetivas.

Desejo de autonomia

O adolescente luta pela independência em todas as áreas da vida. Quer autonomia de comportamento, moral, religião e pensamento. Conquistar a independência certamente significa que terá de contar com seus próprios meios. O jovem é obrigado a tomar suas próprias decisões. Esse tipo de responsabilidade é assustador e arriscado: "Sempre que nos tornamos mais independentes, desenvolvemos nossas próprias opiniões e afirmamos nossa própria identidade", escreveu um especialista, "corremos o risco de nos afastar dos outros e, portanto, de ficar isolados".[14] Por isso, pode-se esperar um certo grau de solidão na adolescência.

Comparação social

O adolescente tem um medidor interno que informa em que posição se encontra em relação aos outros. Suas comparações certamente aumentam o sentimento de fracasso e rejeição. Achará os outros mais bem-vistos, mais bem-sucedidos e menos solitários. Alguns adolescentes podem até comparar suas experiências com o suposto *glamour* dos músicos, das personalidades da mídia e dos esportes. Essas comparações irreais podem facilmente levar o adolescente em conflito a superestimar seus sentimentos de desolação e abandono.

Relacionamento deficiente com os pais

O adolescente solitário costuma ter um relacionamento negativo com os pais. Não se sente amparado. Seus pais parecem não alimentar nenhuma

*"I want to feel the heat with somebody", trecho da música *I wanna dance with somebody*. (N. do E.)

[14]OSTROV & OFFER, Loneliness and the adolescent, p. 34.

perspectiva ou propósito em relação ao seu futuro. Por exemplo, os pais rotulam o adolescente de fracassado ou simplesmente não demonstram nenhum interesse ou não oferecem nenhuma espécie de encorajamento. Podem também pressionar o filho a se tornar membro de um grupo em que não é aceito. Nesse caso, além de não se entrosar com o grupo, o adolescente experimenta também a alienação dentro de casa por não conseguir satisfazer as metas dos pais.[15]

Luta pelo valor próprio

O adolescente sente uma “alegria secreta” quando usa suas novas habilidades pela primeira vez.[16] Seja na sala de aula, no campo de futebol ou no palco do teatro da escola, o adolescente anseia encontrar um lugar onde possa mostrar sua importância e valor. De acordo com Rollo May, o adolescente que não encontra um jeito de demonstrar seu valor, normalmente se torna desinteressado, desmotivado, apático e, por fim, solitário. Sem liberdade para participar de atividades que lhe permitam demonstrar o seu valor, o adolescente cai no fosso escuro do isolamento social e da solidão.

COMO OS PAIS PODEM AJUDAR

As estratégias citadas a seguir destinam-se a ajudar os adolescentes com o conflito da solidão e podem ser utilizadas com eficiência pelos pais. Todavia, como a relação entre pai e filho é única, algumas serão mais pertinentes para a sua situação que outras. Como em todo grande conflito da adolescência, o melhor é que os pais trabalhem sob a orientação de um terapeuta competente. Pensando nisso, as estratégias visam a facilitar o processo de ajuda dentro de casa com o adolescente.

Reforçar a coragem e explorar as causas

Se o adolescente confessar que está sentindo-se solitário, pode ter certeza de que está realmente querendo ajuda. Em nossa sociedade, confessar a solidão é o mesmo que reconhecer ser desajustado. Elogie o jovem pela coragem que demonstrou ao falar do problema e conforte-o

[15]S. M. Natale, *Loneliness and spiritual growth*, Birmingham: Religious Education Press, 1986.

[16]R. May, *Man's search for himself*, New York: Delta Books, 1953.

dizendo que não está só. Quase todo o mundo sente solidão vez ou outra. Saber que não é uma "anomalia" pode aliviar muito a sensação desagradável desse jovem. Ajude-o também a considerar os motivos pelos quais está sofrendo de solidão. Desse modo, você poderá lidar com as causas, não apenas com os sintomas do conflito. Leia sobre as causas da solidão descritas no início desta seção.

A solidão é um dos conflitos cujo alívio pode começar com uma simples conversa. Se você elogiar a coragem do adolescente, ele se sentirá mais forte com a idéia de que está fazendo algo para vencer a solidão.

Aceitar o processo

O jovem com o conflito da solidão costuma achar que ela é permanente, tão longa quanto o inverno no Ártico. Mas, diferentemente da depressão e de outros conflitos, nesse caso, a recuperação nem sempre é demorada e difícil. A solidão pode desaparecer rapidamente, quase num instante, com um novo relacionamento. Contudo, para que haja um resultado efetivo, capaz de criar uma forte barreira contra a solidão no futuro, deve haver um processo que leve à percepção da solitude.[17] No início dessa jornada, como veremos a seguir, é preciso ajudar o adolescente a conceber que a atividade e a intimidade são soluções prematuras.

Evitar o mito da atividade

Quase meio século atrás, David Reisman escreveu o livro pioneiro *The lonely crowd*, para contar como as pessoas solitárias se sentem mesmo quando estão rodeadas de gente.[18] A partir daí, conhecidas revistas e livros campeões de venda se encheram de teorias que lamentam a nossa incapacidade de nos relacionarmos com os outros. Sugerem vários remédios práticos: entrar para um clube, ser positivo, determinado, conquistar amigos, viajar, ouvir música, assistir à televisão, desenvolver um *hobby*, ser voluntário e assim por diante.

No entanto, a percepção da atividade é enganosa se a essência da solidão não for compreendida. O adolescente não está solitário por falta de

[17]M. G. Davies, Solitude and loneliness: an integrative model, *Journal of Psychology and Theology* 24, 1996, p. 3-12.
[18]New Haven: Yale University Press, 1961.

atividades e distrações. A maioria leva uma vida agitada em escolas superlotadas. O adolescente não se sente solitário porque está isolado das pessoas, mas porque *está alienado de si mesmo*. Ele precisa se sentir à vontade com a solidão e abraçar a idéia do "eu". Somente depois disso, o conselho para ser socialmente ativo será útil.

Evitar o mito da intimidade

Faz alguns anos, uma música interpretada por Barbra Streisand atingiu o topo das paradas de sucesso. A letra parecia tocar num ponto nevrálgico: "As pessoas que precisam das outras são as mais felizes do mundo".* Essa canção nos fazia sentir bem porque *todos* nós precisamos de alguém. Na verdade, as pessoas mais felizes são as que precisam de outras por motivos saudáveis: amar e ser amadas. Alguns adolescentes, entretanto, precisam de pessoas para evitar o isolamento ou não ter de encarar a si mesmos. Becky, uma estudante que veio fazer terapia, era assim. Entendia a busca da intimidade como um antídoto para a solidão. Acreditava que podia fugir do isolamento se apenas pudesse encontrar o homem certo. Buscava o romance para fugir de si mesma.

Thomas Merton diz que "quem tem medo de ficar sozinho sempre será solitário".[19] Os pais ou o terapeuta podem ajudar o adolescente solitário a analisar sua necessidade de intimidade, cujo significado não é fugir da solidão. A intimidade também não é um prêmio que o jovem pode esperar encontrar ou lutar para conseguir. É uma atitude e uma maneira de ser que só se consegue controlando a ansiedade de ficar sozinho e lidando com a relação mais básica de todas, da qual todas as outras são construídas: a relação que o adolescente tem consigo mesmo.

Incentivar a solidão saudável

Aprendi a celebrar a solidão quando entrei na faculdade. No entanto, não aprendi a lição nos livros. Foi num curso de sobrevivência na cordilheira das Cascatas no Canadá. A intenção era ajudar-me a ir além dos meus limites físicos, psicológicos e espirituais. No fim do curso, cada

*"People who need people are the luckiest people in the world", trecho da música *People*, do musical *Funny Girl*. (N. do E.)

[19] *Thoughts in solitude*, New York: Doubleday, 1968.

um de nós recebeu um desafio que deveria enfrentar sozinho. Isolado numa encosta da montanha, eu não via nem ouvia ninguém durante vinte e quatro horas. Minha tarefa era meditar, avaliar, refletir, deleitar-me com minha existência e escrever meu diário. A lição por trás dessa aventura solo era mostrar que eu podia crescer com a solidão. E cresci.

O adolescente não precisa estar em contato com a natureza para descobrir o prazer da solidão. Ele pode ser encontrado num estádio de futebol vazio ou num canto da biblioteca. A solidão proporciona ao adolescente a oportunidade de fazer um balanço, orar e simplesmente sentir a calma da quietude tomar conta de seu ser. Os momentos de solidão nos ajudam a entrar em harmonia com a nossa parte mais secreta e nossos sentimentos mais fundos. Estimule o adolescente nessas circunstâncias a manter um diário para processar sua experiência. Um jovem solitário em casa, numa sexta-feira à noite, necessita ser capacitado a entender que estar sozinho e se sentir sozinho são coisas muito diferentes. A condição de estar só é caracterizada pela introspecção e pela renovação, já a de sentir-se só é caracterizada pela autopiedade e pelo sentimento de abandono. A diferença não está na circunstância, mas na atitude.

Estimular riscos sociais

Fomos criados para comungar com Deus e uns com os outros. Os relacionamentos constituem o alicerce para qualquer solução que espante a solidão. Se o adolescente puder evitar a compulsão de se apressar em buscar como solução a atividade social e a intimidade, se reconhecer que entender a solidão é o primeiro passo para escapar das trevas dos dias de solidão e estiver equipado com as ferramentas da inquietação, então estará pronto para procurar conscientemente uma atividade saudável, a verdadeira intimidade e aprender a se arriscar socialmente.

Buscar outras pessoas é essencial para superar o sentimento de ser sozinho e rejeitado. Pesquisas revelaram que aproximadamente quarenta por cento das pessoas que sentem solidão nunca falam sobre ela.[20] Com paciência e incentivo, no entanto, o freio apertado da hesitação pode ser solto, e o adolescente solitário pode aprender a criar coragem para se arriscar socialmente e se aventurar em novos relacionamentos.

[20]C. A. Anderson, L. J. Horowitz & R. French, Attributional style of lonely and depressed people, *Journal of Personality and Social Psychology* 45, n.º 1, 1983, p. 127-36.

Se for conveniente incutir otimismo, dê um exemplo breve de sua própria experiência. Peça para ele pensar nas pessoas das quais pode tentar se aproximar e de que forma. O sentimento de responsabilidade pode motivá-lo a sorrir e dizer "oi" para as pessoas que lhe pareçam interessantes. Pode ter o ímpeto de elogiar a aparência de alguém que considere atraente. Sugira que convide os novos amigos para ir a uma lanchonete. Os verdadeiros relacionamentos sempre começam com uma refeição.

Não hesite para estimular o adolescente que se sente solitário a se arriscar socialmente e de cumprimentá-lo em seguida pelo esforço. Esse tipo de experiência é um conselho comum que encontramos em máximas como: "Saí para encontrar amigos, mas não havia nenhum. Saí para *ser* amigo e descobri amigos por todo lado!". Provérbios 18.24 diz: "O homem de muitos amigos deve mostrar-se amigável" (ACF). A companhia telefônica diria isso da seguinte forma: "Ligue e toque o coração de alguém". Ditados à parte, o importante é saber que a solidão não deve paralisar ninguém.

Considerar as questões de fé

Se feito com sensibilidade, explorar o bem-estar espiritual do adolescente pode ajudar na luta contra a solidão. Para o adolescente com fé verdadeira, lembrar que Deus é bem real e presente inspira força e conforto. A solidão raramente é mencionada na Bíblia, mas pode ser vislumbrada várias vezes na vida de várias personagens bíblicas. Davi, Moisés, Jó, Elias, Paulo e Jesus, todos enfrentaram momentos de solidão.

Levar em conta a timidez e o sentimento de inferioridade

Se você suspeita que a inibição, a falta de habilidades sociais e a timidez são as causas da solidão do adolescente, procure estudar os capítulos deste livro sobre timidez e inferioridade e incorporar as ferramentas em sua estratégia de ajuda.

Saber quando encaminhar

Encaminhe o adolescente solitário para um psicoterapeuta competente se, com o tempo, ele se sentir mais solitário. Se demonstrar sinais de desespero, recomendo uma intervenção séria e que se leve bem em consideração o encaminhamento porque o desespero pode ser um sinal de pensamentos suicidas.[21]

COMO OS PROFISSIONAIS PODEM AJUDAR

As estratégias de ajuda para adolescentes com o conflito da solidão descritas a seguir são normalmente usadas pelos terapeutas. São aqui apresentadas como meio de informar os pais, e ajudá-los a encontrar a melhor ajuda profissional possível para o adolescente sob seus cuidados.

Desafiar o pensamento ilógico

As crenças sem sentido e as percepções equivocadas podem servir de combustível para desencadear o mecanismo da solidão antes adormecido. O adolescente em conflito precisa parar com a auto-sugestão disparatada. Felizmente, a maioria compreende rápido quando o terapeuta utiliza o debate, o que exige do adolescente o mesmo domínio da habilidade de argumentar com os outros. Um bom debate é constituído de quatro elementos: 1) provas; 2) alternativas; 3) implicações; e 4) utilidade.

Se o adolescente diz, por exemplo: "Fico sozinho na hora do lanche porque ninguém quer ficar comigo", a primeira pergunta do terapeuta será: "Que *provas* você tem para crer nisso? Mostre-me uma prova de que *ninguém* quer ficar com você". Isso costuma ajudar o indivíduo a ver o absurdo de sua reação exagerada. Em seguida, o psicólogo examina as *alternativas*. Pergunta: "Você pode pensar numa forma menos destrutiva de encarar o fato de ficar sozinho na hora do lanche?". Com isso, o adolescente evita apegar-se à crença mais assustadora e a criar explicações alternativas, por exemplo: "Eu nunca convidei ninguém para se sentar comigo". E se as suposições negativas do adolescente forem verdadeiras? Mesmo que esteja certo, poderá encontrar certo alívio ao conjeturar sobre as *implicações*. Essa dificuldade significa que o adolescente é menos inteligente que os outros? Significa que a situação não pode ser mudada?

O quarto pilar que sustentará uma linha de pensamento mais racional é questionar a *utilidade* da crença. Talvez a crença de que os outros

[21] J. Roergers, A. Spirito & D. Donaldson, Reasons for adolescent suicide attempts: associations with psychological functioning, *Journal of the American Academy of Child and Adolescent Psychiatry* 37, 1998, p. 1287-93.

devam sentar-se naturalmente com você para comer, sem ser convidados, não esteja ajudando em nada. É como se um técnico de demolição que mexe com bombas pensasse: "Se isso explodir, eu posso morrer". A crença em si não tem utilidade. Causa efeitos indesejáveis como mãos trêmulas e outros. Com a prática, por meio da representação teatral durante a sessão, o adolescente pode aprender a usar essas estratégias sozinho para rebater seu pensamento ilógico e suas autocondenações infundadas. O terapeuta o ajudará a examinar as provas, as alternativas e a utilidade de seus pensamentos sem sentido.[22]

Onde mais buscar ajuda

DURHAM, C., *When you're feeling lonely:* finding a way out, Downers Grove: InterVarsity Press, 1984.

ELLISON, C. W., *Loneliness:* the search for intimacy, Chappaqua: Christian Herald Books, 1980.

GAEV, D. M., *The psychology of loneliness*, Chicago: Adams Press, 1976.

HYMEL, S., *Loneliness in childhood and adolescence*, Cambridge: Cambridge University Press, 1999.

MEYER, J., *Help me, I'm alone!*, Tulsa: Harrison House, 1998.

OLDS, J., R. S. SCHWARTZ & H. WEBSTER, *Overcoming loneliness in everyday life*, Secaucus: Carol Publishing Group, 1996.

PARROTT, L & L. PARROTT, *Relacionamentos*, São Paulo: Vida, 1999.

PARROTT, L., *CareNote:* feeling alone, Saint Meinrad: Abbey Press, 1993.

TOURNIER, P., *Escape from loneliness*, Philadelphia: Westminster, 1962.

Orientação bíblica para os adolescentes em conflito

- Salmos 145.18
- Mateus 28.20
- João 14.18
- Atos 17.27
- Romanos 14.7
- Tiago 4.8

[22]D. MEICHENBAUM, *Cognitive behavior modification:* an integrative approach, New York: Plenum, 1977. Esse livro fornece uma estratégia detalhada para usar a argumentação e outras intervenções cognitivas.

Suicídio

CARACTERÍSTICAS DO CONFLITO

O suicídio tornou-se uma epidemia nos Estados Unidos. Todo ano, as taxas nacionais de suicídio aumentam, especialmente entre a população adolescente. O suicídio é a terceira principal causa da morte de pessoas de 10 a 24 anos, superada apenas pelos acidentes de carro e homicídios. Porém, como muitos casos são atribuídos a acidentes, o suicídio pode ser a principal causa de morte dos adolescentes. No período entre 1962 e 1996, a taxa de suicídio de adolescentes aumentou 155%.[1]

O problema do suicídio de adolescentes ganha proporções ainda maiores quando são consideradas as tentativas frustradas. Evidências indicam que de cinqüenta a cem tentativas de suicídio uma é bem-sucedida.[2] Isso significa dois milhões de tentativas de suicídio de adolescentes por ano.

Mais cedo ou mais tarde, as pessoas que lidam com adolescentes enfrentarão o problema do suicídio, e isso as obriga a se informar. Os sintomas do suicídio são apenas sinais e não significam necessariamente que o adolescente está a ponto de cometer suicídio. Contudo, qualquer sinal deve ser levado a sério.[3] Se os sintomas de um jovem passarem despercebidos, ele pode recorrer a medidas drásticas, numa

[1]W. J. Bennett, *The index of leading cultural indicators:* American society at the end of the twentieth century, New York: Broadway Books, 1999.

[2]www.sanpedro.com/spyc/suicide.html, 1999.

[3]A. H. Thompson, R. H. Barnsley & R. J. Dyck, A new factor in youth suicide: the relative age effect, *Canadian Journal of Psychiatry* 44, 1999, p. 82-5.

espécie de grito de ajuda. Cerca de 90% dos suicídios de adolescentes ocorrem dentro de casa entre quinze horas e meia-noite — a hora e o local da tentativa de suicidio podem ser facilmente descobertas.[4] Vejamos alguns sinais de alerta.

- *Histórico de problemas.* O suicídio é um processo e raramente um ato impulsivo.
- *Queda no desempenho.* As notas caem; o jovem perde a vontade de competir.
- *Acontecimento traumático recente.* Doenças físicas, repetência na escola, término de um namoro ou divórcio dos pais podem intensificar um pensamento suicida já existente.
- *Problemas de comunicação.* O suicídio pode tornar-se um grito silencioso de ajuda do adolescente que tenha dificuldade para expressar seus sentimentos.
- *Explosões irracionais.* O jovem suicida pode ficar irritado de repente, gritar com facilidade ou ficar aborrecido por pequenas coisas.
- *Feriados recentes.* Embora o suicídio seja menor do que se esperaria no Natal, os dias subseqüentes aos feriados revelam a ausência do efeito supressor e apresentam um número significativamente maior de suicídios.[5]
- *Mudança nos hábitos de comer ou dormir.* O adolescente começa a dormir ou a comer muito mais ou muito menos do que o normal.
- *Conversa sobre suicídio.* Os especialistas estimam que aproximadamente 80% das pessoas que tiram a própria vida falam a respeito disso com alguém antes.
- *Drogas e álcool.* No caso de abuso de substâncias, a possibilidade de suicídio deve, no mínimo, ser considerada.
- *Retraimento.* Em vez de tomar a iniciativa de viver novas experiências, o adolescente suicida pode passar longas horas sozinho, em silêncio, ou ouvindo música.
- *Falta de esperança.* "Não vale a pena viver" é a atitude que o jovem adota. Ele vê o futuro como algo que não pode controlar.

[4]M. D. Stein & J. K. Davis, *Therapies for adolescents*, San Francisco: Jossey-Bass, 1982.
[5]T. Sparhawk, Traditional holidays and suicide, *Psychological Reports* 60, 1987, p. 245-6.

- *Visão limitada.* O suicida quase sempre enxerga a vida como um conjunto de situações rígidas; vê a vida em preto e branco.

CAUSAS DO CONFLITO

Todo suicídio é uma tentativa de dizer: "Preciso de ajuda". Uma combinação de raciocínio errado com profundo desespero quase sempre está presente no jovem com o conflito do suicídio. A seguir, apresentamos alguns desencadeadores específicos que, em geral, fazem o adolescente tirar a própria vida.[6] No entanto, tenha em mente que a combinação de vários fatores pode tornar o suicídio uma opção séria.

Fuga

Talvez a fuga seja a razão mais comum atribuída ao suicídio e, não raro, é uma conclusão válida.[7] As pessoas que pensam em suicidar-se não nutrem esperança de resolver a situação de sua vida. Esse desalento é alimentado por um pensamento ilógico que as leva ao total desespero. A esperança que parece evidente para um terapeuta ou outra pessoa pode ser difícil de perceber pelo adolescente suicida. Ele enxerga a morte como a única saída para evitar o sofrimento. O jovem que usa o sono para evitar problemas corre risco maior, por equiparar simbolicamente a morte com um sono prolongado.[8]

Castigo para si

Alguns adolescentes com consciência extremamente sensível depreciam-se a si mesmos. Por causa de seus pecados e falhas, acreditam-se que merecem morrer. Acham que cometeram o pecado imperdoável e, por isso, queimarão no inferno. Seja por causa de fornicação, masturbação, aborto seja simplesmente por causa de "maus pensamentos", o jovem que tenta o suicídio como forma de castigo não enxerga outra opção para absolver sua culpa insuportável.

[6]Para obter descrição mais detalhada de muitas dessas motivações, v. B. Blackburn, *What you should know about suicide* (Waco: Word, 1982) e G. K. Olson, *Counseling t teenagers*, (Loveland: Group Books, 1984).

[7]D. S. Lipschitz, R. K. Winegar, A. L. Nicolaou, E. Hartinick, M. Wolfson & S. M. Southwick, Perceived abuse and neglect as risk factors for suicidal behavior in adolescent inpatients, *Journal of Nervous and Mental Disease* 187, 1999, p. 32-9.

[8]W. T. Aoki & A. A. Turk, Adolescent suicide: a review of risk factors and implications for practice, *Journal of Psychology and Christianity* 16, 1997, p. 273-9.

DESCRIÇÃO DE CASO

Tim, dezesseis anos, é um estudante mediano. Tem cabelos longos e quase sempre usa jeans desbotado e uma camisa de flanela. Usa jaqueta com o nome do "Pink Floyd" rabiscado a caneta nas costas. Mora sozinho com a mãe. O pai saiu de casa quando Tim estava na terceira série. Tim veio fazer terapia por insistência da mãe. Ela o descreveu como "um solitário que vive ouvindo música e nunca se interessa em arranjar emprego". Dois meses antes, Tim cortou os pulsos, correu para onde sua mãe estava dormindo e agitou as mãos para que o sangue se espalhasse sobre a cama dela. A tentativa de suicídio dele era mais um grito irado de ajuda que outra coisa. Utilizou-se desse gesto desesperado para "descontar" na mãe, a pressão que ela exerce para que "ele seja o filho perfeito". Por achar que não tinha outro meio de comunicação, recorreu a esse ato assustador.

Punir os outros

Às vezes, o suicídio tem o propósito de atingir uma ou mais pessoas. O jovem de dezoito anos que toma uma dose excessiva de pílulas e se esfaqueia no abdômen depois de ser rejeitado pela namorada, na verdade, de uma maneira distorcida, quer que ela sofra. No anseio de puni-la, ele diz: "Ela verá que me ama depois que eu estiver morto". Todavia, nem sempre fica claro a quem o jovem suicida quer atingir. A hostilidade, em geral, é dirigida à pessoa que ele acha que encontrará o corpo.

Manipulação

Quando a manipulação é a principal motivação do suicídio ou tentativa de suicídio, o adolescente está buscando um objeto ou ação específica. Julga que a tentativa de suicídio causará determinado resultado, como, por exemplo, fazer os pais reatarem depois de uma separação tempestuosa. Embora faça apenas ameaças de suicídio para tentar controlar pais, amigos, terapeuta e outros, elas devem ser levadas a sério. Levar o suicídio a sério não significa necessariamente ceder às exigências manipuladoras do adolescente, mas fazer um pouco mais que apenas reconhecer a ameaça.

Chamar atenção

Poucos comportamentos chamam mais atenção do que o suicídio. A terrível notícia que a vida de um jovem acabou repentinamente deixa qualquer um abalado. Até um simples conhecido, de repente, ganha importância quando a palavra morte é pronunciada: "Ontem mesmo falei com ele. Como ele pode estar morto?". Um jovem, antes ignorado, ganha toda a atenção das pessoas. Em vista da comoção que o suicídio causa, alguns jovens levam-no em consideração. Não é raro ocorrerem suicídios em série nas escolas, quando uma tragédia provoca mais três ou quatro. A atenção que se consegue com a morte é retratada até nos livros que os estudantes lêem em classe. Quase todo jovem no início da adolescência se identifica com o plano de Tom Sawyer de fazer a tia Polly pensar que ele se havia afogado. Tom se delicia com as demonstrações de amor que observa secretamente em seu enterro.

Reencontrar-se com um ente querido falecido

O suicídio, às vezes, é uma tentativa de reencontrar alguém que morreu. É um motivo antigo que nasceu de várias culturas. Na cultura ocidental, a idéia de se juntar a um ente querido falecido ainda persiste entre as pessoas mais velhas. Porém, de forma alguma se limita à população de cabelos grisalhos. Por isso, preste muita atenção no modo que o adolescente enxerga a morte para que não aconteça nenhuma tentativa de suicídio depois da morte de uma pessoa amada. Para os adolescentes cristãos com uma teologia distorcida, o suicídio pode ser uma tentativa de se unir a Jesus no céu.

Ato de amor

O suicídio também pode ser uma maneira trágica de dizer: "Eu te amo". O adolescente apaixonado pode ser extremamente leal e intenso. De forma distorcida e confusa, pode acreditar que somente a morte traduzirá a força de seu grande amor. A idéia de um não viver sem o outro é tão forte que o casal, como Romeu e Julieta, suicida-se ou a garota pode prometer tirar a própria vida se o namorado morrer.

Evitar ser um "fardo"

Alguns adolescentes tiram a própria vida para deixar de ser problema para as pessoas que o rodeiam. Acham que, se saírem do caminho delas, tudo pode melhorar. Imaginam-se a principal causa de briga dos pais ou acreditam que nasceram por um "acidente" biológico indesejado. Mais de 70% dos jovens que tentam o suicídio vêm de lares destruídos.

Mesmo num lar com relacionamentos estáveis, o adolescente pode sentir que é uma vergonha ou um fardo para a família. Infelizmente, essa motivação para o suicídio rouba de quem ficou qualquer oportunidade de provar o contrário.

COMO OS PAIS PODEM AJUDAR

As estratégias citadas a seguir destinam-se a ajudar os adolescentes com o conflito do suicídio e podem ser usadas com eficiência pelos pais. Entretanto, como a relação entre pai e filho é única, algumas serão mais pertinentes a sua situação do que outras. Como em todo grande conflito da adolescência, o melhor é que os pais trabalhem sob orientação de um terapeuta competente. Pensando nisso, as estratégias expostas neste livro visam a facilitar o processo de ajuda dentro de casa com o adolescente.

Enfocar os sentimentos

É vital para a recuperação do adolescente suicida fazê-lo compartilhar os sentimentos. A força motriz do pensamento suicida em geral se esconde atrás de sentimentos que o adolescente jamais revelou a ninguém. Não raro, ele se sente oprimido pela culpa, pelo desamparo e pela rejeição. Discutir sobre a validade desses sentimentos só tende a piorar a situação. O adolescente perturbado precisa de compreensão, não de discussão.[9]

Não descartar o trivial

As preocupações e os problemas do adolescente nunca devem ser ignorados ou menosprezados. A mensagem subjacente de uma intervenção eficaz contra o suicídio deve ser: "Eu me preocupo com você e o levo a sério". Não conseguir entrar para o time de futebol pode ser um fato relativamente insignificante para o adulto, mas há adolescentes que se suicidam por muito menos que isso. As preocupações do adolescente são extremamente reais e devem ser respeitadas. Jamais são irrelevantes.[10]

[9] A. J. Flisher, Mood disorder in suicidal children and adolescents: recent developments, *Journal of Child Psychology and Psychiatry and Allied Disciplines* 40, 1999, p. 315-24.

[10] D. Shaffer & L. Craft, Methods of adolescent suicide prevention, *Journal of Clinical Psychiatry* 60, 1999, p. 70-4.

Registrar o aumento de energia

O maior risco de suicídio acontece nos primeiros meses após um período de depressão profunda. Quando aparentemente o adolescente está melhorando, o risco pode ser ainda maior. Um adolescente profundamente deprimido não tem capacidade de realizar as tarefas diárias, muito menos de se matar. Porém, à medida que a depressão cede, a capacidade de executar os antigos planos de suicídio cresce.

"Esterilizar" a casa eliminando os objetos letais

Embora o indivíduo determinado a suicidar-se sempre encontre um meio de se matar, há algumas vantagens em limpar a casa de materiais letais facilmente acessíveis. Os sentimentos suicidas vem e vão, e a disponibilidade de meios para praticar esse ato pode desencadear a tentativa. Para diminuir as chances de um impulso suicida, a melhor coisa a fazer é tornar a casa o mais segura possível. Remova venenos, armas de fogo, medicamentos letais e lâminas. Evite que o adolescente suicida dirija, não lhe empreste o carro. Embora o jovem proteste contra essas medidas, elas representam provas tangíveis de que pais e terapeuta querem que ele permaneça vivo. Essa confirmação da preocupação dos pais pode exercer papel mais importante na prevenção que o ato de descartar os objetos letais da casa.

Cuidar de si mesmo

Poucas situações são mais estressantes e causam mais esgotamento aos pais que ter um filho ou filha à beira do suicídio. Paradoxalmente, a capacidade de ajudar um adolescente suicida depende da sua capacidade de manter a força pessoal, a perspectiva e o ânimo de viver. Você precisa se cuidar. Isso significa consultar profissionais, praticar exercícios, divertir-se e parar para orar. Quando você cuida de um adolescente suicida, não está sozinho, Deus está com você.[11]

Saber quando encaminhar

Encaminhe o adolescente suicida a um terapeuta ou psicólogo competente imediatamente. Também considere com o profissional se é necessário internação.

[11]R. S. Anderson, *Self care:* a theology of personal empowerment and spiritual healing, Wheaton: Victor Books, 1995.

COMO OS PROFISSIONAIS PODEM AJUDAR

As estratégias de ajuda para adolescentes com o conflito do suicídio descritas a seguir são normalmente usadas pelos terapeutas. São aqui apresentadas para fornecer informações aos pais e ajudá-los a encontrar a melhor ajuda profissional possível para o adolescente sob seus cuidados.

Examinar o histórico pessoal

Com a finalidade de analisar o grau de risco de suicídio, é bom saber se o paciente já tentou o suicídio anteriormente. Quatro entre cinco jovens que se matam tentaram o suicídio mais de uma vez.[12] Falar sobre a tentativa anterior — quando aconteceu, por que ocorreu, qual era o risco de morte — pode ajudar o terapeuta a compreender a gravidade da tentativa e qualquer possível ganho secundário, como a atenção ou novas demonstrações de amor. Sondar a interpretação do paciente em relação ao suicídio de amigos ou membros da família também ajuda a discernir a visão dele sobre a vida e a morte. Quando uma "pessoa importante" tenta se matar devido ao estresse, o suicídio passa a ser uma possibilidade para o adolescente perturbado.

Descobrir o plano

Quando o adolescente expressar pensamentos suicidas, o terapeuta tentará descobrir o método que pretende usar. O profissional simplesmente pergunta: "Você tem algum plano?". Deve verificar se o plano inclui local e hora para acontecer. O risco real de suicídio não costuma ser muito grande quando não há um método bem planejado. O adolescente que pensa em termos específicos — como e quando cometerá o suicídio (com uma arma, na cama, no domingo) — está muito mais perto de suicidar-se do que aquele que não planeja. Quanto mais específico o plano, maior o risco. Ao falar sobre o plano, o terapeuta empregará o tempo passado: "Como você pensava em fazer isso?", e não: "Como você pensa...". Isso indica que o adolescente está superando a idéia de suicídio.

Analisar a periculosidade do plano

Se o adolescente revelar um plano, o terapeuta analisará qual a periculosidade do método. Usar uma arma de fogo, deitar-se nos trilhos do trem ou

[12]D. Eble, Too young to die, *Christianity Today*, 20 de março, 1987, p. 19-24.

enforcar-se é mais perigoso do que cortar os pulsos ou tomar comprimidos. Embora esses métodos também sejam letais, em geral oferecem menos risco. Também é importante compreender a percepção do adolescente em relação à mortalidade do método escolhido. Engolir um vidro de aspirina normalmente não mata ninguém. Contudo, se o adolescente pensar que isso é fatal, está pensando seriamente em suicidar-se. Além disso, o método às vezes tem um significado particularmente importante para ele. Um certo tipo de arma de fogo, de faca ou de medicamento pode conter uma mensagem que o jovem deseja comunicar.

Fazer um contrato por escrito

Um contrato por escrito com o adolescente pode ser uma boa medida preventiva, embora não seja nenhuma garantia. Mesmo que o adolescente suicida melhore, é importante fazer com que o assunto se torne fácil de ser abordado. Muitas pessoas que ameaçam suicidar-se conversam com o terapeuta e saem da sessão dizendo: "Isso ajudou muito; sinto-me melhor agora". Depois são encontradas mortas com um revólver na mão. Quando o adolescente assina um contrato formal de que entrará em contato com o terapeuta se sentir vontade de se matar, está recebendo a mensagem de que sua vida é importante.

O contrato deve enfatizar que o adolescente *realmente* entrará em contato com o terapeuta, e não que apenas *tentará*. O contrato não é mera formalidade. Exprime de maneira significativa a importância que o terapeuta dá à vida do adolescente. E é bom lembrar que a maioria dos adolescentes que planejam tentativas de suicídio deseja desesperadamente que alguém os impeça.

Internar se necessário

O adolescente que elabora um plano específico a fim de consumar o suicídio não deve permanecer sozinho. A revelação de um plano específico indica que o paciente já decidiu suicidar-se.[13] O terapeuta pode usar a internação para tratamento até ter certeza de que o risco de suicídio é mínimo, desse modo, enviando ao adolescente, a mensagem clara de que seus gritos de ajuda foram ouvidos e estão sendo levados

[13] W. Reid, *The treatment of psychiatric disorders:* revised for the DSM-III-R, New York: Brunner-Mazel, 1989.

a sério. Fatores importantes na decisão de internar são intensidade do estresse atual, grau de controle dos impulsos, disponibilidade de um sistema de apoio adequado entre a família e os amigos e a disposição e capacidade do terapeuta de se envolver no controle da crise fora do horário de trabalho normal.[14]

Onde mais buscar ajuda

American Association of Suicidology, 2429 South Ash, Denver, CO 80222. A organização distribui folhetos e panfletos, publica um jornal e um boletim e conduz seminários educativos sobre a prevenção do suicídio.

BLACKBURN, B., *What you should know about suicide*, Waco: Word, 1982.

International Association for Suicide Prevention, 1811 Trousdale Drive, Burlingame, CA 94010. Essa organização mundial, com sede em Viena, Áustria, treina pessoas e fornece informações sobre a prevenção do suicídio.

National Committee on Youth Suicide Prevention, 666 Fifth Avenue, 23d Floor, New York, NY 10103. O objetivo dessa organização é aumentar a consciência do público sobre o suicídio de adolescentes fornecendo informações e desenvolvendo programas de prevenção ao suicídio para jovens em comunidades locais.

ROBBINS, P. R., *Adolescent suicide*, Jefferson: McFarland & Company, 1998.

SCHLEIFER, J., *Everything you need to know about teen suicide*, New York: Rosen Publishers, 1997.

Suicide Information Center, 6377 Apopka Place, San Diego, CA 92119. A organização mantém uma lista atualizada de materiais a respeito de suicídio e prevenção. São fornecidos relações de livros, fitas cassete e artigos.

Orientação bíblica para os adolescentes em conflito

- Jó 14.5
- Salmos 9.9; 46.1; 56.13; 71.20
- Gálatas 6.8

[14]M. PELKONEN, Adolescent outpatients suicidal behavior and inpatients twenty-year working capacity, *Psychiatria Fennica* 29, 1998, p. 50-64.

Timidez

CARACTERÍSTICAS DO CONFLITO

Alguns adolescentes são invisíveis socialmente. Eles não são notados nem escolhidos como líderes, não participam muito na classe nem têm outras atividades sociais, não defendem seus direitos e são muito tímidos para expressar suas opiniões sobre assuntos que lhes dizem respeito. Têm medo de convidar os outros para sair, sentem-se deslocados e tensos em reuniões sociais, e nas festas ficam quietos em seu canto. Como querem ganhar a simpatia dos outros, são facilmente influenciados e não têm autoconfiança. Esses adolescentes carregam o conflito da timidez.

Timidez é ter medo de encontrar pessoas e sentir-se desconfortável na presença delas. Basicamente, é o receio de ser avaliado pelos outros e rejeitado. Na sua manifestação extrema, a timidez se transforma em fobia social (v. seção sobre fobias). Embora muitos adolescentes reconheçam que são tímidos, provavelmente ficariam surpresos ao saber que apenas 7% dos norte-americanos declaram que nunca tiveram um acesso de timidez.[1]

Qualquer pessoa que escreva sobre timidez tem muito a agradecer a Philip G. Zimbardo da Stanford University, que estudou o assunto durante mais de vinte anos. Boa parte do que escrevi neste livro foi inspirado em seu trabalho. Sua pesquisa revela que mais de 80% dos estudantes colegiais e universitários consideram que são tímidos às vezes, e 40%

[1]P. G. Zimbardo, Shyness, em *Dictionary of pastoral care and counseling*, org. R. J. Hunter: Abingdon, 1990.

que ficam tímidos e constrangidos normalmente com os amigos. Entre os sintomas estão: rubor, incapacidade de estabelecer contato com os olhos, fuga de reuniões sociais, tendência de falar em tom quase inaudível, mãos frias, boca seca, transpiração excessiva, mãos e pernas trêmulas, batimentos cardíacos acelerados, náusea, sensação de afundamento ou até necessidade urgente de ir ao banheiro.[2]

DESCRIÇÃO DE CASO

Marta, quinze anos, veio fazer terapia encorajada pela mãe, que a descreveu como "introvertida". Na primeira sessão, Marta quase não disse palavra. Parecia fria e emocionalmente distante. Na verdade, estava extremamente aborrecida por ter de fazer terapia. Era como se usasse o silêncio como arma para preservar sua dignidade. Falar abertamente com o terapeuta seria o mesmo que perder a briga com sua mãe. No entanto, seu silêncio significava mais que perder uma batalha.

A terapia não fez muitos progressos no início, mas, depois de três ou quatro sessões, Marta confessou que tinha medo de ficar com pessoas que não conhecia. Queria conhecer pessoas novas, mas sentia um medo terrível de fazer ou dizer alguma coisa constrangedora. Para não sentir o constrangimento de ter de se sentar ao lado de outro aluno no ônibus escolar, ia para a escola e voltava para casa sozinha e sempre chegava nas aulas exatamente na hora do início. Confessou que tinha até entrado numa cabine de banheiro para sentir-se segura. Marta planejava toda a sua vida pensando em evitar situações que lhe causassem constrangimento.

O adolescente tímido sofre várias desvantagens. Comparado aos outros, ele tem mais probabilidade de ser ansioso, deprimido, solitário, ter baixa auto-estima e considerar sua rede de contatos menos estimulante e gratificante. Diferentemente dos introvertidos, os tímidos não gostam de ficar sozinhos nem de evitar reuniões sociais.[3] Zimbardo compara a timidez a uma prisão tão real quanto as barras de ferro e, às vezes, mais angustiante.[4]

[2]P. G. Zimbardo, *Shyness:* what it is, what to do about it, Reading: Addison Wesley, 1977.
[3]B. M. DePaulo *et al.*, Are shy people reluctant to ask for help?, *Journal of Personality an Social Psychology* 56, 1989, p. 834-44.
[4]Zimbardo, *Shyness*: what it is.

CAUSAS DO CONFLITO

Durante muitos anos, os pesquisadores tentaram dar sentido às complexidades da timidez. A seguir, encontra-se uma pequena lista de causas.

Desamparo aprendido

Uma das formas de desenvolver um estilo social é a experimentação de comportamentos e as várias recompensas ou punições. Com o tempo, o adolescente cria expectativas em relação às prováveis conseqüências de seus comportamentos. Quando o comportamento alcança o objetivo desejado, cria uma expectativa positiva. Aprende também o que não funciona. Aprende a esperar uma resposta negativa ao seu comportamento e faz escolhas para evitar esse comportamento no futuro. O desamparo é aprendido quando não há nenhuma expectativa, nem positiva, nem negativa. Por exemplo, se o jovem enfrentar uma situação social nova na qual não sabe o que esperar, provavelmente, ficará ansioso e mudo. É como se ele estivesse num país estrangeiro e não compreendesse o idioma. Sente-se desamparado e desiste de tentar comunicar-se. Isso também pode acontecer quando o comportamento produz recompensas incoerentes (quer reais ou apenas percebidas). Quando ele não sabe o que esperar, sente-se desamparado, fica tímido.[5]

Formalidade

Situações formais podem trazer à tona a timidez. Cerimônias religiosas, formaturas, casamentos, funerais e reuniões importantes, todas essas ocasiões têm mais formalidades que as outras situações. As pessoas querem agir corretamente. Um erro numa ocasião formal pode ser embaraçoso. A probabilidade de cometer erros se torna maior quando há etiqueta expressa e não-expressa. A formalidade faz que o adolescente se sinta exposto e vulnerável. É claro que a formalidade quase sempre causa timidez, mas, para alguns adolescentes, qualquer tipo de interação é "formal".

Atenção social

O adolescente não quer ser ignorado. Porém, ser notado ou ser olhado também costuma causar ansiedade social. A timidez tende a ser a reação

[5]M. E. Seligman, *Helplessness:* on depression, development and death, San Francisco: W. H. Freeman, 1975.

de uma garota num grupo de garotos. Problemas físicos, em geral, causam timidez. O adolescente evita as pessoas para não ser objeto de olhares ou comentários. Até pequenos defeitos como dificuldades de aprendizagem ou problemas de linguagem perceptíveis podem causar retraimento social. Um exemplo é o adolescente que chega atrasado às reuniões e acha que todo o mundo pára para olhá-lo quando entra. Enquanto poucos adolescentes gostem de chamar atenção, muitos se esquivam e procuram um lugar para se esconder e evitar olhares. É o meio-termo da atenção social que produz conforto psicológico para a maioria dos jovens.

Novidade

O adolescente, não raro, deplora novos ambientes sociais. Para muitos, o novo ambiente social é tão desconfortável quanto um sapato novo. O jovem já sofre bastante com as mudanças no corpo para ter de se preocupar com um contexto social estranho. A situação social ameaçadora provavelmente deixará o jovem inibido e atento ao próprio comportamento. Em geral, ele baixa a guarda quando se acostuma melhor ao ambiente. No entanto, parece que alguns adolescentes nunca conseguem transpor o obstáculo da novidade. Mantêm o papel de "recém-chegados" e incorporam a timidez em seu estilo social básico.

Hereditariedade

Alguns pesquisadores culpam a genética pela timidez. Afirmam que a timidez é transmitida pela família. As provas não são conclusivas, mas um estudo conduzido por psicólogos das Universidades de Yale e Harvard revelou que de 10% a 15% das pessoas já nascem propensas à timidez. Essa timidez é vista nos bebês e nas crianças pequenas que evitam estranhos e se escondem atrás dos pais quando alguém fala com elas, mesmo quando é um adulto que conhecem. Jerome Kagan da Harvard relata que as crianças e os bebês tímidos desenvolvem freqüência cardíaca rápida e ficam desconfiados, retraídos, reservados e calados quando deparam com pessoas desconhecidas ou situações novas. Essa hipersensibilidade deixa-as incomodadas, constrangidas e até apavoradas em ambientes sociais. Obviamente, as circunstâncias também podem determinar se a tendência herdada de ser tímido se manifestará. O estudo da Yale — Harvard revelou que dois terços das crianças tímidas tinham irmãos mais velhos que as intimidavam ou depreciavam, o que lhes abalou a autoconfiança.

Exemplo dos pais

Pais tímidos, não raro, criam filhos tímidos, mas isso não significa que a timidez esteja nos genes. Os adolescentes são propensos a ter os mesmos estilos sociais que suas referências adultas. Se vir os pais discutirem com os outros de maneira timorata ou desconfiada ou os vir evitar ambientes sociais, o adolescente pode adquirir o hábito de ser calado e tímido.[6] Um behaviorista rigoroso diria que a timidez é uma reação fóbica adquirida.

Superproteção paterna

O adolescente que foi superprotegido pelos pais é quase sempre dependente, passivo e tímido. As oportunidades de se aventurar são limitadas e, por isso, não aprendeu a confiar em si mesmo para lidar com seu ambiente social.

Auto-rotulação

O padrão permanente se firma quando o adolescente se percebe e se aceita como tímido.[7] Ele enxerga o mundo com olhos tímidos e não percebe que pode escolher sua forma de olhar. É como se quisesse provar que é tímido. As experiências que mostram o contrário são evitadas. Sua crença não permite que tome nenhuma atitude que o ajude a conseguir o que quer e contrarie seu sentimento de inferioridade. Ele se rotulou de tímido "e ponto-final".

COMO OS PAIS PODEM AJUDAR

As estratégias citadas a seguir destinam-se a ajudar os adolescentes com o conflito da timidez e podem ser usadas com eficiência pelos pais. Entretanto, como a relação entre pai e filho é única, algumas serão mais pertinentes a sua situação do que outras. Como em todo grande conflito da adolescência, o melhor é que os pais trabalhem sob orientação de um terapeuta competente. Pensando nisso, as estratégias mencionadas neste livro visam a facilitar o processo de ajuda dentro de casa com o adolescente.

[6] S. D. Bradshaw, I'll go if you will: do shy persons utilize social surrogates?, *Journal of Social and Personal Relationships* 15, 1998, p. 651-69.

[7] M. Van Ameringen & J. M. Oakman, The relationship of behavioral inhibition an shyness to anxiety disorder, *Journal of Nervous and Mental Disease* 186, 1998, p. 425-531.

Enfatizar o afeto e a aceitação

Embora o "respeito incondicional" seja um pressuposto em quase todas as seções do livro, a timidez requer reiteração dessa idéia. Quanto mais afeto e aceitação o adolescente tiver, melhor. Se for amado e aceito por você, poderá generalizar a experiência e perceber que os outros também podem aceitá-lo. Crie situações seguras nas quais ele possa baixar a guarda, não fique constrangido ou envergonhado, não tenha de se preocupar com a rejeição. Fazendo isso, você também estará dando o exemplo de uma boa interação social. Releia a seção "Características da ajuda eficaz" e "A essência da ajuda" na parte I.

Incentivar ação voluntária

Compartilhar não apenas sentimentos, mas também talentos e conhecimento, de acordo com Zimbardo, ajuda a diminuir a timidez.[8] Mas o adolescente não precisa entrar para o Exército da Paz para compartilhar suas aptidões. Por exemplo, se uma adolescente de catorze anos tem conhecimento e gosta de fotografia, estimule-a a empregar esse conhecimento a fim de ajudar os outros. Um líder da juventude, por exemplo, pode pedir-lhe que fotografe a excursão do coro da igreja. Além de melhorar sua autoestima, seu interesse pode tornar-se um canal menos assustador de comunicação com os outros. Encoraje o jovem a servir de voluntário em alguma atividade. Uma pequena tarefa numa festa pode ser de grande ajuda para superar o constrangimento social. O jovem pode prestar algum serviço, como ajudar a servir ou limpar. Isso lhe dá um bom motivo para estar ali. Embora o adolescente tímido não queira ser notado, as tarefas sociais ou funções especiais lhe dá motivo para conversar e interagir com as pessoas. Isso pode contribuir muito para que se sinta bem em relação a si mesmo e seguro bastante para se arriscar mais em situações sociais.

Saber quando encaminhar

Encaminhe o adolescente tímido ao terapeuta se perceber que você está perdendo a paciência com a aparente incapacidade dele de dominar as habilidades sociais. Se notar que está enfatizando a dependência num adolescente que por si é tímido e dependente, você também deverá levar em conta o encaminhamento.

[8]ZIMBRADO, *Shyness:* what it is.

COMO OS PROFISSIONAIS PODEM AJUDAR

As estratégias de ajuda para adolescentes com o conflito da timidez descritas a seguir são normalmente usadas pelos terapeutas. São aqui apresentadas a fim de prestar informações aos pais e ajudá-los a encontrar a melhor ajuda profissional possível para o adolescente sob seus cuidados.

Ajudar a compreender a timidez

O adolescente, como todos nós, sente necessidade de explicar suas experiências. Compreender a timidez não é exceção. Experiências demonstraram que é importante para o adolescente que as pessoas compreendam por que ele é tímido. Três grupos de terapia para pessoas tímidas receberam o mesmo tratamento; cada qual recebeu uma explicação diferente sobre a timidez. O primeiro grupo obteve explicação sobre o papel do desenvolvimento humano e das experiências da infância na timidez. Para o segundo, foi dito que a timidez é geralmente resultado da forma de pensar e de se auto-avaliar. A abordagem terapêutica do terceiro procurou não dar explicações para a timidez. As primeiras abordagens, que ajudavam as pessoas tímidas a entender a timidez, foram mais eficazes do que a terceira, que se omitia quanto a explicação. Se o adolescente tímido receber ajuda para entender sua timidez, estará mais disposto a mudar.[9]

Implementar o treinamento de habilidades sociais

Pesquisas mostraram que as habilidades sociais são mais bem aprendidas em situações de grupo destinadas a proporcionar as seguintes experiências: 1) descrição e explicação para novos comportamentos a ser aprendidos; 2) demonstração, pelo exemplo, de novos comportamentos; 3) prática dos novos comportamentos com análise de como a pessoa está-se saindo; e 4) aplicação dos novos comportamentos no ambiente natural. Esse treinamento de grupo é em geral implementado gradualmente para permitir que os pacientes avancem em seu próprio ritmo.[10]

[9] M. A. Hoffman & H. Teglasi, The role of casual attributions in counseling shy subjects, *Journal of Counseling Psychology* 29, 1982, p. 132-9.

[10] R. M. Eisler & L. W. Frederksen, *Perfecting social skills: a guide to interpersonal behavior*, New York: Plenum, 1980.

As estratégias de treinamento das habilidades sociais devem ser implementadas mesmo que não seja possível criar uma situação de grupo. Vejamos algumas técnicas habitualmente utilizadas na terapia para adolescentes tímidos.

1. O terapeuta ajudará o adolescente a ensaiar o que ele gostaria de dizer em situações específicas. Deverá formular por escrito reclamações, elogios e perguntas e, depois, ler o que escreveu em voz alta e simular situações específicas. Se possível, o terapeuta fará o paciente usar o telefone para se expressar quando estiver no consultório.
2. O terapeuta ajudará o adolescente a sorrir e estabelecer contato com os olhos. O adolescente deve olhar-se no espelho para fazer esse exercício. Receberá a tarefa de sorrir e olhar para cinco pessoas desconhecidas todos os dias.
3. O terapeuta tentará melhorar a maneira de falar e o volume da voz do adolescente, que aprenderá a experimentar diversos volumes. Às vezes, usa-se um gravador para mostrar o resultado.
4. O terapeuta pedirá ao adolescente que observe e tome nota dos padrões de comportamento das pessoas que ele respeita. Será estimulado a ver como os outros riem de si mesmos quando acontece alguma coisa errada. Treinará o comportamento aprendido. Aprenderá a fazer elogios e perguntas e a compartilhar experiências recentes.
5. O terapeuta orientará o paciente a explorar seu verdadeiro eu. O adolescente tímido costuma achar que precisa ser diferente do que realmente é. Ele será encorajado a aceitar e apreciar suas peculiaridades e características especiais que o fazem ser diferente e interessante (não desinteressante).
6. O terapeuta explorará o uso do humor. Não raro, os adolescentes calados têm grande senso de humor. Precisam às vezes apenas ser estimulados a tentar. Caso seja apropriado, o terapeuta pedirá ao paciente que ligue para uma loja, pergunte sobre determinado produto e veja se consegue fazer a pessoa do outro lado rir.

7. O terapeuta analisará a aparência do jovem. A idéia pode parecer ridícula, mas as pesquisas falam claramente da importância da aparência física na interação social.[11] A aparência física tem grande impacto na primeira impressão. Vestindo-se apropriadamente, o jovem torna-se mais interessante para os outros e sente-se melhor consigo mesmo.

Usar técnicas de relaxamento

Reduzir a ansiedade em ambientes sociais requer duas medidas básicas. A primeira é desenvolver a capacidade de auto-relaxamento. A segunda é usar essa capacidade na interação social. O auto-relaxamento exige consciência da tensão muscular e estratégias de relaxamento muscular profundo. Essa técnica aliada a outras é descrita em detalhes na seção sobre ansiedade. Depois de aprendidas, as técnicas podem ser aplicadas à timidez, fazendo o adolescente imaginar situações sociais da vida real que causem ansiedade e se colocar nessas situações. Deve, em seguida, praticar as técnicas de auto-relaxamento até poder se enxergar nessas situações sem sentir ansiedade.

O uso da imaginação para promover o auto-relaxamento baseia-se nos procedimentos de dessensibilização sistemática desenvolvidos por Joseph Wolpe.[12] O próximo passo é fazer o adolescente praticar as técnicas de relaxamento em situações reais. Desse modo, ele conseguirá reduzir o nível de tensão e ganhar controle sobre a ansiedade social aparentemente incontrolável.

Ensinar auto-sugestões positivas

Comportamento tímido o que a pessoa faz, não o que ela é. Grande parte do que fazemos tem origem no que pensamos. Um aspecto bastante destrutivo da timidez é o indivíduo aceitar a idéia de que é tímido por natureza e não há muito que fazer para mudar isso. Essa crença é corroborada por inúmeras suposições e expectativas infundadas que o fazem dizer a si mesmo que "é tímido". Algumas dessas suposições são: "Todo o mundo precisa gostar de mim", "É horrível cometer o erro na frente dos outros",

[11]R. E. Glasgow & H. Arkowitz, The behavioral assessment of male and female social competence in dyadic heterosexual interactions, *Behavior Therapy* 6, 1975, p. 488-98.

[12]J. Wolpe, *The practice of behavior therapy*, New York: Pergamon, 1974.

"Preciso ser perfeito" e "Não consigo dominar o que faço num ambiente social". Imagine um adolescente tímido desejoso de convidar alguém para sair pensando nessas coisas.

A ansiedade é compreensível, mas o adolescente duplica a apreensão natural com pensamentos como: "E se ela disser não? Isso significaria que eu sou horrível! Eu me sentiria um idiota e nunca mais convidaria ninguém para sair. Não posso correr esse risco. Acho melhor não ligar para ela".

O desafio do terapeuta é ajudar o jovem tímido a dizer algo mais parecido com: "Se ela disser não, será uma infelicidade, mas certamente não será o fim do mundo. O que eu tenho a perder? Na verdade, só tenho a ganhar. Se ela disser sim, maravilha! Se disser não, ainda terei a satisfação de poder dizer que tentei e não ficarei pior por isso". A idéia de que as interações sociais são ocasiões em que as pessoas nos avaliam é o que deixa o adolescente paralisado de medo. Essa atitude certamente faz o jovem ficar e parecer ansioso. Com essa linha de pensamento, não é de admirar que o adolescente tímido espere o pior e não goste de socializar-se.

O jovem pode superar a timidez com auto-sugestões positivas.[13] Desse modo, ele passa a enxergar as interações sociais como oportunidades para fazer amigos e se divertir. Um adolescente tímido que tratei mudou completamente a forma de pensar e sempre repetia para si mesmo quando começava a se sentir tímido: "A festa está onde eu estou". Isso o ajudava a se lembrar que não tinha de depender da avaliação dos outros para ter auto-estima.

Donald Meichenbaum desenvolveu uma abordagem terapêutica para ensinar habilidades de enfrentamento com base no uso de auto-sugestões. Ele apresenta três atitudes essenciais para superar a ansiedade social.[14] Se o jovem quiser conhecer uma pessoa, por exemplo, o primeiro passo é preparar-se para o desafio. Pode fazer isso com auto-sugestões do tipo: "Eu sei relaxar quando fico nervoso. Além disso, tenho o direito de errar". Em seguida, deve aprender a manter a calma durante a interação. Pode dizer: "Tenho condições de cuidar disso. Meu nervosismo é natural e estou me saindo bem. Vou me concentrar na outra pessoa, e não em mim". Finalmente, vem o auto-reforço. Ele pode dizer: "Sobrevivi, e isso é uma vitória. Está ficando cada vez mais fácil".

[13] N. Eisenberg, S. A. Shepard, R. A. Fabes, B. C. Murphy & I. K. Guthrie, Shyness and children's emotionality, regulation, and coping, *Child Development* 69, 1998, p. 767-90.

[14] D. Meichenbaum, *Cognitive behavior modification*, New York: Plenum, 1977.

Implementar um treinamento para ser afirmativo

A afirmação é uma atitude e um modo de agir numa situação em que o indivíduo tenha de expressar seus sentimentos, queira pedir alguma coisa ou recusar algo que não queira. Vários estudos demonstraram a utilidade dessa técnica com adolescentes tímidos. Depois de um programa de treinamento de um mês para aumentar a postura afirmativa, jovens de treze anos ganharam mais auto-estima e se tornaram mais confiantes e dispostos a participar das aulas.[15] Mesmo depois de apenas doze horas de treinamento, estudantes colegiais melhoraram a auto-estima e o relacionamento com os professores. Além disso, os estudantes que no início tinham níveis de auto-estima mais baixos fizeram os maiores progressos.[16]

Para ser afirmativo é preciso aprender também a expressar os sentimentos e desejos. Os sentimentos não são "certos" ou "errados", mas dão energia às pessoas.[17] Os sentimentos simplesmente existem. O adolescente tímido costuma avaliar seus sentimentos para ver se são apropriados. Ele se pergunta: "O que devo sentir?". Mas deveria perguntar-se: "O que estou sentindo?". Quando aprender a identificar seus sentimentos, estimule-o a expressá-los, primeiro com o terapeuta e depois no ambiente dele. O adolescente tímido costuma guardar seus sentimentos para si mesmo até porque acha que os outros já sabem o que ele quer. Ele precisa entender que as pessoas ao seu redor não são adivinhas.

Onde mais buscar ajuda

ADLER, R. B., *Confidence in communication:* a guide to assertive and social skills, New York: Rinehart, 1974.

ALBERTI, R. E. & M. L. EMMONS, *Your perfect right:* a guide to assertive behavior, San Luis Obispo: Impact Publishers, 1978.

BOWER, G. & S. BOWER, *Asserting yourself:* a practical guide for positive change, Reading: Addison-Wesley, 1976.

BRUNO, F. J., *Conquer shyness:* understand your shyness and banish it forever!, New York: Macmillan, 1997.

[15] S. WEB & M. KAUFMAN, The effects of assertive training on performance in highly anxious adolescents, *Adolescence* 22, 1987, p. 195-205.

[16] J. STAKE, C. DEVILLE & C. PENNELL, The effects of assertive training on the performance and self-esteem of adolescent girls, *Journal of Youth and Adolescence* 12, 1983, p. 435-43.

[17] S. D. BRADSHAW & M. F. STASSON, Attributions of shy and not-shy group members for cellective group performance, *Small Group Research* 29, 1998, p. 283-307.

Carducci, B. J., *Shyness:* a bold new approach, New York: HarperCollins Publishers, 1999.

Daly, J. A. & J. C. McCroskey, *Avoiding communication:* shyness, reticence, and communication apprehension, Beverly Hills: Sage Publications, 1984.

Emmons, M. & D. Richardson, *The assertive christian*, Minneapolis: Winston Press, 1981.

Faul, J. & D. Augsburger, *Beyond assertiveness*, Waco: Word, 1983.

Gilmartin, B. G., *Shyness and love:* causes, consequences and treatment, New York: University Press of America, 1987.

Simon, G., *How I overcame shyness:* 100 celebrities share their secrets, New York: Simon & Schuster, 1999.

Zimbardo, P. G., *Shyness:* what it is, what to do about it, Reading: Addison-Wesley, 1977.

______, *Shyness Clinic*, New York: Biomonitoring Applications, 1978.

______, *The shy child*, New York: McGraw-Hill, 1981.

Orientação bíblica para os adolescentes em conflito

- Salmos 89.15
- Eclesiastes 4.9,10
- Mateus 10.27
- Marcos 16.15
- Atos 1.8
- Romanos 10.15

Vício em Internet e jogos de computador

CARACTERÍSTICAS DO CONFLITO

Viciado é alguém que não consegue controlar a ânsia por alguma coisa ou a dependência dela. Parece que nada consegue domar essa "fissura". Quando o indivíduo é viciado, a necessidade interior é tão forte e tão consumidora que são comuns declarações como: "Não consigo me controlar". Com a invasão dos avanços tecnológicos e a extraordinária expansão da Internet, não é de surpreender que cada vez mais pais e terapeutas ouçam os adolescentes dizerem que estão perdidos no ciberespaço.

Os viciados *on-line* e em jogos de computador apresentam os mesmos sintomas das pessoas que abusam do álcool e das drogas: negação, privacidade, extravasamento, compulsão, falta de atenção e afastamento da família e dos amigos.

A indústria dos jogos eletrônicos ostenta vendas multibilionárias em dólares todo ano. É o segundo tipo de entretenimento domiciliar mais popular depois da TV. De acordo com pesquisa publicada, nove entre dez lares norte-americanos com crianças alugam *videogames* ou jogos de computador.[1] O que elas jogam? Um monte de jogos de massacre, evidentemente. Quase um terço dos melhores *videogames* tem conteúdo violento.

A dra. Kimberly Young, professora assistente de psicologia da Universidade de Pittsburgh, Bradford, e fundadora do Center for Online

[1]J. Quittner, Are video games really so bad?, *Time*, 10 de maio, 1999, p. 50-9.

Addiction, conduziu um estudo sobre o vício *on-line* e cunhou o termo *netaholic* [viciado na *net*].[2] Ela registrou centenas de estudos de caso sobre o assunto no mundo inteiro. Embora esteja interessada no indivíduo viciado em Internet, a dra. Young está particularmente preocupada com os jovens. E por um bom motivo.

Numa manhã qualquer, mais de catorze milhões de adolescentes norte-americanos desligam o despertador, tomam rapidamente o café da manhã, escovam os dentes, saem correndo para a escola e, em algum momento do dia, até 80% deles — número que dobrou em apenas dois anos — acessam a Internet. A grande maioria não está a procura de instruções para fazer bombas caseiras nem entrando em salas de bate-papo de membros da supremacia branca. A maioria busca resultados de jogos, faz *download* das músicas mais recentes de seus músicos favoritos ou conversa com os amigos. Alguns até fazem a lição de casa entrando em bibliotecas virtuais para obter informações. Sem dúvida, a Internet é um recurso e uma ferramenta de comunicação maravilhoso. Mas, para alguns jovens compulsivos, tornou-se um instrumento que lhes controla a vida, sem mencionar que muitos já acessam alguns dos quarenta mil *sites* pornográficos (se ao menos fosse sem querer!). De fato, sabe-se que mais de 40% dos adolescentes usuários da Internet já visita *sites* pornográficos.[3] Diariamente, surgem cinco mil novos *sites* no sempre crescente universo da rede, constituído de oitocentos milhões a um bilhão de páginas, sendo que *uma em cada dez é de pornografia*.[4]

Obviamente, queremos que os jovens usem essa maravilha tecnológica, tão revolucionária quanto o telefone. Ela molda nossa vida e nos oferece incontáveis benefícios. No entanto, queremos saber o que pode ser feito para evitar que a nossa juventude fique viciada nesse meio de matar o tempo. Como podemos proteger nossos filhos de mergulhar num mundo de influências e valores que, na maioria das vezes, está longe de nossos olhos? Podemos afastá-los da obscenidade estarrecedora, do ódio execrável e das orientações aterradoras para ataques e crimes homicidas que estão a apenas um clique de distância? A resposta é sim, mas não há nenhuma garantia.

[2] K. S. Young, *Caught in the net:* how to recognize the signs of Internet addiction, New York: John Wiley & Sons, 1998.

[3] B. Watson, The Internet: potential for great good or terrible harm, *Washington Citizen* 11, junho, 1999, p. 1-3.

[4] J. Samad, Internet Safety Position Paper, National Coalition for the Protection of Children and Families, 2 de dezembro, 1999.

CAUSAS DO CONFLITO

As causas do vício em Internet e da sedução dos jogos sanguinários de computador são numerosas. Vejamos as razões mais prováveis dos jovens ficarem enredados na teia da tecnologia.

Solidão

Os fãs da *web* dizem que a Internet e especialmente as salas de bate-papo conduzem à interação, ao encontro e ao relacionamento. O termo preferido é "comunidade". Porém, na realidade, a *web* fornece apenas uma sombra da verdadeira comunidade. A interação com outro ser humano, tida como a grande virtude da comunidade da *web*, é de fato a interação com *fac-símile* de um ser humano. Mas é esse desejo de entrar em contato com alguém, de sair da solidão, que empurra alguns adolescentes para uma dependência doentia da *web*.[5]

Pornografia

A maravilha e o horror da *web* não é o fato dela nos levar para o mundo, pelo contrário, é o fato de trazer o mundo para dentro da privacidade de nossa casa (ou quarto). É exatamente essa condição que torna a pornografia mais acessível que nunca. Para alguns adolescentes com os hormônios em ebulição, essa tentação é simplesmente grande demais para resistirem. O pretexto de privacidade, o anonimato na Internet tornou-se um disfarce perfeito.[6]

Estar por dentro de tudo

Todo adolescente quer fazer parte do que todo o mundo está falando ou fazendo. Quando surge um burburinho sobre alguma coisa do mundo virtual, pode apostar que a garotada correrá infalivelmente para o computador mais próximo. Qualquer assunto que caia na boca do povo é motivo para o adolescente correr para investigar na *web* e depois contar aos amigos suas incríveis descobertas.

[5]M. J. Andersen, Info age: teen cyberlove just a new version of an old problem, *Providence Journal-Bulletin* 26, 1997, p. 1-4.

[6]G. Zgourides, M. Monto & R. Harris, Correlates of adolescent male sexual offense: prior adult sexual contact, sexual attitudes, and use of sexually explicit materials, *International Journal of Offender Therapy and Comparative Criminology* 41, 1997, p. 272-83.

Dinheiro

Alguns jovens especialistas no mundo cibernético encontraram uma maneira de ganhar dinheiro com o tempo que passam na Internet. Por exemplo, fazem *download* de um *software* ilegal e depois vendem-no aos colegas. O "cibercrime" está preocupando cada vez mais o FBI e outros órgãos de justiça, e os adolescentes, ao que parece, são os maiores contraventores.[7]

Privacidade

O adolescente pode visitar *sites* e fazer coisas no ciberespaço que pai nenhum aprovaria, e ninguém jamais tomaria conhecimento. A idéia de poder explorar tabus sem sair de casa leva muitos jovens a praticar atividades cibernéticas prejudiciais.

DESCRIÇÃO DE CASO

Randy passa a maior parte do tempo conectado à Internet. Se acorda mais cedo, fica *on-line* antes de ir para a escola. Na escola, faz o acesso num dos computadores do laboratório de informática na hora do lanche. Quando volta da escola, Randy fica conectado à Internet até sua mãe chegar do trabalho. Quando ouve a porta da garagem abrir, desconecta-se imediatamente. Porém, logo em seguida, corre para seu *PlayStation* Sony e passa horas sentado, explodindo aviões de guerra inimigos no céu do Ace Combat 2. Muitas noites, depois que sua mãe se recolhe, Randy retorna à Internet e fica das 23 horas até as primeiras horas da madrugada. O que faz ao longo desse tempo todo que passa diante da tela do computador? Envia e recebe *e-mails*, entra em salas de bate-papo de vez em quando, visita as *home pages* de seus amigos e consulta a lista de estréias de filmes previstas para a semana seguinte. Mas também efetua *download* de cópias ilegais de *software* (conhecidas como *warez*). Ah, sim, sempre topa com um *site* pornográfico. Randy mostra-se cada vez mais cansado e letárgico na escola, e suas notas estão em franco declínio.

[7] J. R. Lingamneni, Computer crime, *Journal of Criminology and Social Psychology* 2, 1997, p. 85-95.

COMO OS PAIS PODEM AJUDAR

As estratégias citadas a seguir destinam-se a ajudar os adolescentes com o conflito do vício na Internet ou em jogos de computador e podem ser usadas efetivamente pelos pais; entretanto, como a relação entre pai e filho é única, algumas serão mais pertinentes para a sua situação do que outras. Como em todo grande conflito da adolescência, o melhor é que os pais trabalhem sob a orientação de um terapeuta competente. Pensando nisso, as estratégias aqui expostas visam facilitar o processo de ajuda dentro de casa com o adolescente.

Ressaltar a gravidade

Uma das melhores maneiras de ressaltar a gravidade do vício na Internet ou em *video games* é simplesmente registrar o número de horas que o jovem gasta nessa atividade.

Aprender a linguagem da Internet

Pode ser muito difícil para os pais ou terapeutas conversarem com os adolescentes mergulhados no *ciberespaço* se não conhecerem essa terminologia. Vejamos alguns termos bastante usados.

ASCII (pronuncia-se "ásqui"): Sigla de *American Standard code for information interchange* [Código-padrão americano para troca de informações]. É o padrão mundial para os números de códigos usados pelos computadores para representar letras latinas maiúsculas e minúsculas, números e pontuação.

Anexo: Texto, foto, figura ou programa anexado a uma mensagem de *e-mail* ou de grupo de discussão.

DCC: Conexão direta de cliente a cliente na Internet. Pode ser usada para bate-papo ou para transmitir e receber arquivos. Exemplos desse tipo de programas são o ICQ, o MSN e o AIM.

Navegador (browser): Programa usado para ver páginas disponíveis na world wide web (www). Interpreta as informações de um *site* indicado e exibe na tela do computador textos, sons imagens etc.* Exemplos de navegadores são Internet Explorer, Netscape e Opera.

*M. R. SAWAYA, *Dicionário de informática e Internet*, São Paulo, Nobel/ CEE TEPS—FATEC, 1999. (N. do E.)

Criptografia: Uma maneira de fazer com que as informações sejam legíveis apenas para o receptor. É o meio cada vez mais utilizado para se enviarem números de cartão de crédito em transações pela Internet.

Frequently asked questions (FAQ) [Perguntas feitas com freqüência]: Lista de perguntas relativas às dúvidas comuns sobre determinado assunto, acompanhada de respostas fornecidas por usuários mais antigos ou experientes, ou pelo responsável por determinado produto (*software, hardware*, serviços etc.). Serve como um miniarquivo de ajuda. Todo grupo de discussão tem pelo menos um FAQ.*

Flame: Enviar mensagens ofensivas ou insultantes, geralmente em resposta à quebra de regras de *netiqueta*.

Freeware: Programa disponível na Internet para ser baixado [*download*] e usado gratuitamente. Programa desse tipo também são disponíveis em CD-ROM.

Gopher: Servidor para visualização de documentos e sistema de busca que permite ao usuário procurar textos de interesse em toda a Internet e também o ajuda a carregá-lo em seu computador.

Java: Linguagem de programação especificamente criada para desenvolver programas que possam ser obtidos com segurança por *download* e executados imediatamente sem o risco de vírus ou outros malefícios.

Netiqueta: As regras de etiqueta que regem a interação *on-line* na Internet.

Servidor: Um computador, normalmente baseado no Unix ou Windows NT, que hospeda serviços ou informações que podem ser acessadas pelo usuário.

Shareware: Programa fornecido pelo autor gratuitamente para avaliação por um determinado período, ou para uso regular ao preço de uma taxa predefinida. O pagamento depende da honestidade do usuário.

Spamming: Envio de *e-mail* não solicitado ou uma mensagem idêntica e irrelevante para vários grupos de discussão da *UseNet*.

UseNet: Rede de usuários.

Zip drive: Unidade de disco removível de alta capacidade e baixo custo.

Estar atento aos *video games* violentos

Existem alguns tipos de jogos que colocam armas nas mãos dos adolescentes e lhes dão prêmios para explodir tudo o que aparecer pela frente.

*Ibid.

Os participantes do *Doom* e do *Quake* (e uma miríade de imitações) caminham por labirintos no ponto de vista de primeira-pessoa* e lançam mão de armas cada vez maiores e mais letais. A única coisa que varia são as vítimas. No *Duke Nukem*, as personagens são homens-porcos com roupas de policiais. No *Grand Theft Auto*, o participante ganha pontos roubando carros e matando policiais. Outros jogos do gênero são: *Redneck* e *Rampage*. Esses jogos são extremamente violentos e não têm nenhum conteúdo educativo.

Não confiar no governo como guardião

Já ouvi alguns adultos dizerem que não estão preocupados com o que os jovens encontram na Internet porque o governo está atento para protegê-los das más influências. A verdade é que a ação governamental não faz muita diferença. A Internet é grande demais e internacional demais.[8] Se há uma guerra a ser travada, a principal cabeça-de-ponte deve estar dentro casa.

Ser cuidadoso no "monitoramento"

Quase todos os pais acreditam que a melhor maneira de proteger os filhos na Internet é monitorar literalmente as atividades deles. Ficam ao lado do computador de vez em quando, enquanto o filho ou a filha manuseia o teclado, e observam cada clique do mouse. O que poucos sabem é que, quando o jovem começa digitar numerais, pode estar usando um sinal de alerta do bate-papo que significa "unidade paterna à vista". O importante é tentar não ser enganado.

Criar um registro de horas na Internet

Fazendo uma contagem precisa do tempo que o jovem despende todo dia conectado à Internet, você estabelece um critério objetivo para avaliar uma mudança. Esse tipo de controle, em geral, requer a ajuda do adolescente. Você pode fazer um pacto de honra com o adolescente para que ele faça o registro de uma semana ou duas. Se ele recusar a

*Nesses jogos, o jogador pratica as ações ele próprio, diferentemente de outros jogos, em terceira-pessoa, nos quais ele manipula personagens que praticam as ações. (N. do E.)

[8] K. F. Durkin, Misuse of the Internet by pedophiles: implications of law enforcement and probation practice, *Federal Probation* 61, 1977, p. 14-8.

idéia ou mentir visivelmente, provavelmente você esteja lidando com uma negação do vício.

Não ignorar o óbvio

Não é preciso ser formado em engenharia elétrica para saber que o adolescente deve ser advertido a nunca revelar informações pessoais a ninguém pela Internet sem a autorização dos pais. E é vital colocar o computador num local da casa em que se possa ficar de olho.[9] Muitos pais não sabem que um simples clique na opção de menu "Histórico" da barra de ferramentas do navegador é capaz de exibir uma lista com os *links* de todos os *sites* visitados pelo computador recentemente. É claro que a maioria dos adolescentes de treze anos já sabe como eliminar esse tipo de prova potencialmente incriminadora dos arquivos do histórico.

Usar filtros

Há ferramentas que podem filtrar conteúdos ofensivos ou perigosos com a maior facilidade.[10] A AOL, por exemplo, é bastante eficaz na tarefa de ajudar os pais a fornecer aos filhos uma experiência na Internet sob a rígida orientação de seus editores: a conta da AOL "exclusivo para menores" bloqueia tudo aos jovens usuários, exceto as salas de bate-papo monitoradas em tempo integral e *sites* infantis previamente selecionados. Cada sistema de filtragem funciona de um jeito diferente. Pode simplesmente bloquear o acesso a uma lista de *sites* classificados como obscenos. O CyberPatrol, um *software* vendido em lojas nos Estados Unidos, é um sistema que pode ser personalizado e permite aos pais escolher o tipo de *site* que será bloqueado de acordo com seus critérios. O mesmo acontece com o Net Nanny. O Cyber Snoop cria um banco de dados à prova de adulteração a fim de que os pais possam examinar cada endereço da *web* que o computador visitou desde a ultima verificação. O Clean Web é um provedor cristão que filtra o conteúdo da Internet.

Verificar as cobranças de cartão de crédito

Para passar do primeiro ou do segundo nível da maioria dos *sites* pornográficos e outras operações nocivas da *web* é necessário inserir um nú-

[9]B. LANG & B. WILSON, *A parent's guide to making the Internet family friendly*, Nashville: Thomas Nelson, 1999.

[10]Ibid.

mero de cartão de crédito. Esse é um bom motivo para estimular os pais a manter os cartões de crédito longe dos filhos. Contudo, alguns adolescentes determinados memorizam os números necessários para ganhar o acesso desejado. Por isso, é importante ficar atento à movimentação do cartão de crédito.[11]

Ajudar a reconhecer a dependência

Um dos primeiros passos para controlar a dependência é simplesmente reconhecê-la.[12] Em Romanos 7.18,19, Paulo reconheceu o fato de que sempre se comportava de modo que não desejava e não fazia as coisas que gostaria de fazer na vida. É essa espécie de reconhecimento que serve de estímulo para a mudança. A fim de ajudar o jovem a reconhecer sua dependência da Internet ou de *video games*, ajude-o a controlar precisamente o tempo que consome navegando na *web* ou participando de jogos. Às vezes, a consciência do número de horas gastas na Internet é um alerta suficiente para fazê-lo reconhecer que tem problema de dependência.

Facilitar a aceitação da responsabilidade

Adquirir controle de um comportamento pessoal requer responsabilidade. Por mais tentador que seja para todos nós isentarmo- nos de culpa e apontar outras causas para o nosso comportamento, a verdade é que no fim a responsabilidade acaba caindo sobre nós. Esse é um passo crucial para ajudar o adolescente a mudar o comportamento vicioso. Paulo disse ao jovem Timóteo: "Exercite-se na piedade" (1Tm 4.7). Em outras palavras, a disciplina da mudança começa no momento em que o indivíduo aceita a responsabilidade pelo que está fazendo.

Encontrar um meio de fazer o jovem prestar contas

Depois que o jovem assumir o compromisso de mudar o mau comportamento, não se deve esperar que ele resista sozinho às inevitáveis tentações de retomar o antigo hábito. Ajude o jovem a trazer para a vida

[11]A. Barak & W. A. Fisher, Effects of interactive computer erotica on men's attitudes and behavior toward women: an experimental study, *Computers in Human Behavior* 13, 1997, p. 353-69.

[12]K. S. Young, The relationship between depression and Internet addiction, *CyberPsychology and Behavior* 1, 1987, p. 25-8.

dele pessoas que apóiem e desafiem seu compromisso de manter-se firme. Isso significa algum tipo de monitoração ou censura caso necessário. Em Romanos 7, Paulo conta que diariamente tinha de se explicar e prestar contas ao Senhor.

Manter a Internet na perspectiva correta

Não raro, para o adolescente viciado, a Internet torna-se o centro das atenções. Ele programa o seu dia em torno dela e, em decorrência, deixa de lado várias coisas que antes lhe eram importantes. Ajude-o a reconhecer que o tempo que passa na Internet pode estar substituindo atividades com a família, com os amigos, de louvor etc. Em outras palavras, ajude-o a ver o que está perdendo por ficar tanto tempo conectado à rede.[13] Com essa nova visão, de quanto a Internet está tomando conta de seu tempo, é bem provável que o adolescente queira fazer e manter uma mudança saudável.

Saber quando encaminhar

Encaminhe o adolescente com o conflito do vício em Internet ou jogos de computador para especialistas em vícios quando, com o tempo, ele não apresentar nenhuma mudança positiva em seu comportamento dependente.

Onde mais buscar ajuda

BAKER, J. D., *Parents' computer companion:* a guide to software and online resources, Grand Rapids: Baker Books, 1999.

GREENFIELD, D., *Virtual addiction*: help for netheads, cyber freaks, and those who love them, Oakland: New Harbinger, 1999.

JANTZ, G. L., *Hidden dangers of the Internet:* using it without abusing it, Wheaton: Harold Shaw Publishers, 1998.

LANG, B. & B. WILSON, *A parent's guide to making the Internet family friendly*, Nashville: Thomas Nelson, 1999.

RICE-HUGHES, D., *Kids online*: protecting your children in cyberspace, Grand Rapids: Revell, 1998.

SCHULTZE, Q. J., *Winning your kids back from the media*, Downers Grove: InterVarsity Press, 1994.

[13] A. BARBER, Net's educational value questioned, *USA Today*, 11 de março, 1997: 4D.

TURKLE, S., *Life on the screen:* identity in the age of the Internet, New York: Simon & Schuster, 1995.

YOUNG, K. S., *Caught in the net:* how to recognize the signs of Internet Addiction, New York: John Wiley & Sons, Inc., 1998.

Alguns *sites* úteis (em inglês):

- Center for Online Addiction: www.netaddiction.com
- Enough is enough: www.enough.org
- Filtering Facts: www.filteringfacts.org
- National Coalition for the Protection of Children and Families: www.nationalcoalition.org
- CyberPatrol: www.cyberpatrol.com
- Surfwatch: www.surfwatch.com

Orientação bíblica para os adolescentes em conflito

- Salmos 141.4
- Eclesiastes 12.14
- Isaías 5.20
- Marcos 9.43
- Gálatas 6.8
- 1Pedro 1.14

Vida escolar

CARACTERÍSTICAS DO CONFLITO

Sharon entregou o boletim ao pai. Enquanto ele permanecia em silêncio, em estado de choque, Sharon perguntou: "Pai, você acha que essas notas são resultado da hereditariedade ou do meio-ambiente?". Ron havia chegado em casa com o boletim que continha uma nota na média e quatro abaixo da média. Quando seus pais indagaram sobre o problema, ele retrucou: "Acho que ando concentrando-me demais numa só matéria".

Tanto Sharon como Ron usaram da ironia para não ter de enfrentar o dissabor do problema com o desempenho escolar, mas, para os pais de maus alunos, ir mal na escola não é motivo para brincadeira. O problema é sério e difícil. Milhões de adolescentes vão mal em matemática e língua-mãe. Estima-se que 30% dos jovens de todos os EUA não adquirem conhecimento básico e aptidões necessárias para conseguir um bom emprego.[1]

Os adolescentes em conflito com o desempenho escolar nem sempre são iguais. Alguns ficam sentados no fundo da classe lotada, mastigando chiclete ou uma mecha do cabelo, torcendo para o professor não chamá-los.[2] Outros tentam acostumar os professores a não incomodá-los, mantendo um silêncio hostil sempre que são chamados. Alguns se

[1]EDUCATION COMMISSION OF THE SATES, Securing our future: the report of the National Forum for Youth at Risk, Denver, Education Commission of the States, 1988.

[2]D. T. FENWICK, Managing space, energy, and self: junior high teachers' experiences of classroom management, teaching, and teacher education, *Teaching and Teacher Education* 14, 1998, p. 619-31.

tornam o palhaço da classe, fazendo comentários irrelevantes sempre que a classe fica em silêncio. Outros roubam a lição de casa de um colega ou entregam a prova em branco (em testes de múltipla escolha eles marcam todas as alternativas A, por exemplo.). Alguns sentem muita ansiedade com seu desempenho escolar e desmaiam ou vomitam nas provas mais importantes. Outros chegam à escola atrasados, matam aulas ou até um dia inteiro de escola. Alguns são suspensos ou expulsos. Outros abandonam a escola.

Apesar dos diferentes estilos de enfrentamento, cada um desses adolescentes está lutando contra o mesmo problema: o mau desempenho na escola. São aqueles que os especialistas chamam de "dorminhocos". São jovens competentes que vão mal na escola.

Enquanto um pequeno número desses alunos pode ter conseguido passar pelo crivo de seleção mesmo com dificuldade de aprendizagem (em geral, são identificados e colocados em classes especiais)[3], muitos são dotados de QI normal, mas têm dois problemas em comum: 1) falta de motivação e 2) falta de aptidão para o estudo.

Motivação é o mecanismo que aciona o comportamento. Quase toda atividade se realiza e desenvolve devido à motivação. Quando a motivação é alta, diz-se que o aluno é muito esforçado. Os estudantes com motivação para ser esforçados impõem metas e são persistentes em alcançá-las. Os estudantes com falta de motivação costumam ser chamados de "preguiçosos". Eles não têm motivação para atingir metas escolares e, portanto, não desenvolvem seu potencial. A frustração que sentem não leva à solução do problema, mas à falta de motivação e à fuga do problema real. Estima-se que de 15% a 40% dos adolescentes em geral tenham baixo desempenho escolar.[4]

A *falta de aptidão para o estudo* também contribui para as dificuldades do adolescente na escola. Um sinal claro do problema aparece quando a lição de casa passa a ser grande motivo de conflito na família. Pesquisas revelam que 60% dos jovens de dezessete anos nos Estados Unidos gastam menos de cinco horas por dia com a lição de casa. Seis por

[3]"Dificuldades de aprendizagem" é a expressão genérica que designa os problemas que um número estimado de 6% a 10% de estudantes normais encontram em receber, processar e pôr em prática informações. O mais conhecido é a dislexia, um distúrbio neurológico no qual a pessoa troca as letras e sílabas das palavras.

[4]C. A. Asbury, Selected factors influencing over- and underachievement in young school-age children, *Review of Educational Research* 44, 1974, p. 409-28.

cento dizem que não têm lição de casa e 7% reconhecem que receberam lição de casa, mas simplesmente não fizeram. Apenas 6% gastam mais de dez horas por semana com a lição de casa.[5] As aptidões para o estudo são importantes para determinar se o estudante fará a lição de casa. O desenvolvimento de métodos de estudo eficientes e a motivação para aprender são as maiores necessidades dos adolescentes com problemas de desempenho escolar.

DESCRIÇÃO DE CASO

Allen, catorze anos, era um aluno relativamente bom nos anos do ginásio. Mas, depois de apenas quatro meses no colegial, ficou claro que estava lutando para não soçobrar. Sentia-se tenso e deslocado, perdia a concentração com facilidade e raramente fazia toda a lição de casa. Disse que lia um capítulo num dos livros de classe e depois não se lembrava de mais nada. Segundo suas próprias palavras, foi "arrastado" para dentro da sala do terapeuta por seus pais, que começaram a sessão recitando uma lista de seus fracassos escolares. A pressão que sentia da parte dos pais era terrível. Queriam que ele fosse o primeiro da classe, mas ele mal tinha as aptidões necessárias para apenas sobreviver.

CAUSAS DO CONFLITO

Muitos fatores contribuem para o fracasso escolar. O adolescente com dificuldades na escola reúne uma combinação única de "causas". Os padrões de comportamento e de atitudes resultantes dessas influências podem persistir por toda a vida e interferir nas oportunidades de trabalho no futuro se não houver nenhuma intervenção.

Falta de informação

Muitos estudantes simplesmente não sabem estudar. Seu desempenho acadêmico é baixo em conseqüência de maus hábitos de estudo que desenvolveram ou aprenderam de várias fontes. Nunca aprenderam métodos de estudo eficazes. Por exemplo, nunca aprenderam a usar a biblioteca, a tomar nota nas aulas, a fazer um plano de estudo para as provas e a distinguir o importante do trivial. Criticar esses alunos por

[5] National Assessment of Educational Progress, *Newsletter* 11, 1978, p. 1-3.

não estudarem mais é como reclamar que o carro não presta quando o problema é apenas o tanque de gasolina vazio.

Problemas psicológicos

Medo do fracasso, dependência, inferioridade e atitudes críticas podem levar o adolescente a não querer tentar estudar ou ao estudo ineficiente. O perfeccionismo pode levar à protelação ou à não conclusão de tarefas. O estudante com problemas psicológicos mais sérios quase sempre tem dificuldade para estudar. Por exemplo, os conflitos de uma família traumática podem causar dificuldade de concentração na criança. E a luta contra a depressão ou ansiedade, obviamente, prejudica o rendimento escolar. O uso de medicamentos ou de drogas pode causar letargia e interferir nos estudos. Os problemas psicológicos têm grande potencial para afetar o desempenho escolar.[6]

Influência dos pais

Quando os pais alimentam expectativas excessivamente grandes, os filhos desenvolvem o medo do fracasso e baixa motivação. Para se "vingar" dos pais supercontroladores, o adolescente pode abandonar a escola.[7] Como nunca consegue ser suficientemente bom para agradar os pais, ele pára de tentar. O contrário também pode acontecer e ser negativo da mesma forma. Quer dizer, se os pais derem pouco incentivo, subestimarem os filhos e demonstrarem poucas expectativas, os filhos responderão de acordo.

Alguns pais ficam tão absorvidos em seus próprios problemas que não demonstram nenhum interesse pelo desempenho do filho na escola. Outros são tão permissivos que não esperam nenhuma aquiescência e os filhos não aprendem a ter disciplina. Por esse motivo, eles têm pouca motivação. A criança superprotegida também tem dificuldade na escola. Não aprende a estabelecer metas, a ter motivação própria nem a trabalhar sob qualquer tipo de pressão. Os pais exercem grande influência sobre o sucesso ou fracasso dos filhos na escola.

[6]W. B. Carey, Temperament and behavior problems in the classroom, *School Psychology Review* 27, 1998, p. 522-33.

[7]K. Metcalf & E. Gaier, Patterns of middle-class parenting and adolescent underachievement, *Adolescence* 22, 1987, p. 919-28.

Baixa auto-estima

Sentir-se inútil é um grande fator de baixa motivação. Os estudantes que sofrem com o sentimento de inferioridade costumam achar-se caso perdido. É quase como se quisessem fracassar de propósito. O fracasso se torna uma forma de confirmar a falta de respeito próprio. O resultado dessa auto-imagem negativa é a atitude "não sou capaz" que leva à quase total falta de motivação para ser bem-sucedido na sala de aula. O adolescente subestima a própria capacidade e tem poucas aspirações. Consulte a seção sobre inferioridade para saber lidar melhor com esses estudantes.

Ambiente negativo

Do mesmo modo que a vida familiar, o ambiente escolar também afeta a vontade de aprender. O ambiente de aprendizagem num sistema escolar ou numa determinada classe está diretamente relacionado à motivação. A escola deve transmitir ânimo e manter espírito otimista em relação ao estudo. O jovem desenvolve o interesse em aprender quando seus professores estão ativamente interessados em que ele aprenda. Alguns adolescentes fracassam na escola simplesmente porque os professores que "fingem" estar interessados acabaram com a sua vontade de aprender.

Controle externo

De acordo com alguns pesquisadores, o conceito de localização do controle engloba a dinâmica da personalidade mais importante associada ao baixo desempenho.[8] Localização do controle refere-se à crença do indivíduo acerca de quem controla o seu futuro. O adolescente com alto controle interno considera-se responsável pelo próprio sucesso. Quando vai mal numa prova, por exemplo, costuma culpar-se a si mesmo por não ter estudado o suficiente, não ter prestado atenção na aula ou por chegar atrasado à escola. O adolescente com alto controle externo acredita que os fatores que controlam o sucesso não dependem dele. Por exemplo, ele pode culpar um professor, a falta de sorte ou criar causas injustas para justificar seu fracasso numa prova. O adolescente em conflito é, na maior parte das vezes, muito externo. Não assume quase nenhuma responsabilidade por

[8] L. NIELSEN, *How to motivate adolescents*, Englewood Cliffs: Prentice-Hall, 1982.

seu fracasso e, portanto, é mais propenso a desistir. Desenvolve o que Martin Seligman chamou de "incompetência adquirida".[9] O aluno diz: "Não sou capaz de fazer isso, então, para que tentar?".

COMO OS PAIS PODEM AJUDAR

As estratégias citadas a seguir destinam-se a ajudar os adolescentes com o conflito do desempenho escolar e podem ser usadas com eficiência pelos pais. Entretanto, como a relação entre pai e filho é única, algumas serão mais pertinentes a sua situação do que outras. Como em todo grande conflito da adolescência, o melhor é que os pais trabalhem sob orientação de um terapeuta competente. Pensando nisso, as estratégias visam a facilitar o processo de ajuda dentro de casa com o adolescente.

Levar em conta o contexto familiar

Se existe tensão entre os pais, se eles se divorciaram recentemente ou mesmo se tiveram outro filho há pouco, os problemas escolares podem estar escondendo a verdadeira questão. Ansiedade, raiva ou depressão em relação à vida familiar deixa o jovem estressado e não permite que se concentre na escola. Todavia, o jovem que compete com irmãos bem-sucedidos pode optar pelo fracasso para tentar chamar atenção em casa. De qualquer forma, o contexto familiar é uma consideração importante que vale a pena ser investigada.

Concentrar-se no encorajamento

A base da ajuda para qualquer adolescente com problemas na escola deve ser encorajá-lo a assumir uma atitude do tipo "eu posso". O adolescente precisa ser capaz de sentir que é aceito pelos pais, e os pais precisam evitar o sarcasmo e a ironia a qualquer custo. As críticas podem acabar com qualquer oportunidade de se fazer uma intervenção efetiva. Os pais devem esforçar-se diligentemente para não deixar o adolescente misturar a auto-estima com o desempenho escolar.

Examinar as condições de estudo

Os estudantes colegiais deveriam ter condições adequadas para estudarem sozinhos. O lugar de estudo deve ser o mais tranqüilo e organizado

[9] M. Seligman, *Learned o optimism*, New York: Knopf, 1991.

possível. O ideal é ter uma escrivaninha no quarto. A luz deve partir da direção contrária do sentido da escrita (para não fazer sombra). Não deve haver interrupções nem distrações. O estudante não deve atender a telefonemas na hora do estudo. Deve dispor de dicionários e livros de consulta de fácil acesso, além de canetas, lápis e papel. Também deve criar um sistema compatível com o seu estilo de organizar os vários cursos num só caderno. Essas condições podem ser discutidas com o adolescente. O objetivo é criar as melhores condições de estudo possíveis, a fim de não forçá-lo a assumir uma postura que não tem. Alguns jovens, por exemplo, podem sentir-se muito isolados com uma escrivaninha no quarto e preferir estudar na mesa da cozinha. O segredo é ter hora e lugar certos para o estudo.

Infundir auto-estima incentivando as realizações pessoais

O velho ditado que diz "não há nada melhor que vencer" é mais que um simples clichê. O adolescente que vai mal na escola precisa de esperança. Necessita ver sinais de possibilidades, sinais que o ajudem a acreditar que pode vencer. Isso pode ser conseguido colocando-o numa classe que seja desafiadora, mas não acima de sua capacidade. O estudante que já sofreu muitos fracassos no passado precisa ser capaz de ter êxito em 90% do seu tempo para gostar do que está fazendo. Converse sobre esse princípio com os professores a fim de obter sugestões do que pode ser feito para promover o sucesso do jovem. Quando adquirir gosto pelo sucesso, ele começará a sentir-se vencedor e ficará ansioso para dominar novos conteúdos e aptidões. A auto-estima não é pré-requisito para o sucesso escolar, é conseqüência do sucesso.

Explorar a maneira de estudar

Alguns estudantes nunca tiveram ninguém que lhes ensinasse a estudar. Analise com eles a forma que eles devem preparar-se para as provas, fazer trabalhos e a lição de casa. Se tiver alguma motivação para melhorar, você pode ajudar seu adolescente mostrando maneiras mais eficientes de estudar. Um dos métodos mais práticos, eficazes e pesquisados de como estudar efetivamente é pesquisar, perguntar, ler, recitar, escrever e revisar.[10]

[10]F. P. Robinson, *Effective study*, New York: Harper & Row, 1970.

Pesquisar. O objetivo da pesquisa é verificar quais perguntas importantes são respondidas no capítulo do livro de estudos. Primeiro, o aluno procura do início ao fim do capítulo afirmações objetivas, lista de perguntas ou resumo do capítulo e os lê antes de descobrir as perguntas a que deve ser capaz de responder quando terminar o capítulo. Depois vem a pesquisa. É o processo de passar os olhos rapidamente pelo capítulo para tentar encontrar respostas às perguntas importantes. Deve ler títulos e subtítulos e examinar todas as ilustrações, fotos ou gráficos. Desse modo, obterá compreensão geral do que o capítulo trata.

Perguntar. Parte da pesquisa é transformar os títulos e subtítulos em perguntas. Por exemplo, se o aluno combinasse o título deste livro com o assunto desta seção, teria a pergunta: "Quais as maneiras de se ajudar o adolescente com o conflito do desempenho escolar?". Se ele formular perguntas durante a pesquisa, terá uma lista delas. Se um capítulo não tiver subtítulos, o jovem poderá usar a primeira sentença de cada parágrafo. Antes de ler, o estudante pode tentar responder às perguntas que formulou. Depois, pode comparar suas respostas com o livro.

Ler. Em seguida, o estudante lê o texto para encontrar as respostas completas a suas perguntas. Não é preciso meditar sobre cada palavra e detalhe. O objetivo é responder às perguntas. Deve ler rápida e seletivamente o texto para encontrar as respostas. Deparando com a resposta a uma pergunta que não previu, deve fazer uma pausa, formular a pergunta e descobrir a resposta.

Recitar e escrever. Depois de ler as respostas para as perguntas da pesquisa e desenvolver novas perguntas e respostas que não tinha previsto, deverá recitar as respostas. Só porque leu o capítulo, não significa que realmente sabe do que se trata. Lendo em voz alta os conceitos que encontrou, conseguirá compreender melhor o conteúdo do capítulo. O aluno também deve fazer uma "discussão" resumida.

Revisar. A última etapa desse método de estudo é revisar o capítulo. O jovem poderá fazer isso a qualquer momento. Por exemplo, preparando-se para a prova, o estudante pode testar-se com as perguntas que ele criou até conseguir respondê-las corretamente, como se fossem cair na prova. Quando estiver seguro de que pode responder corretamente e fazer um bom resumo, o estudante se sentirá mais confiante e irá melhor nas provas.

Com esse método de estudo, o adolescente passa menos tempo decorando fatos que em pouco tempo irá esquecer. Em vez disso, ele se concentra nos principais conceitos, não nos detalhes, e não perde tempo lendo e procurando informações que já sabe. Ficará também apto para fazer uma revisão completa e se preparar para uma prova. Os estudantes colegiais que aprenderam esse método de estudo tiveram melhora significativa no desempenho escolar.[11] Se você acha que não poderá ajudar o seu filho nessas aptidões, procure um especialista em aprendizagem.

Explorar a freqüência escolar e o hábito de tomar notas

Assistir às aulas é algo tão obviamente útil que fico até desconcertado de falar sobre isso. Infelizmente, alguns adolescentes precisam de encorajamento para sequer estar na classe quando a aula começa. Necessitam compreender a importante relação entre assistir às aulas e ter boas notas. Oitenta e cinco por cento dos estudantes com notas acima da média dificilmente faltam às aulas.[12]

O adolescente perturbado pelo desempenho escolar também precisa ser orientado a tomar nota nas aulas. Uma boa estratégia é fazer notas na margem direita da página e deixar a margem esquerda para as perguntas de estudo. O estudante deve ser estimulado a registrar as principais idéias e afirmações da aula, e não palavra por palavra. Depois da aula, deve aproveitar alguns minutos para transformar as notas em perguntas. O tema principal e os subtópicos podem ser transformados em perguntas e registrados ao lado das notas. O objetivo é ir para a aula esperando perguntas e respostas.

Levar em consideração as recompensas

A maioria dos pais já usou reforços positivos, como, por exemplo, o privilégio de assistir à televisão depois do estudo. Às vezes, as recompensas são úteis para motivar o desmotivado. O adolescente que acabou de tirar a carteira de motorista, por exemplo, pode ficar extremamente motivado com a possibilidade de poder usar o carro da família assim

[11] J. M. Greiner & P. Karoly, Effects of self control training on study activity and academic performance: an analysis of self monitoring, self reward, and systematic planning components, *Journal of Counseling Psychology* 23, 1976, p. 495-502.

[12] H. C. Lindgren, *The psychology of college success*, New York: Wiley, 1969.

que cumprir certas condições. Ameaças de punição por causa de notas baixas, porém, é outro método bastante usado que não dá muito certo. As recompensas positivas funcionam muito melhor. O maior motivador de todos é o sucesso. Procure reforçar o que é positivo em vez de procurar diminuir o que é negativo.

Avaliar a possibilidade de ter um professor particular

Uma das maneiras mais diretas de melhorar o desempenho do adolescente com problemas na escola é arranjar um professor particular. É uma alternativa muito útil, principalmente para o jovem que se recusa a ir para uma escola especial. O estudante pode continuar na escola pública, e os pais podem usar o dinheiro que gastariam com uma escola particular para contratar professores particulares que ensinem seus filhos em casa. Alguns professores são especializados em determinadas matérias; outros podem ser contratados para ensinar métodos gerais de estudo.

As pesquisas de ensino reforçam os ganhos que se pode obter com aulas particulares individuais. Os departamentos de ensino de faculdades ou universidades são ótimos locais para se encontrar professores particulares. Alguns colégios oferecem programas com aulas particulares. E um número cada vez maior de empresas de prestação de serviço trabalha com professores particulares. O adolescente costuma estabelecer uma relação com o professor particular semelhante à que existe entre paciente e terapeuta. Essa ligação do aluno com o professor produz efeitos semelhantes aos terapêuticos. Alguns jovens em conflito podem achar mais fácil relacionar-se com o adulto, que identificam como tutores, que com os próprios pais, psiquiatras ou terapeutas. Contudo, para o jovem com problemas emocionais e conflitos escolares, a combinação de aulas particulares e psicoterapia produz resultados excepcionais e expressivos.

Levar em conta as escolas particulares

Para os pais frustrados com experiências em escolas públicas, uma escola preparatória ou uma escola cristã de alto nível pode ser uma boa alternativa. Em geral, essas escolas têm ensino metódico, seguro, abrangente e tradicional. Às vezes, o desafio de um programa rigoroso pode ser exatamente o que um adolescente indisciplinado e desmotivado precisa. Para encontrar uma escola cristã em deteminado local, procure orientação com a convenção ou diretoria de sua denominação religiosa, ou com o pastor de sua igreja:

Saber quando encaminhar

Encaminhe o adolescente em conflito a especialistas pedagógicos para uma avaliação, caso suspeite de algum problema de aprendizagem. A maioria dos adolescentes emocionalmente perturbados e com dificuldade de aprendizagem são identificados e transferidos para classes especiais ou encaminhados a professores de reforço para obter a ajuda especializada. Mas eventualmente estes são esquecidos.

Onde mais buscar ajuda

FELTON, G. S & B. E. BIGGS, *Up from under- achievement*, Springfield: Charles C. Thomas, 1977.

LEE, P. M., *Helping your child with homework*, Washington: U.S. Department of Education, 1999.

LILLIE, D. L. & P. A. PLACE, *Partners:* a guide to working with schools for parents of children with special instructional needs, Glenview: Foresman, 1982.

NEMKO, M. & B. NEMKO, *How to get a "private school" education in a public school*, Washinton: Acropolis Books, 1986.

RICH, D., *Mega skills:* how families can help children succeed in school and beyond, Boston: Houghton-Mifflin, 1988.

ROBINSON, F., *Effective study*, New York: Harper & Row, 1970.

WRENN, C. G. & S. SCHWARYROCK, *Grades:* what's so important about them, anyway?, Circle Pines: American Guidance Service, 1970.

ZIFFERBLATT, S. M., *Improving study and homework behaviors*, Champaign: Research Press, 1970.

Orietnação bíblica para os adolescentes em conflito

- Salmos 37.5,6
- Provérbios 3.13,14; 10.14; 16.7; 18.9; 24.14
- Efésios 5.15,16
- Colossenses 3.23,24

Vítimas da violência

CARACTERÍSTICAS DO CONFLITO

"Tenho muito medo." É uma declaração cada vez mais presente entre crianças que foram estupradas, acuadas, esfaqueadas, surradas ou baleadas por um tiro perdido. Mais de um terço dos adolescentes afirma ser vítima da violência.[1] Essa mesma declaração, fazem as crianças que, apesar de não terem sofrido nenhum desses crimes pessoalmente, ficam quase tão traumatizadas diante da probabilidade de sofrê-los. Com a sucessão de tiroteios mortais em escolas e a transmissão pela mídia da violência entre adolescentes, mês após mês, não é de estranhar que cada vez mais jovens se sintam como se fossem vítimas.[2]

O mesmo vale para as escolas. Alarmados com o crescente número de atos de violência nas escolas, os educadores nos Estados Unidos estão mudando a forma de realizar sua missão. Estão instalando portões pontiagudos, detectores de metal, sistemas de alerta de emergência. Contratam guardas de segurança e impõem buscas nas mochilas, nos armários e nas carteiras dos estudantes. Insistem que os professores saibam fazer manobras de isolamento de área e tirar com segurança a arma de um aluno.

Até 8% de estudantes perdem um dia de aula por mês por medo de ser agredidos. Segundo uma pesquisa de âmbito nacional nos Estados

[1] S. Boney-McCoy & D. Finkelhor, Psychosocial sequelae of violent victimization in a national youth sample, *Journal of Consulting and Clinical Psychology* 63, 1995, p. 726-73.

[2] J. Cohn, Violations of human rights in children and adolescents, *International Journal of Adolescent Medicine and Health* 10, 1998, p. 185-92.

Unidos, 43% das crianças disseram que têm medo de ir ao banheiro com receio de ser molestadas.[3] Quem pode negar que os educadores tenham o direito, senão o dever, de fazer tudo o que podem para proteger a si mesmos e aos alunos, no exercício de suas responsabilidades, daquilo que se tornou uma importante ameaça à segurança: os outros alunos.

Seria a violência assim tão grande quanto se imagina? Afinal, a cobertura da mídia pode dar a impressão de que todo colégio do país corre o perigo de sofrer uma violência fatal. A verdade é que esses incidentes ainda são bastante atípicos. Os adolescentes que usam ou são propensos a usar a violência mortal em ambiente escolar correspondem a uma pequena fração da população jovem. De qualquer forma, há sem dúvida violência nas escolas, e a probabilidade de ocorrência está aumentando. Os jovens sabem disso.[4] Quer tenham sofrido pessoalmente um crime violento, quer não, fazem parte de uma geração aterrorizada. A violência é como um filme, por isso, a imaginação comum: Breve, num cinema — ou escola — perto de você.

A questão é que fazer com os jovens assustados? O que podemos fazer para ajudar as jovens vítimas da violência?

CAUSAS DO CONFLITO

Quanto às razões por que as crianças tornam-se vítimas da violência, a resposta é cristalina: Estavam no lugar errado, na hora errada. Não há nenhuma explicação teórica nem fator causal a não ser esse. As vítimas da violência são alvos de atos que não mereciam sofrer.[5]

É claro, alguns jovens apresentam muitos sintomas parecidos, mesmo não sendo vítimas diretas.[6] E o motivo disso é a consciência maior do que aconteceu com um amigo ou mesmo um estranho com quem se identificam. No caso dos massacres nas escolas em diversos pontos do país, os jovens ouvem, lêem e vêem as reportagens. Assistem às entrevistas com os sobreviventes e dizem: "Eu podia estar no lugar dessa pessoa". Os adolescentes vêem atualmente muitas cenas nos noticiários da

[3]N. Gibbs, Crime: another school, another shooting, *Time*, 31 de maio, 1999, p. 32-3.

[4]I. M. MacDonald, Violence in schools: multiple realities, *Alberta Journal of Educational Research* 43, 1997, p. 142-56.

[5]D. J. Flannery, M. Singer, L. Williams & P. Castro, Adolescent violence exposure and victimization at home: coping coping with trauma symptoms, *International Review of Victimology* 6, 1998, p. 29-48.

[6]J. E. Bain & R. T. Brown, Adolescents as witness to violence, *Journal of Adolescent Health* 19, 1996, p. 83-5.

noite, helicópteros sobrevoando mais uma escola, crianças correndo e a fita amarela isolando a área do crime.

DESCRIÇÃO DE CASO

Susan, estudante do ensino médio, nunca foi estuprada. Nunca foi atingida por nenhuma bala perdida. Jamais foi perseguida nem atormentada por ameaças de telefone. Mas está com medo. Uma de suas amigas foi ameaçada por um garoto armado, quando estava no estacionamento de um *shopping center* da cidade. Susan e a amiga estavam-se dirigindo ao estacionamento depois da sessão de cinema. Foi quando sua amiga percebeu que tinha esquecido os óculos de sol no cinema. Enquanto a amiga voltava para pegá-los, Susan deu a volta com o carro para encontrá-la na saída. Cinco, dez, quinze minutos se passaram, e Susan esperando. Preocupada, decidiu desligar o carro e voltar ao shopping a fim de procurar a colega. Não demorou muito e a encontrou caída no chão de uma cabine telefônica perto da entrada, chorando descontroladamente. A amiga fora assediada por um cara com uma máscara preta no rosto, que lhe colocou uma arma no rosto, fez um monte de ameaças e depois foi embora, afugentado pela movimentação das pessoas. Foi horrível. Susan não foi a vítima direta, mas era como se fosse. A experiência foi tão real para ela quanto para a sua amiga. Como a amiga, não conseguia dormir à noite, tinha dificuldade para se concentrar nas aulas, e as atividades normais, como ir à escola, eram agora permeadas pelo medo.

COMO OS PAIS PODEM AJUDAR

As estratégias citadas a seguir destinam-se a ajudar o adolescente que foi vítima da violência e podem ser utilizadas com eficiência pelos pais. Entretanto, como a relação entre pai e filho é única, algumas serão mais pertinentes a sua situação do que outras. Como em todo grande conflito da adolescência, o melhor é que os pais trabalhem sob orientação de um terapeuta competente. Pensando nisso, as estratégias expostas neste livro visam a facilitar o processo de ajuda dentro de casa com o adolescente.

Evitar o "desamparo adquirido"

O dr. Martin Seligman cunhou a expressão "desamparo adquirido" há mais de vinte anos, quando descobriu quão facilmente as pessoas desistiam de enfrentar situações que poderiam tentar melhorar. Um exemplo típico desse fenômeno foi observado perto do fim da Segunda Guerra Mundial, quando os prisioneiros nos campos de concentração pararam de tentar escapar porque era "impossível". Na verdade, havia vários portões e cercas velhas e desprotegidas perto do fim da guerra que seriam fáceis de transpor por quem quisesse fugir daquelas condições cruéis. Mas isso não aconteceu. Tudo porque as pessoas acreditavam que nada podiam fazer. Em situações menos drásticas, todo o mundo se torna vítima dessa mentalidade em algum momento. O jovem que sofreu um crime violento pode facilmente cair nessa armadilha mental e acreditar que não pode fazer nada para se proteger de outra violência. Por isso, é importante ajudá-lo a superar esse tipo de pensamento negativo, concentrando os esforços nas atitudes positivas a fim de recuperar o controle de sua vida.

Considerar saídas construtivas para uma mudança positiva

Os pais de três vítimas do massacre de 1997 em Paducah, Kentucky, entraram com um processo de cem milhões de dólares, alegando que vários produtos "defeituosos" da mídia criaram o clima propício para o desencadeamento do ataque mortal do estudante colegial Michael Carneal. Os acusados foram os criadores de dois jogos sangrentos de computador e os distribuidores de um filme violento. No velório de outro massacre escolar, fizeram-se manifestações que apelavam para que os produtores de Hollywood e de *video games* estabelecessem limites para o que será exibido e como isso se fará. Aproveitando essa onda de ataques contra as empresas que alimentam a cultura da violência nos jovens, seria bom que as vítimas da violência direcionassem seus receios e sua raiva para uma causa mais construtiva. Certamente, não é preciso entrar com nenhum processo na justiça. O jovem pode fazer uma campanha com abaixo-assinados para uma empresa ou um representante no Congresso patrocinar um pequeno grupo ou classe para educar os estudantes acerca dos aspectos destrutivos da mídia ou a respeito do problema do controle de armas. A questão é que o próprio ato de gerar mudança positiva constitui uma válvula de escape que ajuda as vítimas a superar o medo e a dor.

Criar um grupo estável

Depois da Segunda Guerra Mundial, Anna Freud mostrou que as crianças refugiadas que perderam os pais na guerra e conviveram durante anos com o mesmo grupo desenvolveram condições psicológicas relativamente boas. A presença de um grupo estável que compartilhava as mesmas experiências traumáticas foi um fator psicologicamente positivo para o sentimento de segurança.[7] A lição a ser aprendida é que é vital que os sobreviventes de crimes violentos tenham a oportunidade de ficar juntos. A comunhão e o apoio mútuo de um grupo estável de jovens que tenham sofrido a mesma experiência, embora traumática, é um fator extremamente importante para que haja cura e progresso.[8]

Prescrever um diário de gratidão

Uma das melhores maneiras de ajudar as vítimas da violência a assumirem uma mudança positiva de atitude é fazer que se concentrem nas coisas que lhes são preciosas. Um dos melhores modos é fazer que iniciem um "diário de gratidão". É uma estratégia simples em que se reserva alguns minutos no fim do dia para registrar o que aconteceu e por que se sentem agradecidas. Pode ser de um simples comentário, como alguém que lhes disse *oi* no corredor, até uma conquista pessoal importante encarada como um momento decisivo para a mudança, como revisitar a cena do crime pela primeira vez com amigos que lhes dêem força. O importante é fazer que se voltem para o que é bom, não para o que é ruim.

Promover um compromisso renovado com Deus

Depois do massacre da Columbine High, no Colorado, obreiros da juventude de todos os Estados Unidos notaram uma energia renovada de fé cristã nos jovens por eles atendidos. Adolescentes de todas as partes criaram horários regulares de oração em homenagem aos estudantes vítimas do massacre. O impacto emocional chamou a atenção para a necessidade de ter um relacionamento com Deus. Essa situação, na verdade, é bastante comum para qualquer idade, mas os adultos precisam dar atenção especial aos jovens vítimas da violência, direta ou indiretamente, proporcionando-lhes oportunidades de expressar os receios mais profundos da alma. Precisam dar-lhes todo o espaço

[7] W. H. Wist, R. H. Jackson & K. W. Jackson, Peer and community leader education to prevent youth violence, *American Journal of Preventive Medicine* 12, 1996, p. 56-64.

[8] P. M. Greenfield & J. Juvonen, A developmental look at Columbine, *APA Monitor*, julho/agosto, 1999, p. 33.

para refletirem e exprimirem a importância espiritual de uma tragédia. É preciso criar oportunidade para que o coração ferido deles seja assistido pela presença de Deus.

Cinsiderar a hipótese de educação em casa ou em escola particular

Uma garota de dezesseis anos, vítima de cena violenta no colégio em que estudava, disse que pretendia largar a escola completamente e terminar os estudos em casa: "De que adianta ir para a escola e levar um tiro".[9] Ela não é a única. Muitos jovens estão tomando a mesma decisão junto com os pais. E é uma boa opção a considerar. Todavia, é tão importante que não pode ser tomada levianamente. As alternativas de ensino fora da escola exigem a reformulação de prioridades, horários e, não raro, orçamento. Outra opção seria uma escola particular. Os pais e filhos frustrados com a falta de segurança ou com outras políticas das escolas públicas podem encontrar uma alternativa positiva em escolas preparatórias ou cristãs. Veja o capítulo sobre desempenho escolar para conhecer as organizações que podem ajudar a explorar essas alternativas.

Encorajar a notificação às autoridades

Uma conspiração assustadora contra uma escola em Port Huron, Michigan, foi desmascarada. Segundo as autoridades, quatro garotos, um de doze, outro de treze e dois de catorze anos, armaram um plano para superar Eric Harris e Dylan Klebold em Littleton, Colorado. Os garotos de Michigan roubaram uma planta do escritório da administração, viram onde esconderiam as armas e planejaram estuprar algumas meninas e matar vários colegas. Foram apanhados um dia depois da notificação de um colega ao vice-diretor. Esse tipo de atitude permite que as vítimas e as vítimas potenciais da violência tomem conhecimento e assumam o controle. Portanto, faça o que for possível para implementar um procedimento de notificação que dê segurança aos jovens. Um número de telefone para denúncias anônimas, por exemplo, funciona bem em muitas escolas.

[9] J. Cloud, Just a routine school shooting, *Time*, 31 de maio, 1999, p. 36.

Ficar atento à ameaça de suicídio

Pesquisas mostraram que as vítimas da violência podem se tornar deprimidas e suicidas devido ao sentimento de desamparo.[10] Por isso, é imperativo ficar atento aos sinais de pensamento suicida. São eles: visão limitada, retraimento, conversa sobre suicídio e falta de esperança. Veja o capítulo sobre suicídio para obter uma descrição completa desses sintomas.

Saber quando encaminhar

Encaminhe o adolescente que foi vítima de violência a um médico com experiência em problemas psicológicos ou um psiquiatra se houver sintomas físicos ou se a ansiedade resultante for suficientemente grave para exigir medicação. Você também pode encaminhar o adolescente para um terapeuta ou psicólogo competente se, com o tempo, ele se sentir mais desamparado, ansioso, irritado ou temeroso.

COMO OS PROFISSIONAIS PODEM AJUDAR

As estratégias de ajuda para adolescentes que foram vítimas da violência descritas a seguir são normalmente usadas pelos terapeutas. São aqui apresentadas a fim de prestar informações aos pais e ajudá-los a encontrar a melhor ajuda profissional possível para o adolescente sob seus cuidados.

Determinar a gravidade

O medo e a ansiedade que as vítimas da violência sentem podem ser ostensivamente paralisantes ou muito bem disfarçados.[11] Por isso, é muito importante determinar a gravidade da ansiedade que o jovem está experimentando. Sem dúvida, um exame cuidadoso pode servir de ponto de partida para medir o progresso terapêutico. O terapeuta pode, para isso, valer-se de uma variedade de ferramentas.

Promover a autoconfiança

Para tratar do desamparo adquirido, é importante ajudar as jovens vítimas a recuperar e reforçar a autoconfiança. Afinal, elas desistem de

[10]S. Stepakoff, Effects of sexual victimization on suicidal ideation and behavior in U.S. college women, *Suicide and Life-Threatening Behavior* 28, 1998, p. 107-26.

[11]C. K. Berenson, Frequently missed diagnoses in adolescent psychiatry, *Psychiatric Clinics of North America* 21, 1998, p. 917-26.

lutar porque acreditam que não têm poder suficiente para proceder a mudança alguma. Portanto, o caminho da recuperação começa quando conseguem perceber a força que têm.[12] O terapeuta pode, por exemplo, atribuir às vítimas a tarefa de escrever sobre as coisas que elas podem controlar, as qualidades que possuem e que trabalham a seu favor. Elas podem relatar as conquistas que obtiveram e como as alcançaram. Outro método eficaz para aumentar a autoconfiança tem a ver com a aprendizagem de técnicas de auto-sugestão positiva e de resolução de problemas. Todas essas estratégias, e muitas outras, foram descritas com detalhes no capítulo sobre inferioridade.

Onde mais buscar ajuda

HAZLER, R., *Helping in the hallways*, Thousand Oaks: Corwin Press, 1998.

KARP, C. L., T. L. BUTLER & S. C. BERGSTROM, *Treatment strategies for abused adolescents:* from victim to survivor, Thousand Oaks: Sage Publications, 1998.

KELLY, F. D., *The psychological assessment of abused and traumatized children*, Mahawah: Lawrence Erlbaum Associates, 1999.

MINTLE, L., *Kids killing kids*, Altamore: Creation House, 1999.

SKOGAN, W. G., org., *Victims of crime*, Thousand Oaks: Sage Publications, 1997.

Orientação bíblica para os adolescentes em conflito

- Deuteronômio 33.27
- Salmos 121.7,8; 138.7; 143.11
- Provérbios 20.22
- Isaías 58.9

[12]E. DEVOS, D. A. STONE, M. A. GOETZ & L. L. DAHLBERG, Evaluation of a hospital-based youth violence intervention, *American Journal of Preventive Medicine* 12, 1996, p. 101-8.

Vontade de Deus

CARACTERÍSTICAS DO CONFLITO

Invariavelmente, o adolescente com sensibilidade espiritual perguntará: "Como vou saber qual é a vontade de Deus em relação a minha vida?".

Embora as grandes decisões da vida dos jovens de gerações anteriores fossem determinadas pela cultura ou pelos pais, o típico adolescente cristão de hoje encontra uma incrível diversidade de oportunidades e escolhas. Suas decisões são complexas e, não raro, provocam confusão quanto à questão de saber qual a vontade de Deus para o seu caso.

A preocupação, em geral, não é com a soberania ou a vontade moral de Deus, mas com sua vontade individual, seu plano de vida ideal, criado unicamente para cada crente. Henri Nouwen define a vontade individual de Deus como a única forma pela qual o seu amor se torna manifesto na vida de alguém: "É a declaração ativa de um relacionamento íntimo com Deus", declara Nouwen, "em cujo contexto descobrimos a nossa maior vocação e o desejo de viver essa vocação ao máximo".[1] A vontade de Deus, de acordo com Lloyd Ogilvie, é o relacionamento em que Deus revela seus propósitos, seu poder e seus planos para a nossa vida.[2]

Obviamente, a maior vontade de Deus é que o conheçamos, amemos e glorifiquemos. As dificuldades surgem na tentativa de decidir, especificamente qual a melhor maneira de fazer isso. A escolha da profissão, por exemplo, pode ser difícil para alguns adolescentes sinceros que

[1]H. J. M. Nouwen & J. Imbach, God's will, em *Dictionary of pastoral care and counseling*, org. R. J. Hunter, Nashville, Abingdon, 1990, p. 466.
[2]*God's will in your life*, Eugene: Harvest House, 1982.

buscam servir a Deus. Os jovens se sentem pressionados para escolher uma vocação. A vida toda lhe perguntam: "O que você vai ser quando crescer?". Alguns adolescentes ficam frustrados no processo de decisão pela percepção da distância de Deus. Outros ficam imobilizados pelo medo de tomarem a decisão errada e não seguirem a vontade de Deus. Outros ainda acreditam que Deus quer que eles façam uma coisa que odeiam e, por isso, protelam.

DESCRIÇÃO DE CASO

Walt tem dezoito anos e está ansioso a respeito de seu futuro. É um aluno exemplar e extremamente sincero quanto a sua fé. Walt é também talentoso e pensa seguir carreira na área de criação gráfica. Suas notas são acima da média e as chances de entrar numa boa faculdade de belas-artes são promissoras. Seus professores e outros a quem respeita encorajaram-no, mas ele ainda não se sente seguro em tomar a decisão de se inscrever. Walt tem medo de que Deus não queira que trabalhe nessa área. Sofre com a idéia de que pode não fazer o que Deus planejou para ele se entrar na faculdade de belas-artes. Walt sente muita compaixão pelos desabrigados e às vezes acha que Deus o está chamando para dedicar a vida a ajudar os necessitados. Embora ache interessante algumas características do trabalho social, rejeita outras. Ele se sente atormentado procurando saber o que Deus realmente deseja.

CAUSAS DO CONFLITO

Vários fatores contribuem para a frustração do adolescente em relação à certeza da vontade de Deus. Vejamos alguns motivos que preocupam os adolescentes.

O mito da fórmula padrão

Decisões diferentes requerem abordagens distintas à vontade de Deus. Às vezes, o adolescente não entende a variação de importância e significado das decisões. Quer conhecer a vontade de Deus em termos muito específicos em cada decisão que toma. Acredita que deve tratar das decisões simples do mesmo modo que trataria das questões complexas. Na busca de uma fórmula padrão para descobrir a vontade de Deus para tudo, ele delibera sobre questões simples ou que dizem respeito apenas a preferências.

Confusão sobre o significado da "vontade de Deus"

Muitos adolescentes buscam a vontade de Deus antes de compreenderem intelectualmente o que o conceito significa. Alguns enxergam a vontade de Deus como um mapa detalhado para sua vida. De fato, Deus tem um "plano maravilhoso" para cada um de nós que vale a pena enfatizar, como afirmam "as quatro leis espirituais" da famosa campanha evangelista Cruzada Estudantil e Profissional para Cristo. Mas Deus não traça nenhum plano personalizado que define cada decisão futura. Isso seria determinismo, uma filosofia que contradiz o livre-arbítrio. Na verdade, em nenhum momento a Bíblia ensina que o conhecimento do futuro é necessário ou mesmo útil para se tomarem decisões acertadas.

Preocupação excessiva com o futuro

Alguns jovens ficam preocupados com a questão da vontade de Deus para eles porque estão muito mais voltados para o futuro do que para o presente. Embora não devamos evitar a tentativa de descobrir o que Deus planeja para nossa vida, a obsessão por saber tudo sobre os anos futuros pode nos impedir de descobrir qual a vontade dele para nós hoje.

Expectativas irreais sobre a Bíblia

Alguns jovens sinceros ficam frustrados pelo fracasso em discernir a vontade de Deus porque esperam encontrar delineadas na Palavra de Deus respostas específicas para cada pergunta imaginável. O adolescente pode sentir-se compelido inadvertidamente a distorcer passagens da Bíblia irrelevantes para suas decisões. Pode tornar-se supersticioso em relação à Bíblia e tratá-la como uma bola de cristal. Um exemplo é a anedota de um homem que se casou com uma mulher chamada Graça porque leu o versículo que diz: "Minha graça é suficiente para você". Alguns adolescentes entram em conflito com a vontade de Deus por causa da inutilidade dessa abordagem.

COMO OS PAIS PODEM AJUDAR

As estratégias citadas a seguir com a finalidade de ajudar os adolescentes em conflito com a vontade de Deus podem ser utilizadas com eficiência pelos pais. Entretanto, como a relação entre pai e filho é única, algumas serão mais pertinentes para a sua situação do que outras. Pensando nisso, as estratégias expostas aqui visam a facilitar o processo de ajuda dentro de casa com o adolescente.

Mudar de atitude

Muitos adolescentes ficam confusos sobre a vontade de Deus porque a enxergam como um quebra-cabeça complexo a ser árdua e misteriosamente resolvido. Esses jovens precisam ver que a orientação de Deus depende em última instância dele. Podem descansar na convicção de que Deus fará com que eles conheçam sua vontade. Salmos 32.8 afirma: "Eu o instruirei e o ensinarei no caminho que você deve seguir". Deus deseja revelar sua vontade muito mais do que queremos recebê-la. Ajude o adolescente a se sentir seguro na convicção de que no tempo certo Deus revelará sua vontade àqueles que estiverem abertos para receber sua orientação. Alguns adolescentes têm medo de perdê-la caso não fiquem obcecados com a idéia de conhecer a vontade divina. Esse tipo de ansiedade não é necessário. Deus prometeu guiar seus seguidores, assim como pastor guia seu rebanho. Embora isso não signifique que os crentes devam se esquivar da responsabilidade que lhes cabe nesse processo de orientação, devem dar mais crédito a Deus a fim de que ele revele seus desejos. Gary Friesen propõe que não se deve sequer perguntar: "Como conhecerei a vontade de Deus?". Em vez disso, perguntar: "Como posso tomar decisões acertadas?".[3] Essa mudança de atitude pode ser de grande ajuda para o jovem em conflito.

Esclarecer a tarefa

Embora o adolescente possa descansar na certeza de que Deus lhe dará suas instruções, pode também ser bom fazê-lo compreender a tarefa de ouvir essas instruções claramente. Blaine Smith, em seu proveitoso livro *Knowing God's will* [*Para conhecer a vontade de Deus*], enuncia quatro aspectos básicos da busca da aceitação da vontade de Deus:[4]

1. O adolescente deve estar disposto a ouvir a vontade de Deus. Estaria ele determinado a entender que a vontade de Deus permite

[3] *Decision making and the will of God*: a biblical alternative to the traditional view, Portland: Multnomah, 1980.

[4] Downers Grove: InterVarsity Press, 1979.

que aja com eficiência em seu reino? Se não houver abertura e disposição, dificilmente ele compreenderá de fato a vontade de Deus.

2. O cristão deve pedir a orientação de Deus em suas orações. No Novo Testamento o mandamento mais explícito para orar pelo conhecimento da vontade de Deus encontra-se em Tiago 1.5,6: "Se algum de vocês tem falta de sabedoria, peça-a a Deus, que a todos dá livremente, de boa vontade; e lhe será concedida. Peça-a, porém, com fé, sem duvidar". Pela oração, o jovem pode começar a vislumbrar a perspectiva de Deus para a sua vida e pedir para que ele lhe dê forças para cumprir sua vontade.
3. O jovem precisa estudar a Bíblia, não para encontrar a palavra final para algumas decisões complexas, mas para compreender a Deus e os princípios de uma vida plena. Para alcançar a vida plena é preciso estudar a Bíblia com freqüência e regularidade.
4. O adolescente precisa usar a razão que Deus lhe concedeu para tomar decisões inteligentes. Paulo é um exemplo bíblico de pessoa que usa as faculdades intelectuais para tomar decisões. Para ele, a compreensão da vontade de Deus era acima de tudo uma questão de fazer um juízo lógico, com base no qual traria maior glória a Deus. O indivíduo deve confiar que Deus, em sua providência, lhe dará todas as informações necessárias para seguir sua vontade.

Esclarecer os tipos de decisões

Alguns adolescentes sinceros sentem-se pressionados a descobrir a vontade de Deus em quase todas as decisões, quer importantes, quer não. Por exemplo, não sabem se devem usar uma blusa azul ou vermelha. É bom explicar para esses jovens qual o grau de importância das decisões. Blaine Smith observa vários tipos de decisões que podem ser definidas. As *decisões morais* são cristalinas. Entre elas estão assuntos como roubo e sexo pré-nupcial. Para o cristão, existe um princípio moral claro que deve simplesmente ser compreendido e aplicado.

As *decisões não-morais* também são claras. Elas lidam com escolhas sobre as ações sem implicações morais. São decisões simples, como a de comer uma maçã ou uma laranja. As *decisões complexas* tratam de decisões pessoais importantes, como escolher uma faculdade, casar-se, empregar melhor o dinheiro e assim por diante. Requerem mais do que apenas aplicar os princípios morais claros. Nesse tipo de decisão, há muita flexibilidade de escolha. Mas é exatamente nesse caso que, em geral, o adolescente luta para descobrir a vontade específica de Deus. Ajude o jovem a entender que nem toda decisão precisa da mesma quantidade de tempo e dedicação.

Explorar o uso da intuição

Os sentimentos são como bússula para a maioria dos adolescentes. A emoção é mais forte do que a deliberação racional. Às vezes, os palpites (intuição) ou os sentimentos são encarados como sinais internos da orientação de Deus. Alguns enxergam a intuição como a voz direta do Espírito Santo. Embora Deus certamente influencie os nossos sentimentos para nos dizer algo, precisamos tomar cuidado para não dar importância demais à intuição.

Em nenhum momento a Bíblia nos diz que devemos procurar discernir a vontade de Deus apenas pelos sentimentos. A intuição é útil para nos dar uma idéia do que se passa em nosso inconsciente. Ela revela alguns dos nossos desejos mais profundos e pode nos dizer alguma coisa sobre o que Deus deseja para nós. Contudo, não podemos concluir que todo desejo parte diretamente de Deus. Os desejos são influenciados por outras informações e experiências. Os sentimentos são importantes para descobrir a vontade de Deus, mas não são a voz infalível de Deus.[5]

Facilitar a tomada de decisão segura

O conflito para conhecer a vontade de Deus quase sempre parte da capacidade de tomar decisões acertadas. Blaine Smith apresenta um processo de quatro etapas muito útil, que deve ser levado em consideação pelo jovem ao tomar uma decisão complexa.[6]

1. Considerar os desejos pessoais. Muitos adolescentes sinceros crêem que as decisões orientadas pelo Espírito sempre trarão sofrimento.

[5]B. C. Johnson, *Discerning God's will*, Louisville, Westminster/ John Knox, 1990.
[6]*Knowing God's will*.

Podem, por exemplo, achar que devem se casar por pena ou por dever. Conheço um rapaz que achava que, para ter certeza de que estava fazendo a vontade de Deus, devia trabalhar em algo de que não gostasse. Essa lógica distorcida ignora a certeza bíblica de que Deus cria desejos no coração santificado que nos conduzem ao seu plano. A negação de si mesmo e o sacrifício podem fazer parte da decisão, mas são subconjuntos do entusiasmo maior de alcançar um objetivo. Os desejos pessoais devem ser confirmados com o fim de reconhecer e fortalecer a vontade de Deus. Às vezes, é bom perguntar ao adolescente como ele aconselharia alguém que estivesse na mesma situação. A resposta pode fornecer uma idéia de seus sentimentos mais profundos. Uma última observação sobre os desejos pessoais: como diz Smith, eles precisam de tempo para "amadurecer". É importante, principalmente na adolescência, pôr os desejos à prova do tempo, para ver se merecem o nosso empenho.

2. Analisar a competência e as aptidões de lidar com as responsabilidades de uma determinada decisão. O jovem precisa examinar sua capacidade ou potencial antes de escolher uma profissão. Embora pareça óbvio, um grande número de jovens não pensa na questão ou consideram-na irrelevante. Vão em frente "na fé" sem considerar se são adequados para o "chamado". Incentive o adolescente a fazer uma experiência. Se, por exemplo, quiser ser médico missionário, deverá inscrever-se numa das disciplinas de ciências naturais para ver se está à altura desse difícil programa. Ajude o adolescente a levar em conta tudo o que puder sobre sua personalidade e capacidade. Para alguns, isso significa consultar um orientador vocacional ou um psicólogo que realize uma análise de personalidade.

3. O jovem deve examinar as circunstâncias para ver quais são suas oportunidades. O que o impede de tomar certas atitudes? Quais as opções que estão totalmente fora de questão porque as portas estão fechadas? Quais as alternativas mais viáveis? As circunstâncias não devem ter papel dominante no discernimento da vontade de Deus, mas costumam indicar novos caminhos a ser explorados e às vezes confirmam as inclinações.

4. Há a questão do aconselhamento. Quando o adolescente deseja seguir uma direção para a qual está preparado e aparece a oportunidade,

deve aconselhar-se com alguém a quem respeite. A descoberta da vontade de Deus não é o momento de exercitar o individualismo puro. Encoraje o jovem a compartilhar o processo de decisão abertamente com um grupo seleto de pessoas idôneas que estejam preocupadas com o seu bem-estar. Ele deve evitar conselheiros com idéias pré-concebidas sobre os adolescentes. O livro de Provérbios está repleto de sabedoria sobre esse tema. Por exemplo: "Os planos fracassam por falta de conselho, mas são bem-sucedidos quando há muitos conselheiros" (15.22). Incentive o adolescente a encontrar, diante de uma decisão importante, algumas fontes de orientação sábia.

Para obter uma descrição mais detalhada sobre o processo de decisão, veja *Knowing God's will* de Blaine Smith. Você também pode consultar o livro *Living God's will* [*Viver a vontade de Deus*] de Dwight Carlson. Utilizando um procedimento de dez etapas para conhecer a vontade de Deus, Carlson trata das quatro ações mencionadas anteriormente:

1. Seja obediente à vontade de Deus já revelada.
2. Esteja aberto a qualquer meio ou resultado.
3. Examine a Palavra de Deus para obter princípios de orientação.
4. Ore.
5. Reconheça a obra do Espírito Santo.
6. Utilize o conselho de outros.
7. Considere as circunstâncias providenciais.
8. Analise-se a você mesmo e o seu meio.
9. Tome a decisão.
10. Pergunte se você tem a paz de Deus em relação à decisão.

Carlson também fornece uma lista organizada de "coisas a ser consideradas antes de se tomar qualquer decisão importante na vida". Pode ser útil para o adolescente que necessite de mais estrutura para conter a ansiedade por descobrir a vontade de Deus.

Distinguir o plano de Deus para o futuro do desejo de Deus para o presente

Os planos de Deus para o futuro das pessoas são diferentes de seus desejos para as circunstâncias presentes. Não compete ao cristão prever o futuro. Em geral, Deus revela seus planos específicos para alguém aos poucos.[7] A ansiedade indevida surge em virtude da idéia de que é preciso saber o futuro para compreender a vontade de Deus para o presente. O adolescente em conflito deve ser estimulado a se concentrar mais nos desejos de Deus agora e não se apressar a tirar conclusões sobre o amanhã. O futuro não pode ser conclusivamente determinado. Por exemplo, o jovem sente que é levado a namorar uma pessoa, mas isso não significa necessariamente que Deus pretende que ele assuma um compromisso. Ajude o adolescente a evitar a necessidade de "saber" o que Deus planeja para ele daqui a alguns anos.

A suprema vontade de Deus se revela quando as pessoas fazem, no momento presente, o que mais o agrada.[8] Um jovem, por exemplo, pode se sentir motivado a estudar para o ministério pastoral, mas isso não significa que um dia se tornará pastor. Ao mesmo tempo, é claro, o jovem não deve nunca ser dissuadido de uma visão entusiástica sobre o seu futuro nem de tentar atingir objetivos definidos. Distinguir entre o plano de Deus para o futuro e o seu desejo para o presente é útil para o jovem cuja ansiedade o impede de tomar decisões.[9]

Saber quando encaminhar

Deve-se encaminhar o jovem em conflito com a vontade de Deus a um terapeuta cristão ou pastor competente se com o tempo ele se sentir mais confuso e incerto. O encaminhamento pode ser necessário para a orientação vocacional ou avaliação da personalidade, que informará sua decisão. O adolescente também deve ser encaminhado para um psicólogo competente caso ele comece a mostrar sinais de depressão e desespero. Encaminhe-o também se, por algum motivo, você não se sentir à vontade para aconselhá-lo espiritualmente.

Onde mais buscar ajuda

BENCE, E., *Knowing God's will*, Grand Rapids: Zondervan, 1998.

BRIGHT, B., *Steps to knowing God's will*, Orlando: New Life Publica-tions, 1998.

[7]D. L. CARLSON, *Living God's will*, Old Tappan: Revell, 1976.
[8]Ibid.
[9]SMITH, *Knowing God's will*.

Carlson, D. L., *Living God's will*, Old Tappan: Revell, 1976.

Dollar, T. L., *A woman after God's own heart*: fulfilling the will of God for your life and empowering those around you, Nashville: Thomas Nelson, 1999.

Friesen, G., *Decision making and the will of God*, Portland: Multnomah, 1980.

Johnson, B. C., *Discerning God's will*, Louisville: Westminster/ John Knox, 1990.

Nappa, M., A. Nappa & M. D. Warden, *Get real*: making core Christian beliefs relevant to teenagers, Loveland: Group, 1996.

Ogilvie, L. J., *God's will in your live*, Eugene: Harvest House, 1982.

Smith, M. B., *Knowing God's will:* biblical principles of guidance, Downers Grove: InterVarsity Press, 1979.

Sproul, R. C., *Can I know God's will?*, Orlando: Ligonier Ministries, 1999.

Water, M., *Knowing God's will made easier*, Peabody: Hendrickson Publishers, 1998.

Worthington, E. L. & K. Worthington, *Helping parents make disciples*, Grand Rapids: Baker, 1995.

Wright, H. N. & G. J. Oliver, *Raising kids to love Jesus*, Ventura: Regal, 1999.

Orientação bíblica para os adolescentes em conflito

- Salmos 37.5,6; 40.8; 143.10
- Provérbios 16.3
- Lucas 22.42
- Romanos 8.28
- Efésios 5.17
- Filipenses 2.12,13
- Hebreus 10.36; 13.20,21
- Tiago 4.7
- 1João 2.17